독학사 2·4단계
영어영문학과
영국문학개관

시대에듀

INTRO
머리말

학위를 얻는 데 시간과 장소는 더 이상 제약이 되지 않습니다. 대입 전형을 거치지 않아도 '학점은행제'를 통해 학사학위를 취득할 수 있기 때문입니다. 그중 독학학위제도는 고등학교 졸업자이거나 이와 동등 이상의 학력을 가지고 있는 사람들에게 효율적인 학점 인정 및 학사학위 취득의 기회를 줍니다.

학습을 통한 개인의 자아실현 도구이자 자신의 실력을 인정받을 수 있는 스펙인 독학사는 짧은 기간 안에 학사학위를 취득할 수 있는 지름길로써 많은 수험생들의 선택을 받고 있습니다.

이 책은 독학사 시험을 준비하는 수험생들이 단기간에 효과적인 학습을 할 수 있도록 다음과 같이 구성하였습니다.

01 단원 개요
핵심이론을 학습하기에 앞서 각 단원에서 파악해야 할 중점과 학습목표를 정리하여 수록하였습니다.

02 핵심이론
시험에 출제될 수 있는 내용을 '핵심이론'으로 수록하였으며, 이론 안의 '더 알아두기' 등을 통해 내용 이해에 부족함이 없도록 하였습니다. (2025년 시험부터 적용되는 개정 평가영역 반영)

03 실전예상문제
해당 출제영역에 맞는 핵심포인트를 분석하여 구성한 '실전예상문제'를 수록하였습니다.

04 최종모의고사
최신 출제유형을 반영한 '최종모의고사(2회분)'를 통해 자신의 실력을 점검해 볼 수 있도록 하였습니다.

05 주관식 문제
4단계 시험을 대비할 수 있도록 '주관식 문제'를 수록하였습니다.

영국문학개관은 학습 분량이 방대하고 영국의 문학, 역사, 철학의 흐름을 이해해야 하기 때문에 학습하기에 부담스러울 수 있는 과목입니다. 영국 문학사의 특정 작가, 작품, 비평적 요소에 집중하기보다는 거시적인 관점을 유지하면서 문사철(文史哲)의 수레바퀴가 어떻게 맞물려 돌아가는지에 대한 큰 흐름을 읽어내는 데 초점을 맞추시길 바랍니다. 영국문학개관 학습이 단순히 시험을 대비하기 위한 암기 공부로 끝나지 않고, 삶을 조망하고 관조적 시각을 갖게 되는 공부의 과정이 되길 소망합니다.

저자 드림

Bachelor's Degree
Examination for
Self-Education

BDES
독학학위제 소개

▍독학학위제란?

「독학에 의한 학위취득에 관한 법률」에 의거하여 국가에서 시행하는 시험에 합격한 사람에게 학사학위를 수여하는 제도

- 고등학교 졸업 이상의 학력을 가진 사람이면 누구나 응시 가능
- 대학교를 다니지 않아도 스스로 공부해서 학위취득 가능
- 일과 학습의 병행이 가능하여 시간과 비용 최소화
- 언제, 어디서나 학습이 가능한 평생학습시대의 자아실현을 위한 제도
- 학위취득시험은 4개의 과정(교양, 전공기초, 전공심화, 학위취득 종합시험)으로 이루어져 있으며, 각 과정별 시험을 모두 거쳐 학위취득 종합시험에 합격하면 학사학위 취득

▍독학학위제 전공 분야 (11개 전공)

※ 유아교육학 및 정보통신학 전공 : 3, 4과정만 개설
 (정보통신학의 경우 3과정은 2025년까지, 4과정은 2026년까지만 응시 가능하며, 이후 폐지)
※ 간호학 전공 : 4과정만 개설
※ 중어중문학, 수학, 농학 전공 : 폐지 전공으로 기존에 해당 전공 학적 보유자에 한하여 2025년까지 응시 가능

※ 시대에듀는 현재 4개 학과(심리학과, 경영학과, 컴퓨터공학과, 간호학과) 개설 완료
※ 2개 학과(국어국문학과, 영어영문학과) 개설 진행 중

INFORMATION
독학학위제 시험안내

과정별 응시자격

단계	과정	응시자격	과정(과목) 시험 면제 요건
1	교양	고등학교 졸업 이상 학력 소지자	• 대학(교)에서 각 학년 수료 및 일정 학점 취득 • 학점은행제 일정 학점 인정 • 국가기술자격법에 따른 자격 취득 • 교육부령에 따른 각종 시험 합격 • 면제지정기관 이수 등
2	전공기초		
3	전공심화		
4	학위취득	• 1~3과정 합격 및 면제 • 대학에서 동일 전공으로 3년 이상 수료 (3년제의 경우 졸업) 또는 105학점 이상 취득 • 학점은행제 동일 전공 105학점 이상 인정 (전공 28학점 포함) ➔ 22.1.1. 시행 • 외국에서 15년 이상의 학교교육과정 수료	없음(반드시 응시)

응시방법 및 응시료

- 접수방법 : 온라인으로만 가능
- 제출서류 : 응시자격 증빙서류 등 자세한 내용은 홈페이지 참조
- 응시료 : 20,700원

독학학위제 시험 범위

- 시험 과목별 평가영역 범위에서 대학 전공자에게 요구되는 수준으로 출제
- 시험 범위 및 예시문항은 독학학위제 홈페이지(bdes.nile.or.kr) ➔ 학습정보 ➔ 과목별 평가영역에서 확인

문항 수 및 배점

과정	일반 과목			예외 과목		
	객관식	주관식	합계	객관식	주관식	합계
교양, 전공기초 (1~2과정)	40문항×2.5점 =100점	–	40문항 100점	25문항×4점 =100점	–	25문항 100점
전공심화, 학위취득 (3~4과정)	24문항×2.5점 =60점	4문항×10점 =40점	28문항 100점	15문항×4점 =60점	5문항×8점 =40점	20문항 100점

※ 2017년도부터 교양과정 인정시험 및 전공기초과정 인정시험은 객관식 문항으로만 출제

합격 기준

■ 1~3과정(교양, 전공기초, 전공심화) 시험

단계	과정	합격 기준	유의 사항
1	교양	매 과목 60점 이상 득점을 합격으로 하고, 과목 합격 인정(합격 여부만 결정)	5과목 합격
2	전공기초		6과목 이상 합격
3	전공심화		

■ 4과정(학위취득) 시험 : 총점 합격제 또는 과목별 합격제 선택

구분	합격 기준	유의 사항
총점 합격제	• 총점(600점)의 60% 이상 득점(360점) • 과목 낙제 없음	• 6과목 모두 신규 응시 • 기존 합격 과목 불인정
과목별 합격제	• 매 과목 100점 만점으로 하여 전 과목(교양 2, 전공 4) 60점 이상 득점	• 기존 합격 과목 재응시 불가 • 1과목이라도 60점 미만 득점하면 불합격

시험 일정

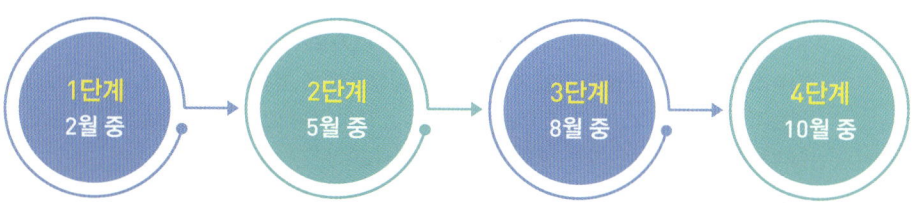

1단계 2월 중 → 2단계 5월 중 → 3단계 8월 중 → 4단계 10월 중

■ 영어영문학과 2단계 시험 과목 및 시간표

구분(교시별)	시간	시험 과목명
1교시	09:00~10:40(100분)	영어학개론, 영국문학개관
2교시	11:10~12:50(100분)	중급영어, 19세기 영미소설
중식 12:50~13:40(50분)		
3교시	14:00~15:40(100분)	영미희곡Ⅰ, 영어음성학
4교시	16:10~17:50(100분)	영문법, 19세기 영미시

※ 시험 일정 및 세부사항은 반드시 독학학위제 홈페이지(bdes.nile.or.kr)를 통해 확인하시기 바랍니다.
※ 시대에듀에서 개설되었거나 개설 예정인 과목은 빨간색으로 표시하였습니다.

STUDY PLAN
독학학위제 단계별 학습법

1단계
평가영역에 기반을 둔 이론 공부!

독학학위제에서 발표한 평가영역에 기반을 두어 효율적으로 이론을 공부해야 합니다. 각 장별로 정리된 '핵심이론'을 통해 핵심적인 개념을 파악합니다. 모든 내용을 다 암기하는 것이 아니라, 포괄적으로 이해한 후 핵심내용을 파악하여 이 부분을 확실히 알고 넘어가야 합니다.

2단계
시험 경향 및 문제 유형 파악!

독학사 시험 문제는 지금까지 출제된 유형에서 크게 벗어나지 않는 범위에서 비슷한 유형으로 줄곧 출제되고 있습니다. 본서에 수록된 이론을 충실히 학습한 후 '실전예상문제'를 풀어 보면서 문제의 유형과 출제의도를 파악하는 데 집중하도록 합니다. 교재에 수록된 문제는 시험 유형의 가장 핵심적인 부분이 반영된 문항들이므로 실제 시험에서 어떠한 유형이 출제되는지에 대한 감을 잡을 수 있을 것입니다.

3단계
'실전예상문제'를 통한 효과적인 대비!

독학사 시험 문제는 비슷한 유형들이 반복되어 출제되므로, 다양한 문제를 풀어 보는 것이 필수적입니다. 각 단원의 끝에 수록된 '실전예상문제'를 통해 단원별 내용을 제대로 학습하였는지 꼼꼼하게 확인하고, 실력을 점검합니다. 이때 부족한 부분은 따로 체크해 두고, 복습할 때 중점적으로 공부하는 것도 좋은 학습 전략입니다.

4단계
복습을 통한 학습 마무리!

이론 공부를 하면서, 혹은 문제를 풀어 보면서 헷갈리고 이해하기 어려운 부분은 따로 체크해 두는 것이 좋습니다. 중요 개념은 반복학습을 통해 놓치지 않고 확실하게 익히고 넘어가야 합니다. 마무리 단계에서는 '최종모의고사'를 통해 실전연습을 할 수 있도록 합니다.

COMMENT
합격수기

Bachelor's Degree
Examination for
Self-Education

> 저는 학사편입 제도를 이용하기 위해 2~4단계를 순차로 응시했고 한 번에 합격했습니다.
> 아슬아슬한 점수라서 부끄럽지만 독학사는 자료가 부족해서 부족하나마 후기를 쓰는 것이 도움이 될까 하여
> 제 합격전략을 정리하여 알려드립니다.

#1. 교재와 전공서적을 가까이에!

학사학위 취득은 본래 4년을 기본으로 합니다. 독학사는 이를 1년으로 단축하는 것을 목표로 하는 시험이라 실제 시험도 변별력을 높이는 몇 문제를 제외한다면 기본이 되는 중요한 이론 위주로 출제됩니다. 시대에듀의 독학사 시리즈 역시 이에 맞추어 중요한 내용이 일목요연하게 압축·정리되어 있습니다. 빠르게 훑어보기 좋지만 내가 목표로 한 전공에 대해 자세히 알고 싶다면 전공서적과 함께 공부하는 것이 좋습니다. 교재와 전공서적을 함께 보면서 교재에 전공서적 내용을 정리하여 단권화하면 시험이 임박했을 때 교재 한 권으로도 자신 있게 시험을 치를 수 있습니다.

#2. 시간확인은 필수!

쉬운 문제는 금방 넘어가지만 지문이 길거나 어렵고 헷갈리는 문제도 있고, OMR 카드에 마킹까지 해야 하니 실제로 주어진 시간은 더 짧습니다. 1번에 어려운 문제가 있다고 해서 시간을 많이 허비하면 쉽게 풀 수 있는 마지막 문제들을 놓칠 수 있습니다. 문제 푸는 속도도 느려지니 집중력도 떨어집니다. 그래서 어차피 배점은 같으니 아는 문제를 최대한 많이 맞히는 것을 목표로 했습니다.
① 어려운 문제는 빠르게 넘기면서 문제를 끝까지 다 풀고 ② 확실한 답부터 우선 마킹한 후 ③ 다시 시험지로 돌아가 건너뛴 문제들을 다시 풀었습니다. 확실히 시간을 재고 문제를 많이 풀어 봐야 실전에 도움이 되는 것 같습니다.

#3. 문제풀이의 반복!

여느 시험과 마찬가지로 문제는 많이 풀어 볼수록 좋습니다. 이론을 공부한 후 실전예상문제를 풀다 보니 부족한 부분이 어딘지 확인할 수 있었고, 공부한 이론이 시험에 어떤 식으로 출제될지 예상할 수 있었습니다. 그렇게 부족한 부분을 보충해가며 문제 유형을 파악하면 이론을 복습할 때도 어떤 부분을 중점적으로 암기해야 할지 알 수 있습니다. 이론 공부가 어느 정도 마무리되었을 때 시계를 준비하고 최종모의고사를 풀었습니다. 실제 시험시간을 생각하면서 예행연습을 하니 시험 당일에는 덜 긴장할 수 있었습니다.

학위취득을 위해 오늘도 열심히 학습하시는 동지 여러분에게도 합격의 영광이 있으시길 기원하면서 이만 줄입니다.

P R E V I E W
이 책의 구성과 특징

01 단원 개요

핵심이론을 학습하기에 앞서 각 단원에서 파악해야 할 중점과 학습목표를 확인해 보세요.

| 단원 개요 |

고대 영문학 시기(앵글로색슨 시대)는 앵글로색슨족이 영국에 정착한 449년부터 왕조의 건립으로 중세 시대가 시작되는 1066년 전까지의 시기를 지칭한다. 이 전파로 인한 라틴어 수용, 기독교 문화와 앵글로색슨 문화(이교도 문화)의 융화 등이 있다.

이 시기의 문학적 특징은 구전의 형식을 취하던 고대 영시들이 기독교의 전파로 문화(이교도 문화)가 융화되었다는 것이다. 국가 체계를 갖추지 못한 앵글로색슨 이라는 군신사회의 덕목인 코미타투스(comitatus)가 영웅 서사시(Heroic Epic) 고단함을 노래하는 애가(Elegy)가 발달하였다.

| 출제 경향 및 수험 대책 |

수험생들은 시대적 배경을 이해하면서 고대 영문학 작품의 주제와 형식을 이해 이교도 시(The Pagan Poetry)로 구분되는 영웅 서사시와 애가(Elegy)의 형 Christian Poetry)의 대표작품과 주제적 요소도 숙지할 필요가 있다. 특히 Alliteration(두운), Ironic understatement(반어적 축소진술)에 대한 이해가 필

※ 수험생의 학습과 이해를 돕기 위해 대부분의 작가와 작품명을 한글(영어) 형 표기되오니 참고하시기 바랍니다.

02 핵심이론

평가영역을 바탕으로 꼼꼼하게 정리된 '핵심이론'을 통해 꼭 알아야 하는 내용을 명확히 파악해 보세요.

제 1 장 시대적 배경

1 켈트족과 영국의 기원

고대 영국은 농업을 위한 평지가 많았고, 온화한 기후를 갖고 있었기 때문에 고대부터 다양한 민족이 거주했다. 기원전 6세기경 켈트족(Celtics)이 이주해 왔고 기원전 55년 줄리어스 시저(Julius Caesar)의 로마군대가 침략하여 주둔할 때까지 켈트족은 고대 영국 섬에서 거주하는 주요한 민족이었다. 켈트족은 농업을 기반으로 하는 가족 중심, 부족 중심의 공동체 문화를 형성했고, 나름대로 높은 문명을 유지했었다. 용맹을 미덕으로 간주했던 호전적인 켈트족은 몸에 그림이나 문양을 새기는 풍습을 갖고 있었다. 로마인들이 켈트족 사람들을 브리튼(Brythons)으로 명명하였는데 이는 그리스어 프레타니카이(Pretanikai) 즉, '몸에 그림을 그린 사람'에서 유래하였다. 오늘날 영국을 명명하는 브리튼(Britain)의 유래도 여기에 근원을 두고 있다. 켈트족은 청동과 철기를 사용하면서 농사를 지었지만, 국가의 체제를 형성하지는 못했다.

2 로마 지배

기원전 43년에 로마의 클라우디우스(Claudius) 황제가 영국을 점령하고 기원후 410년까지 약 450년 동안 로마의 지배를 받게 된다. 로마의 지배에 반대했던 일부 켈트족들은 오늘날의 스코틀랜드 지역 북부 산악 지역으로 이동했지만 대부분의 켈트족들은 로마의 통치를 통해 로마의 문명과 문화에 영향을 받게 된다. 당시 지배계급은 라틴어를 사용하고, 피지배계급은 켈트어를 사용했으며 로마의 지배 기간 동안 로마의 문명과 켈트족의 토속적 부족 문화가 융화되고 오늘날 영어의 근간이 되는 라틴어를 수용했다. 약 450년 동안 로마 통치 기간을 통해 성벽 축조, 도로 건설, 로마식 가옥의 건축을 수용하고, 로마의 목욕문화와 같은 문화도 수용하였다.

3 앵글로색슨 왕조

Bachelor's Degree
Examination for
Self-Education

03 실전예상문제

'핵심이론'에서 공부한 내용을 바탕으로 '실전예상문제'를 풀어 보면서 문제를 해결하는 능력을 길러 보세요.

04 최종모의고사

'최종모의고사'를 실제 시험처럼 시간을 정해 놓고 풀어 보면서 최종점검을 해 보세요.

05 주관식 문제

출제유형을 분석하여 반영한 '주관식 문제'로 4단계 시험도 대비해 보세요.

CONTENTS
목차

핵심이론 + 실전예상문제

제1편 고대 영문학 : 앵글로색슨 시대
- 제1장 시대적 배경 · · · · · · · · · 003
- 제2장 문학의 특징 · · · · · · · · · 005
- 제3장 대표 작가와 작품 · · · · · · · · · 008
- 실전예상문제 · · · · · · · · · 014

제2편 중세 시대
- 제1장 시대적 배경 · · · · · · · · · 023
- 제2장 문학의 특징 · · · · · · · · · 028
- 제3장 대표 작가와 작품 · · · · · · · · · 034
- 실전예상문제 · · · · · · · · · 052

제3편 16세기 르네상스 시대
- 제1장 시대적 배경 · · · · · · · · · 061
- 제2장 문학의 특징 · · · · · · · · · 066
- 제3장 대표 작가와 작품 · · · · · · · · · 071
- 실전예상문제 · · · · · · · · · 094

제4편 17세기 청교도 시대
- 제1장 시대적 배경 · · · · · · · · · 103
- 제2장 문학의 특징 · · · · · · · · · 105
- 제3장 대표 작가와 작품 · · · · · · · · · 109
- 실전예상문제 · · · · · · · · · 132

제5편 17세기 후반 왕정복고기와 18세기 신고전주의 시대
- 제1장 시대적 배경 · · · · · · · · · 141
- 제2장 문학의 특징 · · · · · · · · · 145
- 제3장 대표 작가와 작품 · · · · · · · · · 153
- 실전예상문제 · · · · · · · · · 178

제6편	제1장 시대적 배경	189
낭만주의 시대	제2장 문학의 특징	191
	제3장 대표 작가와 작품	195
	실전예상문제	231

제7편	제1장 시대적 배경	239
빅토리아 시대	제2장 문학의 특징	243
	제3장 대표 작가와 작품	248
	실전예상문제	292

제8편	제1장 시대적 배경	301
20세기 영문학	제2장 문학의 특징	303
	제3장 대표 작가와 작품	307
	실전예상문제	351

최종모의고사

최종모의고사 제1회	361
최종모의고사 제2회	374
최종모의고사 제1회 정답 및 해설	386
최종모의고사 제2회 정답 및 해설	390

부록

4단계 대비 주관식 문제	397

당신이 저지를 수 있는 가장 큰 실수는 실수를 할까 두려워하는 것이다.

– 앨버트 하버드 –

제1편

고대 영문학 : 앵글로색슨 시대

(Old English Period :
The Anglo-Saxon Period, 449-1066)

제1장　시대적 배경
제2장　문학의 특징
제3장　대표 작가와 작품
실전예상문제

| 단원 개요 |

고대 영문학 시기(앵글로색슨 시대)는 앵글로색슨족이 영국에 정착한 449년부터 노르만 정복(Norman Conquest)을 통해 노르만 왕조의 건립으로 중세 시대가 시작되는 1066년 전까지의 시기를 지칭한다. 이 시기의 시대적 특징은 영국의 기원, 로마의 기독교 전파로 인한 라틴어 수용, 기독교 문화와 앵글로색슨 문화(이교도 문화)의 융화, 알프레드 대왕의 통치와 고대 영어 형성에의 기여 등이 있다.

이 시기의 문학적 특징은 구전의 형식을 취하던 고대 영시들이 기독교의 전파로 인해 글로 기록되었고, 기독교 문화와 앵글로색슨 문화(이교도 문화)가 융화되었다는 것이다. 국가 체계를 갖추지 못한 앵글로색슨족의 용맹함과 왕에 대한 충성과 신하에 대한 관대함이라는 군신사회의 덕목인 코미타투스(comitatus)가 영웅 서사시(Heroic Epic)를 통해 드러난다. 또한 자연이 주는 고통과 인생의 고단함을 노래하는 애가(Elegy)가 발달하였다.

| 출제 경향 및 수험 대책 |

수험생들은 시대적 배경을 이해하면서 고대 영문학 작품의 주제와 형식을 이해하는 데 초점을 맞출 필요가 있다. 앵글로색슨족의 이교도 시(The Pagan Poetry)로 구분되는 영웅 서사시와 애가(Elegy)의 형식과 대표작품들을 숙지해야 하고, 기독교 시(The Christian Poetry)의 대표작품과 주제적 요소들도 숙지할 필요가 있다. 특히 고대 영시의 특징적 기법인 Kenning(완곡 대칭법), Alliteration(두운), Ironic understatement(반어적 축소진술)에 대한 이해가 필요하다.

※ 수험생의 학습과 이해를 돕기 위해 대부분의 작가와 작품명을 한글(영어) 형식으로 병기했습니다. 실제 시험에서는 주로 영어로 표기되오니 참고하시기 바랍니다.

보다 깊이 있는 학습을 원하는 수험생들을 위한
시대에듀의 동영상 강의가 준비되어 있습니다.
www.sdedu.co.kr → 회원가입(로그인) → 강의 살펴보기

제 1 장 시대적 배경

1 켈트족과 영국의 기원

고대 영국은 농업을 위한 평지가 많았고, 온화한 기후를 갖고 있었기 때문에 고대부터 다양한 민족들이 거주했다. 기원전 6세기경 켈트족(Celtics)이 이주해 왔고 기원전 55년 줄리어스 시저(Julius Caesar)의 로마군대가 침략하여 주둔할 때까지 켈트족은 고대 영국 섬에서 거주하는 주요한 민족이었다. 켈트족은 농업을 기반으로 하는 가족 중심, 부족 중심의 공동체 문화를 형성했고, 나름대로 높은 문명을 유지했었다.

용맹을 미덕으로 간주했던 호전적인 켈트족은 몸에 그림이나 문양을 새기는 풍습을 갖고 있었다. 로마인들이 켈트족 사람들을 브리튼(Brythons)으로 명명하였는데 이는 그리스어 프레타니카이(Pretanikai) 즉, '몸에 그림을 그린 사람'에서 유래하였다. 오늘날 영국을 명명하는 브리튼(Britain)의 유래도 여기에 근원을 두고 있다. 켈트족은 청동과 철기를 사용하면서 농사를 지었지만, 국가의 체제를 형성하지는 못했다.

2 로마 지배

기원전 43년에 로마의 클라우디우스(Claudius) 황제가 영국을 점령하고 기원후 410년까지 약 450년 동안 로마의 지배를 받게 된다. 로마의 지배에 반대했던 일부 켈트족들은 오늘날의 스코틀랜드 지역 북부 산악 지역으로 이동했지만 대부분의 켈트족들은 로마의 통치를 통해 로마의 문명과 문화에 영향을 받게 된다. 당시 지배계급은 라틴어를 사용하고, 피지배계급은 켈트어를 사용했으며 로마의 지배 기간 동안 로마의 문명과 켈트족의 토속적 부족 문화가 융화되고 오늘날 영어의 근간이 되는 라틴어를 수용했다. 약 450년 동안 로마 통치 기간을 통해 성벽 축조, 도로 건설, 로마식 가옥의 건축을 수용하고, 로마의 목욕문화와 같은 문화도 수용하였다.

3 앵글로색슨 왕조

4세기 초 로마의 쇠퇴로 인해 북유럽의 게르만족이 영국을 침입하였고, 로마는 본국을 지키기 위해 영국에서 철수했다. 로마의 철수로 인해 생긴 공백을 스코틀랜드 북쪽에 거주하던 켈트족이 영국 남쪽의 비옥한 평야지대로 남하했고, 작센(Saxon) 지역과 그 인근에 거주했던 앵글족(Angles), 색슨족(Saxon)이 영국으로 침략했다. 척박한 북유럽에서 약탈적 행위를 일삼던 호전적인 색슨족과 앵글족은 로마의 통치 공백 시기에 온화한 기후와 비옥한 농토를 가진 영국으로 침입하여 켈트족을 밀어내고 영국을 지배하게 된다. 밀려난 켈트족은 서북부의 스콜틀랜드 산악 지역으로 이동하고 이후 두 세력 간의 세력 다툼이 시작된다. 기원후 449년에 앵글족, 색슨족이 영국을 점령하면서 게르만 즉, 앵글로색슨족(Anglo-Saxon)이 영국의 실질적인 지배력을 행사하게 되었다.

호전적인 앵글로색슨족은 자신의 출신 지역인 북유럽의 신화와 전설을 구비 문학의 형태로 갖고 있었고, 영웅적인 삶에 대한 찬미와 군주에 대한 충성심을 중요한 미덕으로 간주했다. 『베오울프』(Beowulf)에서 묘사되는 왕과 신하들 간의 유대감과 충성심은 앵글로색슨족의 군주와 신하 간의 유대감이 반영된 것으로 볼 수 있다. 앵글로색슨족은 오늘날 영국의 실질적인 조상으로 여겨지고, 그중에서도 앵글족의 영향력이 더 강력했기 때문에 앵글족의 나라(Angles' land)라는 의미에서 잉글랜드(England)가 유래되었고, 앵글족의 언어라는 의미의 앵글리쉬(Anglish)에서 오늘날의 잉글리쉬(English)가 유래되었다.

4 기독교 전파와 알프레드 대왕 [중요]

597년에 기독교(가톨릭)가 처음으로 영국에 전파되었고, 영국의 남부 및 중부 지역은 로마 제국의 통치를 통해, 동부 및 북부 지역은 아일랜드 선교사를 통해 가톨릭이 확산되었으며, 8세기 이후 영국 전역에 기독교가 전파되었다. 830년에 앵글로색슨족 에그버트(Egbert)가 최초로 고대 영국 왕국의 기틀을 마련했다고 평가할 수 있는 왕조를 건설하고 영국 전체를 통치하였지만, 8세기 말에 북부 바이킹족의 침략을 시작으로 9세기 후반(870년)에 이르기까지 앵글로색슨족은 바이킹족 계열의 데인족(Danes)에게 웨섹스(Wessex)를 제외한 영국 대부분의 영토를 빼앗기게 된다. 하지만 871년 앵글로색슨족인 알프레드 대왕(Alfred the Great)이 바이킹족을 몰아내고 다시 영국의 통치권을 차지하고, 정치적인 안정기를 이룩하게 된다.

알프레드 대왕이 통치하던 9세기 후반 무렵 영국은 문화적으로 비약적 발전을 이루었다. 알프레드 대왕은 학교를 설립함으로써 교육을 확대하고, 당시 유럽의 학자들을 초청함으로써 유럽의 선진 학문을 영국에 보급했다. 또한 알프레드 대왕은 로마의 보에티우스(Boethius)가 라틴어로 쓴 『철학의 위안』(De Consolatione Philosophiae)을 영어로 번역하도록 지시했고, 『앵글로색슨 연대기』(Anglo-Saxon Chronicle)를 영어로 편찬하도록 지시하는 등 고대 영어의 발전에 크게 기여했다.

신실한 기독교 신자였던 알프레드 대왕은 비드(Bede)가 라틴어로 쓴 『영국 교회사』(Historia Ecclesiastica Gentis Anglorum)를 영어로 번역하게 했다. 8세기 이후 영국 대부분 지역은 로마 교회에 귀속되었고, 로마 교회가 로마 제국의 행정 및 통치 시스템을 영국에 전수하였으며, 영국의 왕들은 로마 가톨릭 신자였다.

5 고대 영어의 형성

고대 영어(Old English)는 450년부터 노르만 정복으로 인해 프랑스어가 본격적으로 유입되는 시기인 1100년까지의 언어를 가리킨다. 고대 영어는 앵글족의 언어인 앵글리쉬(Anglish)에 그 기원을 두고 있으며, 앵글리쉬는 특히 앵글족과 색슨족으로 이루어진 게르만어에 기원을 두고 있다. 이후 바이킹의 침략을 통해 스칸디나비아 어휘들의 영향을 받게 되면서 고대 영어의 굴절이 단순화되고, 스칸디나비아 어휘군들 특히, 명사・대명사・형용사・동사 등이 고대 영어에 유입되었다. 고대 영어는 현대의 영어보다 독일어에 더 가까운 특징들을 포함하고 있고, 독일어에서 특징적으로 보여주는 어형의 변화와 인칭, 수, 성, 격 등의 어휘변화를 포함하고 있다.

제 2 장 문학의 특징

1 고대 영문학의 전반적인 특징

고대 영문학은 구전으로 전승이 이루어지다가 기독교(가톨릭)의 유입과 영향으로 인해 7세기부터 글로 기록되었다. 고대 영문학 작품 속에는 앵글로색슨족의 게르만 문화와 기독교에 내재된 히브리 문화가 융화되어 있다. 7세기에 유입된 기독교의 성서 내용과 같은 기독교 문화적 요소들과 게르만 민족의 북유럽 신화 내용과 같은 비기독교적 문화적 요소가 융화되어 있다. 기독교적 요소와 이교적(비기독교적) 요소의 결합은 고대 영문학 작품의 특징이다. 고대 영문학 작품에는 호전적인 앵글로색슨족이 지향했던 영웅주의적 요소와 군신사회의 미덕인 충성, 명예, 용기 등과 같은 가치가 반영되어 있다.

2 고대 영시

(1) 고대 영시의 특징

고대 영시는 낭만적인 요소가 거의 없고 분위기가 매우 어둡다는 특징을 가진다. 제대로 된 국가 체계를 갖추지 못한 앵글로색슨족은 부족 단위의 공동체 생활을 영위하며 다른 부족과의 전쟁을 자주 경험했다. 잦은 부족 간의 전쟁으로 인해 용맹함과 전사의 명예라는 가치를 중시했고, 특히 코미타투스(comitatus)라는 군주와 그를 따르는 신하들 간의 충성서약과 합당한 보상이라는 계약관계가 형성되었다. 용맹함, 명예, 충성의 덕목을 갖춘 전사들을 위해 군주가 베푸는 연회에서 음유 시인들은 전사들을 위한 시를 낭송했다. 공동체를 위해 운명과 맞서 싸우는 비장함을 가진 주인공의 이야기를 그리는 고대 영시는 대부분 영웅 서사시이며 남녀 간의 사랑 이야기와 같은 낭만적인 요소는 결여되어 있다. 영웅 서사시는 장엄하고 진지한 분위기를 통해 영웅의 서사가 전개되기 때문에 우울하고 어두운 색채를 갖고 있다. 대표적인 고대 영문학의 영웅 서사시는 『베오울프』(*Beowulf*)이다.

기독교의 전파 이후 기독교의 신의 이미지가 앵글로색슨족의 신화적 영웅의 이미지와 결합되면서 앵글로색슨족의 영웅 서사시와 기독교적 종교시가 융화된 시의 형태가 출현했다. 캐드먼(Caedmon)의 『찬미가』(*Hymn*)와 퀴너울프의 『십자가의 꿈』(*Dream of the Rood*), 『방랑자』(*The Wanderer*), 『바다 항해자』(*The Seafarer*)가 대표적으로 영웅시와 종교시가 결합된 고대 영문학 작품이다.

(2) 고대 영시 장르

① 이교도 시(The Pagan Poetry)
  ⊙ 영웅 서사시(Heroic Epic)
    ⓐ 음유시인들이 영웅들의 설화를 서술하는 시의 형식으로서, 장중하고 비장한 어조로 영웅들의 무용담과 영웅들의 삶을 노래한다.
    ⓑ 왕에 대한 충성, 신하에 대한 보상과 관대함 같은 군신사회의 미덕과 영웅의 용맹함 등을 주제로 한다.
    ⓒ 대표작품 : *Beowulf, The Battle of Maldon, Dream of the Rood*
  ⓛ 애가(Elegy)
    ⓐ 고독과 방랑, 잃어버린 영광, 삶의 유한성, 자연이 주는 고통, 인생의 고단함 등을 주제로 삼고, 우울하고 어두운 분위기를 갖고 있다.
    ⓑ 화자의 심정을 세밀하게 기술하고, 분위기를 고양하기 위해 자연의 변화와 자연에 대한 경외를 묘사한다.
    ⓒ 대표작품 : *Widsith, The Seafarer, The Wanderer*

② 기독교 시(The Christian Poetry)
  ⊙ 기독교가 전파된 이후 종교적 주제를 다루는 기독교 시가 만들어졌으며, 북유럽의 게르만 신화적 속성과 고대 영국의 앵글로색슨족의 영웅적 기상이 융화된 형태로 발전되었다.
  ⓛ 대표작품 : *Hymn, The Dream of the Rood*

(3) 고대 영시의 특징적 기법

① Kenning(완곡 대칭법) 중요
   Kenning은 완곡 대칭법, 우언법, 대칭, 곁말 등으로 번역이 되는 고대 영시의 특징적 기법으로서 명사를 다른 말, 즉 동의어, 복합어 또는 어군으로 풀어서 표현하는 기법이다. 일반적으로 사용되는 명사 대신에 여러 단어로 이루어진 복합어를 사용하면서 명사가 가리키는 대상을 우회적으로 표현하는 은유법이다.
   [예]
   • 바다(sea) → 백조의 길(the swan's path), 고래의 길(the whale's road)
   • 선원(sailor) → 바다 여행자(sea-traveller), 바다 사람(seaman)
   • 태양(sun) → 하늘의 초(the candle of heaven), 하늘의 보석(the jewel of the sky)

② Alliteration(두운) 중요
   Alliteration은 강세가 있는 자음을 연속적으로 반복하면서 시에 리듬과 음악성을 부여하는 형식으로서 강약을 리듬의 기초로 삼고 있다. 각운이 발달하지 않은 고대 영어에서 두운을 통해 시에 리듬과 음악성을 확보한다. 고대 영시에서 나타나는 강세를 가진 자음의 반복은 중세 영시의 운율(meter)과 압운(rhyme)과는 대조를 이룬다.
   [예]
   • Hunger and hardship's heaviest burdens.
   • Tempest and terrible toil of the deep.

③ **Ironic understatement(반어적 축소진술)** 중요

Ironic understatement는 모든 것을 사실 이하로 표현함으로써 실제로는 그 표현 이상이거나 그 표현과는 전혀 다르다는 것을 암시하는 수사적 기법이다. 이 기법을 통해 사실을 실제보다 과장하기보다는 오히려 반어적으로 축소하여 진술함으로써 실제 사건에 내재한 정서와 가치를 간접적으로 전달한다. 낭만적인 요소가 결여된 암울하고 어두운 분위기와 주제를 가진 고대 영시는 반어적 축소진술을 통해 감정을 절제하고 더 높은 차원으로 승화하여 표현한다.

예) *Battle of Maldon*에서 도망치는 영국인들을 반어적 축소진술을 통해 묘사한다.
→ They cared not for battle(그들은 전쟁을 좋아하지 않았다).

3 고대 산문

고대 산문은 고대 영시의 발달 이후 9세기경부터 발전했다. 알프레드 대왕이 유럽의 선진 문화와 학문을 영국으로 유입하기 위해 라틴어 서적을 영어로 번역하도록 장려한 것이 고대 산문의 발전의 계기가 되었다. 알프레드 대왕의 지시로 이루어진 번역 작품은 『철학의 위안』(*De Consolatione Philosophiae*), 『영국 교회사』(*Historia Ecclesiastica Gentis Anglorum*), 『시편』(*Psalms*) 등이 있다.

대표작품으로는 『앵글로색슨 연대기』(*Anglo-Saxon Chronicle*)가 있다. 이는 기독교 전파의 시작과 이후 영국의 역사에 대해 기술하고 있고, 고대 영어와 산문의 발달에 기여했다.

제 3 장 대표 작가와 작품

1 『베오울프』(*Beowulf*) 중요

(1) 작품의 중요성

작자 미상으로, 고대 영어로 쓰인 현존하는 가장 오래된 영문학 작품인 『베오울프』는 영웅 서사시로서 3,182행으로 이루어져 있다. Sir Robert Bruce Cotton이 소장하고 있던 이 작품의 유일한 필사본은 10세기 말에 필사된 것으로 추정되며, 당시의 사회상과 고대 영어 연구를 위한 중요한 사료로서 평가된다. 앵글로색슨족의 영웅주의적 가치관과 당시의 장례 풍습과 같은 사회 문화적 요소도 담겨 있다. 앵글로색슨족의 방언(후기 West-Saxon)으로 쓰인 이 작품을 통해 고대 영어의 형성과정과 구전으로 전승된 고대 게르만 영웅 서사문학의 형태와 주제를 연구할 수 있다.

(2) 문학적 특징

약 750년경에 쓰인 것으로 추정되는 『베오울프』는 고대 영시의 특징적 요소인 Kenning(완곡 대칭법)과 Alliteration(두운)을 사용하고 있고 비장하고 장엄하면서도 운명 앞에 무력한 모습으로 인해 음울하고 어두운 비극적 분위기를 연출한다. 앵글로색슨족의 전사의 용맹성을 강조하는 영웅주의적 가치관이 잘 드러나고 군주와 그를 따르는 신하들 간의 충성서약과 합당한 보상이라는 코미타투스(comitatus)도 잘 드러난다. 구전되는 이야기를 성직자들이 문자로 기록했기 때문에 이 작품은 앵글로색슨족의 비기독교적 전통과 기독교적 전통 간의 융화가 잘 이루어져 있다. 비기독교적인 전통을 가진 앵글로색슨족의 영웅주의적 기상, 원수에 대한 복수의 정당화, 화장 혹은 수장과 같은 비기독교적 장례 풍습의 요소들과 카인의 후예로 묘사되는 그렌델과 같은 구약 성서의 모티프들과 신의 뜻을 따르겠다고 고백하는 베오울프의 모습 등과 같은 기독교적 요소가 적절하게 융화되고 혼재되어 있다. 베오울프는 괴물을 물리치는 영웅적 기상을 갖고 있으며, 동시에 카인의 후손이며 하나님의 원수로 묘사되는 인류를 괴롭히는 괴물로부터 백성들을 구하기 위해 십자가에서 자신을 희생하는 기독교적 영웅의 모습을 갖고 있다.

(3) 줄거리 및 주요 등장인물

『베오울프』는 덴마크 데인족(Dane)의 흐로스가르(Hrothgar) 왕의 전설에 기반을 두고, 독일의 북방 지역과 스칸디나비아 사이에 위치하고 있는 호수, 늪지대, 바다, 궁전 등을 공간적 배경으로 설정하고 있다. 궁전에서의 삶, 괴물과 용감하게 사투를 벌이는 영웅, 육지와 바다에서 자연의 힘에 저항하면서 살아가는 사람들의 모습 등을 묘사하고 있다. 『베오울프』는 데인족의 전설적인 왕인 쉴드 쉐핑(Scyld Scefing)과 그 자손들에 대한 이야기를 2부로 구성하여 총 3,182행으로 묘사하는 영웅 서사시이다.

① 1부(1-2199행)

쉴드 쉐핑의 후손 흐로스가르 왕은 헤오롯(Heorot) 왕궁을 세우고 축하연을 열었다. 왕궁 밑에 살고 있던 수중 괴물 그렌델(Grendel)은 연회의 소음 때문에 왕궁을 침입하여 신하 30명을 살해한다. 이후 12년 동안 계속해서 그렌델은 사람들을 괴롭히며 악명을 떨친다. 기트족(Geats, 예아트족)의 왕 히겔락(Hygelac)의 신하 베오울프는 자신의 아버지가 흐로스가르 왕으로부터 은혜를 입었었기 때문에 은혜를 갚기 위해 14명의 용맹한 부하들을 데리고 바다를 건너 그렌델을 물리치러 온다. 헤오롯 궁에 도착한 베오울프는 맨몸으로 그렌델의 한 팔을 잘라내며 괴물을 물리친다. 흐로스가르 왕은 그렌델을 물리친 베오울프와 그 부하들을 위해 헤오롯 궁에서 다시 연회를 베풀고, 보물을 하사한다. 웰데오(Wealhtheow) 왕비도 직접 베오울프에게 술을 따르면서 그의 영웅적 기상에 고마움을 표현한다. 하지만 다음 날 괴물 그렌델의 어머니인 마녀가 아들 그렌델의 복수를 위해 헤오롯 궁을 침입하여 흐로스가르 왕의 신하를 살해한다. 베오울프는 마녀의 은신처까지 추격하여 마녀를 물리치고, 은신처에 숨어 있던 그렌델의 머리를 잘라 전리품으로 취한다. 마녀와 그 아들까지 모두 처리한 베오울프는 흐로스가르 왕에게 환대와 선물을 받으며 자신의 왕국으로 귀환한다.

② 2부(2200-3182행)

베오울프는 자신의 왕국의 왕인 히겔락 왕과 그의 아들 히르드레드(Heardred)까지 전쟁 중에 사망한 상황에서 자신이 직접 기트족(Geats, 예아트족)의 왕이 되어 50년 동안 통치한다. 평화롭게 통치를 이어 갔지만 통치 말년에 보물을 약탈당한 용(Dragon)이 왕국을 침탈한다. 베오울프는 자신의 조카 위그라프(Wiglaf)를 포함한 11명의 부하들과 함께 용을 물리치기 위해 출정한다. 용과의 전투 중 베오울프의 칼이 부러지고 모든 부하들이 도망갔지만 조카 위그라프는 끝까지 남아 함께 용을 물리친다. 용과의 전투에서 치명상을 입은 베오울프는 결국 죽음을 맞이하게 된다. 왕비, 신하들, 백성들은 베오울프의 시신을 화장하면서 높이 솟아오르는 연기와 불길을 보며 애도의 노래를 부르는 장면으로 시는 마무리된다.

③ 『베오울프』(*Beowulf*)의 일부

Beowulf(Old English version)[1]	Beowulf(modern English translation)[2]
Hwæt. We Gardena in geardagum, þeodcyninga, þrym gefrunon, hu ða æþelingas ellen fremedon. Oft Scyld Scefing sceaþena þreatum, monegum mægþum, meodosetla ofteah, egsode eorlas. Syððan ærest wearð feasceaft funden, he þæs frofre gebad, weox under wolcnum, weorðmyndum þah, oðþæt him æghwylc þara ymbsittendra ofer hronrade hyran scolde, gomban gyldan. þæt wæs god cyning. ðæm eafera wæs æfter cenned, geong in geardum, þone god sende folce to frofre; fyrenðearfe ongeat	LO, praise of the prowess of people-kings of spear-armed Danes, in days long sped, we have heard, and what honor the athelings won! Oft Scyld the Scefing from squadroned foes, from many a tribe, the mead-bench tore, awing the earls. Since erst he lay friendless, a foundling, fate repaid him: for he waxed under welkin, in wealth he throve, till before him the folk, both far and near, who house by the whale-path, heard his mandate, gave him gifts: a good king he! To him an heir was afterward born, a son in his halls, whom heaven sent to favor the folk, feeling their woe

---

1) https://www.poetryfoundation.org/poems/43521/beowulf-old-english-version
2) https://www.poetryfoundation.org/poems/50114/beowulf-modern-english-translation

þe hie ær drugon aldorlease	that erst they had lacked an earl for leader
lange hwile. Him þæs liffrea,	so long a while; the Lord endowed him,
wuldres wealdend, woroldare forgeaf;	the Wielder of Wonder, with world's renown.
Beowulf wæs breme blæd wide sprang,	Famed was this Beowulf: far flew the boast of him,
Scyldes eafera Scedelandum in.	son of Scyld, in the Scandian lands.
Swa sceal geong guma gode gewyrcean,	So becomes it a youth to quit him well
fromum feohgiftum on fæder bearme,	with his father's friends, by fee and gift,
þæt hine on ylde eft gewunigen	that to aid him, aged, in after days,
wilgesiþas, þonne wig cume,	come warriors willing, should war draw nigh,
leode gelæsten; lofdædum sceal	liegemen loyal: by lauded deeds
in mægþa gehwære man geþeon.	shall an earl have honor in every clan.
Him ða Scyld gewat to gescæphwile	Forth he fared at the fated moment,
felahror feran on frean wære.	sturdy Scyld to the shelter of God.
Hi hyne þa ætbæron to brimes faroðe,	Then they bore him over to ocean's billow,
swæse gesiþas, swa he selfa bæd,	loving clansmen, as late he charged them,
þenden wordum weold wine Scyldinga;	while wielded words the winsome Scyld,
leof landfruma lange ahte.	the leader beloved who long had ruled....
þær æt hyðe stod hringedstefna,	In the roadstead rocked a ring-dight vessel,
isig ond utfus, æþelinges fær.	ice-flecked, outbound, atheling's barge:
Aledon þa leofne þeoden,	there laid they down their darling lord
beaga bryttan, on bearm scipes,	on the breast of the boat, the breaker-of-rings,
mærne be mæste. þær wæs madma fela	by the mast the mighty one. Many a treasure
of feorwegum, frætwa, gelæded;	fetched from far was freighted with him.
ne hyrde ic cymlicor ceol gegyrwan	No ship have I known so nobly dight
hildewæpnum ond heaðowædum,	with weapons of war and weeds of battle,
billum ond byrnum; him on bearme læg	with breastplate and blade: on his bosom lay
madma mænigo, þa him mid scoldon	a heaped hoard that hence should go
on flodes æht feor gewitan.	far o'er the flood with him floating away.
Nalæs hi hine læssan lacum teodan,	No less these loaded the lordly gifts,
þeodgestreonum, þon þa dydon	thanes' huge treasure, than those had done
þe hine æt frumsceafte forð onsendon	who in former time forth had sent him
ænne ofer yðe umborwesende.	sole on the seas, a suckling child.
þa gyt hie him asetton segen geldenne	High o'er his head they hoist the standard,
heah ofer heafod, leton holm beran,	a gold-wove banner; let billows take him,
geafon on garsecg; him wæs geomor sefa,	gave him to ocean. Grave were their spirits,
murnende mod. Men ne cunnon	mournful their mood. No man is able
secgan to soðe, selerædende,	to say in sooth, no son of the halls,
hæleð under heofenum, hwa þæm hlæste onfeng.	no hero 'neath heaven, — who harbored that freight!
ða wæs on burgum Beowulf Scyldinga,	Now Beowulf bode in the burg of the Scyldings,
leof leodcyning, longe þrage	leader beloved, and long he ruled
folcum gefræge fæder ellor hwearf,	in fame with all folk, since his father had gone
aldor of earde, oþþæt him eft onwoc	away from the world, till awoke an heir,
heah Healfdene; heold þenden lifde,	haughty Healfdene, who held through life,
gamol ond guðreouw, glæde Scyldingas.	sage and sturdy, the Scyldings glad.
ðæm feower bearn forð gerimed	Then, one after one, there woke to him,
in worold wocun, weoroda ræswa,	to the chieftain of clansmen, children four:
Heorogar ond Hroðgar ond Halga til;	Heorogar, then Hrothgar, then Halga brave;
hyrde ic þæt wæs Onelan cwen,	and I heard that — was —'s queen,

Heaðoscilfingas healsgebedda. þa wæs Hroðgare heresped gyfen, wiges weorðmynd, þæt him his winemagas georne hyrdon, oðð þæt seo geogoð geweox, magodriht micel. Him on mod bearn þæt healreced hatan wolde, medoærn micel, men gewyrcean þonne yldo bearn æfre gefrunon, ond þær on innan eall gedælan geongum ond ealdum, swylc him god sealde, buton folcscare ond feorum gumena. ða ic wide gefrægn weorc gebannan manigre mægþe geond þisne middangeard, folcstede frætwan. Him on fyrste gelomp, ædre mid yldum, þæt hit wearð ealgearo, healærna mæst; scop him Heort naman se þe his wordes geweald wide hæfde. He beot ne aleh, beagas dælde, sinc æt symle. Sele hlifade, heah ond horngeap, heaðowylma bad, laðan liges; ne wæs hit lenge þa gen þæt se ecghete aþumsweorum, æfter wælniðe wæcnan scolde.	the Heathoscylfing's helpmate dear. To Hrothgar was given such glory of war, such honor of combat, that all his kin obeyed him gladly till great grew his band of youthful comrades. It came in his mind to bid his henchmen a hall uprear, a master mead-house, mightier far than ever was seen by the sons of earth, and within it, then, to old and young he would all allot that the Lord had sent him, save only the land and the lives of his men. Wide, I heard, was the work commanded, for many a tribe this mid-earth round, to fashion the folkstead. It fell, as he ordered, in rapid achievement that ready it stood there, of halls the noblest: Heorot he named it whose message had might in many a land. Not reckless of promise, the rings he dealt, treasure at banquet: there towered the hall, high, gabled wide, the hot surge waiting of furious flame. Nor far was that day when father and son-in-law stood in feud for warfare and hatred that woke again.

2 캐드먼(Caedmon)

캐드먼(Caedmon)은 고대 영문학의 대표적인 기독교 시인이다. 7세기 후반에 활동했던 캐드먼은 앵글로색슨족의 언어로 시를 창작했고 구약 성서의 이야기와 기독교적 주제로 시를 창작했다. 그의 작품에는 앵글로색슨족의 영웅 서사시의 특징과 기독교적인 요소가 결합되어 있다.

(1) 작품활동
① 『창세기 A』(*Genesis A*)
② 『창세기 B』(*Genesis B*)
③ 『출애굽기』(*Exodus*)
④ 『그리스도와 사탄』(*Christ and Satan*)

(2) 대표작품
① 『찬미가』(*Hymn*) 중요
   캐드먼이 꿈속에서 창조주의 분부를 받고 노래를 부르는데 이 노래는 창조주의 천지창조를 찬미하는 내용이며, 이후 밀턴(Milton)의 『실낙원』(*Paradise Lost*)에 영감을 주었다.

② 『찬미가』(*Hymn*)의 일부3)

Hymn(Old English version)	Hymn(Modern English version)
Nū scylun hergan / hefaenrīcaes Uard,	Now [we] shall honour / heaven-kingdom's Ward,
metudæs maecti / end his mōdgidanc,	the measurer's might / and his mind-plans[a],
uerc Uuldurfadur, / suē hē uundra gihuaes,	the work of the Glory-father[b] / as he of each wonder,
ēci dryctin / ōr āstelidæ	eternal lord, / the origin established;[c]
hē ǣrist scōp / aelda barnum	he first created[d] / for the children of men[e]
heben til hrōfe, / hāleg scepen.	heaven for a roof, / holy shaper.[f]
Thā middungeard / moncynnæs Uard,	Then Middle-earth / mankind's Ward,
eci Dryctin, / æfter tīadæ	eternal Lord, / after titled,
fīrum foldu, / Frēa allmectig.	the lands for men,[g] / Lord almighty.

3 퀴너울프(Cynewulf)

퀴너울프(Cynewulf)는 8세기에 활동한 고대 영문학사의 중요한 기독교 시인이다. 퀴너울프는 고대 영어와 일상적 표현을 활용하여 신약 성경의 내용과 기독교적 주제로 시를 창작했다. 성서의 이야기가 시의 주요한 소재였지만 앵글로색슨족의 서사 양식과 문화적 특징을 시에 담고 있다.

(1) 작품활동 : 『그리스도』(*Christ*)

예수 그리스도의 강림, 승천, 최후의 심판의 내용을 바탕으로 3부작으로 구성되어 있다.

(2) 대표작품 : 『십자가의 꿈』(*Dream of the Rood*) 중요

한 평범한 나무가 시인에게 자신이 어떻게 예수 그리스도의 십자가가 되었는지 이야기하고 이를 통해 시인이 믿음을 갖게 되는 내용이다.

4 고대 애가

애가(Elegy)는 가혹한 자연이 주는 고단함과 가혹함, 잃어버린 영광, 고독, 방랑, 삶의 유한함, 운명 등과 같은 주제를 다루고 전체적으로 우울하고 어두운 분위기를 갖고 있다. 특히 고대 앵글로색슨족이 맞서야 했던 바다의 추위와 엄혹함 그리고 거대한 숲과 들판의 황량함 등이 담겨 있다.

---

3) https://en.wikipedia.org/wiki/C%C3%A6dmon%27s_Hymn

(1) 『바다 항해자』(*The Seafarer*)의 일부4) 중요

The Seafarer(Old English version)	The Seafarer(Modern English version)
Mæg ic be me sylfum soðgied wrecan, siþas secgan, hu ic geswincdagum earfoðhwile oft þrowade, bitre breostceare gebiden hæbbe,[1a] gecunnad in ceole cearselda fela,[1b] atol yþa gewealc, þær mec oft bigeat nearo nihtwaco æt nacan stefnan, þonne he be clifum cnossað.	This is my self's true song, my sea-lay's-saga— of how I endured life's hardships, wrenching anguish, bitter breast-cares ... and still do! Tested at the keel of many a care-hold, rocked by wild waves' relentless poundings each anxious night-watch, soaked at the stern when tossed close to cliffs!

(2) 『방랑자』(*The Wanderer*)의 일부5) 중요

The Wanderer(Old English version)	The Wanderer(Modern English version)
Oft him anhaga are gebideð, metudes miltse, þeah þe he modcearig geond lagulade longe sceolde hreran mid hondum hrimcealde sæ wadan wræclastas. Wyrd bið ful aræd! Swa cwæð eardstapa, earfeþa gemyndig, wraþra wælsleahta, winemæga hryre: Oft ic sceolde ana uhtna gehwylce mine ceare cwiþan. Nis nu cwicra nan þe ic him modsefan minne durre sweotule asecgan.	Often the solitary one finds grace for himself the mercy of the Lord, Although he, sorry-hearted, must for a long time move by hand along the waterways, (along) the ice-cold sea, tread the paths of exile. Events always go as they must! So spoke the wanderer, mindful of hardships, of fierce slaughters and the downfall of kinsmen: Often (or always) I had alone to speak of my trouble each morning before dawn. There is none now living to whom I dare clearly speak of my innermost thoughts.

---

4) http://www.thehypertexts.com/The%20Seafarer%20English%20Translation%20Michael%20R.%20Burch.htm
5) http://www.anglo-saxons.net/hwaet/?do=get&type=text&id=wdr

제1편 실전예상문제

01 고대의 영국에는 부족 국가들이 존재했고 국가의 체제를 갖추지는 못했다. 켈트족 또한 청동과 철기를 사용하면서 농사를 지었지만, 국가의 체제를 형성하지는 못했다.

01 고대 켈트족(Celtics)에 대한 설명으로 옳지 않은 것은?

① 용맹을 미덕으로 간주했고, 호전적이었다.
② 청동과 철기를 사용하면서 국가의 체제를 형성했다.
③ 농업을 기반으로 하는 가족 중심, 부족 중심의 공동체 문화를 형성했다.
④ 몸에 그림이나 문양을 새기는 풍습을 갖고 있었기 때문에 로마인들이 브리튼(Brythons)으로 불렀다.

02 앵글로색슨족은 오늘날 영국의 실질적인 조상으로 여겨지고, 그중에서도 앵글족의 영향력이 더 강력했기 때문에 앵글족의 나라(Angles' land)라는 의미에서 잉글랜드(England)가 유래되었고, 앵글족의 언어라는 의미의 앵글리쉬(Anglish)에서 오늘날의 잉글리쉬(English)가 유래되었다.

02 고대 앵글로색슨족(Anglo-Saxon) 대한 설명으로 옳지 않은 것은?

① 북유럽의 신화와 전설을 구비 문학의 형태로 갖고 있었다.
② 4세기 초 로마의 쇠퇴로 켈트족을 밀어내고 영국을 지배하게 되었다.
③ 영웅적인 삶에 대한 찬미와 군주에 대한 충성심을 중요한 미덕으로 간주했다.
④ 색슨족의 나라(Saxon's land)라는 의미에서 잉글랜드(England)가 유래되었다.

정답 01 ② 02 ④

03 알프레드 대왕(Alfred the Great)에 대한 설명으로 옳지 않은 것은?

① 학교를 설립하고, 교육을 확대했다.
② 알프레드 대왕이 통치하던 9세기 후반 무렵 영국은 문화적으로 비약적 발전을 이루었다.
③ 로마인이었던 알프레드 대왕은 유럽의 선진 학문을 영국에 보급했고, 라틴어의 영국 내 확산에 기여했다.
④ 신실한 기독교 신자였던 알프레드 대왕은 비드(Bede)가 라틴어로 쓴 『영국 교회사』(Historia Ecclesiastica Gentis Anglorum)를 영어로 번역하게 했다.

> 03 알프레드 대왕(Alfred the Great)은 앵글로색슨족이었고, 871년에 바이킹족을 몰아내고 영국의 통치권을 차지하면서 정치적인 안정기를 이룩하게 된다. 또한 알프레드 대왕은 로마의 보에티우스(Boethius)가 라틴어로 쓴 『철학의 위안』(De Consolatione Philosophiae)을 영어로 번역하도록 지시했고, 『앵글로색슨 연대기』(Anglo-Saxon Chronicle)를 영어로 편찬하도록 지시하는 등 고대 영어의 발전에 크게 기여했다.

04 고대 영어(Old English)에 대한 설명으로 옳지 않은 것은?

① 앵글족의 언어인 앵글리쉬(Anglish)에 그 기원을 두고 있다.
② 현대의 영어보다 라틴어에 더 가까운 특징들을 포함하고 있다.
③ 바이킹의 침략을 통해 스칸디나비아 어휘들의 영향을 받게 되었다.
④ 앵글리쉬(Anglish)는 특히 앵글족과 색슨족으로 이루어진 게르만어에 기원을 두고 있다.

> 04 고대 영어(Old English)는 450년부터 노르만 정복으로 인해 프랑스어가 본격적으로 유입되는 시기인 1100년까지의 언어를 가리킨다. 고대 영어는 현대의 영어보다 독일어에 더 가까운 특징들을 포함하고 있고, 독일어에서 특징적으로 보여주는 어형의 변화와 인칭, 수, 성, 격 등의 어휘변화를 포함하고 있다.

05 고대 영문학의 특징으로 옳지 않은 것은?

① 호전적인 앵글로색슨족이 지향했던 영웅주의적 요소가 포함되어 있다.
② 구전으로 전승이 이루어지다가 기독교의 유입 후 7세기부터 글로 기록되었다.
③ 군신사회의 미덕인 충성, 명예, 용기 등과 같은 가치가 반영되어 있다.
④ 기독교적인 성서의 내용은 중세에 시작되고, 주로 북유럽 신화 내용이 많이 깃들어 있다.

> 05 기독교적 요소와 이교적(비기독교적) 요소의 결합은 고대 영문학 작품의 특징이다. 7세기에 유입된 기독교의 성서 내용과 같은 기독교 문화적 요소들과 게르만 민족의 북유럽 신화 내용과 같은 비기독교적 문화적 요소가 융화되어 있다.

정답 03 ③ 04 ② 05 ④

06 기독교의 전파 이후 기독교의 신의 이미지가 앵글로색슨족의 신화적 영웅의 이미지와 결합되면서 앵글로색슨족의 영웅 서사시와 기독교적 종교시가 융화된 시의 형태가 출현했다.

07 영웅 서사시(Heroic Epic)는 음유시인들이 영웅들의 설화를 서술하는 시의 형식으로서, 장중하고 비장한 어조로 영웅들의 무용담과 영웅들의 삶을 노래한다.

08 애가(Elegy)에 대한 설명이다. 베오울프(*Beowulf*)는 대표적인 고대의 영웅 서사시(Heroic Epic) 작품이다.

06 고대 영시의 특징으로 옳지 않은 것은?

① 낭만적인 요소가 거의 없고 분위기가 매우 어둡다.
② 왕에 대한 충성과 같은 군신사회의 미덕을 주제로 했다.
③ 공동체를 위해 운명과 맞서 싸우는 비장함을 가진 영웅 서사시가 주를 이룬다.
④ 기독교적 종교시는 중세 시대부터 출현했다.

07 괄호 안에 들어갈 말로 가장 알맞은 것은?

( )은(는) 음유시인들이 영웅들의 설화를 서술하는 시의 형식으로서, 장중하고 비장한 어조로 영웅들의 무용담과 영웅들의 삶을 노래한다.

① Elegy
② Heroic Epic
③ Pagan Poetry
④ Christian Poetry

08 다음 설명에 해당하는 작품이 아닌 것은?

고독과 방랑, 잃어버린 영광, 삶의 유한성, 자연이 주는 고통, 인생의 고단함 등을 주제로 삼고, 우울하고 어두운 분위기를 갖고 있다.

① *Widsith*
② *Beowulf*
③ *The Seafarer*
④ *The Wanderer*

정답 06 ④ 07 ② 08 ②

09 괄호 안에 들어갈 말로 가장 알맞은 것은?

> ( )은(는) 고대 영시의 특징적 기법으로서 명사를 다른 말, 즉 동의어, 복합어 또는 어군으로 풀어서 표현하는 기법이다.

① Irony
② Satire
③ Allegory
④ Kenning

09 Kenning(완곡 대칭법)은 완곡 대칭법, 우언법, 대칭, 곁말 등으로 번역이 되는 고대 영시의 특징적 기법으로서 명사를 다른 말, 즉 동의어, 복합어 또는 어군으로 풀어서 표현하는 기법이다.

10 다음 설명에 해당하는 작품은?

> 고대 영문학 시기의 대표적인 산문 작품으로서 기독교 전파의 시작과 이후 영국의 역사에 대해 기술하고 있고, 고대 영어와 산문의 발달에 기여했다.

① *Psalms*
② *Anglo-Saxon Chronicle*
③ *De Consolatione Philosophie*
④ *Historia Ecclesiastica Gentis Anglorum*

10 『앵글로색슨 연대기』(*Anglo-Saxon Chronicle*)는 기독교 전파의 시작과 이후 영국의 역사에 대해 기술하고 있고, 고대 영어와 산문의 발달에 기여했다.

11 *Beowulf*에 대한 설명 중 옳지 <u>않은</u> 것은?

① 영웅 서사시이다.
② 코미타투스(comitatus)가 드러난다.
③ Kenning(완곡 대칭법)과 Alliteration(두운)을 사용하고 있다.
④ 기독교적 전통은 배제하고 앵글로색슨족의 고유의 전통인 북유럽 신화를 포함한다.

11 『베오울프』(*Beowulf*)는 구전되는 이야기를 성직자들이 문자로 기록했기 때문에 이 작품은 앵글로색슨족의 비기독교적 전통과 기독교적 전통 간의 융화가 잘 이루어져 있다.

정답 09 ④ 10 ② 11 ④

12 『찬미가』(*Hymn*)는 캐드먼이 꿈속에서 창조주의 분부를 받고 노래를 부르는데 이 노래는 창조주의 천지창조를 찬미하는 내용이며, 이후 밀턴(Milton)의 『실낙원』(*Paradise Lost*)에 영감을 주었다.

13 애가(Elegy)는 가혹한 자연이 주는 고단함과 가혹함, 잃어버린 영광, 고독, 방랑, 삶의 유한함, 운명 등과 같은 주제를 다루고 전체적으로 우울하고 어두운 분위기를 갖고 있다.

정답 12 ① 13 ①

12 다음 설명에 해당하는 작품은?

> 캐드먼이 꿈속에서 창조주의 분부를 받고 노래를 부르는데 이 노래는 창조주의 천지창조를 찬미하는 내용이며, 이후 밀턴(Milton)의 『실낙원』(*Paradise Lost*)에 영감을 주었다.

① *Hymn*
② *Exodus*
③ *Genesis*
④ *Christ and Satan*

13 괄호 안에 들어갈 말로 가장 알맞은 것은?

> (   )은(는) 시 형식으로서 가혹한 자연이 주는 고단함과 가혹함, 잃어버린 영광, 고독, 방랑, 삶의 유한함, 운명 등과 같은 주제를 다루고 전체적으로 우울하고 어두운 분위기를 갖고 있다.

① Elegy
② Lyric
③ Heroic Epic
④ Dramatic Poetry

14 다음 설명에 해당하는 작가는?

> 8세기에 활동한 고대 영문학사의 중요한 기독교 시인이다. 고대 영어와 일상적 표현을 활용하여 신약 성경의 내용과 기독교적 주제로 시를 창작했다. 대표작품은 『그리스도』(*Christ*), 『십자가의 꿈』(*Dream of the Rood*)이다.

① Alfred
② Caedmon
③ Boethius
④ Cynewulf

14 제시문은 퀴너울프(Cynewulf)에 대한 설명이다.

정답 14 ④

훌륭한 가정만한 학교가 없고, 덕이 있는 부모만한 스승은 없다.
– 마하트마 간디 –

제 2 편

중세 시대
(Medieval Age, 1066-1485)

제1장	시대적 배경
제2장	문학의 특징
제3장	대표 작가와 작품
실전예상문제	

| 단원 개요 |

중세 영문학의 시기는 노르만 정복(Norman Conquest)을 통해 노르만 왕조가 건립된 1066년부터 장미전쟁에서 승리한 헨리 7세가 튜더(Tutor) 왕조를 세운 1485년 전까지를 가리킨다. 봉건제도(Feudalism)의 도입과 정착으로 인해 철저한 신분사회가 만들어졌고, 지배 계층의 프랑스 언어와 문화가 유입되었다. 이 시기의 문학적 특징은 로맨스(Romance) 장르의 성행, 여성 인물이 등장하는 대중 문학적 성격, 종교 문학의 발전 등이 있다.

| 출제 경향 및 수험 대책 |

수험생들이 초점을 맞추어야 하는 학습 요소로는 로맨스 장르의 특징적 요소인 기사도(Chivalry), 궁정풍 연애(Courtly Love) 이야기의 개념과 관련 작품들, 중세 시대 영시의 특징인 Alliteration(두운법)을 활용한 서사시에 대한 개념과 작품들, 발라드(Ballad) 장르에 대한 이해, 중세 드라마의 특징적 요소인 신비극(Mystery Play), 기적극(Miracle Play), 도덕극(Morality Play), 영문학의 아버지로 불리는 제프리 초서(Geoffrey Chaucer)와 그의 작품 『캔터베리 이야기』(*The Canterbury Tales*) 등이 있다.

※ 수험생의 학습과 이해를 돕기 위해 대부분의 작가와 작품명을 한글(영어) 형식으로 병기했습니다. 실제 시험에서는 주로 영어로 표기되오니 참고하시기 바랍니다.

보다 깊이 있는 학습을 원하는 수험생들을 위한
시대에듀의 동영상 강의가 준비되어 있습니다.

www.sdedu.co.kr ➔ 회원가입(로그인) ➔ 강의 살펴보기

제 1 장 시대적 배경

1 노르만 정복과 노르만 왕조(1066-1154)

스칸디나비아 북부 지역에 정착했던 노르만족(Normans)은 10세기 무렵에 프랑스의 북부 지역을 차지하고 1066년에 헤이스팅스(Hastings) 전투에서 앵글로색슨족을 몰아내고 영국을 점령하게 된다. 용맹한 해양 민족으로 알려진 노르만의 통치자 윌리엄(William)이 영국을 정복하고 통치하기 시작한 시기는 영국의 중세 영문학 시기의 시작점이다. 노르만은 봉건제도(Feudalism)를 통해 윌리엄 왕을 중심으로 하는 중앙 집권적 통치체계를 갖추고 켈트족(Celts)은 영국의 북부 지역으로 밀려난다.

(1) 봉건제도 확립 중요

노르만 정복이 영국 사회에 가져온 가장 큰 변화 중 하나는 봉건제도의 도입과 정착이다. 윌리엄 왕은 정복 왕으로서 각지의 영주들에게 봉토를 수여하면서 그에 대한 보답으로 왕에게 충성을 요구하는 중앙 집권적 통치 방식인 봉건제도를 확립한다. 봉건제도(Feudalism)는 신하가 왕에게 받은 봉토(feud)에서 유래되었고, 사회를 통치하는 중세의 대표적인 정치제도이다. 봉건제도는 유럽 대륙에서 처음으로 만들어진 이후 윌리엄을 통해 본격적으로 영국에 도입되고 정착되었다. 봉건제도는 피라미드식 신분 제도로서 정점에 왕이 존재하고, 그 아래에는 각 지역을 관할하는 제후 계급 즉, 귀족과 성직자들이 존재한다. 그리고 이들을 지켜주는 기사 계급이 그 아래에 존재하고 가장 아래에는 농부와 농노 계급이 존재한다.

윌리엄 왕은 봉건제도를 통해 권력의 가장 정점에 위치하게 되었고, 토지를 소유한 노르만족들은 제후 계급이 되었으며, 토착민이었던 앵글로색슨족은 자작농인 농부(villein)와 농노(serf)로 전락했다. 봉건제도 정착 이후 영국 사회는 왕, 제후(영주), 기사, 자작농(농부), 농노(노예)로 이어지는 계층 구분이 명확한 신분 사회가 되었다.

> **더 알아두기**
>
> **Three Estates Theory**
> Three Estates Theory는 중세의 사회 구성 이론으로서 사회 계급이 성직자, 기사, 농민 총 세 계급으로 구성된다는 이론이다. Three Estates Theory를 통해 중세 사회는 종교의 권위를 지키는 성직자 계급, 정권을 지키기 위해 싸우는 기사 계급, 농업에 종사하는 농민 계급으로 명확히 구분되는 철저한 신분 계급 사회로 전환되었음을 유추할 수 있다.

(2) 프랑스 문화의 유입 중요

노르만 정복의 결과로 지배 계급과 교회의 권력자들이 프랑스인들로 교체되면서 자연스럽게 프랑스 언어와 문학의 영향을 받게 되었다. 1066년 노르만 정복 이후 영국에 프랑스 언어와 문화가 본격적으로 유입된다. 왕과 지배 계층들이 프랑스어를 사용하면서 자연스럽게 사법, 행정 영역에서 프랑스어가 공식적으로 사용되기 시작한다.

유럽과 영국의 교회에서는 라틴어가 사용되었고, 사회 정치적 지배 계층들이 프랑스어를 사용하면서 앵글로색슨족의 영어가 하층민의 언어로 전락함으로써 영어로 쓰인 문학과 문화도 상대적으로 위축된다.

2 플랜태저넷(Plantagenet) 왕조(1154-1399)

(1) 노르만과 프랑스의 결합

1087년 영국에 노르만 왕조를 열었던 정복 왕 윌리엄 1세가 죽고 그의 셋째 아들 헨리 1세(Henry I)가 왕위에 오른다. 헨리 1세는 자신의 후계자인 아들이 왕위를 계승하지 못하고 사망하자 자신의 딸 마틸다(Matilda)를 프랑스 앙주(Anjou) 백작 제프리 플랜태저넷(Geoffrey Plantagenet)과 결혼시키고, 그 아들 헨리 2세(Henry II)에게 왕위를 승계한다. 이로써 노르만 혈통과 프랑스 혈통의 플랜태저넷 왕조(The Plantagenet)가 세워졌다.

(2) 영국 왕권과 교회의 충돌

헨리 2세는 영국에 프랑스의 화려한 궁정 문화를 도입하고 강력한 왕권을 확립했다. 하지만 캔터베리 대주교였던 토마스 베케트(Thomas Becket)와 헨리 2세가 성직자에 대한 교회의 독립적인 재판권 문제 때문에 대립하는 과정에서 헨리 2세에게 충성했던 4명의 암살자들이 베케트를 캔터베리 대성당에서 살해했다. 베케트는 순교자로 반열에 오르고 성당은 영국의 순례지로 선정된다. 이 사건을 계기로 헨리 2세는 교황의 권위에 굴복하고 영국에 순회재판 판사를 지명하고 배심원의 기능을 확대해 사법제도를 정착시켰다.

베케트의 암살에 대한 이야기는 중세 시대 제프리 초서(Geoffrey Chaucer)의 『캔터베리 이야기』(*The Canterbury Tales*)와 20세기 T. S. 엘리엇(Thomas Stearns Eliot)의 『대성당의 살인』(*Murder in the Cathedral*)의 소재가 되었다.

3 백년전쟁(1337-1453)

영국에 노르만 왕조를 세운 윌리엄 1세의 사후 왕권은 헨리 1세, 헨리 2세, 십자군전쟁에 참전하여 전사한 사자왕 리처드 1세(Richard I), 왕권을 축소하는 대헌장(Magna Carta, 1215)에 서명했던 존(John) 왕, 헨리 3세, 스코틀랜드 정복에 실패했지만 궁정에서 영어를 다시 사용한 에드워드 1세(Edward I), 에드워드 2세(Edward II)

로 이어진다. 에드워드 3세는 왕권을 강화하고 상업과 무역을 발전시킴으로써 국력을 신장했다. 에드워드 3세는 1328년에 프랑스 카페 왕조의 마지막 후손인 샤를 4세(Charles IV)가 계승자 없이 사망하자 자신의 어머니가 샤를 4세의 여동생이므로 프랑스의 왕권에 대한 정당성을 가진다고 주장하며 프랑스와 백년전쟁을 시작한다. 백년전쟁을 겪는 동안 1349년에는 흑사병(Black Death)으로 국민의 약 40%가 죽고, 1381년에는 농민봉기(Peasants' Revolt)가 일어나면서 사회가 매우 불안정해졌다.

백년전쟁 초기에는 프랑스 영토의 상당 부분을 차지하기도 했지만 프랑스의 영웅 잔 다르크의 활약 등으로 인해 종국에는 프랑스의 영토를 모두 잃게 되면서 1453년에 전쟁이 종결된다. 영국은 전쟁에서 패배했지만 이 백년간의 전쟁을 통해 노르만족과 앵글로색슨족 간의 진정한 연합과 융화를 경험하면서 하나의 영국이 되는 계기를 마련했다.

4 장미전쟁(1455-1485)

프랑스와의 백년전쟁의 패배 직후인 1455년에 영국에서는 또다시 30년간의 전쟁 즉, 장미전쟁(Wars of the Roses, 1455-1485)이 발발한다. 1455년부터 1485년까지 30년 동안 계속되었던 이 전쟁은 요크 가(York)의 문장이 흰색 장미이고, 랭카스터 가(Lancaster)의 문장이 붉은 장미이기 때문에 장미전쟁(Wars of the Roses)으로 명명된다.

프랑스와의 백년전쟁으로 쇠락한 귀족 세력은 회복할 시간도 없이 연이은 30년간의 장미전쟁으로 인해 완전히 쇠락하게 된다. 영국의 가장 막강했던 두 가문 간의 전쟁으로 인해 귀족의 숫자가 급격히 줄어들고 귀족 세력의 힘이 약해지면서 영국의 봉건제도가 약화되었고, 이는 이후 영국의 절대왕정 형성의 교두보가 된다.

5 유럽의 십자군전쟁(1096-1270)

7세기 말부터 계속된 이슬람교도들의 침략에 대항해 유럽의 기독교 국가들은 종교적 성지 회복이라는 명분으로 십자군전쟁(The Crusade)을 일으킨다. 11세기 유럽 국가들은 생산성 증가, 인구의 증가, 군사력의 강화, 식민지 확장에 대한 야망 등과 같은 여러 가지 사회적, 경제적 목적과 이교도들에 의해 침범당한 성지의 회복이라는 종교적인 목적을 명분으로 십자군전쟁을 일으켰지만, 결과적으로 실패하면서 교회와 교황의 권위가 추락하고 봉건제도 또한 서서히 위협 받게 된다. 하지만 십자군전쟁으로 인해 동양과 서양 간의 물품과 문화의 교류가 활발해지고 그 범위가 확대된다.

봉건제도라는 틀 안에서 국내의 농업 생산을 기반으로 자급자족하던 국가들이 동양과의 교역을 통해 무역 활동이 활발해지면서 상인 계층이 성장하고 엄격한 신분 사회의 근간이 되던 봉건제도 또한 쇠락하기 시작한다.

6 중세 영어

(1) 중세 초기 영어

노르만 공국의 통치자 윌리엄 왕이 1066년에 영국을 정복한 노르만 정복 이후 영국에서는 앵글로색슨족의 언어인 영어가 홀대 받게 된다. 노르만 정복 이후 궁정에서는 프랑스어가 사용되고 공식적으로 프랑스어가 모든 사법 영역과 행정 영역에서 기록 언어로 사용된다. 아울러 교회에서는 여전히 라틴어가 주 언어로 사용되었다. 앵글로색슨족의 영어는 지배 계급의 언어인 프랑스어에 의해 상당한 영향을 받게 되면서 고대 영어의 복잡한 굴절 어미가 간소화되고 프랑스 계열의 어휘가 만들어졌다.

(2) 영어의 암흑기

노르만 정복이 일어난 1066년부터 존 왕이 프랑스에 패배했던 1204년까지의 약 150년이 영어의 암흑기로 명명된다. 이후 영국 지배 계급 내부에서 영어에 관심을 갖고 확대 사용되기 시작하면서, 에드워드 1세가 궁정에서 영어를 공식적으로 사용했고 자신의 이름도 프랑스어가 아닌 영어식으로 작명했다. 1349년 이후 영어가 학교에서 사용되었고, 위클리프(John Wycliff)가 라틴어 성경을 영어로 번역하는 작업을 본격화하면서 중세 표준 영어의 확립에 크게 기여했다.

(3) 중세 영어

영어가 궁정과 학교에서 본격적으로 다시 사용되는 1350년 이후부터 근대 영어가 형성되는 시기인 1500년까지를 중세 영어(Middle English)로 명명한다. 중세 영어는 고대 영어와 형태적으로 뚜렷하게 구별되고 프랑스어, 라틴어, 고대 영어, 각 지역 방언 영어의 요소들이 혼재되어 있다. 윌리엄 캑스턴(William Caxton)이 인쇄기를 통해 당시의 문학 작품을 대량으로 보급할 수 있는 활로를 개척하면서 영국 전역과 많은 국민들에게 영어를 보급할 수 있는 계기가 마련되었다.

7 중세 시대의 기독교

왕이 봉건제도의 위계질서상 가장 정점에 위치했지만 왕의 권력을 압도하는 권위는 중세 기독교의 수장인 로마의 교황이다. 가톨릭은 교회 내의 위계질서가 존재했고, 교황은 그 위계질서의 정점에 위치하여 정치적 정점에 위치한 왕권과 대립하기도 했지만 중세 시대는 왕권보다 교황권이 더 강했다. 영국 교회는 윌리엄 1세가 노르만 정복으로 왕위에 오르면서 세속 권력으로서 막강한 영향력을 행사하기 시작했고, 수도원을 통해 종교적인 가르침과 그리스 로마의 고전 작품도 가르치고 보급했다.

국민의 약 40%의 생명을 앗아간 1349년의 흑사병(Black Death) 때문에 교황과 교회의 권위가 흔들리고, 성직자들의 부패와 타락으로 인해 영국 교회는 민심까지 잃게 된다. 위클리프가 라틴어 성경을 영어로 번역하여 일반 대중들에게 성경의 내용을 보급하고, 교회의 개혁과 교회와 교황의 권위에 저항하는 운동을 주도하면서 교회의 권위가 흔들리기 시작했다. 위클리프의 영향으로 이후 농민 반란이 일어나고, 동양과 서양 간의 교역이 확대되면서 상인 계층이 성장하고, 르네상스 시대로 이행하기 위한 분위기가 고조되면서 교회의 영향력이 감소했다. 교회와 성직자의 부패상은 윌리엄 랭런드(William Langland)의 『농부 피어스의 꿈』(*The Vision of Piers Plowman*)과 제프리 초서(Geoffrey Chaucer)의 『캔터베리 이야기』(*The Canterbury Tales*) 등과 같은 당시 문학 작품에서 묘사되고 있다.

제 2 장 │ 문학의 특징

1 중세 영문학의 특징적 요소

(1) 대중 문학과 여성 인물의 등장

비장하고 비극적이며 어두운 분위기의 고대 영문학 작품과는 대조적으로 중세 영문학 작품은 대중 문학 즉, 서민 문학적 특징을 갖고 있다. 고대와 달리 중세 작품에서 다루는 내용과 주제가 다양해졌고 형식적인 측면에서도 로맨스, 궁정풍 연애, 서정시, 교훈극, 신비극, 기적극 등과 같은 다양한 장르가 출현했다. 그리고 작품 속에 여성 인물들이 등장하면서 여성들의 변화된 사회적 지위를 반영하고 있다. 여성에 대한 사회적인 인식의 전환과 사고방식의 변화를 엿볼 수 있는 여성 인물의 등장은 매우 고무적이었지만 문학 작품 속의 여성들은 다소 정형화(stereotype)되고, 고착화된 인물로 묘사되었다. 여성을 포함한 다양한 계층의 인물들이 등장하고 묘사되었다.

절대악으로 상징되는 괴물과의 사투를 벌이는 영웅주의적 인물들의 이야기, 전쟁과 자연이 주는 혹독함과 맞서는 공동체의 이야기에 초점을 맞추었던 고대 문학 작품과는 대조적으로, 중세 영문학 작품에서는 다양한 계층, 인물, 일상 속의 이야기들과 군상들이 묘사된다. 중세의 문학 작품은 왕이나 귀족층뿐만 아니라 일반적인 대중들의 삶과 일상적 경험들을 묘사하는 대중 문학적 성격을 갖고 있다.

(2) 로맨스 장르 중요

11세기에 프랑스에서 유행했던 로맨스(Romance) 장르는 기사들의 모험과 연애 이야기를 주된 내용으로 다루었으며 주로 라틴어나 프랑스어로 쓰였다. 영국은 주로 프랑스 귀족들이 라틴어와 프랑스어로 썼던 작품들을 통해 로맨스 장르를 접하다가 13세기부터 영어로 쓴 로맨스 작품들이 등장했고, 이후 16세기까지 인기를 얻었다.

로맨스 장르는 로마의 소재(matter), 프랑스의 소재, 그리고 영국의 소재로 나뉜다. 로마의 소재는 트로이, 알렉산더 대왕, 줄리어스 시저 등과 같은 고대의 고전 작품의 내용을 주제로 삼고, 프랑스의 소재는 샤를마뉴(Charlemagne) 대제와 그의 기사들의 영웅시에 가까운 무훈시가 주를 이루고, 영국의 소재는 아서왕과 원탁의 기사들이다.

로맨스 작품들은 구비 문학의 전통 속에서 낭독을 쉽게 할 수 있도록 Alliteration(두운법)을 활용하여 창작되었다. 영국의 로맨스 작품의 내용은 기사의 헌신적인 사랑과 모험, 이상적인 여인과의 궁정풍 연애 이야기(Courtly Love)가 주를 이루었고, 기독교의 영향력이 강화되면서 성자들의 이야기와 훈화들과 같은 종교적 우화가 포함되기도 했다. 로맨스 작품들은 이국적이고 초자연적인 설정과 내용이 주를 이루었고, 현실 속의 실제 문제들을 다루기보다는 현실과 괴리가 있는 이야기들을 다루었기 때문에 도피문학(Escape Literature)으로 명명되기도 한다.

영국의 로맨스는 초기에는 시로 창작되었고 이후 산문의 형태로도 창작되었다. 영국의 로맨스 작품들은 초자연적이고 현실과 동떨어진 기사도 정신과 낭만적인 사랑 이야기 등을 다루며, 세밀한 묘사와 선악의 대립, 정형화된 인물, 행복한 결말 등과 같은 특징을 갖고 있고, 이후 18세기 낭만주의(Romanticism) 작품들에 영향을 끼쳤다.

대표적인 작품으로는 아서왕(King Arthur)의 전설을 작자 미상 혹은 가웨인(Gawain)이 창작한 것으로 알려진 『가웨인 경과 녹색의 기사』(Sir Gawain and the Green Knight)와 토마스 말로리(Thomas Malory)의 『아서왕의 죽음』(Le Morte D'Arthur)이 있다.

> **더 알아두기**
>
> **기사도(Chivalry)**
>
> 기사도는 말을 뜻하는 프랑스어 cheval에서 유래하였으며, 기사도 정신은 봉건제도로 인해 생겨났다. 왕, 귀족, 성직자를 보호하는 역할을 하는 계층인 중세의 기사(knight)들은 명예, 충성, 용맹, 적에 대한 관대함, 약자 보호, 예절 등과 가치를 중시하는 기사도 정신으로 무장했다. 기사들은 여성에 대한 존중심, 교회에 대한 순종, 국왕에 대한 충성심을 교육 받았고, 중세 로맨스 장르의 주요 등장인물이다. 로맨스 문학에 기사들이 핵심 인물들로 등장하기 때문에 중세의 로맨스 문학을 기사도 문학이라고 명명하기도 한다.

(3) 궁정풍 연애(Courtly Love) 이야기 중요

궁정풍 연애는 로맨스 장르의 주요 주제이다. 중세 시대는 기독교의 영향력이 강력했기 때문에 이성 간의 사랑은 금기시되었고, 광기 혹은 잘못된 육체적인 열정으로 간주되었다. 궁정풍 연애의 내용은 기사들이 자신이 흠모하는 귀족 부인에게 사랑을 고백하지만 냉담한 반응과 거절을 마주하는 이야기들로 구성된다. 기사들이 무릎을 꿇은 채로 귀족 부인을 진귀한 보물, 아름다운 꽃 등에 비유하고 동시에 자신을 하인, 감옥에 갇힌 죄수, 포로 등으로 비유하면서 사랑을 고백하지만 여성은 차갑게 반응하면서 구애를 거절한다. 이러한 구성은 봉건제도 속에서 신하가 군주에게 충성 서약을 하는 것과 같은 구성을 갖고 있다. 궁정풍 연애 이야기가 감각적이고 비윤리적으로 보일 수 있지만, 실제로는 중세 시대에 십자군 원정과 같은 전쟁으로 인해 주군이 자리를 비웠을 때 충성의 대상이 주군의 부인이라는 사실을 부각시키고, 동시에 냉담한 거절을 통해 귀부인의 정절을 강조하고 있다.

(4) 종교 문학

중세 시대는 기독교의 시대라고 해도 과언이 아니며 기독교의 영향을 받은 종교적인 내용과 주제를 다룬 종교 문학이 발전했다. 14세기 후반부터 종교적인 주제와 내용을 다룬 종교 문학 작품들은 기독교의 교리, 인간의 원죄, 인간의 나약함, 성화의 삶, 인간의 부도덕한 삶에 대한 비판 등과 같은 이야기들을 다루고 있다. 중세 시대에는 교회가 학문을 실질적으로 독점했고, 개인의 윤리적 책임보다는 영적인 책임과 구원에 대해 강조했기 때문에 자연스럽게 문학 작품들 속에 기독교적인 주제와 내용들이 포함되었다.

대표적인 작품은 윌리엄 랭런드(William Langland)의 『농부 피어스의 꿈』(The Vision of Piers the Plowman)과 존 가워(John Gower)의 『사랑하는 남자의 고백』(Confessio Amantis) 등이 있다.

2 중세 영시

(1) 중세 영시의 특징

중세 영시의 가장 특징적인 요소는 낭만주의적 성향이며, 가장 특징적인 장르는 로맨스이다. 봉건제도의 산물인 기사도와 궁정풍 연애 이야기를 다루는 로맨스는 이국적인 공간 배경과 초자연적인 기사들의 모험담 그리고 군주에 대한 충성, 용맹, 절개를 연애 이야기를 통해 비유하고 있는 궁정 연애 이야기를 담고 있다.

영어가 궁정과 학교에서 본격적으로 다시 사용되었던 14세기 후반부터 Alliteration(두운법)을 활용한 다수의 서사시가 창작된다. 이 시기의 영시는 고대 영시의 특징적인 기법인 두운법을 다시 적극적으로 활용하면서 두운법이 부흥한 시기로 일컬어진다.

중세 영시의 대표적인 시인으로는 『캔터베리 이야기』(The Canterbury Tales)를 창작한 제프리 초서(Geoffrey Chaucer)가 있고, 우화적 인물을 통해 중세의 교회와 성직자의 부패를 풍자하면서 1391년 농민반란을 촉발했다는 평가를 받는 『농부 피어스의 꿈』(The Vision of Piers Plowman)을 창작한 윌리엄 랭런드(William Langland)가 있다. 또한 『사랑하는 남자의 고백』(Confessio Amantis)을 창작한 존 가워(John Gower) 등 많은 시인들이 있다.

(2) 발라드(Ballad) 중요

춤, 노래를 의미하는 프랑스어 ballade에서 유래한 발라드(Ballad, 민요)는 12세기부터 일반 대중들 사이에서 자연적으로 발행되어 구전되던 영시이다. 영국과 스코틀랜드 접경 산악 지대 사회의 소박한 일상을 노래하는 발라드가 등장하여 구전되는 과정에서 수정되고 정형화를 거친다. 일상적 사건, 가정의 비극, 초자연적 신비, 전쟁, 성서의 내용 등을 주제로 삼고 있다.

랭카스터 가와 요크 가 사이의 왕위 쟁탈을 위한 내전인 장미전쟁으로 인해 위대한 작가와 작품들의 창작활동은 일시적으로 위축되었지만 서민들의 노래인 발라드를 통해 아름다운 서정시들이 창작되었다.

① **발라드의 형식**

발라드의 형식은 4행시(quatrain), 리듬은 첫째 행과 셋째 행은 약강 4보격, 둘째 행과 넷째 행은 약강 3보격, 각운은 abab 또는 abcd의 규칙적인 운율을 가진다.

② **발라드의 종류**

㉠ 민중 발라드(Folk ballad)

소박하고 사실적인 묘사를 통해 간결한 이야기를 노래한다.

㉡ 음유시인 발라드(Minstrel ballad)

귀족에 고용된 전문적인 시인들에 의해 불리고 주로 귀족 가문의 이야기와 영광을 노래한다. 담담하고 투박한 분위기의 Folk ballad와는 대조적으로 개인의 감정에 호소한다.

㉢ 통속 발라드(Broadside ballad)

조용한 시골의 일상을 사실적으로 묘사하는 Folk ballad가 도시에 변용된 형태로서 주로 국가적으로 중요한 사건들을 노래한다.

③ 중세 발라드 대표작품
  ㉠ 『랜달 경』(Lord Randal)
  ㉡ 『패트릭 스펜스 선장』(Sir Patrick Spens)
  ㉢ 『로빈후드와 지주들』(Robinhood and Squires)

3 중세 드라마

(1) 예배극 형식으로 부활한 드라마

중세 시대는 영국 드라마의 태동기이며 성경을 읽지 못하는 대중들에게 성서의 내용을 전달하기 위해 성서 내용을 극화함으로써 드라마가 본격적으로 공연되었다. 풍요와 다산의 신이자 술의 신 디오니소스를 기리는 제의에서 유래된 드라마(희곡, 극)는 5세기까지 성행했지만 6세기부터 교회에 의해 저속한 문화적 놀이로 규정되었고 탄압을 받았다.

교회는 비윤리적 극들의 상연을 금지했지만 종교적 목적을 위한 유용성을 발견하였다. 10세기에 글을 알지 못하는 대중에게 성서의 내용을 전달하기 위해 예배 의식으로 극이 활용되기 시작하면서 교회에 의해 드라마가 다시 활발해졌다. 영국에서는 12세기부터 부활절, 성탄절과 같은 교회의 중요한 의식에서 극 형식이 사용되었다. 설교단에서 성직자가 배우의 역할을 하면서 성서 내용을 잘 알지 못하는 신도들에게 기독교의 진리를 시각적으로 가르치기 시작했다.

13세기에 본격적으로 출현하는 중세 시대 드라마는 세속적인 내용을 다루는 드라마는 없었고, 성서의 내용을 극화하여 교회 예배 의식 중 사용되었다. 13세기부터 15세기에 이르기까지 드라마가 발전하면서 성서의 일화와 교훈을 내용으로 하는 신비극, 성서의 성인들의 기적을 내용으로 하는 기적극, 기독교의 진리와 교훈을 다루는 도덕극, 막간극의 형태로 발전했다.

(2) 신비극(Mystery Play) 중요

교회의 예배 형식으로 드라마가 부활한 초창기에는 예수의 탄생, 십자가에서의 고난, 부활 등과 같은 예수의 생애와 구약 성서의 내용들을 극화시켰다. 성서에 있는 중요한 이야기들과 신비로운 일들을 극화시켰기 때문에 초기 극들을 신비극(Mystery Play)이라고 명명했고, 교회에서 성직자들이 대본을 만들고, 직접 배우로 등장하여 공연하였다. 이후 13세기부터는 성직자가 아닌 일반인들도 배우 역할을 수행했고, 성서 내용을 소재로 교회의 대문 밖, 외부 광장, 도시의 거리 등에 무대를 설치하여 성서적 내용의 연극을 공연했다. 대표작품으로는 『코퍼스 크리스티 사이클 플레이』(Corpus Christi Cycle Play)가 있다.

(3) 기적극(Miracle Play)

중세 초기 신비극이 성서에 등장하는 일화를 통해 종교적 신비와 교훈을 그 내용으로 했다면 기적극은 순교자와 성인들의 기적을 극화시킨 극 형식이다. 성서에 있는 이야기보다 더 많은 이야기들을 원하던 신자들에게 성인들과 순교자의 이야기와 기적들을 극화시켰다. 성서적 배경과 공간을 넘어서서 성인들의 삶과 기적을 묘사하는 과정에서 일상 속의 배경과 내용들이 포함되었고, 이후 세속극에 대한 열망으로 이어지는 단초가 되었다. 이후 비성경적인 이야기와 일반인들의 삶의 모습들이 극에 삽입되면서 기적극은 16세기에 쇠락했다. 대표작품으로는 『제2목동극』(*The Second Shepherd's Play*)이 있다.

(4) 도덕극(Morality Play) 중요

중세 극 형식 중 가장 중요한 도덕극은 15세기 후반에 본격적으로 나타났다. 도덕극은 Allegory(우화, 풍유)를 통해 인간들의 죄와 구원, 종교적 교훈과 진리를 표현하고 극화했다. 도덕극에는 고유의 이름을 가진 극중 인물이 등장하는 것이 아니라 선인(Virtue)과 악인(Vice)으로 불리는 인류를 대표하는 인물들이 등장한다. 그리고 극중 인물들이 Allegory(풍유)를 통해 신앙(Faith), 자비(Charity), 진리(Truth), 재산(Good), 친구(Fellowship), 지식(Knowledge) 등으로 등장하면서 추상적 개념의 의인화도 발생한다. 도덕극은 관객들에게 교훈을 주기 위한 목적이 우선하기 때문에 교훈적인 내용과 설교에 가까운 내용을 담고 있다. 대표작품으로는 『만인』(*Everyman*), 『인내의 성』(*The Castle of Perseverance*) 등이 있다.

> **더 알아두기**
>
> **Allegory(우화, 풍유)**
>
> 풍유(諷諭), 비유, 우의(寓意), 상징 등으로 번역되며 추상적인 개념을 직접적으로 나타내지 않고 다른 구체적인 사물이나 대상을 이용해 표현하는 문학의 형식이다. 교훈을 전달하기 위한 도덕극 형식의 대표작품인 『만인』(*Everyman*)에서 재산(Good), 친구(Fellowship), 지식(Knowledge) 등과 같은 추상적 개념을 Allegory를 통해 의인화하고 있다.

(5) 막간극(Interlude)

막간극은 연극의 사이에 상연된 세속적인 소극이다. 교회의 성직자들에 의해 교회에서 공연되었던 도덕극은 점점 인기와 규모가 커져서 야외 극장에 무대를 설치하고 전문적으로 연극을 상연하는 연극단체(Guild)가 설립되었다. 도덕극들이 교훈적인 내용에만 강조점을 두었기 때문에 도덕극의 막간에 세속적이고 정치적 혹은 종교적 주제에 대해 해학적이고 희극적인 요소를 가미한 풍자극 형태의 막간극이 발달하게 되었다. 도덕극이 인생의 전반적인 부분과 인생의 교훈을 극의 내용으로 선택했다면 막간극은 인생의 단면을 희극성과 해학성을 통해 풀어내는 풍자극이다. 대표작품으로는 『4인의 P들』(*The four P's*)이 있다.

4 중세 산문

중세 시대는 산문이 발달하지 않았지만 위클리프(John Wycliff)가 1382년에 라틴어 성서를 영어로 번역하면서 중세 시대 표준 영어의 확립에 크게 기여했다. 또 다른 산문 작품과 작가로는 『존 맨더빌 경의 여행기』(*The Travels of Sir John Mandeville*)를 창작한 것으로 추정되는 존 맨더빌(John Mandeville)이 있다.

제3장 대표 작가와 작품

1 제프리 초서(Geoffrey Chaucer, 1343-1400) 중요

(1) 작가 소개

중세 시대 영국의 가장 위대한 시인이자 영국 시의 창시자이며 영국 문학의 아버지로 불리는 초서는 1343년에 런던의 중산 계급인 포도주 상인의 아들로 태어났고, 어린 시절부터 궁정에서 시종으로 일하면서 프랑스어, 라틴어에 조예가 깊었고 문학, 과학, 예술 등의 영역을 자연스럽게 공부하게 되었다. 이후 군인, 외교관, 세무감독관, 공사감독, 치안판사, 국회의원 등의 직업을 거치면서 다양한 인간 군상들을 경험하게 된다. 작가로서의 초서의 인생은 총 3기로 나뉜다.

① 1기(1359-1372)

초서가 당시 유행하던 문학 장르인 프랑스의 궁정풍 연애 이야기에 심취한 시기로서 당시의 문학을 공부한 시기이다.

② 2기(1372-1386)

초서의 문학을 만든 최대의 이정표로 간주되는 1372년 겨울부터 1373년 봄까지의 이탈리아 여행을 통해 초서는 당시 이탈리아의 르네상스 문학 운동을 경험했다. 아울러 단테와 보카치오 같은 이탈리아의 르네상스 작가들과 작품에 큰 영향을 받게 된다. 당시 이탈리아 르네상스 작가들의 문학적 기법인 라임 로열(Rime Royal)과 영웅 대구(Heroic Couplet) 형식은 초서의 작품에서도 발견된다. 이 시기 초서의 작품은 『선한 여성들의 전설』(The Legend of Good Women)과 『트로일러스와 크리세이드』(Troilus and Criseyde)가 있다.

③ 3기(1386-1400)

이 시기는 초서가 프랑스와 이탈리아의 작가와 작품들을 모방하는 것을 넘어서서 영국적인 소재와 영국 사회와 전 계층의 인물들을 담아내는 초서만의 독창적인 세계를 구현한 작품을 창작한 시기이다. 이 시기의 대표적인 작품은 초서의 대표작품으로 간주되는 『캔터베리 이야기』(The Canterbury Tales)이다.

(2) 초서 문학의 특징

초서는 영문학의 아버지로 불리는 중세 영문학을 대표하는 시인이다. 초서는 이탈리아 여행을 통해 당시 이탈리아를 관통하던 르네상스 문학의 물결을 경험했고, 동시에 단테(Dante), 페트라르카(Petrarca), 보카치오(Boccaccio)와 같은 이탈리아의 작가와 작품들로부터 큰 영감을 얻었다.

여행에서 돌아온 초서는 이탈리아 작가의 작품들과는 다른 약점과 개성을 가진 인물 유형, 다양한 계층의 언어를 사용하는 인물 유형, 긍정적인 측면과 부정적인 측면을 모두 보여주는 영국의 전 사회 계층의 인물 유형을 통해 영국의 다양한 계층들의 가치관, 일상생활 등을 자신의 대표작 『캔터베리 이야기』(The Canterbury Tales)를 통해 묘사했다.

초서의 작품에는 14세기 영국의 사회상, 영국 사회 전 계층의 인물 군상과 일상 언어 등이 잘 묘사되어 있다. 초서의 작품은 인간, 사회, 자연에 대한 관찰, 비극과 희극적 요소를 모두 가진 인생의 문제 등을 주제로 다루고 있고 중세 영국 사회의 전 계층별 인물을 사실주의적으로 묘사하고 있다. 초서는 간결한 언어와 평범한 생활 언어를 사용하였다.

특히 초서는 라틴어와 프랑스어를 통달했음에도 불구하고 런던 지방의 방언인 동부 방언(East Midland)으로 작품을 창작함으로써 동부 방언이 대표적인 공인 영어로서의 지위를 갖게 했다.

(3) 『캔터베리 이야기』(The Canterbury Tales)

① 구성

『캔터베리 이야기』는 1386년부터 초서가 쓰기 시작해서 1400년에 초서의 죽음과 함께 미완으로 끝난 작품이지만 영문학사에서 최고의 작품 중 하나로 평가받고 있다. 여러 인물들과 작품의 상황을 설명하고 총 860행으로 이루어진 『캔터베리 이야기』의 총 서시(General Prologue)는 순교자 토마스 베케트(Thomas Becket)의 성지인 캔터베리 성당으로 가는 각계각층의 순례자들이 런던 교외의 타바드(Tabard) 여관에 모이게 되면서 이야기가 시작된다. 여관의 주인이 순례자들 중에서 각자의 이야기를 두 가지씩 해서 가장 잘 한 사람에게 포상을 베풀기로 하면서 이야기가 시작된다.

총 서시에서는 마지막에 합류한 성당참사회의원(Canon)과 종자(Yeoman)를 포함한 총 31명의 순례자들이 등장하고, 미완성 작품 2편을 포함한 총 24편의 이야기가 전해지고 있다. 순례자들은 기사(Knight), 여성 수도원장(Prioress), 수사(Monk)부터 청지기(Reeve), 자유농민(Franklin)에 이르기까지 당시 영국의 각계각층을 대변하는 인물들이며 이들의 이야기는 설교문, 성인전, 우화, 로맨스 등의 다양한 형식과 내용으로 전달된다.

24편의 이야기 구성
- <기사 이야기>(Knight's Tale)
- <방앗간 주인 이야기>(Miller's Tale)
- <장원 관리인 이야기>(Reeve's Tale)
- <요리사 이야기>(Cook's Tale)
- <변호사 이야기>(Man of Law's Tale)
- <바스의 여인네 이야기>(Wife of Bath's Tale)
- <수도사 이야기>(Friar's Tale)
- <법정 소환계 이야기>(Summoner's Tale)
- <신학생 이야기>(Clerk's Tale)
- <상인 이야기>(Merchant's Tale)
- <기사의 종자 이야기>(Squire's Tale)
- <소지주 자작농 이야기>(Franklin's Tale)
- <의사 이야기>(Physician's Tale)
- <속죄사 이야기>(Pardoner's Tale)
- <선원 이야기>(Shipman's Tale)
- <여자 수도원장 이야기>(Prioress's Tale)

- <기사 토파스 경 이야기>(Sir Thopas's Tale)
- <멜리비 이야기>(Melibee's Tale)
- <수도사 이야기>(Monk's Tale)
- <수녀원 사제 이야기>(Nun's Priest's Tale)
- <수녀 이야기>(Second Nun's Tale)
- <성당참사회의원 종자 이야기>(Canon's Yeoman's Tale)
- <식료품 조달원 이야기>(Manciple's Tale)
- <목사 이야기>(Parson's Tale)

② **문학적 특성**
   ㉠ 『캔터베리 이야기』는 등장인물들이 각자의 이야기를 서술하는 보카치오의 『데카메론』과 유사한 형식을 갖고 있고 실제로 많은 영향을 받았다. 『데카메론』의 이야기 서술 형식을 차용했지만 초서는 영국의 전 계층을 대변할 수 있는 다양한 인물들의 간결한 일상언어를 통해 그 시대의 사회상, 서민들의 삶 등과 같은 부분들을 사실주의적으로 세밀하게 묘사하면서 동시에 풍자하였다.
   ㉡ 약강 5보격(Iambic pentameter)에 각운(Rhyme)을 추가한 영웅 대구(Heroic Couplet) 형식과 라임 로열(Rime Royal)을 활용하였다. 초서의 『캔터베리 이야기』는 중세 영어 연구에 있어서도 매우 중요한 위치를 차지하고 있다.
   ㉢ 귀족 인물과 언어에 초점을 둔 유럽의 작품과는 대조적으로 초서는 여성 인물을 포함한 귀족부터 서민까지 아우르는 전 계층의 인물과 언어를 통해 당대의 시대상을 사실적으로 담아냈다.

③ 『캔터베리 이야기』(*The Canterbury Tales*)의 일부[1]

The Canterbury Tales : General Prologue

Whan that Aprille with his shoures soote,
The droghte of March hath perced to the roote,
And bathed every veyne in swich licóur
Of which vertú engendred is the flour;
Whan Zephirus eek with his swete breeth
Inspired hath in every holt and heeth
The tendre croppes, and the yonge sonne
Hath in the Ram his halfe cours y-ronne,
And smale foweles maken melodye,
That slepen al the nyght with open ye,
So priketh hem Natúre in hir corages,
Thanne longen folk to goon on pilgrimages,
And palmeres for to seken straunge strondes,
To ferne halwes, kowthe in sondry londes;

---

[1] https://www.poetryfoundation.org/poems/43926/the-canterbury-tales-general-prologue

And specially, from every shires ende
Of Engelond, to Caunterbury they wende,
The hooly blisful martir for to seke,
That hem hath holpen whan that they were seeke.
Bifil that in that seson on a day,
In Southwerk at the Tabard as I lay,
Redy to wenden on my pilgrymage
To Caunterbury with ful devout corage,
At nyght were come into that hostelrye
Wel nyne and twenty in a compaignye
Of sondry folk, by áventure y-falle
In felaweshipe, and pilgrimes were they alle,
That toward Caunterbury wolden ryde.
The chambres and the stables weren wyde,
And wel we weren esed atte beste.
And shortly, whan the sonne was to reste,
So hadde I spoken with hem everychon,
That I was of hir felaweshipe anon,
And made forward erly for to ryse,
To take oure wey, ther as I yow devyse.

But nathelees, whil I have tyme and space,
Er that I ferther in this tale pace,
Me thynketh it acordaunt to resoun
To telle yow al the condicioun
Of ech of hem, so as it semed me,
And whiche they weren and of what degree,
And eek in what array that they were inne;
And at a Knyght than wol I first bigynne.
A Knyght ther was, and that a worthy man,
That fro the tyme that he first bigan
To riden out, he loved chivalrie,
Trouthe and honóur, fredom and curteisie.
Ful worthy was he in his lordes werre,
And thereto hadde he riden, no man ferre,
As wel in cristendom as in hethenesse,
And evere honóured for his worthynesse.
At Alisaundre he was whan it was wonne;
Ful ofte tyme he hadde the bord bigonne
Aboven alle nacions in Pruce.

> In Lettow hadde he reysed and in Ruce,—
> No cristen man so ofte of his degree.
> In Gernade at the seege eek hadde he be
> Of Algezir, and riden in Belmarye.
> At Lyeys was he, and at Satalye,
> Whan they were wonne; and in the Grete See
> At many a noble armee hadde he be.

2 『가웨인 경과 녹색의 기사』(Sir Gawain and the Green Knight, 1375) 중요

(1) 작자 미상 혹은 시인 가웨인(Gawain)이 14세기 후반에 창작한 것으로 알려진 『가웨인 경과 녹색의 기사』는 중세 로맨스 문학의 전형적인 형식과 내용을 갖고 있다. 아서왕(King Arthur)의 이야기를 두운과 압운 형식의 총 2,500행으로 묘사하고 있다.

아서왕, 아서왕의 조카인 가웨인, 원탁의 기사들과 대결을 원하는 녹색의 기사들 간의 대결이 중심 이야기로 구성된다. 1년에 걸친 대결과 복수 그리고 부인의 유혹을 이겨내는 가웨인의 도덕성 등이 주요한 사건이다. 이 작품은 기사들의 모험, 국왕에 대한 충성심, 기사들의 명예, 기사의 정절, 기사도 등 로맨스 장르의 전형적인 특징들을 모두 포함하고 있고 대중적인 사랑을 받은 작품이다.

더 알아두기

- **두운시의 부흥(Alliteration Revival)**
  14세기 후반 각 행의 강세수 혹은 두운의 음절수의 규칙으로부터 더 자유로운 시들이 창작되었다. 고대 영시와 유사한 두운법을 사용하는 시들이 창작되는 14세기 후반을 두운시의 부흥이라고 명명한다.

- **『가웨인 경과 녹색의 기사』의 작자**
  『가웨인 경과 녹색의 기사』의 작자에 대한 정보는 정확하게 알려져 있지 않다. 일반적으로는 작자를 미상으로 처리하지만 몇몇 학자들은 시인 가웨인(Gawain)이라는 무명의 시인이 쓴 것으로 주장한다. 작자 미상 혹은 가웨인으로 알려진 시인은 중세 로맨스 장르 영시의 대가였고, 고대 영시에서 사용되던 두운법을 사용하면서 두운시의 부흥을 이끌었다. 또한 중세 로맨스 영시의 걸작 중 하나인 『가웨인 경과 녹색의 기사』이외에도 『진주』(Pearl), 『순결』(Purity), 『인내』(Patience) 등과 같은 수작을 창작했다.

(2) 『가웨인 경과 녹색의 기사』(*Sir Gawain and the Green Knight*, 1375)의 일부[2]

SYR GAWAYN AND THE GRENE KNY3T.
[FYTTE THE FIRST.]
I.

Siþen þe sege & þe assaut wat3 sesed at Troye,
Þe bor3 brittened & brent to bronde3 & aske3,
Þe tulk þat þe trammes of tresoun þer wro3t,
Wat3 tried for his tricherie, þe trewest on erthe;
Hit wat3 Ennias þe athel, & his highe kynde,
Þat siþen depreced prouinces, & patrounes bicome
Welne3e of al þe wele in þe west iles,
Fro riche Romulus to Rome ricchis hym swyþe,
With gret bobbaunce þat bur3e he biges vpon fyrst,
& neuenes hit his aune nome, as hit now hat;
Ticius to Tuskan [turnes,] & teldes bigynnes;
Langaberde in Lumbardie lyftes vp homes;
& fer ouer þe French flod Felix Brutus
On mony bonkkes ful brode Bretayn he sette3,
  wyth wynne;
  Where werre, & wrake, & wonder,
  Bi syþe3 hat3 wont þer-inne,
  & oft boþe blysse & blunder
  Ful skete hat3 skyfted synne.

II.

Ande quen þis Bretayn wat3 bigged bi þis burn rych,
Bolde bredden þer-inne, baret þat lofden,
In mony turned tyme tene þat wro3ten;
Mo ferlyes on þis folde han fallen here oft
Þen in any oþer þat I wot, syn þat ilk tyme.
Bot of alle þat here bult of Bretaygne kynges
Ay wat3 Arthur þe hendest; as I haf herde telle;
For-þi an aunter in erde I attle to schawe,
Þat a selly in si3t summe men hit holden,
& an outtrage awenture of Arthure3 wondere3;

---

[2] https://www.gutenberg.org/files/14568/14568-h/14568-h.htm

If 3e wyl lysten þis laye bot on littel quile,
I schal telle hit, as-tit, as I in toun herde,
   with tonge;
  As hit is stad & stoken,
  In stori stif & stronge,
  With lel letteres loken,
  In londe so hat3 ben longe.

III.

Þis kyng lay at Camylot vpon kryst-masse,
With mony luflych lorde, lede3 of þe best,
Rekenly of þe rounde table alle þo rich breþer,
With rych reuel ory3t, & rechles merþes;
Þer tournayed tulkes bi-tyme3 ful mony,
Iusted ful Iolilé þise gentyle kni3tes,
Syþen kayred to þe court, caroles to make.
For þer þe fest wat3 ilyche ful fiften dayes,
With alle þe mete & þe mirþe þat men couþe a-vyse;
Such glaumande gle glorious to here,
Dere dyn vp-on day, daunsyng on ny3tes,
Al wat3 hap vpon he3e in halle3 & chambre3,
With lorde3 & ladies, as leuest him þo3t;
With all þe wele of þe worlde þay woned þer samen,
Þe most kyd kny3te3 vnder kryste seluen,
& þe louelokkest ladies þat euer lif haden,
& he þe comlokest kyng þat þe court haldes;
For al wat3 þis fayre folk in her first age,
   on sille;
  Þe hapnest vnder heuen,
  Kyng hy3est mon of wylle,
  Hit were1 now gret nye to neuen
  So hardy a here on hille.
    MS. werere.

3 『진주』(*Pearl*)3)

작자 미상 혹은 시인 가웨인(Gawain)이 14세기 후반에 창작한 것으로 알려진 『진주』는 중세 로맨스 장르의 시이면서 종교적인 내용을 담고 있는 작품이다. 어린 시절 일찍 세상을 떠난 딸(Pearl)과 꿈속에서 조우하는 아버지의 이야기를 중세 시대의 종교적 분위기와 주제로 담아내고 있다. 두운(Alliteration)과 압운(Rhyme)으로 이루어진 12행이 1연으로 구성되고, 총 101연으로 이루어진 시이다.

Pearl : Section I (Modern English version)

I

1
Pearl, the precious prize of a king,
Chastely set in cherished gold,
In all the East none equalling,
No peer to her could I behold.
So round, so rare, a radiant thing,
So smooth she was, so small of mold,
Wherever I judged gems glimmering
I set her apart, her price untold.
Alas, I lost her in earth's green fold;
Through grass to the ground, I searched in vain.
I languish alone; my heart grows cold
For my precious pearl without a stain.

2
Since in that spot it slipped from me,
I lingered, longing for that delight
That from my sins once set me free
And my happiness raised to the highest height.
Her going wounds me grievously;
It burns my breast both day and night.
Yet I never imagined a melody
So sweet as she, so brief, and slight.
But memory flowed through my mind's sight:
I thought how her color in clods had lain
O dust that dims what once was bright,
My precious pearl without a stain.

---

3) https://www.poetryfoundation.org/poems/50055/pearl-section-i-modern-version

3

Rare spices on that spot must spread;
Such riches there to rot have run,
Blooms of yellow and blue and red,
Their sheen a shimmer against the sun,
Flower and fruit nor faded nor dead,
Where the pearl dropped down in mouldering dun;
Each grass from a lifeless grain is bred,
Else to harvest no wheat were won:
Always from good is good begun.
So seemly a seed could not die in vain,
That sprig nor spice there would be none
Of that precious pearl without a stain.

4

To the spot which I in speech portray,
I entered in that arbor green,
In August on a holy day,
When the corn is cut with sickles keen.
On the little rise where my pearl rolled away,
The fairest flowers formed a screen:
Gillyflower, ginger, gromwell spray,
With peonies powdered in between.
If they were seemly to be seen,
Far sweeter the scents from that domain,
More worthy her dwelling, well I ween,
My precious pearl without a stain.

5

I mourned, hands clenched, before that mound,
For the piercing cold of grief had caught
Me in the doleful dread and bound
My heart, though reason solace sought.
I longed for my pearl, locked in the ground,
While fierce contentions in me fought.
In Christ, though comfort could be found,
My wretched will was still distraught.
I fell upon that flowery plot.
Such odors eddied in my brain,

> To sudden slumber I was brought
> By that precious pearl without a stain.

4 윌리엄 랭런드(William Langland)의 『농부 피어스의 꿈』(The Vision of Piers Plowman) 중요

평범한 농부 피어스(Piers)가 꿈속에서 구약에서 신약에 이르는 성서 속의 역사를 체험하면서 중세 교회의 부패와 타락을 비판하고, 진정한 성서의 진리를 깨닫는 내용이다. 이 작품은 1349년 흑사병으로 인한 사회적·경제적 손실과 1381년에 발생한 농민봉기(Peasants' Revolt)로 인한 사회적 혼란에 영향을 받았다. Allegory(풍유, 우화)를 통해 중세 교회의 부패상을 풍자하고, 하층민들의 실상을 표현했다.

고대 영시의 두운시의 전통을 따르고 있기 때문에 두운시의 부흥을 이끈 시이다. 중세 시대에 많이 활용되었던 Dream vision 즉, 화자가 꿈속에서 올바른 기독교적 진리를 깨우치는 내용적 형식을 취하면서 교회와 귀족계층의 부패와 풍자와 함께 기독교의 진리를 회복해야 하는 필연성을 제시한다.

(1) 작품 구성

① 1부 : 〈꿈〉(Vision)

우화적 인물을 통해 기독교적 선행과 진실성을 강조한다. 이 작품의 인물들은 중세 시대 작품에서 많이 사용되었던 Allegory를 사용한 우화적 인물이다. 성령 부인(Lady Holy), 뇌물 부인(Lady Meed), 미스터 허위(Mr. Falsehood), 미스터 양심(Mr. Conscience) 등과 같은 우화적 인물이 등장한다. 농부 피어스는 노동의 신성함과 진리에 도달하는 어려움을 역설한다.

② 2부 : 〈삶〉(Vita)

가장 성서적인 삶을 살아가고 진리에 도달하기 위한 기도의 중요성을 역설한다. 2부에서도 미스터 위트(Mr. Wit), 근면 부인(Mrs. Study), 미스터 성직(Mr. Clergy) 등과 같은 우화적 인물이 등장한다.

(2) 작품의 주제

농부 피어스는 꿈에서 진리에 도달하기 위해 Intelligence와 Learning의 도움을 받는다. Intelligence와 Learning은 농부 피어스에게 근면 성실한 기독교적 삶(Do-well), 가난한 이들에게 선행을 베푸는 것(Do-better), 진정한 기독교인으로서의 삶(Do-best)을 가르친다. 이 세 가지 주제를 통해 윌리엄 랭런드(William Langland)는 교회와 귀족계급의 타락을 풍자하고 있다.

(3) 『농부 피어스의 꿈』(The Vision of Piers Plowman)의 일부

Piers Plowman : The Prologue

In a somer seson, whan softe was þe sonne,
I shoop me into [a] shrou[d] as I a sheep weere,
In habite as an heremite, vnholy of werkes,
Wente wide in þis world wondres to here.
Ac on a May morwenynge on Maluerne hilles
Me bifel a ferly, of Fairye me þoȝte.
I was wery forwandred and wente me to reste
Under a brood bank by a bourn[e] syde;
And as I lay and lenede and loked on þe watres,
I slombred into a slepyng, it sweyed so murye.
þanne gan I meten a merveillous swevene,
þat I was in a wildernesse, wiste I neuere where.
[Ac] as I biheeld into þe Eest, an heiȝ to þe sonne,
I seiȝ a tour on a toft trieliche ymaked,
A deep dale byneþe, a dongeon þerInne,
Wiþ depe diches and derke and dredfulle of siȝte.
A fair feeld ful of folk fond I þer bitwene
Of alle manere of men, þe meene and þe riche,
Werchynge and wandrynge as þe world askeþ.
Somme putten hem to þe plouȝ, pleiden ful selde,
In settynge and sowynge swonken ful harde;
And wonnen þat [þise] wastours with glotonye destruyeþ
And somme putten hem to pride, apparailed hem þerafter,
In contenaunce of cloþynge comen d[is]gised.
In preieres and penaunc[e] putten hem manye,
Al for þe love of oure lord lyveden [wel] streyte
In hope [for] to have heveneriche blisse. |
As Ancres and heremites þat holden hem in hire selles,
Coueiten noȝt in contree to [cairen] aboute
For no likerous liflode hire likame to plese.
And somme chosen [hem to] chaffare; þei cheveden þe bettre
As it semeþ to oure siȝt þat swiche men þryveþ.
And somme murþes to make as Mynstralles konne,
And geten gold with hire glee [gilt]lees, I leeue.

---

4) https://www.poetryfoundation.org/poems/159123/piers-plowman-b-prologue

> Ac Iaperes and Iangeleres, Iudas children,
> [Fonden] hem fantasies and fooles hem makeþ,
> And han wit at wille to werken if [hem liste].
> That Poul precheþ of hem I [dar] nat preue it here;
> Qui loquitur turpiloquium is luciferes hyne.

5 토마스 말로리(Thomas Malory)의 『아서왕의 죽음』(Le Morte D'Arthur) 중요

(1) 토마스 말로리는 장미전쟁 시기인 1455년에 투옥되었고 아서왕에 대한 방대한 전설을 1469년에 감옥에서 완성하였다. 당시 유럽 전역에 단편적으로 전승되던 아서왕에 대한 전설들을 8권의 로맨스로 창작했다. 아서왕의 비극적 운명과 죽음, 원탁의 기사들과의 모험, 랜슬롯(Lancelot)과 아서왕의 부인 기네비어(Guinevere) 간의 비극적 사랑, 아서왕의 아들 갤러해드(Galahad)가 예수의 성배(The Holy Grail)를 찾아가는 이야기 등으로 구성되어 있다.

말로리는 다른 로맨스 작품보다 더 다채로운 색채를 가진 인물들을 만들어냈고, 내적 갈등을 보여주는 인물들의 사실주의적 성격 묘사를 통해 수준 높은 작품을 만들어냈다고 평가받는다.

(2) 『아서왕의 죽음』(Le Morte D'Arthur)의 일부[5]

> **Le Morte D'Arthur**
>
> So all day long the noise of battle roll'd
> Among the mountains by the winter sea;
> Until King Arthur's table, man by man,
> Had fallen in Lyonnesse about their Lord,
> King Arthur: then, because his wound was deep,
> The bold Sir Bedivere uplifted him,
> Sir Bedivere, the last of all his knights,
> And bore him to a chapel nigh the field,
> A broken chancel with a broken cross,
> That stood on a dark strait of barren land.
> On one side lay the ocean, and on one
> Lay a great water, and the moon was full.

---

[5] https://www.poetryfoundation.org/poems/45370/morte-darthur

     Then spake King Arthur to Sir Bedivere:
"The sequel of to-day unsolders all
The goodliest fellowship of famous knights
Whereof this world holds record. Such a sleep
They sleep—the men I loved. I think that we
Shall never more, at any future time,
Delight our souls with talk of knightly deeds,
Walking about the gardens and the halls
Of Camelot, as in the days that were.
I perish by this people which I made,—
Tho' Merlin sware that I should come again
To rule once more—but let what will be, be,
I am so deeply smitten thro' the helm
That without help I cannot last till morn.
Thou therefore take my brand Excalibur,
Which was my pride: for thou rememberest how
In those old days, one summer noon, an arm
Rose up from out the bosom of the lake,
Clothed in white samite, mystic, wonderful,
Holding the sword—and how I row'd across
And took it, and have worn it, like a king:
And, wheresoever I am sung or told
In aftertime, this also shall be known:
But now delay not: take Excalibur,
And fling him far into the middle mere:
Watch what thou seëst, and lightly bring me word."

     To him replied the bold Sir Bedivere:
"It is not meet, Sir King, to leave thee thus,
Aidless, alone, and smitten thro' the helm.
A little thing may harm a wounded man.
Yet I thy hest will all perform at full,
Watch what I see, and lightly bring thee word."

6 『만인』(*Everyman*) 중요

(1) 형식적 특징

『만인』은 우화적 인물들을 통해 인간의 삶에서 가장 중요한 것이 무엇인지를 교훈적으로 가르치는 중세시대의 대표적인 도덕극 작품이다. 기독교의 진리를 전달하기 위해 만들어진 도덕극인 『만인』은 인간의 원죄와 구원, 종교적 진리에 대한 교훈적인 내용을 담고 있고, 선행, 우정 등과 같은 추상적인 개념을 Allegory(풍유, 우화)를 통해 우화적 인물로 의인화하고 있다.

(2) 줄거리 및 주제

모든 사람을 대표하는 만인(Everyman)은 죽음(Death)으로부터 그날 죽게 될 것이라는 통보를 받게 된다. 만인(Everyman)은 공포에 사로잡혀 자신과 동행할 친구들을 구하게 된다. 만인(Everyman)은 생전에 친했던 우정(Fellowship), 친지(Kindred), 지식(Knowledge), 미(Beauty), 힘(Strength) 등에게 자신과 동행해 줄 것을 부탁하지만 모두 거절한다. 만인은 그동안 외면하던 선행(Good Deeds)에게 찾아가지만 그는 쇠진하여 누워있다. 만인은 지식(Knowledge)에게 찾아가고, 지식은 그를 고해성사(Confession)에게 인도한다. 만인의 진심이 담긴 속죄를 통해 선행(Good Deeds)을 다시 구해낸다. 지식과 선행이 신중(Discretion), 힘(Strength), 미(Beauty), 오관(Five Wits)을 불러내지만 만인이 심판과 죽음을 향해 가고 있다는 사실을 알고난 후 모두 외면하고 떠난다. 죽음으로 가는 길에 유일하게 끝까지 동행해 준 것은 선행(Good Deeds)과 지식(Knowledge)이었고 만인의 영혼을 하늘에 내맡긴다. 이러한 내용을 통해 인간은 지식과 선행을 통해 진정한 구원을 얻을 수 있다는 교훈적인 내용을 전달하고 있다.

(3) 『만인』(*Everyman*)의 일부[6]

Everyman

Messenger :
        I pray you all give your audience,
        And here this matter with reverence,
        By figure a moral play-
        The Summoning of Everyman called it is,
        That of our lives and ending shows
        How transitory we be all day.
        This matter is wonderous precious,
        But the intent of it is more gracious,
        And sweet to bear away.
        The story saith,-Man, in the beginning,
        Look well, and take good heed to the ending,

---

[6] https://sourcebooks.fordham.edu/basis/everyman.asp

Be you never so gay!
Ye think sin in the beginning full sweet,
Which in the end causeth thy soul to weep,
When the body lieth in clay.
Here shall you see how Fellowship and Jollity,
Both Strength, Pleasure, and Beauty,
Will fade from thee as flower in May.
For ye shall here, how our heavenly king
Calleth Everyman to a general reckoning:
Give audience, and here what he doth say.

God :

I perceive here in my majesty,
How that all the creatures be to me unkind,
Living without dread in worldly prosperity:
Of ghostly sight the people be so blind,
Drowned in sin, they know me not for their God;
In worldly riches is all their mind,
They fear not my rightwiseness, the sharp rod;
My law that I shewed, when I for them died,
They forget clean, and shedding of my blood red;
I hanged between two, it cannot be denied;
To get them life I suffered to be dead;
I healed their feet; with thorns hurt was my head:
I could do no more than I did truly,
And now I see the people do clean forsake me.
They use the seven deadly sins damnable;
As pride, covetise, wrath, and lechery,
Now in the world be made commendable;
And thus they leave of angels the heavenly company;
Everyman liveth so after his own pleasure,
And yet of their life they be nothing sure:
I see the more that I them forbear
The worse they be from year to year;
All that liveth appaireth* fast,   *is impaired
Therefore I will in all the haste
Have a reckoning of Everyman's person
For and I leave the people thus alone
In their life and wicked tempests,

> Verily they will become much worse than beasts;
> For now one would by envy another up eat;
> Charity they all do clean forget.
> I hope well that Everyman
> In my glory should make his mansion,
> And thereto I had them all elect;
> But now I see, like traitors deject,
> They thank me not for the pleasure that I to them meant,
> Nor yet for their being that I them have lent;
>
> I proffered the people great multitude of mercy,
> And few there be that asketh it heartily;
> They be so cumbered with worldly riches,
> That needs on them I must do justice,
> On Everyman living without fear.
> Where art thou, Death, thou mighty messenger?
>
> Death :
>
> Almighty God, I am here at your will,
> Your commandment to fulfil.
>
> God :
>
> Go thou to Everyman,
> And show him in my name
> A pilgrimage he must on him take,
> Which he in no wise may escape;
> And that he bring with him a sure reckoning
> Without delay or any tarrying.

7 마리 드 프랑스(Marie de France, 1160-1215)

(1) 프랑스 출신의 여류 시인 마리 드 프랑스는 1170년부터 1190년 사이에 영국 헨리 2세의 궁정에서 활동한 것으로 추정된다. 최초의 프랑스어 시를 쓴 여류 시인으로서 감각적이고 섬세한 심리묘사가 특징이다. 그녀는 앵글로-노르만어(Anglo-Norman)의 영향을 받았고, 고대 프랑스 지방의 구어인 프랑시앵어(Francien)로 작품을 창작했지만 중세 영어, 프랑스 브르타뉴 지방의 켈틱어인 브르타뉴어(Breton), 라틴어도 유창하게 구사했다.

(2) 대표작품 : 『단가』(Lais)

① 앵글로-노르만어(Anglo-Norman)로 쓰인 이 작품은 1170년에서 1180년 사이에 창작된 것으로 추정되는 12편의 짧은 서사시이다. 브르타뉴(Brittany) 지방에서 전래되던 이야기들을 개작한 내용이고, 아일랜드, 노르망디, 영국 등의 광범위한 지리적 배경을 담고 있다. 특히 궁정풍 연애(Courtly Love)의 요소를 많이 포함하고 있고, 당시에 대중적인 인기를 얻으면서 로맨스 장르와 영웅 문학 장르의 발전에 지대한 영향을 미친 것으로 추정된다. 이 작품은 마리 드 프랑스의 대표작이자 사랑에 대한 찬가, 개성 있고 섬세한 인물들의 묘사, 감각적이고 생생한 심리묘사 등을 포함하고 있다. 특히 『단가』 중 아서왕(King Arthur)의 궁정에서 소외된 기사 란발(Lanval)의 이야기를 다루는 부분은 아서왕 이야기를 다루는 작품들의 선구자 역할을 했고, 이 이야기는 이후 각색되어 많은 작품으로 재탄생되었다.

② 『단가』(Lais)의 란발(Lanval)의 일부[7]

> (1) I will tell you the story of another Lay. It relates the adventures of a rich and mighty baron, and the Breton calls it, the Lay of Sir Launfal.
>
> (2) King Arthur—that fearless knight and courteous lord—removed to Wales, and lodged at Caerleon-on-Usk, since the Picts and Scots did much mischief in the land. For it was the wont of the wild people of the north to enter in the realm of Logres, and burn and damage at their will. At the time of Pentecost, the King cried a great feast. Thereat he gave many rich gifts to his counts and barons, and to the Knights of the Round Table. Never were such worship and bounty shown before at any feast, for Arthur bestowed honours and lands on all his servants—save only on one. This lord, who was forgotten and misliked of the King, was named Launfal. He was beloved by many of the Court, because of his beauty and prowess, for he was a worthy knight, open of heart and heavy of hand. These lords, to whom their comrade was dear, felt little joy to see so stout a knight misprized. Sir Launfal was son to a King of high descent, though his heritage was in a distant land. He was of the King's household, but since Arthur gave him naught, and he was of too proud a mind to pray for his due, he had spent all that he had. Right heavy was Sir Launfal, when he considered these things, for he knew himself taken in the toils. Gentles, marvel not overmuch hereat. Ever must the pilgrim go heavily in a strange land, where there is none to counsel and direct him in the path.
>
> (3) Now, on a day, Sir Launfal got him on his horse, that he might take his pleasure for a little. He came forth from the city, alone, attended by neither servant nor squire. He went his way through a green mead, till he stood by a river of clear running water. Sir Launfal would have crossed this stream, without thought of pass or ford, but he might not do so, for reason that his horse was all fearful and trembling. Seeing that he was hindered in this fashion, Launfal unbitted his steed, and let him pasture in that fair meadow, where they had come. Then he folded his cloak to serve him as a pillow, and lay upon the ground. Launfal lay

---

[7] https://britlit-middleagestoeighteenthcentury.weebly.com/lanval-by-marie-de-france.html

in great misease, because of his heavy thoughts, and the discomfort of his bed. He turned from side to side, and might not sleep. Now as the knight looked towards the river he saw two damsels coming towards him; fairer maidens Launfal had never seen. These two maidens were richly dressed in kirtles closely laced and shapen to their persons and wore mantles of a goodly purple hue. Sweet and dainty were the damsels, alike in raiment and in face. The elder of these ladies carried in her hands a basin of pure gold, cunningly wrought by some crafty smith—very fair and precious was the cup; and the younger bore a towel of soft white linen. These maidens turned neither to the right hand nor to the left, but went directly to the place where Launfal lay. When Launfal saw that their business was with him, he stood upon his feet, like a discreet and courteous gentleman. After they had greeted the knight, one of the maidens delivered the message with which she was charged.

(4) "Sir Launfal, my demoiselle, as gracious as she is fair, prays that you will follow us, her messengers, as she has a certain word to speak with you. We will lead you swiftly to her pavilion, for our lady is very near at hand. If you but lift your eyes you may see where her tent is spread."

(5) Right glad was the knight to do the bidding of the maidens. He gave no heed to his horse, but left him at his provand in the meadow. All his desire was to go with the damsels, to that pavilion of silk and divers colours, pitched in so fair a place. Certainly neither Semiramis in the days of her most wanton power, nor Octavian, the Emperor of all the West, had so gracious a covering from sun and rain. Above the tent was set an eagle of gold, so rich and precious, that none might count the cost. The cords and fringes thereof were of silken thread, and the lances which bore aloft the pavilion were of refined gold. No King on earth might have so sweet a shelter, not though he gave in fee the value of his realm. Within this pavilion Launfal came upon the Maiden. Whiter she was than any altar lily, and more sweetly flushed than the new born rose in time of summer heat. She lay upon a bed with napery and coverlet of richer worth than could be furnished by a castle's spoil. Very fresh and slender showed the lady in her vesture of spotless linen. About her person she had drawn a mantle of ermine, edged with purple dye from the vats of Alexandria. By reason of the heat her raiment was unfastened for a little, and her throat and the rondure of her bosom showed whiter and more untouched than hawthorn in May. The knight came before the bed, and stood gazing on so sweet a sight. The Maiden beckoned him to draw near, and when he had seated himself at the foot of her couch, spoke her mind.

(6) "Launfal," she said, "fair friend, it is for you that I have come from my own far land. I bring you my love. If you are prudent and discreet, as you are goodly to the view, there is no emperor nor count, nor king, whose day shall be so filled with riches and with mirth as yours."

(7) When Launfal heard these words he rejoiced greatly, for his heart was litten by another's torch.

제2편 실전예상문제

01 노르만 정복의 결과로 지배 계급과 교회의 권력자들이 프랑스인들로 교체되면서 자연스럽게 프랑스 언어와 문학의 영향을 받게 되었다.

01 중세 시대 노르만 정복의 영향에 대한 설명으로 옳지 않은 것은?

① 계층 구분이 명확한 신분 사회가 되었다.
② 로마의 언어와 문학의 영향을 받게 되었다.
③ 봉건제도(Feudalism)를 통해 중앙 집권적 통치체계를 갖추었다.
④ 앵글로색슨족의 영어는 하층민의 언어로 전락함으로써 영어로 쓰인 문학과 문화도 상대적으로 위축되었다.

02 봉건제도(Feudalism)에 대한 설명이다. 노르만 정복이 영국 사회에 가져온 가장 큰 변화 중 하나는 봉건제도의 도입과 정착이다. 봉건제도는 신하가 왕에게 받은 봉토(feud)에서 유래되었고, 사회를 통치하는 중세의 대표적인 정치제도이다.

02 괄호 안에 들어갈 말로 가장 알맞은 것은?

( )은(는) 신하가 왕에게 받은 봉토(feud)에서 유래되었고, 사회를 통치하는 중세의 대표적인 정치제도이다. 피라미드식 신분 제도로서 정점에 왕이 존재하고, 그 아래에는 각 지역을 관할하는 제후 계급 즉, 귀족과 성직자들이 존재한다. 그리고 이들을 지켜주는 기사 계급이 그 아래에 존재하고 가장 아래에는 농부와 농노 계급이 존재한다.

① 봉건제도
② 절대왕정
③ 공작제도
④ 하이킹제도

정답 01 ② 02 ①

03 중세 시대에 대한 설명으로 옳지 않은 것은?

① 왕이 봉건제도를 통해 위계질서상 가장 정점에 위치했지만 왕권보다 교황권이 더 강했다.
② 에드워드 1세가 궁정에서 영어를 공식적으로 사용했고 자신의 이름도 프랑스어가 아닌 영어식으로 작명했다.
③ 위클리프(John Wycliff)가 라틴어 성경을 영어로 번역하는 작업을 본격화하면서 중세 표준 영어의 확립에 크게 기여했다.
④ 윌리엄 랭런드(William Langland)의 『농부 피어스의 꿈』(The Vision of Piers Plowman)을 통해 왕권과 교황권의 위상을 노래하고 있다.

> 03 윌리엄 랭런드(William Langland)의 『농부 피어스의 꿈』(The Vision of Piers Plowman)에서는 교회와 성직자의 부패상을 묘사하고 있다.

04 중세 시대 영문학에 대한 설명으로 옳지 않은 것은?

① 작품에서 다루는 내용과 주제가 다양해졌다.
② 다양한 성격, 역할을 하는 여성 인물이 등장했다.
③ 일반적인 대중들의 삶과 일상적 경험들을 묘사하는 대중 문학적 성격을 갖고 있다.
④ 로맨스, 궁정풍 연애, 서정시, 교훈극, 신비극, 기적극 등과 같은 다양한 장르가 출현했다.

> 04 여성에 대한 사회적인 인식의 전환과 사고방식의 변화를 엿볼 수 있는 여성 인물의 등장은 매우 고무적이었지만, 문학 작품 속의 여성들은 다소 정형화(stereotype)되고 고착화된 인물로 묘사되었다.

05 로맨스(Romance) 장르에 대한 설명으로 옳지 않은 것은?

① 기사들의 모험과 연애 이야기를 주된 내용으로 다루었다.
② 낭독을 쉽게 할 수 있도록 Alliteration(두운법)을 활용하여 창작되었다.
③ 18세기 낭만주의(Romanticism) 작품들에 영향을 끼쳤다.
④ 로맨스 작품들은 영국의 실제 왕정의 이야기와 현실적인 내용들을 통해 봉건제도 강화에 도움을 주었다.

> 05 로맨스 작품들은 이국적이고 초자연적인 설정과 내용이 주를 이루었고, 현실 속의 실제 문제들을 다루기보다는 현실과 괴리가 있는 이야기들을 다루었기 때문에 도피문학(Escape Literature)으로 명명되기도 한다.

정답 03 ④ 04 ② 05 ④

06 궁정풍 연애(Courtly Love)에 대한 설명이다.

06 괄호 안에 들어갈 말로 가장 알맞은 것은?

> (　　)는 로맨스 장르의 주요 주제이며, 기사들이 자신이 흠모하는 귀족 부인에게 사랑을 고백하지만 냉담한 반응과 거절을 마주하는 이야기들로 구성된다. 이러한 구성은 봉건제도 속에서 신하가 군주에게 충성 서약을 하는 것과 같은 구성을 갖고 있다.

① Ballad
② Chivalry
③ Courtly Love
④ Escape Literature

07 음유시인 발라드(Minstrel ballad)는 귀족에 고용된 전문적인 시인들에 의해 불리고 주로 귀족 가문의 이야기와 영광을 노래한다. 조용한 시골의 일상을 사실적으로 묘사하는 발라드는 통속 발라드(Broadside ballad)이다.

07 중세 시대 영시에 대한 설명으로 옳지 않은 것은?

① 낭만주의적 성향이 강하다.
② 기사도와 궁정풍 연애 이야기를 주로 다룬다.
③ 고대 영시의 특징인 두운법을 다시 적극적으로 활용했다.
④ 조용한 시골의 일상을 사실적으로 묘사하는 음유시인 발라드(Minstrel ballad)가 발전했다.

08 연극의 사이에 상연된 세속적인 소극은 막간극(Interlude)이다.

08 중세 시대 드라마에 대한 설명으로 옳지 않은 것은?

① 대중들에게 성서의 내용을 전달하기 위해 성서 내용을 극화함으로써 드라마가 본격적으로 공연되었다.
② 부활절, 성탄절과 같은 교회의 중요한 의식에서 드라마가 사용되었다.
③ 성서의 일화와 교훈을 내용으로 하는 신비극, 성서의 성인들의 기적을 내용으로 하는 기적극이 발전했다.
④ 연극의 사이에 상연된 세속적인 소극인 도덕극(Morality Play)이 유행했다.

정답 06 ③ 07 ④ 08 ④

09 괄호 안에 들어갈 말로 가장 알맞은 것은?

> 중세 극 형식 중 가장 중요한 ( )는 Allegory를 통해 인간들의 죄와 구원, 종교적 교훈과 진리를 표현하고 극화했다. 여기에는 고유의 이름을 가진 극중 인물이 등장하는 것이 아니라 선인(Virtue)과 악인(VIce)로 불리는 인류를 대표하는 인물들이 등장한다.

① Interlude
② Morality Play
③ Miracle Play
④ Mystery Play

10 괄호 안에 공통으로 들어갈 말로 가장 알맞은 것은?

> ( )은(는) 추상적인 개념을 직접적으로 나타내지 않고 다른 구체적인 사물이나 대상을 이용해 표현하는 문학의 형식이다. 『만인』(*Everyman*)에서 재산(Good), 친구(Fellowship), 지식(Knowledge) 등과 같은 추상적 개념을 ( )을(를) 통해 의인화하고 있다.

① Ballad
② Kenning
③ Allegory
④ Alliteration

---

09 도덕극(Morality Play)에 대한 설명이다.

10 Allegory(우화, 풍유)에 대한 설명이다.

정답 09 ② 10 ③

11 제프리 초서(Geoffrey Chaucer)에 대한 설명이다.

11 다음 설명에 해당하는 작가는?

> 영문학의 아버지로 불리는 중세 영문학을 대표하는 시인이다. 대표작 『캔터베리 이야기』(The Canterbury Tales)를 통해 영국의 다양한 계층들의 가치관, 일상생활 등을 표현했다.

① John Wyclif
② John Gower
③ William Langland
④ Geoffrey Chaucer

12 귀족 인물과 언어에 초점을 둔 유럽의 작품과는 대조적으로 초서는 여성 인물을 포함한 귀족부터 서민까지 아우르는 전 계층의 인물과 언어를 통해 당대의 시대상을 사실적으로 담아냈다.

12 『캔터베리 이야기』(The Canterbury Tales)에 대한 설명으로 옳지 않은 것은?

① 귀족 인물과 언어에 초점을 맞추었다.
② 영웅 대구(Heroic Couplet) 형식을 사용하였다.
③ 런던 지방의 방언인 동부 방언(East Midland)으로 작품을 창작했다.
④ 보카치오의 『데카메론』과 유사한 형식을 갖고 있고 실제로 많은 영향을 받았다.

정답 11 ④ 12 ①

13 다음 설명에 해당하는 작품은?

> 14세기 후반에 창작한 것으로 알려졌으며 중세 로맨스 문학의 전형적인 형식과 내용을 갖고 있다. 아서왕(King Arthur)의 이야기를 두운과 압운 형식의 총 2,500행으로 묘사하고 있다. 아서왕, 아서왕의 조카인 가웨인, 원탁의 기사들과 대결을 원하는 녹색의 기사들 간의 대결이 중심 이야기로 구성된다.

① *Pearl*
② *Purity*
③ *Patience*
④ *Sir Gawain and the Green Knight*

13 『가웨인 경과 녹색의 기사』(*Sir Gawain and the Green Knight*, 1375)에 대한 설명이다.

14 다음 설명에 해당하는 작가는?

> 장미전쟁 시기인 1455년에 투옥되었고, 아서왕에 대한 방대한 전설을 1469년에 감옥에서 완성하였다. 당시 유럽 전역에 단편적으로 전승되던 아서왕에 대한 전설들을 8권의 로맨스 『아서왕의 죽음』(*Le Morte D'Arthur*)으로 창작했다.

① Gawain
② Thomas Malory
③ Geoffrey Chaucer
④ William Langland

14 토마스 말로리(Thomas Malory)에 대한 설명이다.

정답 13 ④ 14 ②

15 『만인』(Everyman)에 대한 설명이다.

15 다음 설명에 해당하는 작품은?

> 중세 시대의 대표적인 도덕극 작품이다. 인간의 원죄와 구원, 종교적 진리에 대한 교훈적인 내용을 담고 있고, 선행, 우정 등과 같은 추상적인 개념을 Allegory(풍유, 우화)를 통해 우화적 인물로 의인화하고 있다.

① Everyman
② Le Morte D'Arthur
③ The Castle of Perseverance
④ The Legend of Good Women

정답 15 ①

제 3 편

16세기 르네상스 시대
(The Period of Renaissance, 1485-1603)

제1장	시대적 배경
제2장	문학의 특징
제3장	대표 작가와 작품
실전예상문제	

| 단원 개요 |

르네상스 시기는 튜더(Tutor) 왕조가 세워진 1485년부터 스튜어트(Stuart) 왕조가 세워진 1603년 전까지의 시기를 지칭한다. 이 시기의 시대적 특징은 영국 국교회(English Church, Church of England, Anglican Church)를 설립, 스페인의 무적함대를 격파하면서 영국을 해상 무역의 중심에 올려놓은 엘리자베스 1세의 통치와 영국의 번영, 젠트리(gentry) 계급의 등장, 종교개혁 운동, 르네상스 운동, 인문주의와 과학의 발달 등이 있다. 이 시기의 문학적 특징은 신 중심에서 인간 중심으로의 이동, 소네트(Sonnet)의 발생, 드라마 장르의 전성기 등이 있다.

| 출제 경향 및 수험 대책 |

수험생들이 초점을 맞추어야 하는 학습 요소로는 르네상스와 인문주의, 향상심(aspiring mind)을 가진 보편인(universal man)인 Overreacher, 소네트의 형식과 종류, 대학 재사파(University Wits), 셰익스피어와 작품들 등이 있다. 각 장르의 작가와 대표작품에 대한 이해도 필요하다.

※ 수험생의 학습과 이해를 돕기 위해 대부분의 작가와 작품명을 한글(영어) 형식으로 병기했습니다. 실제 시험에서는 주로 영어로 표기되오니 참고하시기 바랍니다.

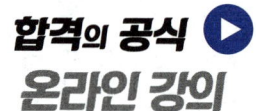

보다 깊이 있는 학습을 원하는 수험생들을 위한
시대에듀의 동영상 강의가 준비되어 있습니다.
www.sdedu.co.kr ➔ 회원가입(로그인) ➔ 강의 살펴보기

제 1 장 | 시대적 배경

1 튜더 왕조와 엘리자베스 여왕

백년전쟁 직후 벌어진 요크 가(York)와 랭카스터 가(Lancaster) 사이의 30년간의 장미전쟁에서 승리한 랭카스터 가의 헨리 7세가 1485년에 튜더(Tutor) 왕조를 세운 시점부터 튜더 왕조의 마지막 여왕 엘리자베스가 서거한 1603년까지를 르네상스 영문학 시기(1485-1603)라고 명명한다.

(1) 헨리 7세(Henry Ⅶ, 1485-1509 재위)

중세 시대 말에 흑사병과 농민봉기, 프랑스와의 백년전쟁 등으로 인해 봉건제도가 흔들리고 국력이 소모되었다. 백년전쟁 직후 이어진 30년간의 장미전쟁으로 귀족 세력이 약화되면서 절대왕정을 위한 기틀이 마련되었다. 장미전쟁에서 랭카스터 가의 헨리 7세가 승리하고 1485년에 튜더 왕조를 개창하고 본격적인 영국의 르네상스 문학시기가 시작된다.

헨리 7세는 세력이 약화된 귀족 계급을 견제하기 위해 당시 새롭게 부상하고 있던 신흥 중산층을 관료로 임명하였다. 귀족과 중산층의 균형을 통해 왕권을 안정시키면서 헨리 7세는 유럽의 봉건주의와는 다른 영국식 중앙집권적 절대왕정을 위한 기틀을 마련하여 근대국가의 형태를 갖추었다. 또한 헨리 7세는 영국 상인들을 보호하기 위해 항해법을 시행하고, 식민지 확대를 위해 신대륙 탐사를 진행하면서 영국의 대외 무역을 위한 기틀을 마련했다.

(2) 헨리 8세(Henry Ⅷ, 1509-1547 재위)

헨리 8세는 둘째 아들이었지만 형 아서(Arther)가 사망하자 왕위를 계승하고, 형수였던 스페인의 공주 캐서린(Catherrine)을 아내로 맞이하였으며, 이후 왕위를 계승하게 되는 딸 메리(Mary)를 낳았다. 왕위 계승을 할 아들을 원했던 헨리 8세는 아내 캐서린의 시녀였던 앤 불린(Anne Boleyn)과 결혼하기 위해 이혼을 시도하지만 교황 클레멘트 7세(Clement 7)의 반대에 부딪히게 된다. 교황의 허락 없이 이혼을 단행한 헨리 8세를 교황이 파면하자 헨리 8세는 1534년에 수장령(Act of Supremacy)을 공표하고, 스스로 영국 국교회(English Church, Church of England, Anglican Church)를 설립하여 수장이 되었다. 이후 교황권을 인정하지 않고, 영국 내 교황의 추종 세력인 수도사와 신부들을 탄압하면서 수도원을 해산하고 그 재산을 몰수하였다.

유럽에서 1517년에 마틴 루터(Martin Luther)가 95개조 반박문을 통해 가톨릭 교회의 부정부패를 고발하면서 종교개혁운동이 시작되었고, 칼빈(John Kalvin)의 종교개혁운동으로 확대되었다. 헨리 8세는 이러한 종교개혁운동의 시기에 이혼문제로 교황과 충돌을 겪으면서 영국식 종교개혁을 통해 유럽의 신교와는 다른 성공회라고 불리는 영국 국교회를 설립했다.

(3) 에드워드 6세(Edward Ⅵ, 1547-1553 재위)와 메리 1세(Mary Ⅰ, 1553-1558 재위)

영국 국교회의 수장이자 왕으로서 가장 강력한 왕권을 행사한 헨리 8세는 이후 총 6명의 왕비를 맞이했다. 세 번째 왕비 제인 시무어(Janne Seymour)와의 사이에서 낳은 첫 번째 아들 에드워드 6세가 왕위를 이어 받지만 6년 만에 폐결핵으로 사망하게 된다.

헨리 8세가 형수였던 첫 번째 왕비 캐서린과 낳았던 딸 메리 1세가 왕위를 계승하게 되었지만 메리는 영국 국교회를 탄압하고, 다시 가톨릭 교회를 부활시킨다. 이 과정에서 많은 신교도들을 탄압하고 죽이면서 '피의 메리(Bloody Mary)'로 불리게 되었다. 메리는 영국 내 교황권과 구교의 부활을 시도하면서 의회와 국민들에게 신뢰를 잃었고, 피해망상증에 시달리게 된다. 메리는 건강의 악화로 인해 자녀가 없이 짧은 재위기간을 채우면서 사망하게 된다.

(4) 엘리자베스 1세(Elizabeth Ⅰ, 1558-1603 재위)

메리 1세 사후 왕권은 엘리자베스 1세에게 계승된다. 엘리자베스 1세는 헨리 8세의 두 번째 왕비였지만 이혼을 거부했다는 이유로 참수형에 처해진 왕비 앤 불린(Anne Boleyn)의 딸이다. 엘리자베스 1세는 25세에 왕위를 계승했지만 영국 역사상 처음으로 정치, 군사, 경제, 문화적인 측면에서 최고의 황금기를 열었던 튜더 왕조의 마지막 통치자이다. 특히 엘리자베스 1세 시대에는 시, 산문, 드라마 모두 이전 시대와는 다른 전성기를 맞이하게 된다.

엘리자베스 1세의 집권 초기에는 스코틀랜드, 프랑스, 스페인의 외교적 압력과 국내의 종교적 갈등 상황 등으로 인해 정치적으로 매우 불안정했다. 그러나 엘리자베스 1세는 영국 국교회를 다시 승인했지만 구교와 신교 모두에게 선택권을 주는 중도적인 입장을 취하면서 종교적 갈등을 봉합했다. 또한 엘리자베스 여왕은 자신과의 결혼 가능성을 무기로 강대국들 사이에서 외교적 안정을 도모하였고, 1588년에 스페인의 아마다(Armada) 무적함대를 격파하면서 강력한 해상권을 갖게 된다.

강력한 해군력과 해상권을 통해 엘리자베스 1세는 1600년에 동인도회사를 설립하여 인도와의 무역을 독점함으로써 경제적인 안정과 영국 상인과 무역의 번성을 이룩했다. 엘리자베스 여왕은 영국에 유례없는 경제적 번영을 안기면서 영국 국민들에게 국가에 대한 자부심을 심어주었고, 강력한 국가를 만들어 정치적 안정과 문화적 성취를 가져다주었다. 영국의 르네상스 문학 시기를 엘리자베스 여왕 시기로 명명하는 이유도 여기에 있다.

① 젠트리(중산 계급)의 등장 중요

엘리자베스 여왕이 스페인 무적함대 격파로 해상 무역권을 획득하고, 동인도회사를 거점으로 인도와의 무역을 독점하면서 중상주의 정책과 기조가 형성되었다. 영국에서는 농업을 기반으로 하는 전통적인 귀족 계급은 몰락했지만, 상업과 무역업을 통해 부를 축적하고 중앙 정부로 진출한 신흥 중산 계급인 젠트리(gentry)가 생겨났다. 세습되는 계급이 아니라 각자의 능력에 따라 부를 축적한 젠트리 계급의 출현으로 영국에서는 교육의 중요성이 대두되었다. 교육을 통해 개인 능력을 개발하고 성실함을 통해 자산을 축적하고 정계로 진출하는 젠트리 계급의 등장으로 영국 사회에 잔존하던 봉건주의적 계급주의가 근간부터 흔들리게 되었다. 젠트리 계급은 문학의 수요자이기도 했기 때문에 귀족 중심의 문학이 아닌 산문 문학의 형성, 내용, 형식에도 영향을 미치는 중요한 중산 계급이 되었다.

② 민족주의

엘리자베스 여왕 이전의 통치자였던 메리 여왕이 영국 국교회를 탄압하고 다시 가톨릭 교회의 편에 서면서 엄청난 종교적, 정치적 탄압을 자행하고 피의 여왕이라는 명칭을 얻게 되었다. 엘리자베스 여왕은 즉위하면서 헨리 8세의 영국 국교회의 예배 형식에 손을 들어주었지만 실제로는 구교와 신교 모두 선택할 수 있는 선택권을 주는 중립적 정책으로 인해 국민들의 신임을 얻게 되었다. 이러한 중립적 정책을 반대한 교황은 가톨릭의 수호국이었던 스페인을 동원하여 엘리자베스 여왕을 퇴위시키기 위해 노력했지만 오히려 엘리자베스 여왕은 스페인의 무적함대를 격파하고 해상권까지 장악하게 되었다.

엘리자베스 여왕이 통치하는 동안 영국은 전례 없는 경제적 번영과 정치적, 종교적 안정을 얻게 된다. 영국은 더 이상 교황과 교회의 권위에 강조점을 두는 국가가 아니라 세계적인 해양 제국으로서 국가의 번영과 이익을 우선시하는 실리를 추구하는 국가가 되었다. 이러한 국가와 국민들의 부를 실현한 엘리자베스 여왕은 신성시되었다. 45년간 재위하면서 영국을 부유한 강대국으로 만든 엘리자베스 여왕은 국민들에게 애국심을 고취시켰고, 민족주의가 강화되었다.

2 종교개혁(Reformation) 중요

중세에 강력한 권력을 갖고 있던 가톨릭 교회와 교황은 십자군 원정의 실패로 인해 권위가 흔들리고 재정적 어려움에 처하게 된다. 부족한 재정을 채우기 위해 교회가 고리 대금업과 면죄부 판매까지 하게 되자 부패한 교회와 성직자들을 비판하면서 독일에서는 루터(Martin Luther)가 95개조 반박문을 통해 성서만이 권위를 갖는다고 주장하며 종교개혁의 기치를 높이 들었다. 일반 대중들이 성서를 직접 읽을 수 있도록 종교 개혁가들이 성서 번역과 보급에 착수하면서 종교개혁의 물결은 전 유럽으로 번져나갔다. 스위스 제네바에서 칼빈(John Calvin)은 가톨릭 교회의 권력 남용에 대해 비난하였다. 종교개혁의 결과로 기존의 구교(가톨릭 교회)를 반대하는 신교가 발생했고, 이후 유럽 전역은 신교와 구교 간의 대립으로 인한 분쟁에 휩싸이게 된다.

영국의 종교개혁은 유럽의 종교개혁과는 다른 정치적인 목적에서 시작되었다. 왕위 계승을 위한 적자가 없던 헨리 8세가 캐서린과 이혼을 하고 재혼을 시도하자 당시 교황 클레멘트 7세는 이를 허락하지 않았고, 헨리 8세는 영국 내 추기경을 교체하면서 이혼을 단행했다. 교황은 교황의 허락 없이 이혼을 진행한 헨리 8세를 파문했다. 그 당시 교황의 파문은 예배의 권한, 성찬식과 장례 의식의 중단 등을 포함한 교회 기능의 중지를 의미했고, 일반 백성들에게도 큰 영향력을 행사했다. 하지만 헨리 8세는 교황청의 명령과는 상관없이 독자적으로 1534년에 수장령(Act of Supremacy)을 공표하고, 스스로 영국 국교회(English Church, Church of England, Anglican Church)를 설립하고 수장이 되었다.

이후 영국의 왕권 교체와 함께 영국 국교회와 가톨릭 교회 간의 종교적 박해와 정치적 탄압이 반복되면서 백성들이 괴로워하지만 엘리자베스 여왕이 신교(청교도)와 구교(가톨릭) 간의 균형점을 맞추면서 안정기에 접어든다.

3 르네상스(Renaissance) 중요

르네상스는 14세기 후반부터 16세기까지 지속된 중세 이후 유럽의 문예부흥 운동이다. 르네상스는 재생(rebirth)을 의미하는 프랑스어 르네트르(renaître)에서 유래하였으며, 신 중심의 중세 사회에서 그리스 로마 고전 중심의 인간 중심으로의 이행을 의미한다. 르네상스는 교회 중심에서 인간 중심으로, 영혼과 신 중심에서 인간과 육체 재생으로, 종교 예술에서 인간 중심 예술로의 재생을 의미한다. 르네상스, 즉 문예부흥을 통해 세계와 인간을 재발견하고 그리스, 로마 고전 문명이 재생되었다. 영국의 르네상스는 엘리자베스 여왕 시대(1558-1603)에 절정을 이루었다.

(1) 과학의 발달과 세계관의 변화

신 중심의 사회에서 인간 중심의 사회로 이행시킨 르네상스를 촉발시킨 원인 중 하나는 과학의 발달로 인한 세계관의 변화이다. 자연과학과 새로운 철학인 경험론이 발달하면서 중세의 종교관과 세계관이 허물어지며 인간 중심의 세계관과 문학관을 형성하는 데 큰 역할을 하게 된다.

마르코폴로(Marco Polo, 1254-1324)가 해양탐험을 본격적으로 시작하고, 1522년에 마젤란(Magellan)이 바다를 통해 세계일주를 성공시키면서, 코페르니쿠스(Nicolaus Copernicus, 1473-1543)의 지동설(heliocentric theory)이 증명되었다. 기존의 가톨릭 교회의 세계관인 천동설(geocentric theory)이 틀렸다는 것이 증명되면서 중세의 세계관이 허물어지게 된다. 케플러(Johannes Kepler, 1571-1630)가 코페르니쿠스의 지동설을 한 번 더 강조하면서 행성의 궤도가 원형이 아니라 타원형이라고 주장하며 중세의 세계관을 흔들고, 갈릴레이(Galileo Galilei, 1564-1642)도 목성 주위의 위성을 추가적으로 발견함으로써 교회의 세계관을 무너뜨렸다.

자연과학의 발달과 함께 베이컨(Francis Bacon, 1561-1626)의 경험 중심의 경험 철학이 등장했고, 이어서 데카르트(Rene Decartes, 1596-1650)의 회의주의 철학 즉, 모든 것을 의심하는 데서 시작하는 철학이 등장했다. 경험론적, 회의주의적 사고방식을 통해 인간들은 중세의 진리체계와 세계관을 회의하기 시작하면서 새로운 인간 중심의 사회를 만들어가기 시작했다.

(2) 인문주의와 교육

① 인문주의(Humanism)

르네상스의 특징적 경향을 지칭하는 인문주의(Humanism)는 인문주의자 혹은 고전문학 연구가를 지칭하는 라틴어 후마니스타(humanista)에서 유래되었으며 인간의 능력, 성품, 소망 등과 같은 인간 존재와 행복을 중요하게 생각하는 정신이다. 르네상스 시대의 인문주의는 인간 자체에 대한 관심과 인간의 활동 영역인 예술, 종교, 철학, 과학 등과 같은 인간 활동의 광범위한 영역을 포함한다. 인문주의 학자들은 그리스, 로마의 고전과 사상의 복원을 추구하면서 신 중심의 세계관을 인간 중심으로 이동시키고, 중세의 신학적 관점보다는 인간의 정신과 인간 존재 자체의 미를 추구한다. 이를 위해 인문주의 학자들은 고전의 원문을 복원하기 위해 노력하고, 고전 속의 수사학과 문학 비평을 자신들의 국가에 수용하기 위해 노력하였다.

② **인문주의 교육**

엘리자베스 여왕 시대에는 고전 교육과 실용학문의 교육에 중점을 두었다. 자유 삼과목(trivium)으로 분류되는 문법(Grammar), 수사학(修辭學, Rhetoric), 논리학(Dialectic)과 자유 사과목(Quadrivium)으로 분류되는 산수, 기하학, 천문학, 음악과 같은 인문주의적 관점의 교육을 실시했다. 특히 라틴어를 읽고 쓸 수 있도록 교육함으로써 실용적 학문도 강조했다.

제2장 문학의 특징

1 르네상스 영문학의 특징적 요소

(1) 개인주의

르네상스 시대 문학에는 개인적 삶과 가치를 추구하는 개인주의(Individualism)가 나타난다. 중세 시대에는 현세는 내세를 준비하는 전 단계로 간주되었지만 고전 작품을 번역하고 자국어로 많은 작품들이 창작되면서 중세의 봉건제도와 교회의 가르침을 중심 내용으로 삼는 종교 문학으로부터 탈피하려는 노력이 나타난다. 르네상스 시대의 지적 부활, 즉 문예부흥으로 인해 인간 존재의 가치와 육체의 아름다움을 노래하기 시작했다. 중세 시대에는 인간의 육체와 욕망은 통제되어야 했지만, 르네상스 시대에는 예술과 문학을 통해 적극적으로 추구하고 발현해야 할 대상이 되었다.

교회의 예배 형식도 공동체적 제의가 아닌 개인적 체험에 기반을 둔 개인주의적 영적 체험과 제의를 원했다. 교회의 교리와 교황의 권위보다 신과의 개인적인 교감이 더욱 중시되었다.

(2) 향상심과 보편인 <중요>

르네상스 문학에서는 향상심을 가진 보편인(universal man)이 이상적인 인간상으로 등장한다. 향상심(aspiring mind)은 역경이나 장애물을 극복하고 어떤 것을 성취하고자 하는 욕망을 가리키며, 르네상스 문학 작품에서는 이러한 향상심을 가진 보편인을 Overreacher로 명명한다. 르네상스 시대의 보편인의 전형인 Overreacher는 인간의 능력이나 인간의 한계점 그 이상의 어떤 목표를 성취하기 위한 욕망, 즉 향상심을 갖고 노력하는 인간이다. 엘리자베스 여왕이 중상주의를 선택하면서 새로운 부를 축적한 젠트리 계급의 전형이기도 하다. 젠트리 계급은 기존의 봉건제도상의 귀족 계급과는 대조적으로 자신들의 능력과 노력을 통해 막대한 부를 축적했다. 이들은 소작농들을 압제하던 귀족 계급과는 대조적으로 위험한 장애물인 바다를 건너고 새로운 항로를 개척하면서 목표 너머(over)의 어떤 욕망을 추구하고 성취(reach)했다. 르네상스 문학에서는 경계와 한계 너머의 어떤 것을 항상 욕망하고 추구하는 보편인인 Overreacher를 이상으로 삼았다.

2 르네상스 시

(1) 소네트(Sonnet)의 발생

소네트는 16세기 르네상스 시대의 대표적 시 형식이다. 소네트 형식은 13세기에 이탈리아에서 처음으로 형성되었고, 시드니(Sidney), 스펜서(Spenser), 셰익스피어(Shakespeare) 등과 같은 엘리자베스 여왕 시대의 영국 시인들이 사용했다.

소네트의 소재는 사랑에 대한 감정이다. 사랑하는 연인의 아름다움, 사랑에 대한 희망과 고백, 사랑에서 기인하는 열정, 냉담한 연인의 태도로 인한 절망 등과 같은 사랑과 관련된 감정을 비유를 통해 노래한다.

(2) 소네트의 형식과 종류 중요

14행, 10음절(syllables)로 구성되고, 각 행은 약강 오보격(iambic pentameter)으로 구성된다. 르네상스 시기 영국 소네트의 행말은 일정한 압운 구조(rhyme scheme)를 갖고 있으며, 압운 구조의 차이를 근거로 다음과 같이 세 가지 형식으로 나뉜다.

① **이탈리아 소네트(Italian Sonnet) 혹은 페트라르카 소네트(Petrarcan Sonnet)**

이탈리아 소네트 혹은 페트라르카 소네트로 불리는 소네트 형식은 토마스 와이어트(Sir Thomas Wyatt)가 영국에 도입했다. 이탈리아 소네트는 이탈리아의 페트라르카(Petrarch)가 사용한 소네트 형식으로서 옥타브(octave) 8행과 세스텟(sestet) 6행으로 구성된 총 14행의 시 형식이다. 옥타브는 abbaabba 압운법을 엄격하게 지키고, 세스텟은 cdcdcd 혹은 cdecde 등과 같이 비교적 자유로운 형식을 취한다. 이탈리아 소네트 형식을 활용하여 창작한 작가는 와이어트(Wyatt), 시드니(Sidney), 밀튼(Milton), 워즈워스(Wordsworth), 키츠(Keats) 등이 있다.

② **스펜서 소네트(Spenserian Sonnet)**

스펜서(Edmund Spenser)가 『아모레티』(*Amoretti*)에서 사용하면서 만든 소네트 형식이다. 9행 시체이며, 고어적이고 시골스러운 어투를 활용하여 다양성을 추구하였다. 스펜서는 이 시 형식으로 결혼 축하 시로 알려진 『에피쓰라미온』(*Epithlamion*)도 창작했다.

③ **영국 소네트(English Sonnet) 혹은 셰익스피어 소네트(Shakespearean Sonnet)**

셰익스피어(William Shakespeare)는 이탈리아 소네트를 영국식 소네트 형식으로 채택하고 영시의 형식으로 안착시켰다. 셰익스피어 소네트는 3개의 쿼트렌(quatrain)과 하나의 커플릿(couplet)으로 구성된 각운 구조(abab cdcd efef gg)를 갖고 있다. 셰익스피어의 소네트는 주제와 어조 면에서 독창적인 작품들이 많지만 대체적으로 청춘, 아름다움, 인생을 파괴하는 시간과 세월의 힘에 유일하게 저항할 수 있는 순수한 사랑의 영속성과 예술의 아름다움을 노래한다. 영국 소네트는 셰익스피어 이외에도 필립 시드니(Sir Philip Sidney)가 『아스트로펠과 스텔라』(*Astrophel and Stella*)[1]에서 사용했다.

> **더 알아두기**
>
> **쿼트렌(quatrain)**
> 쿼트렌은 4행시를 가리킨다. 영시에서 가장 많이 볼 수 있는 연은 4행시연이다. 네 줄로 구성된 연, 즉 4행시연(쿼트렌, quatrain)이 가장 적절한 길이였고 많은 시인들이 사용하였다.

---

[1] 『아스트로펠과 스텔라』(*Astrophel and Stella*)는 『아스트로필과 스텔라』(*Astrophil and Stella*)로 사용되기도 합니다. 작품명은 저자가 정한 제목이 아니기 때문에 초기 출판 과정에서 사용된 Astrophel과 이후 그리스어 어원에 기반을 두고 일부 학자들이 수정한 Astrophil이 혼용되고 있습니다. 우리 교재는 관습적으로 더 많이 사용되고 있는 *Astrophel and Stella*로 통일하여 표기합니다.

3 르네상스 드라마

중세 시대 말부터 교회에서 상영되었던 신비극, 기적극, 도덕극 등과 같은 종교극이 16세기 초기까지 사라지지 않고 상영되었다. 로마시대의 극작가 테렌스(Terence)와 세네카(Seneca)의 영향을 받으면서 16세기 중반부터 고전극과 아리스토텔레스의 극이론의 영향을 받은 근대극의 형태를 갖추게 되었다.

(1) 극장과 전문 직업 배우의 발생

중세 시대에 교회의 성직자들에 의해 시작된 극이 아마추어 배우로 이루어진 동업 조합원들의 극으로 발전했다. 이후 엘리자베스 여왕 시대에는 극장이 세워지고 전문 직업 배우가 나타났다. 교회의 예배의 형태나 축제의 한 형식으로서의 드라마를 상연했던 중세 시대와는 달리 르네상스 시기에는 상시적으로 자주 연극을 보고 싶어 하는 수요가 생겨났다. 1576년 제임스 버비지(James Burbage)가 설립한 극장(The Theatre)이 영국 최초의 상업 극장이었고, 1577년 커튼 극장(The Curtain), 1592년 장미 극장(The Rose), 1596년 백조 극장(The Swan) 등이 연이어 설립되었다. 그리고 1599년에 셰익스피어 극단의 전용 극장인 글로브 극장(The Globe)이 설립되었다.

엘리자베스 여왕 시대의 드라마는 국민을 하나로 통합하는 데 결정적인 역할을 했다. 그리고 전문적인 극단이 처음으로 엘리자베스 여왕 시대에 등장했다. 중세 시대에는 길드 조합이나 아마추어 배우들에 의해 연극이 상연되었지만 16세기 중반 이후 전문적인 배우로 구성된 순회 극단이 만들어졌다.

(2) 대학 재사파(University Wits) 중요

초기에는 런던의 법률 학교 출신의 아마추어 극작가들이 드라마를 창작했다. 이들은 법률을 전공하면서 대학에서 비상업적인 공연 혹은 크리스마스 같은 축제용 공연을 위한 극작품을 창작했다. 이후 극장과 전문 직업 배우 그리고 극단이 형성되고 연극이 활성화되면서 대학 출신의 작가 소위 대학 재사파(University Wits) 혹은 대학 재주꾼이라고 불리는 전업 작가들이 등장했다. 대학을 중심으로 공연된 드라마가 인기를 얻으면서 대학 출신의 작가들이 전업 작가로 전향하는 경우가 많았고, 특히 옥스퍼드(Oxford)나 캠브리지(Cambridge) 대학 출신이었다.

대학 재사파들은 르네상스 시대의 철학과 문학에 조예가 깊었고, 그리스 로마의 고전에 정통했다. 이들은 경구와 라틴어의 인용을 통해 박식함을 자랑했고, 역사극을 다룸으로써 아마추어 극작가들과 차별성을 가졌다. 대학 재사파들은 아리스토텔레스의 고대 드라마의 전통과 법칙에 저항하면서 자신들만의 자유롭고 새로운 극 형식을 추구했다.

① 대학 재사파의 특징

㉠ 약강 오보격(iambic pentameter)의 율격을 사용하고, 각운(rhyme) 없이 하나의 연을 이루지 않는 시행들이 계속되는 무운시(blank verse)를 사용함으로써 형식상의 새로운 혁신을 시도했다.

㉡ 중세 시대의 로맨스 장르가 구축한 환상적인 세계를 배격하고 사실적인 이야기와 현실적인 인물을 구현했다. 사실주의와 리얼리즘에 대한 단초를 제공했다.

㉢ 대학 재사파들은 이탈리아, 프랑스 문학에 조예가 깊고, 그리스 로마 고전 작품에 정통했다. 라틴어 희곡의 인물, 이야기 구성, 르네상스 시대의 철학 등을 유기적으로 결합하여 영국 드라마 발전에 크게 기여했다.

② 대학 재사파 작가

- 크리스토퍼 말로(Christopher Marlowe)
- 존 릴리(John Lyly)
- 로버트 그린(Robert Greene)
- 토마스 내쉬(Thomas Nashe)
- 조지 필(George Peele)
- 토마스 키드(Thomas Kyd)

더 알아두기

고대 드라마의 전통과 법칙
- 극의 분위기를 일치시킨다. 비극과 희극 간의 경계를 명확하게 구분하여 두 요소가 섞이는 일이 없도록 한다.
- 중요한 사건은 사자의 보고를 통해 관객에게 알린다. 무대 위에서의 연기는 없고 중요한 사건은 무대 밖에서 일어난다.
- 아리스토텔레스의 삼일치 법칙을 준수한다.

더 알아두기

아리스토텔레스의 삼일치 법칙
- 시간의 일치(unity of time) : 극의 진행은 하루(24시간) 안에 일어나야 한다.
- 장소의 일치(unity of place) : 극은 한 장소에 국한된다.
- 행동의 일치(unity of action) : 극의 진행과 인물의 행동은 정연하게 필연적인 진로를 따라 일치해야 한다. 극의 행동(줄거리)은 일관된 것이어야 한다.

4 르네상스 산문(prose)

(1) 산문과 인문주의

영국의 르네상스는 엘리자베스 여왕 시대에 정점을 맞이했다. 인간의 존엄성을 추구하는 인문주의는 중세 시대의 신 중심의 가치관을 인간 중심의 가치관으로 이동시켰고, 고대 그리스와 로마의 고전과 인간 중심의 사유를 부활시켰다.

(2) 유토피아

영국의 대표적인 인문주의의 선구자는 토마스 모어(Thomas More)이다. 캔터베리 주교였던 모어는 헨리 8세의 수장령에 반대하였고 끝내 처형되었다. 모어는 라틴어로 저술한 『유토피아』(*Utopia*)를 통해 교회의 권위주의와 독단성을 비판했다. 모어는 유토피아(Utopia), 즉 U(없는) 장소(topia)라는 의미의 허구적 이상향을 통해 교육과 경제적인 평등을 주장했다.

(3) 인문주의자들의 산문

모어 이외에도 많은 인문주의자들이 산문을 통해 교육을 강조하고 교회의 부패를 비판하면서 인간의 존엄성을 역설했다. 영국의 교육이론가인 토마스 엘리어트(Thomas Elyot, 1490-1546)는 『통치자』(*The Book named the Governor*, 1531)와 『아동 교육론』(*A Declamation on the Subject of Early Liberal Education for Children*, 1529)과 같은 저술을 통해 교육의 중요성을 강조했다. 필립 시드니(Sir Philip Sidney)는 영국 최초의 문학 비평론으로 평가받는 『시의 옹호』(*An Apology for Poetry*, 1595)를 통해 시의 유용성을 역설하였다.

(4) 젠트리 계급과 산문 중요

① 젠트리 계급의 등장

엘리자베스 여왕의 중상주의와 무역의 확대 정책으로 인해 생산의 축이 농업에서 상업으로 이동했다. 농업과 토지를 중심으로 부를 축적했던 전통적 귀족 계층은 위축되었고, 무역을 통해 새롭게 부를 축적하고 중앙 정부로 진출하는 새로운 중상 계급인 젠트리(gentry)가 등장했다. 상인, 법률가, 대토지를 소유한 자영농민 등으로 구성된 젠트리 계급이 문학에 관심을 갖고, 새로운 수요자가 되면서 16세기 말부터 산문 문학의 내용과 형식도 변화를 겪는다.

② 소재의 변화

엘리자베스 여왕의 통치 말기인 16세기 말기에는 중세의 로맨스 장르의 특징인 기사들의 무용담과 이질적인 공간에서의 모험담 같은 소재는 거의 사라지고, 현실적인 문제나 일상의 삶을 소재로 하는 산문 작품들이 등장했다.

③ 형식의 변화

낭독을 위해 운문 형식을 취했던 중세의 로맨스 장르와 달리 16세기 말의 산문은 운문 형식이 거의 사라지고 일상적인 언어를 사용했다.

제 3 장 | 대표 작가와 작품

1 시

(1) 필립 시드니(Sir Philip Sidney, 1554-1586) 중요

① **작가와 작품관**

필립 시드니 경은 엘리자베스 여왕 시대에 활동했던 정치인이자 궁정 시인이다. 귀족이면서 학자로서 문학의 후원자로 활동하였고, 특히 에드먼드 스펜서의 든든한 문학적 후원자였다. 영국의 옥스퍼드 대학에서 수학한 후 유럽 여행을 통해 세계관을 넓히고 영국으로 돌아와서 활동한 전형적인 르네상스의 시인이다.

② **대표작품**

㉠ 소네트집 『아스트로펠과 스텔라』(*Astrophel and Stella*, 1591)

ⓐ 『아스트로펠과 스텔라』는 영국 최초의 연속 소네트(Sonnet Sequence)로서 하나의 주제로 108편의 소네트를 연속으로 창작했다. 시드니의 젊은 시절의 연인 스텔라(Stella)에 대한 사랑의 감정과 실연의 아픔을 노래하는 소네트이다.

ⓑ 『아스트로펠과 스텔라』(*Astrophel and Stella*, 1591)의 일부[2]

> **Astrophel and Stella 1 : Loving in truth, and fain in verse my love to show**
>
> Loving in truth, and fain in verse my love to show,
> That she, dear she, might take some pleasure of my pain,—
> Pleasure might cause her read, reading might make her know,
> Knowledge might pity win, and pity grace obtain,—
> I sought fit words to paint the blackest face of woe;
> Studying inventions fine her wits to entertain,
> Oft turning others' leaves, to see if thence would flow
> Some fresh and fruitful showers upon my sunburn'd brain.
> But words came halting forth, wanting invention's stay;
> Invention, Nature's child, fled step-dame Study's blows;
> And others' feet still seem'd but strangers in my way.
> Thus great with child to speak and helpless in my throes,
> Biting my truant pen, beating myself for spite,
> "Fool," said my Muse to me, "look in thy heart, and write."

---

[2] https://www.poetryfoundation.org/poems/45152/astrophil-and-stella-1-loving-in-truth-and-fain-in-verse-my-love-to-show

ⓛ 『아카디아』(*The Arcadia*, 1593)3)
중세의 로맨스적 요소와 르네상스의 비극적·희극적 요소가 모두 사용된 작품이다. 시드니는 이 작품을 통해 국가의 질서 유지의 중요성과 이성과 열정의 적절한 조화를 강조하고 있다.

> **Song from Arcadia : "My True Love Hath My Heart"**
>
> My true-love hath my heart and I have his,
> By just exchange one for the other given:
> I hold his dear, and mine he cannot miss;
> There never was a bargain better driven.
> His heart in me keeps me and him in one;
> My heart in him his thoughts and senses guides:
> He loves my heart, for once it was his own;
> I cherish his because in me it bides.
> His heart his wound received from my sight;
> My heart was wounded with his wounded heart;
> For as from me on him his hurt did light,
> So still, methought, in me his hurt did smart:
> Both equal hurt, in this change sought our bliss,
> My true love hath my heart and I have his.

(2) 에드먼드 스펜서(Edmund Spenser, 1552-1599) 중요

① 작가와 작품관

캠브리지(Cambridge) 대학에서 석사학위를 받은 에드먼드 스펜서는 필립 시드니와 함께 엘리자베스 여왕 시대의 대표적인 시인이다. Allegory(우화, 풍유)를 통해 교훈적 의도를 전달하였다. 스펜서는 특히 대중 언어로서의 영어 발전에 큰 관심을 갖고, 고어(古語)와 구어(口語)를 자유롭게 사용하였다. 스펜서는 의도적으로 시골의 어투 즉, 고대 영어를 사용함으로써 다양성을 추구했다.

스펜서는 신화와 서사시 같은 고전적 요소와 로맨스의 Allegory 그리고 16세기 영국의 인문주의를 혼용하여 작품 속에 담아냈다. 스펜서는 스펜서 스텐자(Spenserian stanza)라는 9행 시체의 시 형식을 창안했다. 스펜서의 스펜서 스텐자 시형은 이후 영국의 낭만파 시인 키츠(John Keats)와 셸리(Percy Bysshe Shelley)에게 영향을 끼쳤다.

영국 르네상스 시기의 대표적인 시인인 스펜서는 현실 세계를 묘사하고 있지만 있는 그대로의 현실 세계를 묘사하는 것이 아니라 인문주의적 이상향, 즉 당위적인 이상 세계를 묘사한다. 스펜서는 시적 영감을 과거와 상상력이 넘치는 허구와 모험의 세계에서 찾고 있다. 현실 세계에 대한 냉철한 관찰보다 상상력을 더 강조한 점에서 그의 시와 시형이 이후 낭만주의 시인들에게 영감을 주었다.

---

3) https://www.poetryfoundation.org/poems/45169/song-from-arcadia-my-true-love-hath-my-heart-

> **더 알아두기**
>
> **스펜서 스텐자(Spenserian stanza)**
>
> 스펜서가 『선녀 여왕』(The Faerie Queene)에서 창안한 새로운 시형이다. 이 시형은 아리오스토(Ariosto)의 8행연(ottava rima)을 스펜서가 자신만의 9행연으로 변형 및 개선한 것이다. 뛰어난 미적 가치로 인해 후기 낭만주의 시인들이 이 시형을 사용 및 변용하였다. 스펜서 시형은 총 9행으로 구성되고 8행은 5보격, 마지막 행은 6보격으로 이루어진다. 각운은 ababbcbcc이다.

② **대표작품**

㉠ 『선녀 여왕』(The Faerie Queene, 1589-1596)

ⓐ 『선녀 여왕』은 스펜서가 창안한 새로운 시형인 스펜서 스텐자(Spenserian stanza)로 창작되었다. 『선녀 여왕』은 스펜서가 20년 동안 집필한 작품으로서 기사들의 모험과 로맨스 형식을 바탕으로 알레고리(Allegory)를 통해 구교(가톨릭)를 비판하고, 영국 국교회를 옹호하는 내용을 담고 있다. 또한 엘리자베스 여왕을 찬양하는 내용을 담고 있고 작품 속의 The Faerie Queene은 엘리자베스 여왕이다.

낭만적 서사시이자 알레고리(Allegory)적 특징이 강한 『선녀 여왕』은 아리스토텔레스가 제시한 12가지 악(vice)에 대항하는 12가지 기사의 덕목을 주제로 하고 있다. 스펜서는 총 12가지 덕목으로 구성된 12권으로 이루어진 시를 구상했지만, 미완성의 7권까지 출판되었다.

1권부터 7권까지 각각 독립된 주제와 이야기로 구성되며 주인공은 신성함(Holiness), 절제(Temperance), 순결(Chastity), 우정(Friendship), 정의(Justice), 예의(Courtesy), 지조(Constance) 등과 같은 덕목을 상징하는 우의적 인물들이다.

ⓑ 『선녀 여왕』(The Faerie Queene, 1589-1596)의 일부[4]

> **The Faerie Queene : Book I, Canto I**
>
> Lo I the man, whose Muse whilome did maske,
> As time her taught in lowly Shepheards weeds,
> Am now enforst a far unfitter taske,
> For trumpets sterne to chaunge mine Oaten reeds,
> And sing of Knights and Ladies gentle deeds;
> Whose prayses having slept in silence long,
> Me, all too meane, the sacred Muse areeds
> To blazon broad emongst her learned throng:
> Fierce warres and faithful loves shall moralize my song.
> Helpe then, O holy Virgin chiefe of nine,
> Thy weaker Novice to performe thy will,
> Lay forth out of thine everlasting scryne

---

[4] https://www.poetryfoundation.org/poems/45192/the-faerie-queene-book-i-canto-i

> The antique rolles, which there lye hidden still,
> Of Faerie knights and fairest Tanaquill,
> Whom that most noble Briton Prince so long
> Sought through the world, and suffered so much ill,
> That I must rue his undeserved wrong:
> O helpe thou my weake wit, and sharpen my dull tong.
> And thou most dreaded impe of highest Jove,
> Faire Venus sonne, that with thy cruell dart
> At that good knight so cunningly didst rove,
> That glorious fire it kindled in his hart,
> Lay now thy deadly Heben bow apart,
> And with thy mother milde come to mine ayde:
> Come both, and with you bring triumphant Mart,
> In loves and gentle jollities arrayd,
> After his murdrous spoiles and bloudy rage allayd.
> And with them eke, O Goddesse heavenly bright,
> Mirrour of grace and Majestie divine,
> Great Lady of the greatest Isle, whose light
> Like Phoebus lampe throughout the world doth shine,
> Shed thy faire beames into my feeble eyne,
> And raise my thoughts too humble and too vile,
> To thinke of that true glorious type of thine,
> The argument of mine afflicted stile:
> The which to heare, vouchsafe, O dearest dred a-while.

ⓛ 『아모레티』(*Amoretti*, 1594)

ⓐ 아모레티(Amoretti)는 이탈리아어로 작은 사랑의 시(little love poem)를 의미하기 때문에 이 작품은 『아모레티』 혹은 『연시』로 알려져 있다. 총 89편으로 구성되는 스펜서의 소네트 작품인 『아모레티』는 대표적인 스펜서 소네트(Spenserian Sonnet)이다.

ⓑ 『아모레티』(*Amoretti*, 1594)의 일부

> **Amoretti I : Happy ye leaves when as those lilly hands**
>
> Happy ye leaves when as those lilly hands,
> Which hold my life in their dead doing might
> Shall handle you and hold in loves soft bands,
> Lyke captives trembling at the victors sight.
> And happy lines, on which with starry light,
> Those lamping eyes will deigne sometimes to look
> And reade the sorrowes of my dying spright,

> Written with teares in harts close bleeding book.
> And happy rymes bath'd in the sacred brooke,
> Of *Helicon* whence she derived is,
> When ye behold that Angels blessed looke,
> My soules long lacked foode, my heavens blis.
> Leaves, lines, and rymes, seeke her to please alone,
> Whom if ye please, I care for other none.

(3) 윌리엄 셰익스피어의 『소네트』(*The Sonnets*, 1609) 중요

윌리엄 셰익스피어는 1553년부터 1556년에 걸쳐서 총 154편의 소네트를 창작했다.

① 형식

셰익스피어 소네트는 3개의 쿼트렌(quatrain)과 하나의 커플릿(couplet)으로 구성된 각운 구조(abab cdcd efef gg)를 갖고 있다.

② 주제

셰익스피어의 『소네트』는 각각의 독립된 작품으로서도 주제를 갖고 있지만 전체적으로 하나의 일관된 주제를 갖고 있기도 하다. 셰익스피어의 소네트를 관통하는 전체적인 주제는 생명의 유한성과 그 생명을 파괴하는 시간이다.

셰익스피어는 신화와 관련된 내용이나 궁정풍 연작시의 요소들과는 다른 새로운 정념의 영역을 개척했다. 셰익스피어의 소네트는 주제와 어조 면에서 독창적인 작품들이 많지만 대체적으로 청춘, 아름다움, 인생을 파괴하는 시간과 세월의 힘에 유일하게 저항할 수 있는 순수한 사랑의 영속성과 예술의 아름다움을 노래한다.

③ 소네트 구성

㉠ 1-126편

제1부(1-126편)는 높은 신분을 가진 아름답고 준수한 한 미소년을 대상으로 한 소네트이다. 1-17편은 결혼을 통해 미소년의 아름다움이 대를 이어가길 조언하는 내용이다. 40-42편은 친구가 애인을 가로챈 내용이며, 78-86편은 경쟁 관계에 있는 시인이 친구와 후견인의 호감을 사는 모습을 비판적으로 묘사하고 있다.

㉡ 127-152편

127-152편은 검은 눈과 암갈색 피부를 가진 것으로 표현되는 검은 부인(Dark Lady)의 아름다움을 찬양하는 내용과 동시에 그녀의 어두운 정욕과 배반에 대해 비판하는 내용을 담고 있다. 정인을 쉽게 배신하는 검은 부인이 시인이 흠모하는 미소년을 유혹하고 가까워지는 것을 목도한 시인의 상실감을 묘사하고 있다.

ⓒ 153-154편
  ⓐ 사랑의 신 큐피트에 대한 신화적 내용으로, 큐피트가 횃불을 잃어버린 이야기를 묘사하고 있다.
  ⓑ 『소네트』(The Sonnets, 1609)의 일부

Sonnet 18 : Shall I compare thee to a summer's day?[5]

Shall I compare thee to a summer's day?
Thou art more lovely and more temperate:
Rough winds do shake the darling buds of May,
And summer's lease hath all too short a date;
Sometime too hot the eye of heaven shines,
And often is his gold complexion dimm'd;
And every fair from fair sometime declines,
By chance or nature's changing course untrimm'd;
But thy eternal summer shall not fade,
Nor lose possession of that fair thou ow'st;
Nor shall death brag thou wander'st in his shade,
When in eternal lines to time thou grow'st:
  So long as men can breathe or eyes can see,
  So long lives this, and this gives life to thee.

Sonnet 29 : When, in disgrace with fortune and men's eyes[6]

When, in disgrace with fortune and men's eyes,
I all alone beweep my outcast state,
And trouble deaf heaven with my bootless cries,
And look upon myself and curse my fate,
Wishing me like to one more rich in hope,
Featured like him, like him with friends possessed,
Desiring this man's art and that man's scope,
With what I most enjoy contented least;
Yet in these thoughts myself almost despising,
Haply I think on thee, and then my state,
(Like to the lark at break of day arising
From sullen earth) sings hymns at heaven's gate;
  For thy sweet love remembered such wealth brings
  That then I scorn to change my state with kings.

---

[5] https://www.poetryfoundation.org/poems/45087/sonnet-18-shall-i-compare-thee-to-a-summers-day
[6] https://www.poetryfoundation.org/poems/45090/sonnet-29-when-in-disgrace-with-fortune-and-mens-eyes

Sonnet 130 : My mistress' eyes are nothing like the sun[7]

My mistress' eyes are nothing like the sun;
Coral is far more red than her lips' red;
If snow be white, why then her breasts are dun;
If hairs be wires, black wires grow on her head.
I have seen roses damasked, red and white,
But no such roses see I in her cheeks;
And in some perfumes is there more delight
Than in the breath that from my mistress reeks.
I love to hear her speak, yet well I know
That music hath a far more pleasing sound;
I grant I never saw a goddess go;
My mistress, when she walks, treads on the ground.
 And yet, by heaven, I think my love as rare
 As any she belied with false compare.

2 드라마

(1) 최초의 희극 『랄프 로이스터 도이스터』(*Ralph Roister Doister*, 1553)

니콜라스 우달(Nicholas Udall, 1505-1556)이 창작한 『랄프 로이스터 도이스터』(*Ralph Roister Doister*, 1553)는 영어로 창작된 최초의 로마식 운문 희극(Roman Comedy) 작품으로 간주된다. 영국 드라마 형식을 갖춘 최초의 희극 작품으로 평가받는 『랄프 로이스터 도이스터』는 교장이었던 작가 우달이 학생들을 위한 학습용 공연으로 창작하였고, 미망인과 사랑에 빠진 어리석은 주인공의 모험을 소재로 하고 있다.

(2) 최초의 비극 『고보덕』(*Gorboduc*, 1561) 중요

『고보덕』은 영국 최초의 비극이다. 『고보덕』은 *Gorboduc* 혹은 *Ferrex and Porres*로 알려져 있다. 엘리자베스 여왕 시기 초기에 복수, 살인 등을 소재로 하는 잔혹하고 음울한 비극적 내용의 세네카 비극(Senecan Tragedy)이 번역되었다. 엘리자베스 시대 영국 극작가들은 세네카 비극의 영향으로 5막 구조, 시간과 장소의 일치, 코러스, 과장된 문체, 비극적 플롯, 웅변적이고 수사적인 대사 등으로 대표되는 특징들을 갖추었다. 토마스 새크빌(Thomas Sackville)과 토마스 노턴(Thomas Norton)은 『고보덕』(*Gorboduc*)을 통해 세네카 비극의 전통을 영국적인 소재로 재해석했다는 평가를 받고 있다. 이 작품은 엘리자베스 여왕 시대에 역사극이 활발하게 창작되는 데 많은 영향을 주었고, 영국 드라마 최초의 무운행으로 쓰인 드라마 작품이다.

---

[7] https://www.poetryfoundation.org/poems/45108/sonnet-130-my-mistress-eyes-are-nothing-like-the-sun

(3) 크리스토퍼 말로(Christopher Marlowe, 1564~1593) 중요

① 작가와 작품관

시인이자 극작가인 크리스토퍼 말로는 셰익스피어와 견줄 수 있을 만큼의 천재성을 가진 극작가였지만 무신론, 동성애, 폭력성 등으로 악명을 떨치고 젊은 나이에 정치적 언쟁 중 살해를 당한 비극적인 인생을 살았다. 가난한 구두상의 아들로 태어났지만 후견인의 도움으로 캠브리지(Cambridge) 대학을 졸업한 대학 재사파(University Wits)의 대표적인 극작가로 명성을 얻었다.

말로는 야망을 추구하고 인간의 한계를 넘어서기 위해 노력하는 인물들을 극화하면서 르네상스 시대의 정신을 작품 속에 잘 담아냈고, 동시에 주인공의 비극적 결말을 통해 인간의 한계와 비극성을 잘 표현했다. 말로는 자신의 극작품에서 향상심(aspiring mind)을 가진 Overreacher를 구현한다. Overreacher는 신성모독자로 번역이 되기도 한다. Overreacher는 르네상스 시대의 향상심을 가진 보편인으로서 한없이 천상을 향해 치솟으려는 인간의 포부와 야심을 가진 인간의 전형이다. 말로는 향상심을 가진 Overreacher가 마지막에는 처참하게 몰락하는 비극을 창조하면서 르네상스 시대의 인간이 가진 비극적 상황을 표현하기도 했다.

> **더 알아두기**
>
> **말로의 비극의 특징**
> 중세 시대의 비극의 원인은 신의 명령에 불복종하는 데서 기인했지만 말로의 비극은 주인공의 성격에서 기인한다. 자신의 운명을 넘어서려는 자유의지와 한계를 초월하려는 인간의 강렬한 욕망과 성격으로 인해 말로의 인물들은 비극적 결말을 맞게 된다. 이러한 비극을 통해 말로는 인간의 무한한 잠재성과 유한성을 대비하면서 르네상스 인간이 처한 비극적 아이러니를 표현한다.

② 대표작품

㉠ 『탬벌레인 대왕』(*Tamburlaine the Great*, 1587)

말로의 첫 작품인 『탬벌레인 대왕』의 성공 덕분에 목사가 되기 위해 공부했던 캠브리지에서 말로는 드라마 작가가 되었다. 스키디아의 천민 목동 출신의 주인공이 정복왕이 되는 과정을 웅대한 스케일로 묘사한 작품이다. 천민 주인공이 정복자왕으로서 최고의 권력을 추구하는 과정을 통해 말로는 르네상스 시대의 향상심을 가진 보편인적 인물을 창조했다.

㉡ 『파우스터스 박사』(*Doctor Faustus*, 1588)

『파우스터스 박사』는 중세 시대부터 전승되던 파우스터스 박사에 대한 전설을 말로가 르네상스 시대에 맞게 내용을 재구성한 드라마 작품이다. 마왕 루시퍼에게 영혼을 판 대가로 파우스터스 박사는 24년 동안 모든 쾌락을 경험했지만 끝내 공포에 함몰되고 지옥으로 가게 된다는 내용의 비극이다. 내세의 구원보다는 24년 동안 인간 세계의 모든 지식을 갈망하고 인간의 한계를 뛰어넘고자 하는 르네상스 시대의 전형적인 향상심을 가진 보편인을 말로는 극화시키고 있다.

말로는 『탬벌레인 대왕』을 통해 인간의 끝없는 권력욕을 묘사했다면, 『파우스터스 박사』를 통해 인간의 끝없는 지식욕을 묘사했다. 무한한 지식적 욕망을 가진 파우스터스 박사의 비극적 결말을 통해 인간의 한계를 넘어서는 것에 대한 비극적 대가를 설정했지만, 동시에 인간이 자신의 한계를 넘어서는 고귀한 정신과 존엄성도 표현하고 있다.

ⓒ 『몰타의 유대인』(The Jew of Malta, 1590)
   ⓐ 말로는 『몰타의 유대인』을 통해 엄청난 대중적 인기를 얻었고, 이 작품에서 부를 향한 인간의 끝없는 욕망을 묘사하고 있다. 『몰타의 유대인』은 금전욕 때문에 딸을 살해하고 자신 또한 함정에 빠져 죽음을 맞이하는 몰타 섬의 유대인 바라바스(Barabas)의 이야기이다. 주인공 바라바스는 금권주의의 상징이며 기독교적 전통을 거부하는 유대인으로서 물욕을 위해 딸을 제물로 삼는 인간성을 포기한 마키아벨리적 악당이다. 말로는 이 작품을 통해 황금을 지나치게 추구하는 인간의 물신주의와 오만함이라는 성격적 결함을 가진 주인공의 비극을 표현한다.
   ⓑ 『몰타의 유대인』(The Jew of Malta, 1590)의 일부[8]

> **The Jew of Malta**
>
> Act One, Scene One
>
> Merchant
> Barabas,
> Thy ships are safe, riding in Malta Rhode:
> And all the Merchants with other Merchandize
> Are safe arriv'd, and have sent me to know
> Whether your selfe will come and custome them.
>
> Barabas
> The ships are safe thou saist, and richly fraught.
>
> Merchant
> They are.
>
> Barabas
> Why then goe bid them come ashore,
> And bring with them their bils of entry:
> I hope our credit in the Custome-house
> Will serve as well as I were present there.
> Goe send 'um threescore Camels, thirty Mules,
> And twenty Waggons to bring up the ware.
> But art thou master in a ship of mine,
> And is thy credit not enough for that?
>
> Merchant
> The very Custome barely comes to more

---

[8] https://www.perseus.tufts.edu/hopper/text?doc=Perseus%3Atext%3A1999.03.0013

> Then many Merchants of the Towne are worth,
> And therefore farre exceeds my credit, Sir.
>
> Barabas
> Goe tell 'em the Jew of Malta sent thee, man:
> Tush, who amongst 'em knowes not Barrabas?
>
> Merchant
> I goe.
>
> Barabas
> So then, there's somewhat come.
> Sirra, which of my ships art thou Master of?
>
> Merchant
> Of the Speranza, Sir.
>
> Barabas
> And saw'st thou not
> Mine Argosie at Alexandria?
> Thou couldst not come from Egypt, or by Caire
> But at the entry there into the sea,
> Where Nitus payes his tribute to the maine,
> Thou needs must saile by Alexandria.

(4) 윌리엄 셰익스피어(William Shakespeare, 1564-1616) 중요

① 작가로서의 특징
  ㉠ 영국의 가장 위대한 문호로 인정받은 윌리엄 셰익스피어는 1590년부터 1612년까지 약 20년간 창작 활동을 하면서 37편의 드라마와 154편의 소네트를 창작했다. 셰익스피어는 위대한 시인이자 극작가이다.
  ㉡ 셰익스피어는 글로브 극장의 극단 킹즈 맨(King's Men)의 단원으로서 실제로 연기도 했고, 전속 작가로서 그리고 경영자로서도 활동했다.
  ㉢ 셰익스피어는 말로의 무운시를 더 발전시킨 시극(poetic drama)을 창작했고, 영국식 희비극(tragic comedy)을 창작했다.
  ㉣ 셰익스피어는 사극과 희극 그리고 사극과 비극을 혼용한 작품들을 창작했다.
  ㉤ 셰익스피어는 세네카의 비극들과는 다른 독창적인 비극을 창작했다. 그리고 아리스토텔레스의 삼일치(시간, 공간, 행동의 일치)를 따르지 않으면서 새로운 영국식 극작품들을 창작했다.

② 생애

셰익스피어는 1564년 4월 23일에 워릭셔(Warwickshire)의 작은 읍인 스트랫퍼드 어폰 에이번(Stratford-upon-Avon)에서 태어났다. 아버지 존 셰익스피어(John Shakespeare)와 어머니 메리(Mary)의 장남인 셰익스피어는 문법학교(Grammar school)를 다녔다. 그는 대학에는 입학하지 않았지만 역사극을 통해 정통하고 해박한 역사 지식을 보여주었다. 셰익스피어는 18세에 8세 연상이었던 앤 해서웨이(Anne Hathaway)와 결혼했고, 장녀 수잔나(Susanna)와 햄넷(Hamnet)과 쥬디스(Judith)를 쌍둥이로 낳았다. 이후 셰익스피어의 아버지가 경제적으로 몰락하면서 셰익스피어는 런던으로 가서 배우, 극작가, 연출가 등으로 활동하면서 부와 명성을 얻었다. 1610년, 46세에 일찍 은퇴하여 고향으로 돌아왔고, 1613년 이후에는 창작을 그만두었다. 셰익스피어는 1616년 53세의 나이로 세상을 떠났다.

③ 활동기간과 작품

비평가들은 셰익스피어의 활동기간을 다음과 같이 네 개의 시기로 구분한다. 정확한 시기의 연도 구분은 비평가마다 다르다.

㉠ 제1기 : 1592-1595년

ⓐ 습작기 혹은 실험기로 분류되는 제1기는 셰익스피어가 런던에서 체임벌린 극단(Lord Chamberlain's Men)에 참여하기 전까지를 가리킨다. 이 시기에 셰익스피어는 주로 사극과 희극을 창작했고, 대중적 호응을 얻을 수 있고 국가적 관심과 일치하는 내용들을 주로 다루었다.

다른 작가의 작품을 개작하거나 차용하면서 자신만의 독창적인 극을 창작하기 위한 실험을 진행하였다. 각 시행에 비교적 엄격한 규칙을 적용하였고, 무운 시행을 자유롭게 구사하지는 않았다. 고전 작가의 작품을 모방 및 변용하고 현란한 수사를 사용하면서 런던 연극계의 흥행 작가로 활동했다.

ⓑ 이 시기의 작품들

- 『헨리 6세』(*Henry VI*) 제1·2·3부
- 『사랑의 헛수고』(*Love's Labour's Lost*)
- 『베로나의 두 신사』(*Two Gentlemen of Verona*)
- 『실수연발』(*The Comedy of Errors*)
- 『리처드 3세』(*Richard III*)
- 『타이투스 안드로니쿠스』(*Titus Andronicus*)
- 『말괄량이 길들이기』(*The Taming of the Shrew*)

㉡ 제2기 : 1595-1600년

ⓐ 성장기로 분류되며, 세련된 인물묘사와 정교한 플롯의 전개를 특징으로 하는 작가로서의 성장기이다. 낭만적 희극 작품들과 사극 작품들을 창작하면서 영국에 새로운 질서가 자리 잡는 과정을 묘사했다. 이 시기에 그는 대표적인 작품들을 창작했고, 낭만적이고 화려하면서도 해학이 깃든 아름다운 언어를 구사하면서 작가로서 흥행성과 천재성을 보여주었다.

ⓑ 이 시기의 작품들

- 『로미오와 줄리엣』(Romeo and Juliet)
- 『존 왕』(King John)
- 『리처드 2세』(Richard II)
- 『한여름 밤의 꿈』(A Midsummer Night's Dream)
- 『베니스의 상인』(The Merchant of Venice)
- 『헨리 4세』(Henry IV) 제1·2부
- 『줄리어스 시저』(Julius Ceasar)
- 『헨리 5세』(Henry V)
- 『뜻대로 하세요』(As You Like It)
- 『헛소동』(Much Ado About Nothing)
- 『윈저의 아낙네들』(The Merry Wives of Windsor)
- 『트로일러스와 크레시다』(Troilus and Creesida)

ⓒ 제3기 : 1600-1608년

ⓐ 원숙기로 분류되는 제3기는 셰익스피어가 인간과 인생에 대한 통찰력이 깊어진 시기이며, 이 시기에 그의 대표적인 4대 비극 『햄릿』(Hamlet), 『리어왕』(King Lear), 『맥베스』(Macbeth), 『오셀로』(Othello)가 창작되었다. 셰익스피어는 4대 비극을 통해 권력욕, 질투, 우유부단함 등과 같은 인간의 비극적 결함(tragic flaw)을 다루었다. 1601년 아버지의 죽음을 시작으로 자신의 후견인이었던 사우샘프턴 백작의 투옥 등과 같은 개인적인 아픔이 작품에도 반영되었다. 이 시기의 극작품에는 인간, 인습, 도덕에 대한 회의와 냉소주의가 내포되어 있다.

ⓑ 이 시기의 작품들

- 『햄릿』(Hamlet)
- 『오셀로』(Othello)
- 『리어왕』(King Lear)
- 『맥베스』(Macbeth)
- 『안토니와 클레오파트라』(Anthony and Cleopatra)
- 『코리올라누스』(Coriolanus)
- 『아테네의 타이몬』(Timon of Athens)
- 『끝이 좋으면 다 좋아』(All's Well That Ends Well)
- 『십이야』(Twelfth Night)
- 『자에는 자로』(Measure for Measure)

ⓓ 제4기 : 1608-1616년

ⓐ 인간의 삶에 대한 회의와 냉소주의가 없어지고 화해와 용서, 평화로운 분위기와 행복한 결말을 갖는 작품들을 창작했다. 이 시기는 셰익스피어만의 희비극 장르를 창조한 시기이기도 하다.

ⓑ 이 시기의 작품들

- 『페리클레스』(*Pericles*)
- 『헨리 8세』(*Henry VIII*)
- 『심벨린』(*Cymbeline*)
- 『겨울 이야기』(*The Winter's tale*)
- 『템페스트』(*The Tempest*)

> **더 알아두기**
>
> **셰익스피어의 비극적 결함(tragic flaw)**
> 세네카 비극으로 대표되는 중세의 비극은 인간의 힘으로 극복할 수 없는 운명의 힘에서 기인하는 비극이다. 하지만 셰익스피어의 비극은 주인공의 비극적 결함에서 기인한다. 셰익스피어의 비극적 결함은 주인공이 성격상의 중대한 결점을 지닌 인물로 표현되는 것과 관련 있다. 성격적 결함이 때로는 주인공을 상승시키고 때로는 영혼에 깊은 갈등을 제공하면서 비극적인 결말을 맞이하는 동인이 된다. 셰익스피어는 우유부단함(hesitation)을 가진 햄릿(Hamlet), 야심(ambition)을 가진 맥베스(Macbeth), 질투심(jealousy)을 가진 오셀로(Othello), 판단력의 부족을 가진 리어왕(King Lear) 등과 같은 비극적 결함을 가진 주인공이 겪는 성격비극을 만들었다.

④ **셰익스피어의 사극(Historical Play)**

셰익스피어는 10편의 사극을 창작했으며, 존 왕부터 헨리 8세까지 아우르는 역사적 실존 인물을 다루었다. 엘리자베스 여왕의 강력한 통치력과 해상권 장악 및 중상주의를 통해 당시 영국인들은 강력한 애국심과 민족주의를 바탕으로 국가에 대한 대단한 자부심을 갖고 있었다. 르네상스 시기의 연대기적 사극은 애국주의의 부산물이었고 영국의 영광과 왕들의 공적을 찬양했다. 셰익스피어는 사극을 통해 대중적 호응과 국가적 관심에 호응하는 사극 작품들을 창작했다. 셰익스피어 사극은 구조적 통일성을 갖추고 있었고 역사적 지식에도 정통한 면모를 보이고 있다.

㉠ 『리처드 3세』(*Richard III*)

조카 에드워드 5세를 살해하고 왕위를 찬탈한 리처드 3세의 왕위 계승의 부당성을 폭로한다. 부당하게 왕위를 찬탈한 리처드 3세를 헨리 7세가 응징하고, 왕위를 계승하여 튜더 왕조를 세운다.

㉡ 『헨리 4세』(*Henry IV*) 제1·2부

헨리 4세의 아들 할 왕자(Prince Hal)가 국왕이 되는 과정을 묘사한 작품이다. 할 왕자는 궁정과 궁밖의 하층 계급과의 인간관계와 폭넓은 경험을 통해 현명한 왕으로 성장한다. 특히 존 팔스타프(Sir John Falstaff)는 극중에서 술주정뱅이, 허풍쟁이의 면모를 갖춘 할 왕자의 친구로 등장한다. 팔스타프는 셰익스피어가 창작한 최고의 희극적 인물의 전형으로 간주된다.

⑤ 셰익스피어의 희극(Comedy)

셰익스피어의 희극은 극의 사실성을 추구하기보다는 대부분 과거의 장소와 시간을 배경으로 설정하거나 베니스(Venice)와 같은 목가적인 장소를 배경으로 설정한다. 셰익스피어의 희극은 주로 젊은 연인 간의 사랑을 희극의 소재로 삼고 낙관적 축제 분위기에서 극이 시작되고 행복한 결말을 맺는다. 등장인물들은 다양한 계층의 인물들로 구성되고 심지어 인간이 아닌 초자연적인 존재나 동물들도 등장한다. 또한 남장 여성과 여장 남성이 등장하거나 변장을 활용한 신분 감추기와 같은 희극적 장치들을 사용한다.

㉠ 『베니스의 상인』(The Merchant of Venice)

셰익스피어의 로맨틱 희극 작품들과 다르게 이 작품은 비극적인 요소도 가미된 희극 작품이다. 유대인 고리대금업자 샤일록(Shylock)과 기독교인 상인 안토니오(Antonio)가 맺은 계약을 중심으로 이야기가 전개된다. 돈을 갚지 못하면 1파운드의 살을 베어내는 계약의 부당성 앞에 생명을 잃게 된 안토니오의 재판에 안토니오의 친구이자 부당한 계약을 맺도록 원인을 제공한 버사니오(Bassanio)의 아내인 남장 여성 포셔(Portia)가 등장해서 기지를 발휘하며 행복한 결말을 맞이하게 된다.

㉡ 『십이야』(Twelfth Night)

이탈리아 설화를 바탕으로 만들어진 작품이며, 십이야는 크리스마스부터 12번째 날에 해당하는 1월 6일까지의 기간을 의미한다. 일란성 쌍둥이인 세바스챤(Sebastian)과 바이올라(Viola)가 배가 난파되면서 겪게 되는 사건을 소재로 하고 있다. 바이올라의 남장으로 인해 벌어지는 오해와 삼각관계로 인한 소동을 희극적으로 묘사했으며 결혼식으로 행복한 결말을 맺는다.

> **더 알아두기**
>
> **셰익스피어의 5대 희극**
> - 『베니스의 상인』(The Merchant of Venice)
> - 『말괄량이 길들이기』(The Taming of the Shrew)
> - 『한여름 밤의 꿈』(A Midsummer Night's Dream)
> - 『뜻대로 하세요』(As You Like It)
> - 『십이야』(Twelfth Night)

⑥ 셰익스피어의 비극(Tragedy) 중요

셰익스피어의 비극의 주인공들은 맥베스, 오셀로, 줄리어스 시저 등과 같은 왕이나 귀족으로 대변되는 높은 지위의 인물들 혹은 장군과 같은 정치적 지도자들이다. 비극의 주인공들은 모두 성격적 결함을 가진 인물들이며 이러한 성격적 결함 즉, 비극적 결함으로 인해 높은 지위에서 낮은 지위로 그리고 행복에서 불행으로 전락하게 된다. 셰익스피어는 우유부단함(hesitation)을 가진 햄릿(Hamlet), 야심(ambition)을 가진 맥베스(Macbeth), 질투심(jealousy)을 가진 오셀로(Othello), 판단력의 부족을 가진 리어왕(King Lear) 등과 같은 비극적 결함을 가진 주인공이 겪는 성격비극을 만들었다.

㉠ 『햄릿』(Hamlet)

ⓐ 셰익스피어는 『햄릿』을 통해 복수의 정당성, 삶과 죽음, 정의, 윤리성 등과 같은 문제들에 대한 고찰을 보여준다. 햄릿(Hamlet)의 우유부단함이라는 성격의 비극적 결함으로 인해 모든 인물들이 죽음을 맞이하는 비극이다.

덴마크의 왕자인 햄릿에게 부왕의 망령이 찾아와서 햄릿의 숙부인 클로디어스(Claudius)가 왕비이자 햄릿의 어머니인 거트루드(Gertrude)를 유혹해 자신을 독살했다고 항변하며 복수를 부탁한다. 숙부의 유죄를 확인하기 위해 미친 척을 하고 자신의 연인 오필리아(Ophelia)마저 속이고 냉정하게 대한다. 부왕의 시해를 연상시키는 극을 상연함으로써 숙부의 유죄를 확신하지만 햄릿은 실행하기보다는 고민하고 스스로에게 질문을 던지는 우유부단함을 보인다. 그 사이 오필리아의 아버지를 오해로 죽이고 이를 목격한 오필리아도 자결한다. 숙부는 오필리아의 오빠 레어티스(Laertes)를 충동질하여 햄릿과 펜싱 시합을 하게 만들면서 레어티스의 칼에 독약을 바른다. 펜싱 시합을 통해 레어티스가 죽게 되고, 왕이 햄릿을 먹이려고 준비한 독주를 왕비가 마시고 죽게 된다. 이후 숙부를 죽인 햄릿 또한 레어티스와의 시합의 부상으로 죽음을 맞이한다.

ⓑ 『햄릿』(*Hamlet*)의 일부9)

HAMLET

LORD POLONIUS
I hear him coming: let's withdraw, my lord.
Exeunt KING CLAUDIUS and POLONIUS
Enter HAMLET

HAMLET
To be, or not to be, that is the question,
Whether 'tis nobler in the mind to suffer
The slings and arrows of outrageous fortune,
Or to take arms against a sea of troubles,
And by opposing end them? To die: to sleep;
No more; and by a sleep to say we end
The heart-ache and the thousand natural shocks
That flesh is heir to, 'tis a consummation
Devoutly to be wish'd. To die, to sleep;
To sleep: perchance to dream: ay, there's the rub;
For in that sleep of death what dreams may come
When we have shuffled off this mortal coil,
Must give us pause: there's the respect
That makes calamity of so long life;
For who would bear the whips and scorns of time,
The oppressor's wrong, the proud man's contumely,
The pangs of despised love, the law's delay,
The insolence of office and the spurns
That patient merit of the unworthy takes,

---

9) http://Shakespeare.mit.edu/hamlet/full.html

> When he himself might his quietus make
> With a bare bodkin? who would fardels bear,
> To grunt and sweat under a weary life,
> But that the dread of something after death,
> The undiscover'd country from whose bourn
> No traveller returns, puzzles the will
> And makes us rather bear those ills we have
> Than fly to others that we know not of?
> Thus conscience does make cowards of us all;
> And thus the native hue of resolution
>
> Is sicklied o'er with the pale cast of thought,
> And enterprises of great pith and moment
> With this regard their currents turn awry,
> And lose the name of action.--Soft you now!
> The fair Ophelia! Nymph, in thy orisons
>
> OPHELIA
> Good my lord,
> How does your honour for this many a day?
>
> HAMLET
> I humbly thank you; well, well, well.
>
> OPHELIA
> My lord, I have remembrances of yours,
> That I have longed long to re-deliver;
> I pray you, now receive them.

ⓒ 『맥베스』(*Macbeth*)

ⓐ 셰익스피어의 비극 중에서 길이가 가장 짧은 극이며 사건의 전개 속도가 빠르다. 다른 비극과는 달리 악인을 주인공으로 설정하고 왕권을 찬탈하는 과정과 지키는 과정에서 살인을 저지르는 주인공의 악한 면을 심층적으로 묘사하고 있다. 야심가인 맥베스와 그의 아내가 왕위를 찬탈하는 이야기를 소재로 선과 악의 문제와 죄의식에 대한 깊은 통찰을 제공한다. 셰익스피어는 맥베스를 처음부터 악인으로 등장시키지 않고 왕에게 충성스러운 용맹한 장군의 모습으로 등장시킨다. 하지만 맥베스는 치솟은 야심(vaulting ambition)이라는 성격의 비극적 결함을 통제하지 못하면서 비극적 결말을 맞이한다.

스코틀랜드 장군 맥베스는 승전을 하고 돌아오는 길에 황야에서 세 마녀로부터 자신은 왕이 되고 함께 있던 뱅코의 자손이 맥베스 이후의 왕이 된다는 예언을 듣게 된다. 맥베스는 부인의 부추김으로 치솟는 야심을 통제하지 못하고 자신을 마중 나온 덩컨 왕을 살해하고 왕위를 찬탈한다. 이후 뱅코와 파이프의 영주 맥더프의 부인과 자식들도 살해한다. 이후 맥베스는 뱅코의 망령에 시달리고 부인 또한 몽유병 환자가 되고 자결한다. 맥베스는 맥더프에게 죽임을 당하고 덩컨 왕의 아들 맬컴이 왕위를 다시 찾게 된다.

ⓑ 『맥베스』(*Macbeth*)의 일부10)

MACBETH

She should have died hereafter;
There would have been a time for such a word.
To-morrow, and to-morrow, and to-morrow,
Creeps in this petty pace from day to day
To the last syllable of recorded time,
And all our yesterdays have lighted fools
The way to dusty death. Out, out, brief candle!
Life's but a walking shadow, a poor player
That struts and frets his hour upon the stage
And then is heard no more: it is a tale
Told by an idiot, full of sound and fury,
Signifying nothing.

Enter a Messenger

Thou comest to use thy tongue; thy story quickly.

Messenger
Gracious my lord,
I should report that which I say I saw,
But know not how to do it.

MACBETH
Well, say, sir.

Messenger
As I did stand my watch upon the hill,
I look'd toward Birnam, and anon, methought,
The wood began to move.

---

10) http://Shakespeare.mit.edu/macbeth/full.html

ⓒ 『리어왕』(King Lear)
ⓐ 셰익스피어는 리어왕과 세 명의 딸 고너릴(Goneril), 리건(Regan), 코델리아(Cordelia)와의 주 플롯(main plot)과 글로우스터(Gloucester) 백작과 백작의 두 아들과의 보조 플롯(sub plot)으로 이야기를 구성하고 있다. 이야기 소재로 효의 문제, 말과 행동 그리고 진정성의 문제, 외양과 실재의 문제에 대한 통찰을 제공한다. 리어왕은 진실된 언행과 감언이설을 구분하지 못하는 판단력의 부족이라는 성격적 결함을 가지고 있다.

브리튼의 리어왕은 세 딸에게 왕국을 나누어 주기 위해 딸들을 부른다. 리어왕은 딸들이 자신을 얼마나 사랑하는지에 따라 영토를 분배하겠다고 한다. 첫째 고너릴과 둘째 리건은 과장된 사랑의 찬사를 바치면서 땅을 얻지만, 강직한 막내딸 코델리아는 언니들의 감언이설과 아첨에 반발하며 자신은 딸로서의 도리를 다할 것이라고 한다. 분노한 리어왕은 막내딸을 추방하고 막내딸의 영토를 첫째와 둘째에게 나누어준다. 이후 막내 코델리아의 강직한 성품에 반한 프랑스의 왕이 그녀와 결혼을 하게 된다. 은퇴한 리어는 첫째, 둘째 딸 집을 오가면서 쉬기를 원하지만 두 딸 모두 아버지를 거부하고 이에 분노한 리어왕은 광기에 휩싸여 폭풍우치는 광야로 가버린다. 아버지의 소식을 들은 막내딸 코델리아는 프랑스 군과 함께 아버지를 구하기 위해 왔지만 프랑스 군이 패하면서 죽임을 당한다. 그 와중에 에드먼드를 차지하기 위해 고너릴은 동행한 리건을 독살하고 이후 자신도 자결한다. 리어왕도 자신을 끝까지 진심으로 사랑했던 막내딸의 죽음 앞에서 비통함을 이기지 못하고 죽게 된다.

ⓑ 『리어왕』(King Lear)의 일부[11]

> **KING LEAR**
>
> KING LEAR
> Meantime we shall express our darker purpose.
> Give me the map there. Know that we have divided
> In three our kingdom: and 'tis our fast intent
> To shake all cares and business from our age;
> Conferring them on younger strengths, while we
> Unburthen'd crawl toward death. Our son of Cornwall,
> And you, our no less loving son of Albany,
> We have this hour a constant will to publish
> Our daughters' several dowers, that future strife
> May be prevented now. The princes, France and Burgundy,
> Great rivals in our youngest daughter's love,
> Long in our court have made their amorous sojourn,
> And here are to be answer'd. Tell me, my daughters,--
> Since now we will divest us both of rule,
> Interest of territory, cares of state,--

---

11) http://Shakespeare.mit.edu/lear/full.html

Which of you shall we say doth love us most?
That we our largest bounty may extend
Where nature doth with merit challenge. Goneril,
Our eldest-born, speak first.

GONERIL
Sir, I love you more than words can wield the matter;
Dearer than eye-sight, space, and liberty;
Beyond what can be valued, rich or rare;
No less than life, with grace, health, beauty, honour;
As much as child e'er loved, or father found;
A love that makes breath poor, and speech unable;
Beyond all manner of so much I love you.

CORDELIA
[Aside] What shall Cordelia do?
Love, and be silent.

KING LEAR
Of all these bounds, even from this line to this,
With shadowy forests and with champains rich'd,
With plenteous rivers and wide-skirted meads,
We make thee lady: to thine and Albany's issue
Be this perpetual. What says our second daughter,
Our dearest Regan, wife to Cornwall? Speak.

REGAN
Sir, I am made
Of the self-same metal that my sister is,
And prize me at her worth. In my true heart
I find she names my very deed of love;
Only she comes too short: that I profess
Myself an enemy to all other joys,
Which the most precious square of sense possesses;
And find I am alone felicitate
In your dear highness' love.

CORDELIA
[Aside] Then poor Cordelia!
And yet not so; since, I am sure, my love's
More richer than my tongue.

KING LEAR
To thee and thine hereditary ever
Remain this ample third of our fair kingdom;
No less in space, validity, and pleasure,
Than that conferr'd on Goneril. Now, our joy,
Although the last, not least; to whose young love
The vines of France and milk of Burgundy
Strive to be interess'd; what can you say to draw
A third more opulent than your sisters? Speak.

CORDELIA
Nothing, my lord.

KING LEAR
Nothing!

CORDELIA
Nothing.

KING LEAR
Nothing will come of nothing: speak again.

CORDELIA
Unhappy that I am, I cannot heave
My heart into my mouth: I love your majesty
According to my bond; nor more nor less.

KING LEAR
How, how, Cordelia! mend your speech a little,
Lest it may mar your fortunes.

CORDELIA
Good my lord,
You have begot me, bred me, loved me: I
Return those duties back as are right fit,
Obey you, love you, and most honour you.
Why have my sisters husbands, if they say
They love you all? Haply, when I shall wed,
That lord whose hand must take my plight shall carry
Half my love with him, half my care and duty:

> Sure, I shall never marry like my sisters,
> To love my father all.
>
> KING LEAR
> But goes thy heart with this?
>
> CORDELIA
> Ay, good my lord.
>
> KING LEAR
> So young, and so untender?
>
> CORDELIA
> So young, my lord, and true.
>
> KING LEAR
> Let it be so; thy truth, then, be thy dower:
> For, by the sacred radiance of the sun,
> The mysteries of Hecate, and the night;
> By all the operation of the orbs
> From whom we do exist, and cease to be;
> Here I disclaim all my paternal care,
> Propinquity and property of blood,
> And as a stranger to my heart and me
> Hold thee, from this, for ever. The barbarous Scythian,
> Or he that makes his generation messes
> To gorge his appetite, shall to my bosom
> Be as well neighbour'd, pitied, and relieved,
> As thou my sometime daughter.

ㄹ) 『오셀로』(*Othello*)

ⓐ 이 작품은 일종의 가정비극(domestic tragedy)으로서 무어인 장군 오셀로(Othello)가 악의 화신 이아고(Iago)의 간계에 속아 자신의 정숙한 아내 데스데모나(Desdemona)의 정절을 의심하고 질투하게 되면서 아내를 죽이고, 자결하게 되는 비극이다. 셰익스피어는 이 극에서 오셀로와 아내 데스데모나 그리고 이아고 사이의 이야기를 통해 사랑, 신뢰, 질투에 대한 통찰을 제공하고 있다. 오셀로는 질투심이라는 성격적 결함을 통제하지 못해서 아내와 자신을 비극적인 상황으로 빠트리게 된다.

베니스의 장군이자 무어인인 오셀로 장군은 원로원 의원의 딸 데스데모나를 아내로 맞이한다. 오셀로보다 진급이 늦어서 마음이 상했던 이아고는 오셀로가 자신보다 캐시오를 더 신뢰하고 캐시오에게 부관 지위를 주자 악의를 품게 된다. 이아고는 간계를 통해 캐시오를 파면시키고, 데스데모나를 충동하여 캐시오의 복직 운동을 하도록 권한다. 그리고 오셀로에게는 캐시오와 데스데모나 사이의 부적절한 관계에 대한 근거 없는 의심을 심는다. 이아고는 자신의 아내에게 데스데모나의 침실에서 손수건을 훔쳐오게 한 후 그 손수건을 캐시오 방에 의도적으로 떨어뜨린다. 자신이 데스데모나에게 주었던 손수건이 이아고의 방에서 발견되자 질투심에 눈이 먼 오셀로는 캐시오와 아내를 살해하지만 이후 모든 정황이 드러나자 슬픔과 회환에 찬 채 자결한다. 이 모든 오해와 비극을 만든 이아고는 잔혹한 형벌을 받게 된다.

ⓑ 『오셀로』(*Othello*)의 일부12)

OTHELLO

OTHELLO
I have a salt and sorry rheum offends me;
Lend me thy handkerchief.

DESDEMONA
Here, my lord.

OTHELLO
That which I gave you.

DESDEMONA
I have it not about me.

OTHELLO
Not?

DESDEMONA
No, indeed, my lord.

OTHELLO
That is a fault.
That handkerchief
Did an Egyptian to my mother give;
She was a charmer, and could almost read
The thoughts of people: she told her, while she kept it,
'Twould make her amiable and subdue my father
Entirely to her love, but if she lost it

---

12) http://Shakespeare.mit.edu/othello/full.html

Or made gift of it, my father's eye
Should hold her loathed and his spirits should hunt
After new fancies: she, dying, gave it me;
And bid me, when my fate would have me wive,
To give it her. I did so: and take heed on't;
Make it a darling like your precious eye;
To lose't or give't away were such perdition
As nothing else could match.

DESDEMONA
Is't possible?

OTHELLO
'Tis true: there's magic in the web of it:
A sibyl, that had number'd in the world
The sun to course two hundred compasses,
In her prophetic fury sew'd the work;
The worms were hallow'd that did breed the silk;
And it was dyed in mummy which the skilful
Conserved of maidens' hearts.

더 알아두기

셰익스피어의 4대 비극
- 『햄릿』(Hamlet)
- 『맥베스』(Macbeth)
- 『리어왕』(King Lear)
- 『오셀로』(Othello)

제 3 편 | 실전예상문제

01 르네상스 시대의 영국에서는 농업을 기반으로 하는 전통적인 귀족 계급은 몰락했지만 상업과 무역업을 통해 부를 축적하고 중앙 정부로 진출한 신흥 중산 계급인 젠트리(gentry)가 생겨났다.

01 르네상스 시대 영국에 대한 설명으로 옳지 <u>않은</u> 것은?

① 영국에서는 농업을 기반으로 하는 전통적인 귀족 계급이 로마 가톨릭 교회와 함께 성장했다.
② 엘리자베스 1세 시대에는 시, 산문, 드라마 모두 이전 시대와는 다른 전성기를 맞이하게 된다.
③ 영국을 부유한 강대국으로 만든 엘리자베스 여왕은 국민들에게 애국심을 고취시켰고, 민족주의가 강화되었다.
④ 문예부흥을 통해 세계와 인간을 재발견하고 그리스, 로마 고전 문명이 재생되었다.

02 르네상스(Renaissance)에 대한 설명이다.

02 괄호 안에 들어갈 말로 가장 알맞은 것은?

> (   )은(는) 14세기 후반부터 16세기까지 지속된 중세 이후 유럽의 문예부흥 운동이다. 재생(rebirth)을 의미하는 프랑스어 르네트르(renaître)에서 유래하였으며 신 중심의 중세 사회에서 그리스 로마 고전 중심의 인간 중심으로의 이행을 의미한다.

① Renaissance
② Reformation
③ Humanism
④ Act of Supremacy

정답 01 ① 02 ①

03 르네상스 시대(엘리자베스 여왕 시대) 영문학에 대한 설명으로 옳지 <u>않은</u> 것은?

① 개인적 삶과 가치를 추구하는 개인주의(Individualism)가 나타났다.
② 문예부흥으로 인해 인간 존재의 가치와 육체의 아름다움을 노래하기 시작했다.
③ 엘리자베스 여왕 시대의 영국 시인들은 소네트(Sonnet) 시 형식을 사용했다.
④ 엘리자베스 여왕 시대의 소설 장르는 국민을 하나로 통합하는 데 결정적인 역할을 했다.

03 엘리자베스 여왕 시대의 드라마는 국민을 하나로 통합하는 데 결정적인 역할을 했다. 르네상스 시기는 소설 장르가 출현하기 전이다.

04 괄호 안에 들어갈 말로 가장 알맞은 것은?

> 향상심(aspiring mind)은 역경이나 장애물을 극복하고 어떤 것을 성취하고자 하는 욕망을 가리키며 르네상스 문학 작품에서는 이러한 향상심을 가진 보편인을 (　　)(으)로 명명한다. 르네상스 문학에서는 경계와 한계 너머의 어떤 것을 항상 욕망하고 추구하는 보편인인 이들을 이상으로 삼았다.

① Reformer
② Humanist
③ Individualist
④ Overreacher

04 Overreacher에 대한 설명이다.

05 르네상스 시대 시에 대한 설명으로 옳지 <u>않은</u> 것은?

① 많은 시인들이 쿼트렌(quatrain)을 사용했다.
② 르네상스 시대의 대표적 시 형식은 소네트(Sonnet)이다.
③ 셰익스피어는 이탈리아의 소네트 형식을 변형 없이 그대로 차용했다.
④ 사랑하는 연인의 아름다움, 사랑에 대한 희망과 고백 등 사랑에 대한 감정을 주로 노래했다.

05 셰익스피어(William Shakespeare)는 이탈리아 소네트를 영국식 소네트 형식으로 채택하고 영시의 형식으로 안착시켰다. 셰익스피어의 소네트를 영국 소네트(English Sonnet) 혹은 셰익스피어 소네트(Shakespearean Sonnet)라고 한다.

정답 03 ④ 04 ④ 05 ③

06 대학 재사파(University Wits)에 대한 설명이다.

06 괄호 안에 들어갈 말로 가장 알맞은 것은?

> ( )는 극장과 전문 직업 배우 그리고 극단이 형성되고 연극이 활성화되면서 대학 출신의 작가들을 가리키는 용어이다. 대학을 중심으로 공연된 드라마가 인기를 얻으면서 대학 출신의 작가들이 전업 작가로 전향하는 경우가 많았고, 특히 옥스퍼드(Oxford)나 캠브리지(Cambridge) 대학 출신이었다.

① Romanticist
② Overreacher
③ University Wits
④ Metaphysical writer

07 대학 재사파들은 아리스토텔레스의 고대 드라마의 전통과 법칙에 저항하면서 자신들만의 자유롭고 새로운 극 형식을 추구했다.

07 대학 재사파(University Wits)에 대한 설명으로 옳지 않은 것은?

① 그리스 로마 고전 작품에 정통했다.
② 아리스토텔레스의 고대 드라마의 전통과 법칙을 따랐다.
③ 무운시(blank verse)를 사용함으로써 형식상의 새로운 혁신을 시도했다.
④ 중세 시대의 로맨스 장르가 구축한 환상적인 세계를 배격하고 사실적인 이야기와 현실적인 인물을 구현했다.

08 필립 시드니(Sir Philip Sidney)에 대한 설명이다.

08 다음 설명에 해당하는 작가는?

> 엘리자베스 여왕 시대에 활동했던 정치인이자 궁정 시인이다. 귀족이면서 학자로서 문학의 후원자로 활동하였고 특히 에드먼드 스펜서의 든든한 문학적 후원자였다. 전형적인 르네상스의 시인으로서 *Astrophel and Stella*와 *The Arcadia*를 창작했다.

① John Lyly
② Thomas Kyd
③ Robert Greene
④ Philip Sidney

정답 06 ③ 07 ② 08 ④

09 에드먼드 스펜서(Edmund Spenser)에 대한 설명으로 옳지 <u>않은</u> 것은?

① 스펜서 스텐자(Spenserian stanza)라는 9행 시체의 시 형식을 창안했다.
② 스펜서는 현실 세계를 사실적으로 묘사하여 후기 사실주의 시인들에게 영감을 주었다.
③ 스펜서는 의도적으로 시골의 어투, 즉 고대 영어를 사용함으로써 다양성을 추구했다.
④ 신화와 서사시 같은 고전적 요소와 로맨스의 Allegory 그리고 16세기 영국의 인문주의를 혼용하여 작품 속에 담아냈다.

09 스펜서는 시적 영감을 과거와 상상력이 넘치는 허구와 모험의 세계에서 찾고 있다. 현실 세계에 대한 냉철한 관찰보다 상상력을 더 강조한 점에서 그의 시와 시형이 이후 낭만주의 시인들에게 영감을 주었다.

10 영국 최초의 비극 작품은?

① *Gorboduc*
② *Doctor Faustus*
③ *Ralph Roister Doister*
④ *Tamburlaine the Great*

10 『고보덕』은 영국 최초의 비극이다. 『고보덕』은 *Gorboduc* 혹은 *Ferrex and Porres*로 알려져 있다.

11 크리스토퍼 말로(Christopher Marlowe)에 대한 설명으로 옳지 <u>않은</u> 것은?

① 대학 재사파의 대표적인 극작가로 명성을 얻었다.
② 말로의 작품에서는 비극이 주인공의 성격에서 기인한다.
③ 극작품에서 향상심(aspiring mind)을 가진 Overreacher를 구현한다.
④ 말로의 작품 Doctor Faustus는 천민 목동 출신의 주인공이 정복왕이 되는 과정을 웅대한 스케일로 묘사한 작품이다.

11 『파우스터스 박사』(*Doctor Faustus*)는 중세 시대부터 전승되던 파우스터스 박사에 대한 전설을 말로가 르네상스 시대에 맞게 내용을 재구성한 드라마 작품이다. 말로는 『탬벌레인 대왕』(*Tamburlaine the Great*)을 통해 천민 목동 출신의 주인공이 정복왕이 되는 과정을 묘사했다.

정답 09 ② 10 ① 11 ④

12 『베니스의 상인』(The Merchant of Venice)은 셰익스피어의 작품이다.

12 크리스토퍼 말로(Christopher Marlowe)의 작품이 <u>아닌</u> 것은?

① *Doctor Faustus*
② *The Jew of Malta*
③ *The Merchant of Venice*
④ *Tamburlaine the Great*

13 셰익스피어는 세네카의 비극들과는 다른 독창적인 비극을 창작했다. 그리고 아리스토텔레스의 삼일치(시간, 공간, 행동의 일치)를 따르지 않으면서 새로운 영국식 극작품들을 창작했다.

13 셰익스피어(William Shakespeare)에 대한 설명으로 옳지 <u>않은</u> 것은?

① 셰익스피어는 극작가뿐만 아니라 시인으로서 많은 소네트 작품도 창작했다.
② 아리스토텔레스의 삼일치를 따르면서 새로운 영국식 극작품을 창작했다.
③ 셰익스피어의 비극적 결함은 주인공이 성격상의 중대한 결점을 지닌 인물로 표현된다.
④ 셰익스피어는 말로의 무운시를 더 발전시킨 시극(poetic drama)을 창작했고, 영국식 희비극(tragiccomedy)을 창작했다.

14 셰익스피어의 4대 비극 작품은 『햄릿』(Hamlet), 『리어왕』(King Lear), 『맥베스』(Macbeth), 『오셀로』(Othello)이다.

14 셰익스피어(William Shakespeare)의 4대 비극 작품이 <u>아닌</u> 것은?

① *Hamlet*
② *Macbeth*
③ *King Lear*
④ *Romeo and Juliet*

정답 12 ③ 13 ② 14 ④

15 다음 설명에 해당하는 셰익스피어(William Shakespeare)의 작품은?

> 셰익스피어의 로맨틱 희극 작품들과 다르게 이 작품은 비극적인 요소도 가미된 희극 작품이다. 유대인 고리대금업자 샤일록(Shylock)과 기독교인 상인 안토니오(Antonio)가 맺은 계약을 중심으로 이야기가 전개된다. 돈을 갚지 못하면 1파운드의 살을 베어내는 계약의 부당성 앞에 생명을 잃게 된 안토니오의 재판에 안토니오의 친구이자 부당한 계약을 맺도록 원인을 제공한 버사니오(Bassanio)의 아내인 남장 여성 포셔(Portia)가 등장해서 기지를 발휘하며 행복한 결말을 맞이하게 된다.

① Twelfth Night
② As You Like It
③ The Merchant of Venice
④ The Taming of the Shrew

15 『베니스의 상인』(The Merchant of Venice)에 대한 설명이다.

정답 15 ③

교육은 우리 자신의 무지를 점차 발견해 가는 과정이다.

– 윌 듀란트 –

제 4 편

17세기 청교도 시대
(The Puritan Age, 1603-1660)

제1장	시대적 배경
제2장	문학의 특징
제3장	대표 작가와 작품
실전예상문제	

단원 개요

청교도 시대는 스튜어트 왕조(Stuart)가 세워진 1603년부터 청교도혁명의 지도자인 올리버 크롬웰의 사후 공화정이 무너지고 다시 찰스 2세를 왕으로 임명하면서 왕정을 다시 복구한 1660년 전까지를 지칭한다. 이 시기의 시대적 특징은 청교도혁명으로 의회가 군주를 처형하고 엄격한 청교도의 시대를 열었다는 것이다. 이 시기의 문학적 특징으로는 형이상학파 시(Metaphysical Poetry)의 유행, 왕당파 시인들(Cavalier Poetry)과 청교도 시인의 활동을 들 수 있다.

출제 경향 및 수험 대책

수험생들이 초점을 맞추어야 하는 학습 요소로는 형이상학파 시의 특징과 기법, 작가와 작품들, 왕당파 시인들과 시의 주제(Carpe Diem), 청교도 시인 존 밀턴(John Milton)과 작품들, 기질 희극(Comedy of Humours)을 창시한 벤 존슨(Ben Jonson), 청교도 산문가 존 번연(John Bunyan)의 『천로역정』(Pilgrim's Progress) 등이 있다.

※ 수험생의 학습과 이해를 돕기 위해 대부분의 작가와 작품명을 한글(영어) 형식으로 병기했습니다. 실제 시험에서는 주로 영어로 표기되오니 참고하시기 바랍니다.

보다 깊이 있는 학습을 원하는 수험생들을 위한
시대에듀의 동영상 강의가 준비되어 있습니다.
www.sdedu.co.kr ➔ 회원가입(로그인) ➔ 강의 살펴보기

제 1 장 시대적 배경

1 스튜어트 왕조

(1) 제임스 1세(James I, 1603-1625 재위)

르네상스 시기 영국의 전성기를 이끌던 엘리자베스 여왕이 후계자 없이 죽자 스코틀랜드의 제임스 6세를 영국의 왕으로 추대하고 데려온다. 영국의 왕권을 이어받은 제임스 6세는 영국에서 제임스 1세로 불리며 스튜어트 왕조를 열었다.

제임스 1세는 왕권신수설을 주장하면서 절대왕정을 확립하려고 노력했지만 영국의 내부 사정에 정통하지 못한 그는 국민의 지지와 인기를 얻지 못했다. 제임스 1세는 영국과 적대적인 관계를 유지했던 스페인과 친교를 단행하고, 의회의 다수를 차지하고 있던 청교도들을 탄압하는 정책을 펴는 등 정치적 실책을 하면서 의회와 크게 대립하였다.

엘리자베스 여왕이 스페인 무적함대를 격파하고, 영국의 정치적·사회적·경제적 위상을 높이면서 민족주의가 발생하고 애국심이 고취되었다. 하지만 엘리자베스 여왕 사후에 잠재되어 있던 여러 가지 문제들이 수면 위로 올라오기 시작했다. 그중에서도 청교도들의 불만이 표면화되었다. 영국 국교회는 행정적으로는 개신교였지만 예배의 의식과 교리는 가톨릭적인 요소를 갖고 있었다. 당시 영국 의회에서 상당한 세력을 차지한 청교도들은 칼빈의 교리에 입각해서 교회의 행정과 예배의식 모두를 개신교에 맞게 개혁하기를 주장했지만 제임스 1세는 오히려 이들을 탄압하고 박해하였다. 이에 1620년에는 종교의 자유를 찾아서 일부 청교도들이 메이플라워호(Mayflower)를 타고 신대륙인 미국의 플리머스(Plymouth)로 이주를 하기도 했다. 이로써 청교도혁명의 씨앗이 움트기 시작했다.

(2) 찰스 1세(Charles I, 1625-1649 재위)

제임스 1세의 장남 헨리가 18세에 요절하고, 차남인 찰스 1세가 왕위를 계승했다. 찰스 1세는 잦은 전쟁과 사치를 일삼은 낭비벽 등으로 국고를 탕진했다. 찰스 1세는 더 많은 세금을 과해서 국고를 채우려고 했지만 의회가 세금 정책에 반기를 들었다. 의회는 1628년에 의회의 동의 없이는 강제로 과세를 할 수 없다는 내용을 담은 권리청원(Petition of Rights)을 찰스 1세로부터 승인받았다.

하지만 찰스 1세는 다음 해인 1629년부터 11년 동안 의회를 해산하고 전제정치를 강행했다. 찰스 1세는 다시 세금을 징수하기 위해 11년 만에 의회를 소집하였지만 런던과 다수 도시의 상인들이 반기를 들면서 의회의 청교도인들과 뜻을 함께했다. 1642년에 찰스 1세가 청교도 지도자들을 투옥시킨 것을 계기로 왕당파와 의회파 간의 내란(Civil War)인 청교도혁명(English Civil War, 1642-1651)이 일어났다. 청교도의 군사 지도자 크롬웰(Oliver Cromwell)이 이끄는 의회파가 승리하게 되고 찰스 1세는 1649년에 단두대에서 처형되었다.

(3) 올리버 크롬웰(Oliver Cromwell, 1599-1658)

찰스 1세를 단두대에서 처형한 후 의회파의 수장이었던 올리버 크롬웰은 1649년에 공화정(the Republic)을 선포하였다. 크롬웰의 공화정은 청교도의 엄격한 교리를 바탕으로 국가를 운영하였다. 크롬웰의 통치 초기 5년 동안 국민들은 절대적으로 크롬웰을 지지하고 위대한 통치자로서 칭송했지만, 이후 청교도 국가의 엄격성과 경직성 때문에 힘들어하기 시작했다.

크롬웰은 1653년에 의회를 해산시키고 스스로 호국경(Lord Protector)이 되어 독재 정치를 펼치기 시작했다. 하지만 1658년에 크롬웰이 갑자기 병으로 사망하게 되면서 왕정복고의 단초를 마련하게 되었다.

2 청교도혁명(English Civil War, 1642-1651) 중요

청교도는 종교개혁의 전통 복음주의를 따르던 브리튼 섬의 개신교 신자들을 가리키는 말이며, 청교도(Puritan)는 순수주의자라는 뜻을 함의하고 있다. 청교도인들은 중세의 로마 가톨릭으로 불리는 구교의 인위적인 전통을 반대하고 성서를 중심으로 하는 기독교 신앙을 추구했다. 영국의 청교도인들은 부의 축적을 인정하는 종교개혁자 칼빈의 청부론을 따랐고, 영국의 청교도들은 젠트리라는 신흥 중산 계급과 도시의 상공인들로 구성되었다. 영국 성공회가 로마 가톨릭 교회의 예배의식을 고수하고 있었기 때문에 청교도들은 예배의 의식과 교리를 청교도에 맞게 전면 개혁하기를 원했지만 오히려 탄압을 당했다. 종교적 이유로 정권에 불만이 쌓여가던 시기에 세금 징수 문제로 왕당파와 내전이 발생하고 올리버 크롬웰이 이끄는 의회파가 승리하면서 청교도의 시대가 도래했다.

청교도혁명은 영국 정치사에서 의회가 군주에 대항한 첫 사례이면서 의회가 군주를 처형한 첫 사례이기도 하다. 제임스 1세와 찰스 1세의 왕권 강화와 신교도 탄압정책은 의회, 시민, 청교도의 저항을 불러왔고 청교도혁명을 통한 공화정을 수립하게 만들었다.

청교도혁명이 발생한 1642년에 의회는 극장을 폐쇄하고, 술집도 폐쇄하였다. 그리고 비도덕적이고 종교적이지 못한 문화들도 모두 엄격하게 통제되었다. 영국 국교회의 부패와 왕의 사치를 비판하며 수립된 공화정은 지나친 엄격함과 규율로 인해 오히려 국민의 반발심을 얻게 되었고, 이후 크롬웰의 사후 다시 왕정으로 돌아가게 된다.

제 2 장 | 문학의 특징

1 청교도 시대의 시

17세기 전반 청교도 시대의 영국 시는 형이상학파 시와 왕당파 시 그리고 두 그룹에 속하지 않는 밀턴의 시로 나뉜다. 이 시대의 가장 대표적인 시 형식은 형이상학파 시 형식이다.

(1) 형이상학파 시(Metaphysical Poetry) 중요

① 형이상학파 시

형이상학(Metaphysics)이라는 용어는 드라이든(John Dryden)이 1693년에 저술한 『풍자론』(Discourse of Satire)에서 존 턴(John Donne)을 비유하는 말로 처음으로 사용됐고, 이후 사무엘 존슨(Samuel Johnson)이 존 턴과 그 일파의 시가 기이하고(eccentric)하고, 현학적(pedantic)이라고 표현하면서 형이상학파 시(Metaphysical Poetry)라고 명명하였다.

17세기 초에 발전된 형이상학파 시는 16세기 엘리자베스 여왕 시대에 유행했던 페트라르카(Petrarch) 풍의 표현방식과 시적 소재에 반발하면서 생겨났다. 아름답고 인위적인 어구와 비유를 사용하는 16세기의 시들과는 대조적으로, 형이상학파 시들은 시인의 사상과 체험을 새로운 표현 방식과 기법으로 표현했다. 철학, 의학적 용어, 현미경이나 망원경 같은 과학적 용어 등과 같은 정서를 내포하지 않는 어휘를 시적 언어로 구사하거나 일반적으로 전혀 연관성이 없는 이질적인 요소들의 결합을 통해 주제를 표현했다. 정확하고 치밀한 운율을 통해 연인의 아름다움을 정서적으로 노래하는 16세기의 시적 전통을 모두 벗어난 형이상학파 시의 구성은 지적이고, 논리적이며, 치밀하다. 그리고 사랑의 감정보다는 사랑의 원리를 파악하기 위한 철학적 사색을 담고 있다.

> **더 알아두기**
>
> **페트라르카(Petrarch)**
> 이탈리아의 인문주의자이자 대표 시인인 페트라르카[Petrarch(영국식), Francesco Petrarca(full name)]는 정형화된 감정을 과장하고, 상투적인 이미지와 비유를 통해 직설적으로 표현했다. 엘리자베스 여왕 시대에 이러한 페트라르카 시와 소네트가 유행했다.

② 형이상학파 시의 특징

㉠ 서로 연관성이 전혀 없어 보이는 이질적인 두 사물 간의 유사성을 발견하여 기상(conceit), 즉 기이한 착상(기발한 비유)을 사용한다. 외견상 유사성이 없는 것을 병치시켜서 절묘하게 합치시키는 비유인 기상은 형이상학파 시의 가장 큰 특징이다. 기상은 감각적이라기보다는 지적인 요소가 강하다.

㉡ 논리를 전개하는 과정에서 과장법을 사용한다. 예를 들면 눈물은 홍수에, 한숨은 폭풍에 비유되기도 한다.

ⓒ 압축된 생략구문과 변칙적 구문을 즐겨 사용한다.
ⓔ 16세기 시들은 연인을 3인칭으로 설정하여 묘사하지만, 형이상학파 시인들은 바로 앞에 있는 연인에게 고백하는 것 같은 대화체(dialogue)를 사용함으로써 시의 긴장감과 실재감을 높였다.
ⓜ 운율을 중요시한 16세기 소네트와 달리, 형이상학파 시인들은 불규칙적인 운율을 사용했다. 의도적으로 불규칙적인 리듬을 통해 특정 부분의 시적 화자의 목소리를 강조하는 기법을 사용했다.
ⓗ 16세기 시에서 연인을 자연과 아름다운 보석 등에 비유하며 연인의 아름다움을 노래했다면, 형이상학파 시인들은 정서적 유대감과 영적인 합일과 같은 내면적이고 논리적인 관계를 노래한다.
ⓢ 정서를 내포하지 않는 시어를 사용한다. 철학, 과학, 법학, 지리, 천문학, 수학 등과 같은 학문적 용어와 요소들을 시의 소재로 사용했다.
ⓞ 형이상학파 시의 주제는 철학적이고 풍자적이다.

③ **형이상학파 대표 시인들**
  ㉠ 존 던(John Donne)
  ㉡ 조지 허버트(George Herbert)
  ㉢ 리처드 크래쇼(Richard Crashaw)
  ㉣ 헨리 본(Henry Vaughan)
  ㉤ 앤드류 마블(Andrew Marvell)

(2) 왕당파 시(Cavalier Poetry) 중요

① **특징**
찰스 1세를 추종하고 그의 통치 시기에 시를 남긴 궁정 시인이자 세속 시인으로 명명되었던 왕당파 시인들은 청교도들의 엄격성과 경건성을 배격하고, 삶의 아름다움과 청춘과 인생의 찰나의 아름다움을 노래하였다. 왕당파 시인들은 로마와 그리스 고전의 영향을 받았고, 시의 세련미와 기교를 중요하게 생각했다. 그들은 카르페 디엠적 주제와 왕에 대한 충성을 주제로 시를 창작했다. 르네상스 시인들이 여성을 천사와 같은 범접할 수 없는 이상형으로 묘사했다면, 왕당파 시인들은 여성을 사랑의 대상이자 인간적인 존재로 묘사하였다.
대표적인 시인으로는 벤 존슨(Ben Jonson)이 있고, 라틴어 고전의 영향을 받은 벤 존슨의 시는 이후 신고전주의 시인 존 드라이든(John Dryden)에게 영향을 미쳤다. 왕당파 시인들은 벤 존슨의 영향을 많이 받았기 때문에 벤의 후예(Sons of Ben) 혹은 벤의 일가(Ben's Tribe)로 불리기도 했다.

> **더 알아두기**
>
> **카르페 디엠(Carpe Diem)**
> 왕당파 시인들은 왕에 대한 충성심과 사랑에 대해 노래했다. 왕당파 시인들은 특히 로마의 시인 호라티우스(Horace)와 카툴러스(Catullus)가 시적 주제로 삼았던 카르페 디엠 주제들을 노래했다. 카르페 디엠(Carpe Diem)은 인간의 삶은 덧없고, 짧고 빠르기 때문에 오늘을 살고 있는 우리에게 지금이 가장 중요하다는 뜻의 '현재를 잡아라'라는 의미로 사용되었다.

② 왕당파 대표 시인들
  ㉠ 벤 존슨(Ben Jonson)
  ㉡ 토마스 커루(Thomas Carew)
  ㉢ 로버트 헤릭(Robert Herrick)
  ㉣ 존 서클링 경(Sir John Suckling)
  ㉤ 리처드 러블레이스(Richard Lovelace)

(3) 청교도 시인(Puritan Poetry)

17세기 전반 청교도 시대의 영국 시는 형이상학파 시와 왕당파 시 그리고 두 그룹에 속하지 않는 청교도 시인 밀턴의 시로 나뉜다. 청교도혁명은 인간의 지적 능력과 잠재력에 대한 자각뿐만 아니라 인간의 도덕성을 회복하고자 했던 혁명이다. 대표적인 청교도 시인으로는 존 밀턴(John Milton)이 있다. 밀턴은 대표적인 청교도 시인으로서 형이상학파와 왕당파에 속하지 않는 청교도적 세계관을 구현했다. 밀턴은 인간의 도덕성과 청교도적인 종교적 성찰을 강조했다. 특히 밀턴은 르네상스의 인문주의와 청교도혁명의 정신을 결합한 청교도적 인문주의를 시에 구현했다.

2 청교도 시대의 드라마

(1) 드라마의 쇠퇴

① 풍자 희극

엘리자베스 여왕 시대에 영국의 드라마는 최고의 발전과 전성기를 누렸다. 셰익스피어라는 대문호가 등장하고 희극, 비극, 희비극 장르의 수많은 작품들이 쏟아졌다. 하지만 엘리자베스 여왕 사후부터 낭만 희극은 사회를 비판하고 풍자하는 풍자 희극이 주류를 이루었다. 제임스 1세가 즉위한 후 특히 풍자 희극들이 성행하면서 인간의 어리석음과 사회의 부패한 상황들을 풍자하는 희극 작품들이 창작되었다. 대표적인 작품으로는 웹스터(John Webster)의 『말피의 공작부인』(The Duchess of Malfi)이 있다. 벤 존슨은 기질 희극을 통해 인간의 어리석음을 과장과 풍자를 통해 묘사했다. 특히 존슨은 『볼포네』(Volpone)를 통해 물질만능주의와 인간의 탐욕을 풍자했다.

② 가면극 중요

제임스 1세 시대에는 드라마 작가들은 왕과 왕비로부터 후원을 받으면서 궁정에서 공연을 했다. 특히 궁정에서는 가면극(masque)이 공연되었다. 가면극은 엘리자베스 여왕 시대부터 시작되었지만 제임스 1세 시기에는 무대장치가 더 정교해지고, 연극의 노래와 춤이 궁정 여흥에 맞게 변화되었다. 하지만 제임스 1세 시대의 가면극은 대중들에게 종교적 교리를 전하기 위해 예배 의식으로 사용되었던 신비극과 도덕극이 갖고 있던 극의 특징 그리고 모든 계층이 극장에 모여서 극을 관람하던 엘리자베스 여왕 시대의 극의 특징, 즉 대중성이 상실되었다. 제임스 1세 시대의 극장은 특정 상위 계층을 위한 전유물로 변질되었고, 관람료도 비싸지고 실내 극장으로 변화하면서 일반 대중들의 접근이 어려워지기도 했다.

③ 극장의 폐쇄와 드라마의 쇠퇴

청교도들은 제임스 1세와 찰스 1세 시대를 거치면서 극장이 비도덕적이고 퇴폐적인 장소라고 비판했다. 극장에서 술을 마실 수 있고, 비도덕적인 극작품들이 상연되고 있으며, 군중들이 대규모로 모이는 극장에서 전염병이 쉽게 전파될 수 있다고 비판했다. 마침내 청교도혁명이 일어난 1642년에 극장을 폐쇄했고, 술집도 모두 문을 닫게 했다. 자연스럽게 청교도 시대의 드라마는 쇠퇴기에 접어들게 되었다.

(2) 청교도 시대 대표 드라마 작가
① 존 웹스터(John Webster)
② 벤 존슨(Ben Jonson)

3 청교도 시대의 산문

(1) 존 번연의 『천로역정』(Pilgrim's Progress) 중요

존 번연(John Bunyan)은 밀턴과 함께 청교도 문학을 대표하는 작가이다. 청교도 정신을 대변하는 산문작가인 번연은 『천로역정』(Pilgrim's Progress)에서 Allegory(우화, 풍유) 형식을 통해 청교도 신앙의 정수를 전달하고 있다. 『천로역정』은 거의 모든 언어로 번역이 되었을 만큼 큰 반향을 일으켰다.

(2) 베이컨의 경험주의 중요

17세기 초기에는 새로운 과학적 발견들과 기술의 진보가 일어났다. 과학과 기술의 진보는 기독교 신앙을 체계적으로 정리하고 논증하기 위한 중세 시대의 스콜라철학(Scholasticism)을 쇠퇴하게 만들었다. 17세기 전반에는 영국의 대표적인 경험주의 철학자 베이컨(Francis Bacon)의 경험주의가 대두되었다. 베이컨의 경험주의는 관찰과 실험을 중시했다. 베이컨은 영국 최초로 『수필집』(Essay)을 출간했다.

(3) 홉스의 정치철학

영국의 정치철학자이자 사회철학자인 홉스(Thomas Hobbes)는 『리바이어던』(Leviathan, 1651)을 통해 국가의 본질을 개인주의, 사회 계약설, 절대왕정 개념으로 설명했다. 홉스는 강력한 군주체제를 통해 사회의 질서를 유지할 수 있다는 사회 계약설을 주장했다.

(4) 성경의 번역

영어로 성경을 번역하는 작업들이 꾸준하게 이루어졌다. 이 시기의 가장 대표적인 성경 번역본은 제임스 1세의 명령으로 47명의 개역 위원회가 1611년에 번역한 『흠정영역성서』(King James Version, Authorized Version of the Bible)이다. 『흠정영역성서』는 문체가 탁월하고 영어 산문의 규범이 되어 이후 영어 산문 발전에 큰 영향을 미쳤다. 『흠정영역성서』는 현재 영국 교회가 사용하는 성서의 원판이다.

제 3 장 | 대표 작가와 작품

1 시

(1) 존 던(John Donne, 1572-1631) 중요

① 작가와 작품관

17세기 형이상학파 시인을 대표하는 시인이다. 존 던의 시는 사랑을 주제로 하는 세속시(secular poems)와 기독교적 구원과 신앙을 주제로 하는 종교시(Holy Sonnets)로 나눌 수 있다. 존 던의 초기 세속시 모음집 『노래와 소네트』(Songs and Sonnets)는 르네상스 시대 페트라르칸 소네트처럼 여성을 과도하게 숭배하거나 이상화시키지 않고 사실주의적 여성관을 보여주며, 플라토닉한 사랑뿐만 아니라 육체적인 사랑까지 주제로 다루고 있다.

존 던의 후기 종교시 「성스러운 소네트」(Holy Sonnets)에서는 신과 인간의 관계를 세속시에서 사용했던 남녀관계의 비유나 기상을 이용해서 인간적인 관점에서 표현하기도 하였다. 20세기를 대표하는 시인 엘리엇(Thomas Stearns Eliot)에 의해 재평가되었고, 엘리엇은 존 던을 감성과 지성을 통합한 시인으로 표현했다.

존 던은 신화가 풍부한 전원시, 플라토닉 사랑을 노래하는 소네트, Allegory(우의, 풍유)가 풍부한 로맨틱 서정시 등과 같은 르네상스 시대의 시풍과 대비되는 시를 창작했다. 존 던은 형이상학적 기상(conceit)을 활용하여 논리적인 어조와 대화체를 통해 시적 주제를 전달한다. 존 던의 시는 운율보다는 시적 의미에 강조점을 두고 있고, 시적 리듬의 정형화된 패턴을 지키기보다는 대화체를 통해 의미를 전달하는 데 더 강조점을 둔다.

② 대표작품

㉠ 「벼룩」(The Flea)[1] 중요

존 던의 지적인 위트(wit)와 기상(conceit)이 가장 잘 드러나는 작품 중 하나이다. 존 던은 전혀 유사성이 없는 두 이미지를 병치하면서 시적 주제에 부합하는 새로운 의미를 창조하는 형이상학적 기상을 많이 사용했다. 전혀 유사성이 없는 이질적인 사물들 사이에 전혀 예상하지 못한 유사성을 부여하는 비유를 통해 역설과 아이러니로 독자들을 이끌어간다.

「벼룩」에서 존 던은 벼룩이라는 매개를 활용하여 시인의 사랑을 거부하는 연인을 논리적으로 설득하고 있다. 시적 화자는 시인의 피를 먼저 먹고, 이후 여인의 피를 먹은 벼룩 속에 두 사람의 피가 섞여 있기 때문에 두 사람은 결혼을 했다는 기상을 중심으로 시적 주제를 전달하고 있다.

The Flea

Mark but this flea, and mark in this,
How little that which thou deniest me is;

---

[1] https://terms.naver.com/entry.naver?docId=1996888&cid=41773&categoryId=44395

Me it sucked first, and now sucks thee,
And in this flea our two bloods mingled be;
Thou knowst that this cannot be said
A sin, nor shame, or loss of maidenhead,
Yet this enjoys before it woo,
And pampered swells with one blood made of two,
And this, alas, is more than we would do.

Oh, stay, three lives in one flea spare,
Where we almost, yea more than married, are.
This flea is you and I, and this
Our marriage bed and marriage temple is;
Though parents grudge, and you, we are met,
And cloistered in these living walls of jet,
Though use make you apt to kill me
Let not to that, self-murder added be,
And sacrilege, three sins in killing three.
Cruel and sudden, hast thou since
Purpled thy nail, in blood of innocence?
Wherein could this flea guilty be,
Except in that drop which it sucked from thee?
Yet thou triumph'st, and say'st that thou
Find'st not thy self nor me the weaker now;
'Tis true, then learn how false fears be;
Just so much honor, when thou yield'st to me,
Will waste, as this flea's death took life from thee.

ⓒ 「황홀」(*The Ecstasy*)
  ⓐ 존 던은 연시인 「황홀」을 통해 사랑의 감정을 노래하는 데 초점을 두지 않고, 사랑의 원리에 대해 논리적으로 접근하고 있다.
  ⓑ 「황홀」(*The Ecstasy*)의 일부[2]

> **The Ecstasy**
>
> Where, like a pillow on a bed
> A pregnant bank swell'd up to rest
> The violet's reclining head,
> Sat we two, one another's best.

---

[2] https://www.poetryfoundation.org/poems/44099/the-ecstasy

Our hands were firmly cemented
With a fast balm, which thence did spring;
Our eye-beams twisted, and did thread
Our eyes upon one double string;
So to'intergraft our hands, as yet
Was all the means to make us one,
And pictures in our eyes to get
Was all our propagation.
As 'twixt two equal armies fate
Suspends uncertain victory,
Our souls (which to advance their state
Were gone out) hung 'twixt her and me.
And whilst our souls negotiate there,
We like sepulchral statues lay;
All day, the same our postures were,
And we said nothing, all the day.
If any, so by love refin'd
That he soul's language understood,
And by good love were grown all mind,
Within convenient distance stood,
He (though he knew not which soul spake,
Because both meant, both spake the same)
Might thence a new concoction take
And part far purer than he came.
This ecstasy doth unperplex,
We said, and tell us what we love;
We see by this it was not sex,
We see we saw not what did move;
But as all several souls contain
Mixture of things, they know not what,
Love these mix'd souls doth mix again
And makes both one, each this and that.
A single violet transplant,
The strength, the colour, and the size,
(All which before was poor and scant)
Redoubles still, and multiplies.

(2) 조지 허버트(George Herbert, 1593-1633) 중요

① 작가와 작품관

존 던과 함께 17세기 형이상학파 시인을 대표하는 시인이다. 조지 허버트는 명문가 귀족 출신으로서 성직자가 되어 종교시를 쓴 대표적인 종교 시인이다. 허버트는 던에 비해 종교적 경건함을 시에 더 많이 담아내고 있다. 허버트도 감각보다 지성에 바탕을 두고 논리성을 추구하는 형이상학파 시인들의 특징을 공유하고 있다. 허버트는 세밀한 관찰과 종교적 명상을 통한 직관적 사유를 언어로 형상화하고, 시 전체의 패턴을 시의 내용과 어울리도록 구성하는 시각운을 자주 사용하였다.

> **더 알아두기**
>
> **모형시(Pattern poems, 시각운)**
> 허버트는 시행을 특정한 형상을 갖도록 배치하는 시각운을 사용하였다. 모형시(시각운)는 시각적으로 시적인 의미를 형상화하는 것을 의미한다.

② 대표작품

㉠ 「부활절 날개」(*Easter Wings*)3) 중요

시행의 배치를 통해 부활절의 날개를 형상화하고 있다. 다음 시의 전체 이미지를 살펴보면 시의 제목에 맞게 시행의 배열이 날개의 모습이 되도록 배치하고 있다.

Easter Wings

Lord, Who createdst man in wealth and store,
　　Though foolishly he lost the same,
　　　　Decaying more and more,
　　　　　　Till he became
　　　　　　　Most poore:
　　　　　　With Thee
　　　　　O let me rise,
　　　　As larks, harmoniously,
　　And sing this day Thy victories:
Then shall the fall further the flight in me.

　　My tender age in sorrow did beginne;
　　　　And still with sicknesses and shame
　　　　　　Thou didst so punish sinne,
　　　　　　　That I became
　　　　　　　　Most thinne.

---

3) https://www.poetryfoundation.org/poems/44361/easter-wings

>   With Thee
>   Let me combine,
> And feel this day Thy victorie;
> For, if I imp my wing on Thine,
> Affliction shall advance the flight in me.

*이 작품은 두 페이지가 마주 보도록 가로로 인쇄되었다.

```
Lord, Who createdst man in wealth and store,
  Though foolishly he lost the same,
    Decaying more and more,
      Till he became
        Most poore:
          With thee
          O let me rise,
       As larks, harmoniously,
    And sing this day thy victories:
  Then shall the fall further the flight in me.
My tender age in sorrow did beginne
  And still with sicknesses and shame
    Thou didst so punish sinne,
      That I became
        Most thinne.
          With thee
          Let me combine,
       And feel this day thy victorie;
    For, if I imp my wing on thine,
  Affliction shall advance the flight in me.
```

ⓛ 「제단」(*The Altar*)[4] 중요

시행의 배치를 통해 제단을 형상화하고 있다. 다음 시의 전체 이미지를 살펴보면 시의 제목에 맞게 시행의 배열이 제단의 모습이 되도록 배치하고 있다.

---

[4] https://www.poetryfoundation.org/poems/44358/the-altar

> **The Altar**
>
> A broken ALTAR, Lord, thy servant rears,
>   Made of a heart and cemented with tears:
>   Whose parts are as thy hand did frame;
> No workman's tool hath touch'd the same.
>   A HEART alone
>   Is such a stone,
>   As nothing but
>   Thy pow'r doth cut.
>   Wherefore each part
>   Of my hard heart
>   Meets in this frame,
>   To praise thy name:
>   That if I chance to hold my peace,
>   These stones to praise thee may not cease.
>   Oh, let thy blessed SACRIFICE be mine,
>   And sanctify this ALTAR to be thine.

(3) 앤드류 마블(Andrew Marvell, 1621-1678)

① **작가와 작품관**

앤드류 마블은 현대의 비평가들에게 재평가되고 있는 17세기 형이상학파 시인이다. 마블은 형이상학파 시인들의 지적 창의성과 기상, 왕당파 시의 아름다움과 서정성을 가장 조화롭게 융화시킨 시인으로 평가된다. 마블은 물질세계와 초월적 세계와의 관계성, 영혼과 육체의 관계, 신의 위대함과 지식의 허무함, 예술의 무력함, 순수 자연의 아름다움 등 다양한 주제로 시를 창작했다. 삼단논법 형식을 시에 적용해서 자신의 주제를 설득하는 형식을 취하기도 했고, 청교도주의의 엄숙함을 비판하기도 했다.

마블은 대표적인 반왕당파 시인이고, 크롬웰과의 대립각을 세웠다. 특히 마블은 밀턴(John Milton)의 비서로 활동했고, 마블의 노력으로 밀턴은 왕정복고기에 사형에 처할 뻔한 상황에서도 벗어날 수 있었다. 마블의 이러한 헌신적인 도움 덕분에 밀턴은 『실낙원』(*Paradise Lost*)을 완성할 수 있었다.

② **대표작품 : 「수줍은 연인에게」**(*To His Coy Mistress*)

㉠ 마블은 이 시를 통해 청교도주의의 엄숙함과 금욕을 강조하는 억압적인 분위기를 비판한다. 처녀성에 대한 강박관념 때문에 청춘의 날을 제대로 즐기지 못하는 연인에게 카르페 디엠(Carpe diem)이라는 주제를 전달한다. 청춘의 시기인 오늘을 소중하게 즐기라(Seize the day)는 주제와 세월의 무상함과 순간의 즐거움의 소중함을 동시에 전달하고 있다.

ⓛ 「수줍은 연인에게」(*To His Coy Mistress*)의 일부5)

To His Coy Mistress

Had we but world enough and time,
This coyness, lady, were no crime.
We would sit down, and think which way
To walk, and pass our long love's day.
Thou by the Indian Ganges' side
Shouldst rubies find; I by the tide
Of Humber would complain. I would
Love you ten years before the flood,
And you should, if you please, refuse
Till the conversion of the Jews.
My vegetable love should grow
Vaster than empires and more slow;
An hundred years should go to praise
Thine eyes, and on thy forehead gaze;
Two hundred to adore each breast,
But thirty thousand to the rest;
An age at least to every part,
And the last age should show your heart.
For, lady, you deserve this state,
Nor would I love at lower rate.
          But at my back I always hear
Time's wingèd chariot hurrying near;
And yonder all before us lie
Deserts of vast eternity.
Thy beauty shall no more be found;
Nor, in thy marble vault, shall sound
My echoing song; then worms shall try
That long-preserved virginity,
And your quaint honour turn to dust,
And into ashes all my lust;
The grave's a fine and private place,
But none, I think, do there embrace.

5) https://www.poetryfoundation.org/poems/44688/to-his-coy-mistress

(4) 헨리 본(Henry Vaughan, 1621-1695)

① **작가와 작품관**
   형이상학파 시인으로서 종교 시인이다. 헨리 본은 정결하고 사적인 내면세계의 경이로움을 시로 표현하는 데 주력했다. 옥스퍼드 대학 출신의 의사이며, 왕당파의 군의관으로 내전에 참가했다. 초기에는 세속적인 시를 썼지만 병상에서 종교적인 회심의 체험을 한 후 종교시를 주로 쓰면서 신비주의적이고 명상적인 시를 썼다.

② **대표작품 : 「불꽃 튀는 부싯돌」**(*Silex Scintillans*, 1650-1655)
   부싯돌과 같이 굳은 죄인의 마음이 불꽃 같은 하나님의 영감을 통해 회심과 구원을 얻게 되는 내용의 종교시이다. 시인이 영적으로 하나님께 바치는 개인적 복종의 표현과 주제들로 구성된다.

(5) 로버트 헤릭(Robert Herrick, 1591-1674)

① **작가와 작품관**
   벤 존슨의 영향을 받은 대표적인 왕당파 서정 시인이다. 감미로운 정서와 아름다운 운율을 사용하였으며, 벤 존슨의 시풍을 계승・발전시켜 목가적 서정시의 시풍을 이루었다.

② **대표작품 : 「처녀들에게, 인생을 소중히 여기길」**(*To the Virgins, to Make Much of Time*)[6]
   단시 천 편을 수록한 시집 『헤스페리데스』(*Hesperides*)에 본 작품이 수록되어 있다. 그중에서도 대표적인 작품 중 하나는 「처녀들에게, 인생을 소중히 여기길」(*To the Virgins, to Make Much of Time*)이다.

> **To the Virgins, to Make Much of Time**
>
> Gather ye rose-buds while ye may,
> Old Time is still a-flying;
> And this same flower that smiles today
> Tomorrow will be dying.
>
> The glorious lamp of heaven, the sun,
> The higher he's a-getting,
> The sooner will his race be run,
> And nearer he's to setting.
>
> That age is best which is the first,
> When youth and blood are warmer;
> But being spent, the worse, and worst
> Times still succeed the former.
>
> Then be not coy, but use your time,
> And while ye may, go marry;

---

[6] https://www.poetryfoundation.org/poems/46546/to-the-virgins-to-make-much-of-time

> For having lost but once your prime,
> You may forever tarry.

(6) 존 밀턴(John Milton, 1608-1674) 중요

① 작가와 작품관

존 밀턴은 초서, 셰익스피어와 함께 영국의 3대 시인으로 꼽힌다. 17세기 전기 청교도 문학의 가장 대표적인 시인이자 청교도적 세계관을 문학적으로 가장 잘 구현한 시인이다. 특히 밀턴은 엘리자베스 여왕 시대의 르네상스 인본주의(Renaissance Humanism) 요소와 17세기 청교도혁명의 엄격하고 경건한 도덕주의 요소를 결합한 청교도적 인본주의(Christian Humanism)를 구현한 시인으로 평가받고 있다. 밀턴은 고전의 신화적인 요소들을 내용으로 다루면서 시행이 길고 정교한 구조를 가진 르네상스 인문주의적 요소를 포함하고 있다.

밀턴은 청교도혁명을 이끈 지도자 크롬웰의 외국어 담당 비서관으로 활동하면서 공화정에 관여했고, 이후 왕정복고기에 찰스 2세가 밀턴을 투옥시켰다. 1652년에 양쪽 눈을 실명한 밀턴은 『실낙원』(*Paradise Lost*)을 완성했다. 『실낙원』은 기독교적 인문주의를 가장 잘 구현한 영문학 최고의 서사시 중 하나로 평가받는다. 이후 『실낙원』과 함께 자신의 3대 걸작으로 평가받는 『복락원』(*Paradise Regained*)과 『투사 삼손』(*Samson Agonistes*)을 완성했다.

② 주요 활동 시기

㉠ 제1기(1629-1640)

ⓐ 제1기는 시인으로서의 면모를 보이며 자신의 세계관을 구축하는 시기이다. 1629년에 「그리스도 탄생의 아침에」(*On the Morning of Christ's Nativity*)를 통해 고전 작품과 작시법에 대한 깊은 이해를 보여주었다. 캠브리지 대학을 졸업한 후 「쾌활한 사람」(*L'Allegro*)과 「사색하는 사람」(*Il Penseroso*)을 발표하였다. 또한 음악성이 뛰어난 것으로 평가받는 가면극 『코머스』(*Comus*)를 1634년에 창작했다. 1637년에 밀턴은 자신의 절친 에드워드 킹(Edward King)의 갑작스러운 죽음을 맞게 되고 목가적 애도시 「리시다스」(*Lycidas*)를 지었다. 그리스 고전의 전원시 형식을 가진 비극시 「리시다스」는 신의 뜻을 위해 현세의 쾌락을 포기하는 청교도적 세계관이 내포된 내용이다. 1637년에 유럽으로 견문을 넓히기 위해 여행을 갔다가 1638년에 내전이 발발하자 귀국하여 의회파에 참가했다.

ⓑ 이 시기의 작품들

- 「그리스도 탄생의 아침에」(*On the Morning of Christ's Nativity*)
- 「쾌활한 사람」(*L'Allegro*)
- 「사색하는 사람」(*Il Penseroso*)
- 『코머스』(*Comus*)
- 「리시다스」(*Lycidas*)

ⓛ 제2기(1640-1660)
ⓐ 밀턴은 왕당파와 의회파 간의 정쟁의 시기를 겪는 제2기 동안에는 시인으로서의 창작 열의를 버리고 종교적 신념과 자유를 위해 투쟁했다. 이 시기에 밀턴은 산문작가로서 활동한다. 당시의 언론인 신문과 팸플릿을 통해 자신의 정치적 신념을 산문으로 썼다. 대표적인 밀턴의 산문으로는 1644년에 언론의 자유를 주장했던 『아레오파지티카』(Areopagitica)가 있다. 찰스 1세의 처형 이후 밀턴은 크롬웰의 공화정에서 외교 비서관으로서 활동했는데 과로로 인해 1652년 43세에 실명을 하게 된다. 실명을 할 만큼 최선을 다해서 공화정을 도왔지만 1660년에 왕정이 복고된다.
ⓑ 이 시기의 작품들
『아레오파지티카』(Areopagitica)
ⓒ 제3기(1660-1674)
ⓐ 제3기는 밀턴의 위대한 서사시의 시대이다. 찰스 2세의 왕정복고 이후 밀턴은 처형의 위기를 넘겼다. 투옥생활과 가산을 몰수당하는 일을 겪은 밀턴은 고독 속에서 위대한 서사시 작업을 마무리했다. 1658년에 착수한 『실낙원』(Paradise Lost)을 1665년에 완성했다. 그리고 1671년에 『실낙원』의 속편 『복락원』(Paradise Regained)과 극시 『투사 삼손』(Samson Agonistes)을 완성했다.
ⓑ 이 시기의 작품들

- 『실낙원』(Paradise Lost)
- 『복락원』(Paradise Regained)
- 『투사 삼손』(Samson Agonistes)

③ **대표작품**
㉠ 『실낙원』(Paradise Lost) 중요
총 12권(book)으로 구성된 기독교 종교 서사시(Christian epic)이다. 이 작품을 통해 밀턴은 초서, 셰익스피어와 함께 영국 문학사에서 가장 위대한 3대 시인으로 평가받게 된다.
ⓐ 밀턴은 1권에서 자신이 이 시를 쓴 목적은 인간에 대한 신의 섭리를 정당화하기 위함(to justify the ways of God to men)이라고 밝히고 있다. 성서의 『창세기』(Genesis) 장을 토대로 아담(Adam)과 이브(Eve)의 추방과 반역 천사의 몰락에 대한 이야기를 담고 있다. 밀턴은 장엄한 서사시를 통해 신과 인간의 궁극적인 관계, 신의 섭리의 무오류성, 인간의 고통의 의미 등과 같은 신학적 주제들을 묘사하고 있다. 특히 밀턴은 사탄(satan)을 주요 인물로 부각시키면서 비극적이고 영웅적인 힘을 가진 존재로 묘사하지만, 궁극적으로는 신의 정의와 형벌에 의해 몰락하는 모습으로 그려내면서 신에 대한 순종을 강조한다.
『실낙원』은 궁극적으로 청교도적 신앙, 즉 신의 섭리를 정당화하기 위해 쓰였지만 철저하게 신학적인 측면에서 서술되는 것이 아니라 인간 중심적으로 성서를 재해석하고 있다. 밀턴은 사탄을 인간의 자유의지와 인도주의를 구현하는 저항적 정신을 가진 영웅적 인물로 묘사하는데, 이는 성서의 정통적인 사탄의 묘사와는 대조를 이룬다. 그리고 의도적으로 『창세기』의 사건들의 순서를 바꾸면서 인간의 사건들을 가장 먼저 제시한다. 밀턴은 고전 서사시의 요소들도 함께 사용함으로써 인간이 중심이 되어 성서를 재해석하는 청교도적 인본주의를 구현했다.

ⓑ 『실낙원』은 10,000행으로 구성된 무운시(Blank verse)이다. 라틴어에서 파생된 단어들을 많이 사용하고 있고 비정상적인 어순을 사용한다. 그리고 버질(Virgil)과 호머(Homer)의 고전적 서사시의 관례를 따랐지만 당시에는 생소하던 무운시(Blank verse)를 사용하면서 차별성을 확보했다.

ⓒ 줄거리
- 1권
  시적 화자 밀턴이 시의 주제인 인간의 원죄와 신의 섭리에 대해 이야기한다. 지옥을 묘사하고 지옥에 빠진 사탄의 인간성(humanity)에 대해 묘사한다.
- 2권
  타락한 천사들의 집회 장소인 복마전(pandemonium)에서 수령들이 회의를 하고 신세계 침략과 신에게 복수를 다짐한다. 사탄은 지옥의 문지기인 죄악(Sin)과 죽음(Death)과 함께 혼돈의 세계를 비행한다.
- 3권
  신은 사탄의 계략을 간파하고 인간의 타락과 사탄의 모반의 성공을 예언한다. 신의 아들 그리스도(Christ)는 인류의 속죄를 위해 자신을 희생하기로 한다. 사탄은 대천사 우리엘(Uriel)을 속이고 지구 니파테스(Niphates)산에 도착하고 휴식을 취한다.
- 4권
  사탄은 자신의 처지를 한탄하며 신에 대한 복수를 다짐한다. 사탄은 에덴동산으로 날아가서 아담과 이브가 동산 중앙의 나무 열매인 선악과를 먹는 것이 금지되어 있다는 대화를 엿듣는다. 이브의 꿈속에 나타나서 선악과를 먹으라고 유혹하지만 대천사 가브리엘(Gabriel)에게 들켜서 쫓겨난다.
- 5권
  이브는 아담에게 불길한 꿈에 대해 이야기한다. 신은 대천사 라파엘(Raphael)을 에덴동산으로 보내서 아담과 이브에게 사탄의 간계와 사탄의 무리들의 반역에 대해 설명한다.
- 6권
  신의 편인 대천사 미카엘, 라파엘, 가브리엘이 어떻게 사탄을 포함한 반역한 천사들과 전투를 했는지에 대해 묘사한다. 치열한 접전 중 신은 자신의 아들을 보내고, 신의 아들은 전차와 뇌전을 사용하면서 사탄과 그 무리들을 심연의 나락으로 떨어트리고 승리한다.
- 7권
  전투에서 승리 후 신은 새로운 세계를 창조했다. 6일 동안의 새로운 세계의 창조 과정과 아담과 이브와 에덴동산의 창조에 대해 묘사한다.
- 8권
  아담은 라파엘에게 천국의 운명에 대해 질문을 하고 대답을 듣게 된다. 아담은 이브와 에덴동산에 거주한 일 등에 대해 회상한다.
- 9권
  사탄은 뱀으로 변신하여 이브에게 나타나고 선악을 알게 하는 나무(Tree of knowledge)의 열매를 먹도록 유혹한다. 이브는 유혹에 넘어가서 선악과를 먹게 되고 이를 알게 된 아담은 이브의 타락에 망연자실하게 된다. 하지만 아담은 이브를 사랑하기 때문에 함께하기로 결심하고 자신도 선악과를 먹는다. 두 사람은 죄책감과 수치심을 느낀다.

- 10권

  두 사람의 죄악이 드러나자 신은 자신의 아들을 보낸다. 아담과 이브는 자신들의 타락에 대해 회개하고 용서를 구한다. 사탄은 복마전에 도착하여 자신이 어떻게 신의 창조물을 유혹하고 타락시켰는지에 대한 영웅담을 늘어놓는다. 하지만 신은 사탄과 그 무리들을 모두 뱀으로 변하게 하는 벌을 내린다.

- 11권

  신의 아들이 두 사람을 위해 신과의 관계를 중재한다. 신은 두 사람을 용서했지만 에덴동산에서 두 사람을 추방한다. 대천사 미카엘이 두 사람을 에덴동산 밖으로 추방하면서 노아의 홍수 등을 예언한다.

- 12권

  대천사 미카엘은 신의 아들 그리스도가 인류를 구원할 가능성에 대해 설명한다. 그리스도를 통한 구원에 대한 희망을 안고 두 사람은 에덴동산을 떠난다.

ⓓ 『실낙원』(*Paradise Lost*)의 Book 1의 일부[7]

Paradise Lost : Book 1(1674 version)

OF Mans First Disobedience, and the Fruit
Of that Forbidden Tree, whose mortal tast
Brought Death into the World, and all our woe,
With loss of Eden, till one greater Man
Restore us, and regain the blissful Seat,
Sing Heav'nly Muse, that on the secret top
Of Oreb, or of Sinai, didst inspire
That Shepherd, who first taught the chosen Seed,
In the Beginning how the Heav'ns and Earth
Rose out of Chaos: or if Sion Hill
Delight thee more, and Siloa's brook that flow'd
Fast by the Oracle of God; I thence
Invoke thy aid to my adventrous Song,
That with no middle flight intends to soar
Above th' Aonian Mount, while it pursues
Things unattempted yet in Prose or Rhime.
And chiefly Thou, O Spirit, that dost prefer
Before all Temples th' upright heart and pure,
Instruct me, for Thou know'st; Thou from the first
Wast present, and with mighty wings outspread
Dove-like satst brooding on the vast Abyss

---

[7] https://www.poetryfoundation.org/poems/45718/paradise-lost-book-1-1674-version

And mad'st it pregnant: What in me is dark
Illumin, what is low raise and support;
That to the highth of this great Argument
I may assert Eternal Providence,
And justifie the wayes of God to men.
Say first, for Heav'n hides nothing from thy view
Nor the deep Tract of Hell, say first what cause
Mov'd our Grand Parents in that happy State,
Favour'd of Heav'n so highly, to fall off
From thir Creator, and transgress his Will
For one restraint, Lords of the World besides?
Who first seduc'd them to that foul revolt?
Th' infernal Serpent; he it was, whose guile
Stird up with Envy and Revenge, deceiv'd
The Mother of Mankind, what time his Pride
Had cast him out from Heav'n, with all his Host
Of Rebel Angels, by whose aid aspiring
To set himself in Glory above his Peers,
He trusted to have equal'd the most High,
If he oppos'd; and with ambitious aim
Against the Throne and Monarchy of God
Rais'd impious War in Heav'n and Battel proud
With vain attempt.   Him the Almighty Power
Hurld headlong flaming from th' Ethereal Skie
With hideous ruine and combustion down
To bottomless perdition, there to dwell
In Adamantine Chains and penal Fire,
Who durst defie th' Omnipotent to Arms.
Nine times the Space that measures Day and Night
To mortal men, he with his horrid crew
Lay vanquisht, rowling in the fiery Gulfe
Confounded though immortal: But his doom
Reserv'd him to more wrath; for now the thought
Both of lost happiness and lasting pain
Torments him; round he throws his baleful eyes
That witness'd huge affliction and dismay
Mixt with obdurate pride and stedfast hate:
At once as far as Angels kenn he views
The dismal Situation waste and wilde,
A Dungeon horrible, on all sides round

> As one great Furnace flam'd, yet from those flames
> No light, but rather darkness visible
> Serv'd onely to discover sights of woe,
> Regions of sorrow, doleful shades, where peace
> And rest can never dwell, hope never comes
> That comes to all; but torture without end
> Still urges, and a fiery Deluge, fed
> With ever-burning Sulphur unconsum'd:
> Such place Eternal Justice had prepar'd
> For those rebellious, here thir prison ordained
> In utter darkness, and thir portion set
> As far remov'd from God and light of Heav'n
> As from the Center thrice to th' utmost Pole.
> O how unlike the place from whence they fell!
> There the companions of his fall, o'rewhelm'd
> With Floods and Whirlwinds of tempestuous fire,
> He soon discerns, and weltring by his side
> One next himself in power, and next in crime,
> Long after known in Palestine, and nam'd
> Beelzebub. To whom th' Arch-Enemy,
> And thence in Heav'n call'd Satan, with bold words
> Breaking the horrid silence thus began.

ⓒ 『복락원』(*Paradise Regained*)
　ⓐ 『실낙원』의 속편이다. 비교적 짧은 4권으로 구성되어 있으며, 예수 그리스도를 유혹하는 사탄과 유혹을 이겨내고 하나님의 아들임을 증명하는 내용이다. 제2의 아담으로 상징되는 예수 그리스도가 사탄의 유혹을 이겨내고 아담과 이브가 잃어버렸던 낙원(에덴동산)을 회복하는 내용이다.
　ⓑ 줄거리
　　• 1권
　　　세례 요한에게 세례를 받은 예수 그리스도가 사막에서 40일간 금식기도를 한다. 한 노인이 나타나 예언된 그리스도라면 돌을 빵으로 바꾸어 보라고 시험한다. 예수 그리스도는 노인이 사탄임을 알고 꾸짖어 쫓아낸다.
　　• 2권
　　　다시 나타난 사탄은 세상의 모든 부귀를 주겠다고 유혹하지만 예수 그리스도는 부귀가 없이도 신의 사명을 감당할 수 있다고 역설한다.
　　• 3권
　　　사탄은 세상의 모든 사람이 복종하는 권력을 주겠다고 유혹한다. 예수 그리스도는 신의 권능을 제외한 세속의 권력과 영광은 헛되다고 역설한다. 사탄은 예수 그리스도를 산꼭대기로 데려가 세상 모든 왕국을 주겠다고 유혹하지만 예수 그리스도는 하나님의 나라를 세우겠다고 역설한다.

• 4권

사탄이 끊임없이 예수 그리스도를 유혹하지만 끝내 시험을 이겨낸다. 모든 시험과 유혹을 이긴 예수 그리스도를 위해 천사들이 잔치를 베풀고 예수 그리스도는 육신의 어머니 집으로 돌아가면서 시가 마무리된다.

ⓒ 『복락원』(*Paradise Regained*) Book 1의 일부[8]

Paradise Regain'd : Book 1(1671 version)

I Who e're while the happy Garden sung,
By one mans disobedience lost, now sing
Recover'd Paradise to all mankind,
By one mans firm obedience fully tri'd
Through all temptation, and the Tempter foil'd
In all his wiles, defeated and repuls't,
And Eden rais'd in the wast Wilderness.
　　Thou Spirit who ledst this glorious Eremite
Into the Desert, his Victorious Field
Against the Spiritual Foe, and broughtst him thence
By proof the undoubted Son of God, inspire,
As thou art wont, my prompted Song else mute,
And bear through highth or depth of natures bounds
With prosperous wing full summ'd to tell of deeds
Above Heroic, though in secret done,
And unrecorded left through many an Age,
Worthy t'have not remain'd so long unsung.
　　Now had the great Proclaimer with a voice
More awful then the sound of Trumpet, cri'd
Repentance, and Heavens Kingdom nigh at hand
To all Baptiz'd: to his great Baptism flock'd
With aw the Regions round, and with them came
From Nazareth the Son of Joseph deem'd
To the flood Jordan, came as then obscure,
Unmarkt, unknown; but him the Baptist soon
Descri'd, divinely warn'd, and witness bore
As to his worthier, and would have resign'd
To him his Heavenly Office, nor was long
His witness unconfirm'd: on him baptiz'd
Heaven open'd, and in likeness of a Dove

---

8) https://www.poetryfoundation.org/poems/45749/paradise-regaind-book-1-1671-version

> The Spirit descended, while the Fathers voice
> From Heav'n pronounc'd him his beloved Son.
> That heard the Adversary, who roving still
> About the world, at that assembly fam'd
> Would not be last, and with the voice divine
> Nigh Thunder-struck, th' exalted man, to whom
> Such high attest was giv'n, a while survey'd
> With wonder, then with envy fraught and rage
> Flies to his place, nor rests, but in mid air
> To Councel summons all his mighty Peers,
> Within thick Clouds and dark ten-fold involv'd,
> A gloomy Consistory; and them amidst
> With looks agast and sad he thus bespake.

2 드라마

(1) 벤 존슨(Ben Jonson, 1572-1637) 중요

① 작가와 작품관

벤 존슨은 계관시인(poet laureate)이다. 계관시인은 17세기부터 영국 왕실에서 국가적으로 뛰어난 시인을 칭하는 칭호이다. 그만큼 벤 존슨은 17세기를 대표하는 시인이다. 벤 존슨은 최초로 문단을 형성했다. 벤 존슨을 추종하는 시인들을 거느렸고, 그 시인들을 벤의 후예(Sons of Ben) 혹은 벤의 일가(Ben's Tribe)로 불렀다.

하지만 벤 존슨의 문학적 재능은 드라마에서 가장 빛났다. 그는 18편의 극을 창작했다. 벤 존슨은 셰익스피어와 동시대에 극작가로서 활동했고 셰익스피어의 극에 많은 영향을 받았다. 그는 셰익스피어를 존경했고 동시에 셰익스피어를 넘어서기 위해 노력했다. 하지만 셰익스피어가 희극과 비극 그리고 희비극을 창작하면서 자유로움을 추구한 것과 대조적으로, 벤 존슨은 희극과 비극을 서로 별개의 장르로 명확하게 구분했다. 그리고 벤 존슨은 셰익스피어와 달리 고전의 법칙(아리스토텔레스의 3일치)을 엄격하게 지키려고 했고, 역사극에서도 역사적 고증을 철저하게 함으로써 극의 사실성을 높이려고 노력했다. 벤 존슨은 정확한 역사적 사실의 고증과 고전극의 형식을 지키면서 도덕적 교훈을 주는 데 초점을 맞추었다. 벤 존슨은 스스로 드라마는 교훈적이거나 풍자적이어야 한다고 주장했다.

벤 존슨은 엘리자베스 여왕 정권 말기에 정권을 풍자한 연극에 연루되어 옥고를 치르기도 했다. 그리고 개인적인 결투로 동료 배우를 죽여서 투옥되었지만 사제의 도움으로 사형을 면하고 가톨릭으로 개종 후 12년간 신봉했다. 1598년에 발표한 『십인십색』(*Every Man In His Humour*)의 대성공으로 인기 극작가로서 명성을 얻었다.

벤 존슨은 제임스 1세 즉위 이후 가면극 『어둠의 가면』(*The masque of Blackness*)을 궁정에서 상연하여 왕의 인정을 받으며 궁정으로부터 연금을 받는 극작가가 되었다. 벤 존슨은 이후 36편의 가면극을 창작했다. 벤 존슨의 가면극은 서정성을 갖고 있었고, 화려한 무대를 가진 극적 요소를 갖고 있었다.

② **기질 희극(Comedy of Humours)** `중요`

벤 존슨의 풍자극은 기질 희극으로 불린다. 중세의 의학자들은 체액(humour)의 배합의 상태 혹은 우세한 상태에 따라 인간의 기질과 성향이 결정된다고 보았다. 의학자들은 인간의 체액을 피(blood), 황색 담즙(yellow bile), 점액질(phlegm), 흑색 담즙(black bile) 등 네 가지로 구분하였으며, 각각 쾌활한(sanguine), 성마른(choleric), 냉담한(phlegmatic), 우울한(melancholic) 상태를 나타낸다고 주장했다. 벤 존슨은 자신의 극중 인물들에게 이러한 체액과 연관된 기질을 대입시켜 과장된 성격을 표현했다. 벤 존슨은 체액의 배합에 따른 기질을 활용해 인간의 어리석음을 희화화하고 풍자적으로 표현했다. 이러한 그의 극을 기질 희극이라고 불렀다.

③ **대표작품**

㉠ 『십인십색』(*Every Man In His Humour*, 1598)

벤 존슨이 극작가로서 명성을 얻을 수 있었던 기질 희극 작품이다. 그리스 로마의 고전 드라마 형식을 지키면서 기질 희극의 특성을 대입하여 도시의 삶과 인간의 어리석음을 풍자하고 있다.

기성세대를 대변하는 런던 교외에 사는 부유한 아버지 노웰(Kno'well)과 시와 우정을 좋아하는 아들 에드워드(Edward) 그리고 에드워드를 감시하라는 주인 노웰의 명령을 어기고 아들 에드워드에게 충성을 다하고 있는 하인 브레인웜(Brainworm) 사이의 이야기를 다룬다. 등장인물들의 이름을 통해 인물의 성격을 유추할 수 있으며, 전형적이고 유형적인 인물들을 통해 인간의 본성과 어리석음을 풍자하고 있다.

벤 존슨은 각기 다른 기질을 가진 정형화된 인물을 통해 인간의 어리석음을 풍자하고 있다. 엘리자베스 시대의 도시의 삶을 사실주의적으로 묘사하고, 고전극의 형식(아리스토텔레스의 3일치)인 시간, 장소, 행동의 일치를 지키고 있다.

㉡ 『볼포네』(*Volpone*, 1607)

ⓐ 『볼포네』는 벤 존슨의 희극 중에서도 가장 걸작으로 인정받고 있다. 기본 주제는 유산 상속이라는 그리스 로마 고전에서 자주 다루던 주제이다. 배금주의로 인해 물질만능주의와 탐욕에 빠진 사회상과 인간상을 풍자하는 희극이다. 거짓 유언장으로 재산을 늘리려는 탐욕스러운 볼포네(Volpone)가 함께 계략을 꾸민 하인 모스카(Mosca)에게 속아 전 재산을 탕진하고 망하게 되는 이야기이다. 벤 존슨은 우화적인 이름을 가진 등장인물들을 통해 풍자극을 연출한다. 이탈리아어로 큰 여우를 의미하는 주인공 볼포네(Volpone)는 돈을 추구하는 탐욕스러운 인물로, 파리를 의미하는 하인 모스카(Mosca)는 아첨하는 인물로 설정하면서 벤 존슨은 유산 상속을 받기 위한 간계와 다양한 인간 군상을 풍자하고 있다.

ⓑ 『볼포네』(*Volpone*, 1607)의 일부

> **Volpone**
>
> VOLP : Good morning to the day; and next, my gold:
> Open the shrine, that I may see my Saint.
>
> [MOSCA WITHDRAWS THE CURTAIN, AND DISCOVERS PILES OF GOLD, PLATE, JEWELS, ETC.]
>
> Hail the world's soul, and mine! more glad than is
> The teeming earth to see the long'd-for sun
> Peep through the horns of the celestial Ram,
> Am I, to view thy splendour darkening his;
> That lying here, amongst my other hoards,
> Shew'st like a flame by night; or like the day
> Struck out of chaos, when all darkness fled
> Unto the centre. O thou son of Sol,
> But brighter than thy father, let me kiss,
> With adoration, thee, and every relick
> Of sacred treasure, in this blessed room.
> Well did wise poets, by thy glorious name,
> Title that age which they would have the best;
> Thou being the best of things: and far transcending
> All style of joy, in children, parents, friends,
> Or any other waking dream on earth:
> Thy looks when they to Venus did ascribe,
> They should have given her twenty thousand Cupids;
> Such are thy beauties and our loves! Dear saint,
> Riches, the dumb God, that giv'st all men tongues;
> That canst do nought, and yet mak'st men do all things;
> The price of souls; even hell, with thee to boot,
> Is made worth heaven. Thou art virtue, fame,
> Honour, and all things else. Who can get thee,
> He shall be noble, valiant, honest, wise,--
>
> MOS : And what he will, sir. Riches are in fortune
> A greater good than wisdom is in nature.
>
> VOLP : True, my beloved Mosca. Yet I glory
> More in the cunning purchase of my wealth,

> Than in the glad possession; since I gain
> No common way; I use no trade, no venture;
> I wound no earth with plough-shares; fat no beasts,
> To feed the shambles; have no mills for iron,
> Oil, corn, or men, to grind them into powder:
> I turn no monies in the public bank,
> Nor usure private.
>
> MOS : No sir, nor devour
> Soft prodigals. You shall have some will swallow
> A melting heir as glibly as your Dutch
> Will pills of butter, and ne'er purge for it;
> Tear forth the fathers of poor families
> Out of their beds, and coffin them alive
> In some kind clasping prison, where their bones
> May be forth-coming, when the flesh is rotten:
> But your sweet nature doth abhor these courses;
> You lothe the widow's or the orphan's tears
> Should wash your pavements, or their piteous cries
> Ring in your roofs, and beat the air for vengeance.

3 산문

(1) 메리 로스(Lady Mary Wroth, 1587-1651/3)

① **작가와 작품관**

메리 로스는 엘리자베스 여왕 사후 제임스 1세가 통치했던 자코비안 시대(1603-1625)에 시, 희곡, 산문 등의 여러 장르에서 많은 작품을 창작한 여성 작가이다. 영국의 대표적인 여성 작가인 메리 로스는 영국 문학사에서 최초로 소네트 연작시를 창작한 여성 작가이며, 또한 최초로 산문 로맨스와 전원극을 창작한 여성 작가이다. 엘리자베스 여왕 시대의 유명한 궁정 시인인 필립 시드니의 조카로서, 그녀는 당대에 큰 명성을 얻었던 귀족 가문의 여성 시인이다.

② **대표작품**

㉠ 『사랑의 승리』(*Love's Victory*, 1620)

영국 문학사에서 최초로 여성 작가가 창작한 목가적 드라마이자 최초의 원작 희곡 작품이다. 키프로스(Cyprus)의 양치기 남녀들이 여신 비너스(goddess Venus)를 충분히 경배하지 않았다는 이유로 그들에게 심적 고통과 괴로움을 주라고 여신 비너스가 자신의 아들 큐피드(Cupid)에게 명령을 내린 것이 주된 내용이다.

ⓛ 『몽고메리 우라니아 백작 부인』(The Countess of Montgomery's Urania, 1621)
  ⓐ 영국 문학사에서 최초로 여성 작가가 창작한 산문 로맨스 작품이다. 이 작품에는 천 명이 넘는 캐릭터가 등장하고, 수백 개의 부차적인 이야기들이 포함되어 있다. 왕족과 귀족 가문들의 정치적 모험과 연애 에피소드들을 중심으로 하는 광범위한 로맨스 작품이다.
  ⓑ 『몽고메리 우라니아 백작 부인』(The Countess of Montgomery's Urania, 1621)의 일부[9]

> **THE COVNTESSE OF MOVNTGOME | RIES VRANIA. THE FIRST BOOKE. (BOOK 1)**
>
> WHen the Spring began to appeare like the welcome mes | senger of Summer, one sweet (and in that more sweet) morning, after Aurora had called all carefull eyes to attend the day, forth came the faire Shepherdesse Vra | nia, (faire indeed; yet that farre too meane a title for her, who for beautie deseru'd the highest stile could be giuen by best knowing Iudgements). Into the Meade she came, where vsually shee draue her flocks to feede, whose leaping and wantonnesse shewed they were proud of such a Guide: But she, whose sad thoughts led her to another manner of spending her time, made her soone leaue them, and follow her late begun custome; which was (while they delighted themselues) to sit vnder some shade, bewailing her misfortune; while they fed, to feed vpon her owne sorrow and teares, which at this time she began againe to summon, sitting downe vnder the shade of a well-spread Beech; the ground (then · blest) and the tree with full, and fine leaued branches, growing proud to beare, and shadow such perfections. But she regarding nothing, in comparison of her woe, thus proceeded in her griefe: Alas Vrania, said she, (the true seruant to misfortune); of any mise | rie that can befall woman, is not this the most and greatest which thou art falne into? Can there be any neare the vnhappinesse of being ignorant, and that in the highest kind, not being certaine of mine owne estate or birth? Why was I not stil continued in the beleefe I was, as I appeare, a Shepherdes, •nd Daughter to a Shepherd? My ambition then went no higher then this •state, now flies it to a knowledge; then was I contented, now perplexed. O ignorance, can thy dulnesse yet procure so sharpe a paine? and that such a thought as makes me now aspire vnto knowledge? How did I ioy in this poore life being quiet? blest in the loue of those I tooke for parents, but now by them I know the contrary, and by that knowledge, not to know my selfe. Miserable Vrania, worse art thou now then these thy Lambs; for they know their dams, while thou dost liue vnknowne of any. By this we•e others come into that Meade with their flocks: but shee esteeming her so••owing thoughts her best, and choycest companie, left that place, taking a little path which brought her to the further side of the plaine, to the foote of the rocks, speaking as she went these lines, her eies fixt vpon the ground, her very soule turn'd into mourning.
>
> VNseene, vnknowne, I here alone complaine
> To Rocks, to Hills, to Meadowes, and to Springs,

---

[9] https://quod.lib.umich.edu/e/eebo/A15791.0001.001/1:2?rgn=div1;view=fulltext

Which can no helpe returne to ease my paine,
But back my sorrowes the sad Eccho brings.
Thus still encreasing are my woes to me,
Doubly resounded by that monefull voice,
Which seemes to second me in miserie,
And answere giues like friend of mine owne choice.
Thus onely she doth my companion proue,
The others silently doe offer ease:
But those that grieue, a grieuing note doe loue;
Pleasures to dying eies bring but disease:
And such am I, who daily ending liue,
Wayling a state which can no comfort giue.

In this passion she went on, till she came to the foote of a great rocke, shee thinking of nothing lesse then ease, sought how she might ascend it; hoping there to passe away her time more peaceably with lonelinesse, though not to find least respit from her sorrow, which so deerely she did value, as by no meanes she would impart it to any. The way was hard, though by some win | dings making the ascent pleasing. Hauing attained the top, she saw vnder some hollow trees the entrie into the rocke: she fearing nothing but the con | tinuance of her ignorance, went in; where shee found a pretty roome, as if that stonie place had yet in pitie, giuen leaue for such perfections to come in | to the heart as chiefest, and most beloued place, because most louing. The place was not vnlike the ancient (or the descriptions of ancient) Hermitages, instead of hangings, couered and lined with Iuie, disdaining ought els should come there, that being in such perfection. This richnesse in Natures plentie made her stay to behold it, and almost grudge the pleasant fulnes of content that place might haue, if sensible, while she must know to taste of torments. As she was thus in passion mixt with paine, throwing her eies as wildly as timerous Louers do for feare of discouerie, she perceiued a little Light, and such a one, as a chinke doth oft discouer to our sights. She curious to see what this was, with her delicate hands put the naturall ornament aside, dis | cerning a little doore, which she putting from her, passed through it into ano | ther roome, like the first in all proportion; but in the midst there was a square stone, like to a prettie table, and on it a wax-candle burning; and by that a paper, which had suffered it selfe patiently to receiue the discouering of so much of it, as presented this Sonnet (as it seemed newly written) to her sight.

(2) 존 번연(John Bunyan, 1628-1688)

① 작가와 작품관

존 번연은 청교도 문학을 대표하는 산문 작가이다. 존 번연은 대장장이의 아들로 태어나 초등학교만 졸업하였다. 청교도혁명에 의회군으로 참여하게 되면서 삶과 죽음에 대해 진지하게 고찰하는 계기를 가졌고, 이후 청교도인 아내 메리(Mary)와 결혼하면서 개신교 신자가 되었다. 번연은 독실한 종교적 신앙을 바탕으로 실제로는 목회자가 아니지만 번연 주교라는 별칭이 생길 만큼 복음 전도에 열정이 있었다. 찰스 2세가 영국 국교회를 제외한 개신교들을 탄압했을 때 침례교 신자였던 번연은 목회자가 아닌 신분으로 설교를 했다는 혐의로 12년간 투옥되었다. 투옥 중에 존 번연은 『천로역정』(Pilgrim's Progress)의 1부를 완성하였고, 6년 후 2부까지 마무리했다. 대표작품인 『천로역정』이외에도 『성전』(The Holy War)과 『악인의 삶과 죽음』(The Life and Death of Mr. Badman)을 통해 번연은 기독교의 진리와 신앙의 정수를 전달했다.

존 번연은 초등학교밖에 졸업하지 못했음에도 불구하고 약 60여 권의 종교 산문들을 창작했다. 존 번연은 Allegory(우화, 풍유) 형식을 통해 청교도 신앙의 정수를 전달했다. 존 번연은 간결한 문체를 사용하면서 기독교 교리와 진리를 전달했으며, 그의 종교 문학은 이후 18세기 영국 소설의 발달과 사실주의적 소설의 발생에 매우 중요한 역할을 했다.

② 대표작품 : 『천로역정』(Pilgrim's Progress)

㉠ 『천로역정』은 크리스천(Christian)이 천상의 도시(the Celestial City)를 향해 가는 순례의 길을 묘사한다. 등장인물의 이름, 장소의 명칭 등 모두 기독교적 의미를 가진 우의적(Allegorical) 이름이며, 존 번연은 우화적 인물을 통해 기독교적 삶의 여정을 이야기한다.

㉡ 줄거리

파멸(Destruction)의 도시에서 살고 있는 크리스천은 도시가 멸망할 것이라는 사실을 알게 되면서 봇짐을 등에 지고 도시를 탈출한다. 안전한 피난처를 찾으려 노력할 때 복음전도자(Evangelist)가 크리스천을 안내한다. 여정 중에 속물적 세인(Mr. Worldly Wiseman)은 돌아가라고 권고하지만 거절하고 계속해서 나아가다가 낙담의 수렁(Slough of Despond)에 빠진다. 하지만 해석자(Interpreter)가 나타나 천상의 도시(Celestial City)에 이르는 길을 알려준다. 여정 중에 난관(Difficulty)의 언덕을 오르고 드디어 아름다운 성(The Castle Beautiful)을 보게 되지만 그곳에 도달하기 위해 사자들을 뚫고 가야 한다. 족쇄가 채워진 사자를 뚫고, 악마를 마주쳐서 싸워 이기고, 사망의 그림자 계곡(the Valley of the Shadow of Death)을 지나고, 허영(Vanity)의 도시를 지나 마침내 즐거운 산(Delectable Mountain)에 올라 천상의 도시(the Celestial City)를 보게 된다. 마지막으로 깊고 무서운 강을 지나 천사들의 노래 소리를 들으며 도시에 입성한다.

ⓒ 『천로역정』(Pilgrim's Progress)의 일부[10]

> **THE PILGRIM'S PROGRESS**
>
> PART I
> CHAPTER I.
>
> As I walked through the wilderness of this world, I lighted on a certain place where was a den, and laid me down in that place to sleep; and as I slept, I dreamed a dream. I dreamed, and behold, I saw a man clothed with rags, standing in a certain place, with his face from his own house, a book in his hand, and a great burden upon his back. I looked, and saw him open the book, and read therein; and as he read, he wept and trembled; and, not being able longer to contain, he brake out with a lamentable cry, saying, "What shall I do?"
>
> In this plight, therefore, he went home, and restrained himself as long as he could, that his wife and children should not perceive his distress; but he could not be silent long, because that his trouble increased. Wherefore at length he brake his mind to his wife and children; and thus he began to talk to them: "Oh my dear wife," said he, "and you my sweet children, I, your dear friend, am in myself undone by reason of a burden that lieth hard upon me; moreover, I am told to a certainty that this our city will be burned with fire from heaven; in which fearful overthrow, both myself, with thee, my wife, and you, my sweet babes, shall miserably come to ruin, except some way of escape can be found whereby we may be delivered." At this all his family were sore amazed; not for that they believed that what he had said to them was true, but because they thought that some frenzy or madness had got into his head; therefore, it drawing towards night, and they hoping that sleep might settle his brain, with all haste they got him to bed. But the night was as troublesome to him as the day; wherefore, instead of sleeping, he spent it in sighs and tears. So when the morning was come, they would know how he did. He told them, Worse and worse: he also set to talking to them again; but they began to be hardened. They also thought to drive away his madness by harsh and surly treatment of him: sometimes they would ridicule, sometimes they would chide, and sometimes they would quite neglect him. Wherefore he began to retire himself to his chamber, to pray for and pity them, and also to sorrow over his own misery; he would also walk solitary in the fields, sometimes reading, and sometimes praying; and thus for some days he spent his time.

---

[10] https://www.gutenberg.org/files/39452/39452-h/39452-h.htm#See_page_357

제4편 | 실전예상문제

01 페트라르카(Petrarch)풍의 표현방식과 시적 소재는 16세기 엘리자베스 여왕 시대에 유행했다. 청교도 시대의 영국 시는 형이상학파 시와 왕당파 시 그리고 두 그룹에 속하지 않는 밀턴의 시로 나뉜다.

01 청교도 시대의 시에 대한 설명으로 옳지 <u>않은</u> 것은?
① 이 시대의 가장 대표적인 시 형식은 형이상학파 시 형식이다.
② 페트라르카(Petrarch) 풍의 표현방식과 시적 소재를 주로 사용했다.
③ 밀턴은 이 시대의 대표적인 청교도 시인으로서 인간의 도덕성과 청교도적인 종교적 성찰을 강조했다.
④ 청교도들의 엄격성과 경건성을 배격하고, 삶의 아름다움과 청춘과 인생의 찰나의 아름다움을 노래하는 왕당파 시인들이 활발하게 활동했다.

02 아름답고 인위적인 어구와 비유를 사용하는 16세기의 시들과는 대조적으로, 형이상학파 시들은 시인의 사상과 체험을 새로운 표현 방식과 기법으로 표현했다. 그리고 사랑의 감정보다는 사랑의 원리를 파악하기 위한 철학적 사색을 담고 있다.

02 형이상학파 시(Metaphysical Poetry)에 대한 설명으로 옳지 <u>않은</u> 것은?
① 대화체(dialogue)를 사용함으로써 시의 긴장감과 실재감을 높였다.
② 아름답고 인위적인 어구와 비유를 사용하면서 사랑의 감정을 묘사한다.
③ 정서적 유대감과 영적인 합일과 같은 내면적이고 논리적인 관계를 노래한다.
④ 외견상 유사성이 없는 것을 병치시켜서 절묘하게 합치시키는 비유(conceit)를 사용한다.

정답 01 ② 02 ②

03 괄호 안에 들어갈 말로 가장 알맞은 것은?

> (　　)은(는) 형이상학파 시의 가장 큰 특징으로서 외견상 유사성이 없는 것을 병치시켜서 절묘하게 합치시키는 비유이다. 이것은 감각적이라기보다는 지적인 요소가 강하다.

① Satire
② Conceit
③ Allegory
④ Metaphysics

03 기상(conceit)에 대한 설명이다.

04 형이상학파에 속하지 않는 시인은?

① Ben Jonson
② John Donne
③ George Herbert
④ Henry Vaughan

04 벤 존슨(Ben Jonson)은 대표적인 왕당파 시인이다.

05 왕당파 시(Cavalier Poetry)에 대한 설명으로 옳지 않은 것은?

① 청교도들의 엄격성과 경건성을 배격하였다.
② 여성을 천사와 같은 범접할 수 없는 이상형으로 묘사했다.
③ 삶의 아름다움과 청춘과 인생의 찰나의 아름다움을 노래하였다.
④ 카르페 디엠적 주제와 왕에 대한 충성을 주제로 시를 창작했다.

05 르네상스 시인들이 여성을 천사와 같은 범접할 수 없는 이상형으로 묘사했다면, 왕당파 시인들은 여성을 사랑의 대상이자 인간적인 존재로 묘사하였다.

정답　03 ②　04 ①　05 ②

06	존 던(John Donne)은 대표적인 형이상학파 시인이다.	**06 왕당파에 속하지 않는 시인은?** ① Ben Jonson ② John Donne ③ Thomas Carew ④ Robert Herrick
07	엘리자베스 여왕 사후부터 낭만 희극은 사회를 비판하고 풍자하는 풍자 희극이 주류를 이루었다. 청교도 혁명이 일어난 1642년에 극장을 폐쇄했고 술집도 모두 문을 닫게 했다. 자연스럽게 청교도 시대의 드라마는 쇠퇴기에 접어들게 되었다.	**07 청교도 시대의 드라마에 대한 설명으로 옳지 않은 것은?** ① 사회를 비판하고 풍자하는 풍자 희극이 주류를 이루었다. ② 궁정에서는 가면극(masque)이 공연되었고, 무대장치가 더 정교해졌다. ③ 벤 존슨은 기질 희극을 통해 인간의 어리석음을 과장과 풍자의 방법으로 묘사했다. ④ 낭만 희극들이 극장에서 공연되었고, 일반인들이 쉽게 극장에 접근할 수 있었다.
08	존 던(John Donne)에 대한 설명이다.	**08 다음 설명에 해당하는 작가는?** 형이상학파 시인을 대표하는 시인이다. 이 시인은 신화가 풍부한 전원시, 플라토닉 사랑을 노래하는 소네트, Allegory(우의, 풍유)가 풍부한 로맨틱 서정시 등과 같은 르네상스 시대의 시풍과 대비되는 시를 창작했다. 「벼룩」(*The Flea*)은 이 시인의 지적인 위트(wit)와 기상(conceit)이 가장 잘 드러나는 작품 중 하나이다. ① John Donne ② George Herbert ③ Andrew Marvell ④ Richard Crashaw

정답 06 ② 07 ④ 08 ①

09 **다음 설명에 해당하는 작가는?**

> 형이상학파 시인을 대표하는 시인이다. 이 시인은 시행을 특정한 형상을 갖도록 배치하는 시각운을 사용하였다. 자신의 작품 「부활절 날개」(*Easter Wings*)에서 시행의 배치를 통해 부활절의 날개를 형상화하고 있다.

① Thomas Carew
② Robert Herrick
③ George Herbert
③ Andrew Marvell

09 조지 허버트(George Herbert)에 대한 설명이다.

10 **다음 설명에 해당하는 작가는?**

> 영국 문학사에서 최초로 소네트 연작시를 창작한 여성 작가이며, 또한 최초로 산문 로맨스와 전원극을 창작한 여성 작가이다. 이 작가의 작품 『사랑의 승리』(*Love's Victory*, 1620)는 영국 문학사에서 최초로 여성 작가가 창작한 목가적 드라마이자 최초의 원작 희곡 작품이다.

① John Donne
② Ben Jonson
③ Mary Wroth
④ Robert Herrick

10 메리 로스(Lady Mary Wroth)에 대한 설명이다.

정답 09 ③ 10 ③

11 『실낙원』은 기독교적 인문주의를 가장 잘 구현한 영문학 최고의 서사시 중 하나로 평가받는다.

11 존 밀턴(John Milton)에 대한 설명으로 옳지 <u>않은</u> 것은?

① 존 밀턴은 초서, 셰익스피어와 함께 영국의 3대 시인으로 꼽힌다.
② 17세기 전기 청교도 문학의 가장 대표적인 시인이자 청교도적 세계관을 문학적으로 가장 잘 구현한 시인이다.
③ 밀턴의 대표작품 『실낙원』은 형이상학파 시인들의 형식과 주제를 가장 잘 구현한 영문학 최고의 서사시 중 하나로 평가받는다.
④ 엘리자베스 여왕 시대의 르네상스 인본주의(Renaissance Humanism) 요소와 17세기 청교도혁명의 엄격하고 경건한 도덕주의 요소를 결합한 청교도적 인본주의(Christian Humanism)를 구현한 시인으로 평가받고 있다.

12 「제단」(*The Altar*)은 조지 허버트(George Herbert)의 대표작품이다.

12 존 밀턴(John Milton)의 작품이 <u>아닌</u> 것은?

① *The Altar*
② *Paradise Lost*
③ *Samson Agonistes*
④ *Paradise Regained*

13 밀턴의 『실낙원』(*Paradise Lost*)에 대한 설명이다.

13 다음 설명에 해당하는 작품은?

> 이 작품은 총 12권(book)으로 구성된 기독교 종교 서사시(Christian epic)이다. 이 작품을 통해 밀턴은 초서, 셰익스피어와 함께 영국 문학사에서 가장 위대한 3대 시인으로 평가받게 된다. 버질(Virgil)과 호머(Homer)의 고전적 서사시의 관례를 따랐지만 당시에는 생소하던 무운시(Blank verse)를 사용하면서 차별성을 확보했다.

① *Utopia*
② *Paradise Lost*
③ *Paradise Regained*
④ *On the Morning of Christ's Nativity*

정답 11 ③ 12 ① 13 ②

14 벤 존슨(Ben Jonson)에 대한 설명으로 옳지 않은 것은?

① 벤 존슨은 희극과 비극 그리고 희비극을 창작하면서 자유로움을 추구했다.
② 『십인십색』(*Every Man In His Humour*)의 대성공으로 인기 극작가로서 명성을 얻었다.
③ 벤 존슨은 자신의 극중 인물들에게 체액과 연관된 기질을 대입시켜 과장된 성격을 표현했다.
④ 셰익스피어와 달리 고전의 법칙(아리스토텔레스의 3일치)을 엄격하게 지키려고 했고, 역사극에서도 역사적 고증을 철저하게 함으로써 극의 사실성을 높이려고 노력했다.

14 셰익스피어가 희극과 비극 그리고 희비극을 창작하면서 자유로움을 추구한 것과 대조적으로, 벤 존슨은 희극과 비극을 서로 별개의 장르로 명확하게 구분했다.

15 괄호 안에 들어갈 말로 가장 알맞은 것은?

> 벤 존슨의 풍자극은 (　　)(으)로 불린다. 중세의 의학자들은 체액(humour)의 배합의 상태 혹은 우세한 상태에 따라 인간의 기질과 성향이 결정된다고 보았다. 벤 존슨은 이러한 체액의 배합에 따른 기질을 활용해 인간의 어리석음을 희화화하고 풍자적으로 표현했다.

① Satirical Drama
② Absurdes Theater
③ Comedy of Menace
④ Comedy of Humours

15 벤 존슨이 창시한 기질 희극(Comedy of Humours)에 대한 설명이다.

정답 14 ① 15 ④

16 로버트 헤릭(Robert Herrick)에 대한 설명이다.

16 다음 설명에 해당하는 작가는?

> 벤 존슨의 시풍을 계승・발전시켜 목가적 서정시의 시풍을 이룬 왕당파 서정 시인이다. 감미로운 정서와 아름다운 운율을 사용하였으며, 대표작품은 「처녀들에게, 인생을 소중히 여기길」(*To the Virgins, to Make Much of Time*)이다.

① John Donne
② Henry Vaughan
③ Robert Herrick
④ John Bunyan

정답 16 ③

제 5 편

17세기 후반 왕정복고기와 18세기 신고전주의 시대

(The Restoration Period, 1660-1700 &
The Neo-Classicism Period, 1700-1798)

제1장 시대적 배경
제2장 문학의 특징
제3장 대표 작가와 작품
실전예상문제

| 단원 개요 |

왕정복고기의 문학적 특징은 고전주의 문학이 시작되는 시기라는 것이다. 이 시기에는 영감, 감성보다는 그리스 로마 고전의 엄격한 문학 양식의 규율을 강조하면서 단순하고 명료한 문학을 추구하였다. 신고전주의 시대에는 그리스 로마 시대의 고전 작품의 질서(order)와 형식을 강조했다. 인간의 감정(emotion)보다는 이성(reason)을 강조하면서 고전의 형식성을 연습하고 오랜 시간 동안 고전의 규칙성과 규범을 연습하는 것에서 나오는 기교(art)를 중시했다.

| 출제 경향 및 수험 대책 |

수험생들이 초점을 맞추어야 하는 왕정복고기의 학습 요소로는 존 드라이든(John Dryden) 풍자시와 영웅시체 이행연구(heroic couplet, 영웅대구), 풍습 희극(comedy of manners)의 성립 등이 있다. 신고전주의 시대의 학습 요소로는 적정률(decorum) 등의 신고전주의 작품의 특성, 의사 영웅시(Mock-heroic, Mock-epic, 풍자 영웅시), 감상 희극(Sentimental Comedy), 소설 장르의 발생과 초기 작가들의 특징과 작품, 악한 소설(Picaresque Novel), 전-낭만주의(Pre-Romanticism) 작가와 작품들 등이 있다.

※ 수험생의 학습과 이해를 돕기 위해 대부분의 작가와 작품명을 한글(영어) 형식으로 병기했습니다. 실제 시험에서는 주로 영어로 표기되오니 참고하시기 바랍니다.

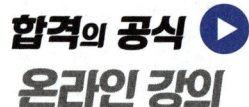

보다 깊이 있는 학습을 원하는 수험생들을 위한 시대에듀의 동영상 강의가 준비되어 있습니다.

www.sdedu.co.kr ➜ 회원가입(로그인) ➜ 강의 살펴보기

제 1 장 | 시대적 배경

1660년 왕정복고가 이루어진 시기부터 『서정 민요 시집』(*Lyrical Ballads*)이 출간된 1798년까지의 시기는 크게 세 시기로 구분된다.

- 왕정복고기(Restoration Period) : 1660-1700년
- 아우구스투스 시대(Augustan Age) : 1700-1745년
- 감성의 시대(Age of Sensibility) : 1745-1798년

1 왕정복고기(Restoration Period, 1660-1700) : 드라이든의 시대

왕정복고기는 청교도혁명을 통해 공화정을 일으킨 올리버 크롬웰이 갑자기 사망한 후 영국이 찰스 2세를 통해 다시 왕권을 회복한 시기부터 존 드라이든(John Dryden, 1631-1700)이 죽은 시기까지를 가리킨다. 왕정복고기는 드라이든의 시대라고 불리기도 한다.

(1) 찰스 2세의 통치(Charles II, 1660-1685)

청교도혁명의 지도자로서 국왕 찰스 1세를 단두대에서 처형한 후 공화정을 시작한 크롬웰이 1658년에 갑작스럽게 죽자 공화정이 무너졌다. 크롬웰이 죽은 후 청교도적 통치로 힘들어하던 의회는 프랑스에 망명해 있던 찰스 1세의 아들을 데려와서 1660년에 찰스 2세를 왕으로 임명하면서 왕정을 다시 복구한다. 왕정복고는 영국 국민들의 절대적인 지지를 받았다. 왕정복고는 영국 국교회의 회복을 의미했다. 찰스 2세는 의회와 적절한 관계를 유지하면서 무난한 치세를 펼쳤다.

프랑스에서 망명 생활을 하면서 프랑스의 자유로운 문화를 경험한 찰스 2세는 청교도의 경건함과 엄격한 문화를 강조하던 영국 사회에 새로운 분위기를 가져온다. 찰스 2세는 폐쇄되었던 극장을 다시 열었다.

(2) 제임스 2세의 통치(James II, 1685-1688)

찰스 2세가 영국 국교회를 지지했던 것과 달리 제임스 2세는 가톨릭을 지지했기 때문에 의회와 대립각을 세웠고 국민들의 지지를 잃었다. 가톨릭 지지자였던 제임스 2세가 자신의 아들에게 왕권을 물려주려고 하자, 의회는 개신교를 지지하는 제임스 2세의 딸 메리(Mary)와 그녀의 남편 네덜란드의 오렌지(Orange) 공 윌리엄(William)을 왕으로 추대하려 했다. 제임스 2세를 지지하던 왕당파 토리당(Tory, 가톨릭 지지)과 의회를 지지하던 자유파 휘그당(Whig, 개신교 지지)이 대립하고, 세력이 약해진 제임스 2세는 프랑스로 도망간다.

(3) 명예혁명(Glorious Revolution, 1688) / 메리 2세(Mary Ⅱ, 1689-1694)와 윌리엄 3세(William Ⅲ, 1689-1702)의 공동 통치

1688년에 발생한 영국의 시민혁명은 피를 흘리지 않는 무혈혁명이기 때문에 명예혁명으로 불린다. 가톨릭교를 지지하던 제임스 2세는 아들이 없어서 자연스럽게 개신교를 지지하던 딸 메리 2세에게 왕권이 이어질 것으로 예상하고 있었다. 하지만 늦은 나이에 제임스 2세가 아들을 얻게 되고 아들에게 왕권을 물려주려고 하자 의회와 국민들이 혁명을 일으켰다.

국내 귀족들이 제압당하고 마침내 1688년 6월에 토리당과 휘그당은 개신교를 지지하는 메리 2세와 그의 남편 네덜란드 오렌지 공 윌리엄에게 영국의 자유와 권리를 수호하기 위해 군대를 이끌고 귀환하라는 초청장을 보냈다. 15,000명의 군대를 이끌고 영국으로 귀환한 메리와 윌리엄에게 왕을 지지하던 귀족들까지 모두 투항하는 등 전세가 기울자 제임스 2세는 딸 부부의 묵인하에 프랑스로 망명했다.

1689년에 의회는 의회의 동의가 없이는 과세, 군대 소집, 법률 집행을 금지한다는 권리장전(Bill of Rights)을 요구했고, 메리와 윌리엄은 이를 받아들였다. 의회의 주권을 인정하고 왕권을 제한하는 권리장전의 승인 후 의회는 1689년에 메리 2세와 윌리엄 3세를 공동 왕으로 추대했다.

1701년에 왕위계승법(The Act of Settlement)을 제정하였다. 메리 2세와 윌리엄 3세가 왕권을 물려줄 후손이 없었기 때문에 의회는 가장 가까운 왕족 중에서 가톨릭 신자가 아닌 자를 왕으로 추대한다는 왕위계승법을 제정하였다. 두 사람의 공동 재위 기간 중 잉글랜드 은행과 런던 주식 거래소가 설립되면서 재정적으로 안정되었다. 왕권을 물려줄 후손이 없이 윌리엄 3세가 죽자 왕위계승법에 따라 앤(Anne) 여왕이 왕위를 계승했다.

2 아우구스투스 시대(Augustan Age, 1700-1745) : 신고전주의 시대, 이성의 시대

18세기 전반은 로마의 아우구스투스 황제 시대의 문학 정신을 지향했기 때문에 이 시기를 아우구스투스 시대라고 부른다. 로마의 황제 아우구스투스는 자신의 통치기간 동안 안정을 이룩했고, 그의 시대에 문학은 호머(Hormer)와 버질(Virgil)과 같은 작가들의 문학이 꽃을 피울 수 있었다. 드라이든의 사후 1700년부터 알렉산더 포프(Alexander Pope, 1688-1744)와 조나단 스위프트(Jonathan Swift, 1667-1745)가 죽음을 맞이한 1745년까지 영국의 18세기 전반 시기를 아우구스투스 시대 혹은 신고전주의 시대 혹은 이성의 시대라고 부른다.

(1) 앤 여왕의 통치(Anne, 1702-1714)

공동 왕이었던 메리 2세와 윌리엄 3세가 후손이 없었기 때문에 가톨릭 신자가 아닌 가장 가까운 왕족에게 왕권을 계승하기로 한 왕위계승법에 따라 제임스 2세의 딸 앤(Anne)이 왕권을 계승했다. 앤 여왕은 스튜어트 왕가의 마지막 왕이자 영국 국교회(성공회)의 신실한 신자였다.

앤 여왕은 스페인 왕위 계승전쟁(1701-1714)에서 승리를 거두었다. 이 승리를 통해 프랑스가 스페인의 왕위를 계승하는 것을 저지했고, 아울러 프랑스의 식민지 확대도 저지하면서 유럽에서의 영국의 국력과 위상을 공고히했다. 앤 여왕은 강력한 해군력을 바탕으로 대외 무역을 발전시켰고 해외 식민지도 개척했다.

1707년에 앤 여왕은 스코틀랜드를 합병했다. 합병 후 앤 여왕은 스코틀랜드에게 정치적인 자치권을 인정해 주었다. 앤 여왕의 스코틀랜드 통합으로 대영국(Great Britain)이 탄생하면서 대외적으로 잉글랜드가 아닌 영국으로 명명되었다.

앤 여왕은 문인들을 정부의 요직에 대거 임용하였고, 문학적 후견인 역할을 함으로써 문학을 장려했다.

(2) 하노버(Hanover) 왕조의 탄생 : 조지 1세의 통치(George Ⅰ, 1714-1727)

왕권을 계승할 후손이 없이 앤 여왕이 죽자 왕위계승법에 따라 신교도이자 제임스 1세의 외손자인 독일의 하노버 왕조의 조지 1세를 왕으로 추대하였다. 조지 1세는 독일에서 태어났고 영어에 서툴렀으며 영국의 국내 정치에 무관심했다. 프랑스에 망명 중이었던 제임스 2세의 아들과 손자(스튜어트 왕조)를 지지하는 세력들의 반란(Jacobite Rebellion)이 1715년에 일어났지만 진압되었다.

(3) 조지 2세의 통치(George Ⅱ, 1727-1760)

조지 2세도 조지 1세처럼 영어가 서툴고 영국의 국사에 큰 관심을 두지 않았다. 조지 1세와 2세 모두 문학에 관심을 기울이지 않았다. 조지 1세와 2세의 통치, 즉 하노버 왕조는 왕은 실질적으로 통치하지 않았고, 실질적인 통치는 수상과 의회가 담당했기 때문에 입헌군주제가 정착됐다. 입헌군주제를 통해 영국 최초로 수상이 임명되었고, 영국은 왕권 중심이 아니라 수상과 의회를 중심으로 효율적으로 정부를 운영할 수 있게 되었다.

> **더 알아두기**
>
> **영국 최초의 수상 월폴의 장기 집권(1721-1742)**
>
> 독일 출신의 조지 1, 2세가 국정에 관심을 갖지 않았고, 의회와 수상이 실질적인 통치를 하는 입헌군주제를 선택함에 따라 1721년에 월폴 경(Sir Robert Walpole, 1676-1745)이 영국 최초의 수상이 되었다. 월폴은 휘그당 출신으로 20년 동안 수상으로 장기 집권하면서 소수가 권력을 독점하는 과두정치(oligarchy)를 통해 효과적으로 정부를 운영하였다. 휘그당 중심의 월폴 수상은 중상주의 정책을 통해 번영과 평화를 구축했지만 문학에 문외한이었기 때문에 문학은 활성화되지 못했다.

3 감성의 시대(Age of Sensibility, 1745-1798)

1745년부터 『서정 민요 시집』(Lyrical Ballads)이 출판된 1798년까지를 감성의 시대라고 부른다. 이 시기는 중산층의 도덕성을 강조하고, 타인에 대한 연민과 공감으로 대표되는 감성의 시대이다. 인간의 이성을 중시하고 감성을 억압하던 18세기 신고전주의에 저항하며 다음 세기의 낭만주의의 발흥을 준비하는 시인들이 등장한 시기이다.

(1) **조지 3세의 통치(George Ⅲ, 1760-1820)**

조지 3세는 독일의 하노버 왕가의 혈통이었지만 영국에서 태어났다. 조지 3세는 자신이 직접 통치하려고 노력했고, 46년간 야당으로 머물던 토리당을 집권당으로 지지하면서 왕권을 강화하려고 노력했다. 하지만 조지 3세 시대의 권력은 의회에 넘어갔고, 의회의 수상이 더 많은 권력을 갖고 실질적인 국정 운영을 실시하였다.

(2) 18세기 영국은 산업화, 중상주의 정책을 통한 무역 확대, 식민지 개척 정책 등을 통해 경제적 번영을 이룩하였다. 동시에 정치적 안정도 이룩하면서 우아함의 시대라고 불릴 정도로 평화롭고 안정된 시기이다. 18세기 후반에는 1776년의 식민지였던 미국의 독립, 각종 개혁운동과 반란 등이 있었지만 비교적 잘 수습되었다.

제 2 장 | 문학의 특징

1 17세기 후반 왕정복고기의 문학적 특징 중요

왕정복고기는 르네상스 시대의 낭만적 태도와 자유로운 상상력을 비판했고, 동시에 청교도 시대의 비이성적이고 과도한 종교적 열정도 비판했다. 왕정복고기에는 과학이 발전했기 때문에 자연 속의 보편적인 법칙과 질서를 발견하고 인간의 한계를 인정하는 합리적인 이성을 중시했다. 문학에서도 이성을 중시하는 고전주의 문학이 시작되는 시기이다. 이 시기에는 영감, 감성보다는 그리스 로마 고전의 엄격한 문학 양식의 규율을 강조하면서 단순하고 명료한 문학을 추구하였다.

왕정복고기는 드라이든의 시대라고 불린다. 왕정복고기의 대표적인 작가는 존 드라이든(John Dryden)으로 신고전주의 시대를 연 계관시인이며, 극작가, 비평가로도 활동했다.

(1) 시

① **문학적 특징**

왕정복고기의 가장 대표적인 시인은 드라이든이다. 드라이든은 풍자시의 한 시형인 영웅시체 이행연구(heroic couplet, 영웅대구)를 정립하였다. 이 시기의 시인들은 셰익스피어와 밀턴과 같은 16세기 시인들이 즐겨 사용했던 무운시(blank verse)와 운율을 배격하고, 통일성과 질서를 추구하는 단조로운 영웅시체 이행연구를 사용했다.

왕정복고기의 시인들은 르네상스 시대의 낭만적 분위기와 풍부한 상상력에서 벗어나서 사실주의적인 표현과 엄밀한 규칙에 따른 정확하고 명료한 형식을 추구했다. 왕정복고기는 본격적인 18세기 신고전주의 시대로 넘어가는 과도기적인 시기로서 그리스 로마의 신화들을 근간으로 하는 상상력과 감성적 표현들을 벗어나고자 했다.

② **대표시인과 작품**

㉠ 존 드라이든(John Dryden)
 ⓐ 「압살롬과 아키토펠」(*Absalom and Achitophel*, 1681)
 ⓑ 「맥 플레크노」(*Mac Flecknoe*, 1682)

㉡ 사무엘 버틀러(Samuel Butler)
 「휴디브라스」(*Hudibras*, 1663-1678)

> **더 알아두기**
>
> **영웅시체 이행연구(Heroic Couplet, 영웅대구)**
> 영웅시체 이행연구는 약강 오보격(iambic pentameter)으로 이루어져 있고, 압운(rhyme)이 aa, bb, cc와 같이 쌍을 이루는 시형이다. 초서(Geoffrey Chaucer)에 의해 영국에서 처음 사용되었다. 영웅시체 이행연구는 영웅의 무용담을 장엄하면서도 절제하여 묘사할 수 있는 가장 적절한 시행이다.

(2) 드라마

① 문학적 특징
찰스 2세의 왕정복고 이후 극장이 다시 열렸지만 엘리자베스 시대의 극장과는 달랐다. 엘리자베스 여왕 시대의 극장과는 대조적으로 왕정복고기의 극장은 지붕이 있는 실내 공연을 주로 했고, 여성 역할을 소년이 대신하는 것이 아니라 여성이 실제로 맡기 시작했다.

왕정복고기의 비극은 주로 높은 가문의 사람이 주인공인 운문 형식이었다. 하지만 왕정복고기의 드라마는 희극이 대세를 이루었고, 상류층의 풍습(manners)을 해학적으로 풍자하는 풍습 희극(comedy of manners)이 만들어졌다. 풍습 희극은 쾌락을 추구하고 이기적인 면모를 보이는 귀족 계층의 행위들을 풍자했다. 또한 위선적이고 부패한 귀족 사회의 풍습을 풍자했다.

② 대표 작가와 작품
- ㉠ 윌리엄 콩그리브(William Congreve)
  『세상의 풍속』(The Way of the World, 1700)
- ㉡ 윌리엄 위처리(William Wycherley)
  『시골 출신의 아내』(The Country Wife, 1675)
- ㉢ 조지 에서리지(Sir George Etherege)
  『풍류 신사』(The Man of Mode, 1676)

(3) 산문

① 문학적 특징
왕정복고기에는 이성 중심의 합리주의가 대세를 이루었다. 1662년에는 왕립학술원(Royal Society)이 설립되면서 과학적 사고가 확산되었다. 물리학, 천문학, 수학 등의 영역에서 근대 이론 과학의 선구자인 영국의 아이작 뉴턴(Isaac Newton)은 자연과 우주의 물리 법칙을 합리적으로 설명했다. 존 로크(John Locke)는 계몽 철학과 경험론 철학을 발전시켰다. 왕정복고기는 이성의 시대로 불린다. 종교의 신도 합리적으로 이해하려고 시도했던 시기였다. 이 시기에는 현실적인 인간의 풍습과 사회를 다루는 산문 문학이 발전하기 시작했다.

존 드라이든은 비평문 『극시론』(An Essay of Dramatic Poesy)을 통해 영국 비평의 토대를 세우면서 영국 비평의 아버지로 불리게 되었다.

② 대표 작가와 작품
존 드라이든(John Dryden)의 『극시론』(An Essay of Dramatic Poesy, 1668)

2 18세기 신고전주의 시대(아우구스투스 시대)의 문학적 특징 （중요）

(1) 신고전주의 시대 문학 개관

신고전주의 시대는 이성을 바탕으로 한 합리주의와 계몽주의를 중시하는 시대이다. 신고전주의 시대의 문학은 그리스 로마 시대의 고전 작품의 질서(order)와 형식을 강조했다. 인간의 감정(emotion)보다는 이성(reason)을 강조하면서 고전의 형식성을 연습하고 오랜 시간 동안 고전의 규칙성과 규범을 연습하는 것에서 나오는 기교(art)를 중시했다.

신고전주의 시대의 문학은 17세기 형이상학파의 자유로운 시형을 반대하고, 엄격한 규칙성을 가진 고전의 영웅시체 이행연구(Heroic Couplet)를 사용했다. 영웅시체 이행연구와 풍자(Satire)를 통해 새로운 경향의 문학을 발전시킨 드라이든의 문학적 경향이 알렉산더 포프(Alexander Pope)와 조나단 스위프트(Jonathan Swift)를 통해 완성되었던 시기이다. 신고전주의 시대에는 로마의 아우구스투스가 통치하던 시대의 호머(Homer)와 버질(Virgil) 등과 같은 고대 그리스 로마의 위대한 작가들의 간명하고 장엄한 문체를 추구했다. 앤 여왕의 통치 시기의 신고전주의 시대 작가들은 낭만적인 감정의 분출이나 과장되고 화려한 수사를 배격했다. 신고전주의 시대 작가들은 개성과 상상력보다는 이성을 중시하였으며, 내용보다는 형식을 중시하였다. 단순하고 간명한 형식을 통해 명확하게 표현하는 것을 선호하였다. 모든 문학의 내용과 주제는 적절한 장르가 있고 각각의 장르는 그에 맞는 적절한 스타일로 창작되어야 한다는 적정률(decorum)을 추구하였다. 신고전주의 시대에는 젠트리(신사 계급)라는 중간 계급이 부상했다. 젠트리 계급은 신교도들이자 명예혁명을 주도했던 의회의 핵심 구성원이다. 젠트리 계급은 사치와 부패의 상징이었던 왕당파인 귀족 계급의 생활방식과는 차별을 두어야 했다. 젠트리 계급은 도덕성을 유지해야 했고, 새로운 사회적인 규범을 정립해야 했다. 이들은 커피하우스에서 사교 모임을 주도했고 신문, 잡지, 서적을 통해 정보와 지식을 공유했다. 젠트리라는 중산층의 부상으로 인해 출판문화가 발전했고, 글쓰기를 직업으로 삼는 사람들이 등장했다. 다양한 잡지들이 생겨나면서 저널리즘이 활성화되었고, 중산층의 세계관을 담고 있는 문학의 새로운 장르인 소설이 발생했다.

> **더 알아두기**
>
> **적정률(decorum)**
> 적정률은 문학 작품에서 장르, 내용, 문체 등이 서로 적절하게 어울리는 것을 의미한다. 적정률은 주제, 내용, 사상, 용어, 문체 간의 조화와 일치를 추구하는 것을 의미한다. 문학의 내용과 주제는 그에 맞는 장르, 스타일, 언어가 있다는 것이 적정률이다. 고상한 언어와 장엄한 언어는 서사시와 비극에 적정하며, 평이하고 자연스러운 언어는 희극에 사용되어야 한다는 것이 적정률이다.

(2) 신고전주의 시대 문학 작가들의 공통적 특징들 （중요）

① 그리스 로마의 고전 작가와 작품을 이상향으로 삼고 지향하였다.
② 적정률을 추구하였다.
③ 감성보다는 이성을, 상상력보다는 규칙을, 다양함보다는 질서를 추구하였다.
④ 정확한 표현, 형식, 풍자 문학을 추구하였다.

(3) 시

① 문학적 특징

신고전주의 시대에는 형식을 단순화하여 두 행 안에 시적 화자의 주제를 전달하는 영웅시체 이행연구가 대표적인 시 형식으로 자리 잡았다. 신고전주의 시대 시인들은 공상적인 것을 배격하고 이성을 중시했으며, 사물을 감정적인 것으로 받아들이는 것이 아니라 정확하고 올바르게 이해하려고 했다. 시어 또한 정확성을 추구했고, 지나친 수사와 장식을 배격했다. 주관성보다는 객관성을 추구하면서 내용보다는 형식에 초점을 맞추었다. 영웅 서사시의 장엄한 어조를 통해 사회의 부조리와 귀족층의 부패를 풍자(Satire)하는 의사 영웅시(Mock-heroic, 풍자 영웅시) 작품들이 창작됐다.

> **더 알아두기**
>
> **의사 영웅시(Mock-heroic, Mock-epic, 풍자 영웅시)**
>
> 의사(擬似, 유사, 가짜) 영웅시는 주제와 문체 간의 조화를 추구하는 적정률을 의도적으로 벗어남으로써 풍자의 효과를 극대화시키는 풍자(Satire)문학의 한 형식이다. 의사 영웅시는 영웅이 아닌 인물을 장엄하고 진지한 영웅 서사시의 어조를 통해 묘사함으로써 진정한 영웅이 아닌 가짜 영웅, 즉 의사 영웅(would-be hero)을 비난하고 풍자와 희롱의 대상으로 위축시키는 아이러니를 연출한다.

② 대표 작가와 작품

알렉산더 포프(Alexander Pope)
- ㉠ 「비평론」(*An Essay on Criticism*, 1711)
- ㉡ 「머리타래의 강탈」(*The Rape of the Lock*, 1712) : 대표적인 의사 영웅시
- ㉢ 「인간론」(*An Essay on Man*, 1733-1734)

(4) 드라마

① 신고전주의 시대 가정 비극

신고전주의 시대는 드라마가 위축된 시기이다. 왕정복고기의 비극이 상류층 귀족들을 주인공으로 삼고 있었지만, 신고전주의 시대로 넘어오면서 보통 사람들이 주인공으로 등장하는 산문 형식의 비극으로 바뀌었다. 한 가정의 평범한 인물의 비극을 다루고 있기 때문에 가정 비극(domestic tragedy)이라고 부른다.

> **더 알아두기**
>
> **가정 비극(Domestic Tragedy)**
>
> 18세기 신고전주의 시대를 대표하는 비극의 형식이다. 귀족 같은 특권층이 아닌, 중산층이나 하층 계급에 속하는 평범한 주인공을 둘러싸고 가정 내에서 벌어지는 비극을 의미한다. 18세기 영국의 작가 조지 릴로(George Lillo)의 『런던 상인』은 가정 비극이라는 장르를 확립한 작품이다.

② 가정 비극의 대표 작가와 작품

조지 릴로(George Lillo)의 『런던 상인』(The London Merchant, 1731)

③ 신고전주의 시대 감상 희극

릴로의 가정 비극이 신고전주의 시대를 대표하는 비극이라면 신고전주의 시대를 대표하는 희극은 감상 희극(Sentimental Comedy)이다. 신고전주의 시대에는 중산층의 감성에 호소하면서 눈물을 자아내는 감상 희극이라는 새로운 희극의 형태가 유행했다. 감상 희극은 중산층이 드라마 무대 위에서 자신들을 그려내고 싶은 욕망의 소산으로 볼 수 있으며, 주인공들의 불운에 대한 동정적인 반응을 이끌어내는 데 초점이 맞춰진다.

④ 감상 희극의 대표 작가와 작품

㉠ 콜리 시버(Colley Cibber)
ⓐ 『사랑의 마지막 트릭』(Love's Last Shift, 1696) : 최초의 감상 희극 작품
ⓑ 『무심한 남편』(The Careless Husband, 1704)

㉡ 리처드 스틸(Sir Richard Steele)
『눈 뜬 연인』(The Conscious Lovers, 1722)

(5) 산문

① 문학적 특징

18세기 신고전주의 시대 산문 작가들은 화려하고 장식적인 수사법을 배격했다. 단순하고 명확한 문체와 어휘를 통해 정확한 정보와 지식을 전달하는 데 주력했다. 조지프 애디슨(Joseph Addison)과 리처드 스틸(Richard Steele)은 정기 간행물을 통해 대중들에게 정보를 전달했으며, 이들의 정기 간행물은 명확하고 정확한 어법으로 사실을 전달하는 데 초점을 맞추었다. 이 시기의 산문의 대중화와 발전은 문학의 대중화에 기여했고 이후 소설의 발생에 기여했다.

② 대표 산문 작가와 작품(잡지)

㉠ 조지프 애디슨(Joseph Addison)
『스펙테이터』(The Spectator)

㉡ 리처드 스틸(Richard Steele)
『테틀러』(The Tatler)

(6) 소설

① 소설 장르의 발생 중요

18세기 신고전주의 시대에는 문학의 장르로서 소설(novel)이 생겨났다. 18세기 초에 처음으로 소설(novel)이라는 '새로운 이야기'를 의미하는 단어가 생겨났다. 18세기 초에는 소설이라는 용어의 개념이 명확하게 정의되지 않았고 정형화된 문학 장르로서의 특성도 정의되지 못했지만, 18세기 후반에 본격적으로 소설이 하나의 문학 장르로서 자리 잡게 되었다.

18세기 초기에는 산문으로서의 소설의 발달적 측면이 강했기 때문에 산문과 소설의 명확한 경계를 나누기가 어렵다. 하지만 18세기 초기의 산문으로서의 소설 작가인 다니엘 디포(Daniel Defoe), 사무엘 리차드슨(Samuel Richardson), 헨리 필딩(Henry Fielding) 등의 작품을 통해 산문과는 구별되는 내용과

형식이 만들어졌고, 18세기 후반에는 제인 오스틴(Jane Austen) 등의 작품을 통해 소설이 문학의 장르로서 완벽한 형식과 내용을 갖추게 되었다.

17세기 후반 청교도혁명 이후 시민 계급인 중산층이 부를 축적하게 되었다. 중산층은 경제적 기반을 바탕으로 여가를 누리게 되었고 교육을 통해 문자를 읽을 수 있게 되었다. 인쇄술의 발달로 인해 책에 대한 접근성이 높아지면서 독서층이 증가하고, 18세기에는 많은 산문들과 정기 간행물들이 쏟아졌으며, 커피하우스(Coffee House)를 중심으로 지식과 정보를 공유하는 문화가 확산되었다. 17세기 후반 청교도 혁명 이후 극장이 폐쇄되었고 이후 다시 열렸지만 드라마가 도덕적인 타락의 이유로 쇠퇴되었다. 중산층들이 여가시간을 보낼 수 있는 유일한 문화생활은 독서밖에 없었다.

② 소설의 내용

소설은 중산층의 가치관과 요구를 수용하고 대변하는 장르였다. 작가들은 귀족이나 왕실의 후원을 받을 필요 없이 경제적인 부를 가진 중산층의 취향과 가치관을 대변하는 작품을 만들 수 있었다. 청교도 출신으로서 무역과 상업을 통해 부를 축적한 중산층은 쇠퇴한 귀족층들만큼 부를 축적했기 때문에 신분 상승에 대한 욕구가 컸다. 소설은 중산층의 취향에 맞추었고 그들에게 교양과 여가시간 선용을 제공했기 때문에 중산층이 관심을 가졌던 부의 획득을 통한 신분 상승과 도덕적 교훈을 주는 내용이 대부분이었다. 18세기 동안 2,000편 이상의 소설이 창작되고 출판되었다는 사실은 소설의 내용이 중산층의 가치관과 취향을 대변하는 장르였고, 내용 또한 그들의 지적 호기심과 가치관을 충족시켰다는 것을 의미한다.

③ 소설의 특징 중요

㉠ 당시 시의 내용이 귀족적 취향을 반영했고 일반 대중이 이해하기 어려웠지만, 소설의 내용과 형식은 중산층(시민 계급, 젠트리)의 수요와 취향에 맞추었다. 주로 부의 축적을 통한 신분 상승, 악당이 등장하는 악한 소설(picaresque novel) 혹은 여행담을 통해 사회를 사실적으로 묘사하고, 동시에 부패와 위선을 풍자하는 데 초점을 맞추었다.

㉡ 리얼리즘에 기반해서 낭만적인 로맨스를 배격하고 평범한 일상과 인물을 사실적으로 묘사했다.

㉢ 인물들의 심리와 발생되는 사건을 사실적으로 묘사했다.

㉣ 주요한 독자층으로 성장한 여성들의 이야기를 포함했다.

④ 18세기에 유행했던 소설의 형식 중요

㉠ 악한 소설(Picaresque Novel)

ⓐ 악당을 의미하는 스페인어 picaro에 어원을 두고 있으며, 소설의 초기 형식이다. 1인칭 서술체로 악한(악당)이나 하층 계급 출신의 천민이 생존을 위해 모험을 하면서 고군분투하는 내용을 다룬다. 기사도로 무장한 기사의 낭만적 모험과는 대조적으로 악한 소설은 명예보다는 생존을 위해 거짓말, 사기, 도둑질을 저지르는 악당의 이야기를 다룬다. 18세기 영국의 하층민들의 삶에 대한 풍부한 관찰을 제공하면서 동시에 영국사회의 부패와 위선에 대해 풍자적으로 표현하고 있다. 18세기 초기의 악한 소설은 플롯이나 인물 묘사가 다소 엉성하다는 견해가 있었지만, 이후 계속 발전하여 플롯이 정교해지고 인물 묘사도 사실적으로 세밀해지면서 19세기 사실주의 소설의 발전에 초석을 다졌다.

ⓑ 대표작품

헨리 필딩(Henry Fielding)의 『업둥이 톰 존스 이야기』(*The History of Tom Jones, A Foundling*, 1749)

ⓒ 고딕 소설(Gothic Novel)
  ⓐ 18세기 초기부터 다니엘 디포(Daniel Defoe), 사무엘 리처드슨(Samuel Richardson), 헨리 필딩(Henry Fielding)과 같은 작가들을 필두로 사실주의 소설이 발전했다. 18세기 후반 이들의 사실주의 소설에 저항하는 새로운 고딕 소설 형식이 나타났다. 고딕(Gothic)은 초자연적인 세계와 공포스러운 음산한 분위기를 의미한다. 고딕 소설은 음산한 중세시대의 성(castle)을 배경으로 기이한 사건들과 공포스러운 분위기를 통해 독자들의 상상력을 자극하는 괴기 소설의 형식이다.
  ⓑ 대표작품
   • 호레이스 월폴(Horace Walpole)
     『오트란토 성』(The Castle of Otranto, 1764)
   • 앤 래드클리프(Mrs. Ann Radcliffe)
     - 『유돌포의 신비』(The Mysteries of Udolpho, 1794)
     - 『이탈리아인』(The Italian, 1797)
ⓒ 목적 소설(The Novel of Purpose)
  ⓐ 예술성을 구현하는 데 목적을 두지 않고 사상의 선전과 전달에 목적을 두는 소설의 형식이다. 주로 하층 계급은 지배 계급에게 복종해야 한다는 메시지를 전달하는 데 목적을 두었다.
  ⓑ 대표작품
     윌리엄 고드원(William God)의 『칼렙 윌리엄스』(Caleb Williams, 1794)

3 18세기 후반 감성의 시대(Age of Sensibility)의 문학적 특징

18세기 후반 감성의 시대(Age of Sensibility)는 신고전주의 시대에서 낭만주의 시대로 넘어가는 과도기이다. 18세기의 신고전주의 전통은 이 시기에도 계속 이어지지만, 신고전주의 시대의 이성 중심의 고전을 따르는 엄격한 문학 양식의 규율에 반발하는 기류가 형성되었다. 감성의 시대의 몇몇 시인들은 이성을 기반으로 하는 단련된 기교 혹은 기술(art)로서의 시를 쓰기보다 자연스럽고 인간적인 감정을 시를 통해 분출하기 시작하면서 낭만주의 시대를 위한 초석을 다졌다. 특히 윌리엄 블레이크는 본격적인 낭만주의 운동의 길을 열었다는 평가를 받는다.

(1) 시

① 문학적 특징 : 전-낭만주의(Pre-Romanticism)의 발흥 중요
  신고전주의 시대의 시인들은 시를 그리스 로마의 고전 작품의 엄격한 규칙을 습득함으로써 완성되는 기술(art)로서 인식했다. 물론 이러한 이성 중심의 고전의 규칙성 추구로 대표되는 신고전주의는 18세기 전체를 아우르는 문학적 풍토였지만 토마스 그레이(Thomas Gray), 로버트 번스(Robert Burns)와 같은 전-낭만주의자(Pre-Romanticists) 시인들은 엄격한 규칙, 이성의 가치, 보편성 추구 등과 같은 신고전주의의 시의 특성에 반대하며, 인간의 개성과 상상력을 표출하는 시를 창작하기 시작했다.

② **대표 시인과 작품**
  ㉠ 토마스 그레이(Thomas Gray)
     「시골 교회 묘지에서 쓴 애가」(*Elegy Written in a Country Churchyard*, 1751)
  ㉡ 올리버 골드스미스(Oliver Goldsmith)
     「황폐한 마을」(*The Deserted Village*, 1770)
  ㉢ 윌리엄 쿠퍼(William Cowper)
     「일」(*The Task*, 1785)
  ㉣ 로버트 번스(Robert Burns)
     「붉고, 붉은 장미」(*A Red, Red Rose*, 1796)

> **더 알아두기**
>
> **전-낭만주의자(Pre-Romanticists)**
> 18세기 신고전주의의 형식주의로부터 벗어나서 창조적인 인간의 개성과 상상력을 추구하는 초기 낭만주의를 이끈 시인들을 초기 낭만주의자들이라고 한다. 이들은 드라이든, 포프, 존슨이 발전시킨 신고전주의의 시형들을 반대하면서 서정시(ballad)와 인위적인 것이 아닌 자연적인 것을 추구하는 문화적 원시주의(cultural primitivism)에 관심을 가졌다. 대표적인 전-낭만주의 시인은 로버트 번스가 있다.

(2) 산문

사무엘 존슨(Samuel Johnson)을 중심으로 문학 비평과 많은 잡지와 산문이 창작된 감성의 시대는 산문의 시대(the age of prose)라고 불렸다. 교훈적이고 사회 풍자적인 신고전주의의 특성보다는 인위적이지 않은 자연적인 평범함과 과거에 대한 향수 그리고 자연 그 자체의 아름다움에 대한 내용을 담았다.

(3) 소설

소설에서는 고딕 소설이 유행했다.

제 3 장 | 대표 작가와 작품

1 17세기 후반 왕정복고기

(1) 시

① 존 드라이든(John Dryden, 1631-1700) 중요

㉠ 작가와 작품관

드라이든은 왕정복고기의 대표 시인이면서 신고전주의를 열게 한 시인이다. 그는 극작가, 비평가로서도 활동했다. 드라이든은 계관시인으로서 정치적 문제와 관련된 내용과 주제의 시를 쓰기도 했다. 청교도 집안에서 출생했고, 캠브리지 대학에서 공부하였다. 공화정을 위해 일하면서 크롬웰을 위한 시를 썼지만 왕정복고기에는 찰스 2세를 위한 시를 쓰면서 계관시인이 되었고, 왕립 사료 편찬가로도 일했다.

드라이든은 풍자시의 한 시형인 영웅시체 이행연구(heroic couplet)를 정립하였다. 이 시기의 시인들은 셰익스피어와 밀턴과 같은 16세기 시인들이 즐겨 사용했던 무운시(blank verse)와 운율을 배격하고, 통일성과 질서를 추구하는 단조로운 영웅시체 이행연구를 사용했다.

㉡ 대표작품

ⓐ 「압살롬과 아키토펠」(*Absalom and Achitophel*, 1681)

- 찰스 2세의 왕권을 계승하는 당시의 정치적 상황을 구약 성서의 내용에 빗대어 표현한 정치적 풍자시이다. 압살롬이 아버지 다윗을 상대로 반란을 일으켰던 구약 성서의 내용을 빌려 당시의 정치적 상황을 비유하고 풍자했다. 서사시에 풍자를 활용하여 영웅시체 이행연구(heroic couplet)를 사용하고 있다.
- 「압살롬과 아키토펠」(*Absalom and Achitophel*, 1681)의 일부[1]

> **Absalom and Achitophel**
>
> In pious times, ere priest-craft did begin,
> Before polygamy was made a sin;
> When man, on many, multipli'd his kind,
> Ere one to one was cursedly confin'd:
> When Nature prompted, and no Law deni'd
> Promiscuous use of concubine and bride;
> Then, Israel's monarch, after Heaven's own heart,
> His vigorous warmth did variously impart

---

[1] https://www.poetryfoundation.org/poems/44172/absalom-and-achitophel

To wives and slaves: and, wide as his command,
Scatter'd his Maker's image through the land.
Michal, of royal blood, the crown did wear;
A soil ungrateful to the tiller's care:
Not so the rest; for several mothers bore
To god-like David, several sons before.
But since like slaves his bed they did ascend,
No true succession could their seed attend.
Of all this numerous progeny was none
So beautiful, so brave, as Absalom:
Whether, inspir'd by some diviner lust,
His father got him with a greater gust;
Or that his conscious destiny made way,
By manly beauty to imperial sway.
Early in foreign fields he won renown,
With kings and states alli'd to Israel's crown:
In peace the thoughts of war he could remove,
And seem'd as he were only born for love.
Whate'er he did, was done with so much ease,
In him alone, 'twas natural to please:
His motions all accompani'd with grace;
And Paradise was open'd in his face.
With secret joy, indulgent David view'd
His youthful image in his son renew'd:
To all his wishes nothing he deni'd;
And made the charming Annabel his bride.
What faults he had (for who from faults is free?)
His father could not, or he would not see.
Some warm excesses, which the Law forbore,
Were constru'd youth that purged by boiling o'er:
And Amnon's murther, by a specious name,
Was call'd a just revenge for injur'd fame.
Thus prais'd, and lov'd, the noble youth remain'd,
While David, undisturb'd, in Sion reign'd.
But life can never be sincerely blest:
Heav'n punishes the bad, and proves the best.
The Jews, a headstrong, moody, murm'ring race,
As ever tri'd th'extent and stretch of grace;
God's pamper'd people whom, debauch'd with ease,
No king could govern, nor no God could please;

ⓑ 「맥 플레노」(*Mac Flecknoe*, 1682)
- 존 드라이든의 의사 영웅시(Mock-heroic, 풍자 영웅시)이다. 의사 영웅시는 영웅이 아닌 인물을 장엄하고 진지한 영웅 서사시의 어조를 통해 묘사함으로써 가짜 영웅을 풍자하는 형식이다. 드라이든은 이 시를 통해 적절한 왕위 계승자로 플레노(Flecknoe)를 지명하고 있다. 아울러 자신과 정치적·문학적으로 대립각을 세웠던 토마스 섀드웰(Thomas Shadwell)을 풍자한다.
- 「맥 플레노」(*Mac Flecknoe*, 1682)의 일부[2]

Mac Flecknoe

All human things are subject to decay,
And, when Fate summons, monarchs must obey:
This Flecknoe found, who, like Augustus, young
Was call'd to empire, and had govern'd long:
In prose and verse, was own'd, without dispute
Through all the realms of Non-sense, absolute.
This aged prince now flourishing in peace,
And blest with issue of a large increase,
Worn out with business, did at length debate
To settle the succession of the State:
And pond'ring which of all his sons was fit
To reign, and wage immortal war with wit;
Cry'd, 'tis resolv'd; for nature pleads that he
Should only rule, who most resembles me:
Shadwell alone my perfect image bears,
Mature in dullness from his tender years.
Shadwell alone, of all my sons, is he
Who stands confirm'd in full stupidity.
The rest to some faint meaning make pretence,
But Shadwell never deviates into sense.
Some beams of wit on other souls may fall,
Strike through and make a lucid interval;
But Shadwell's genuine night admits no ray,
His rising fogs prevail upon the day:
Besides his goodly fabric fills the eye,
And seems design'd for thoughtless majesty:
Thoughtless as monarch oaks, that shade the plain,
And, spread in solemn state, supinely reign.

---

[2] https://www.poetryfoundation.org/poems/44181/mac-flecknoe

② **사무엘 버틀러(Samuel Butler, 1612-1680)**
　㉠ 작가와 작품관
　　버틀러는 왕당파 시인이었다. 그는 청교도혁명을 이끌었던 크롬웰을 비판했고, 청교도인들의 지나친 종교적 열정을 광신적이라고 비난했다.
　㉡ 대표작품 : 「휴디브라스」(*Hudibras*, 1663-1678)
　　ⓐ 청교도와 가톨릭의 지나친 종교적 열정을 광신적이라고 비판하는 풍자시이다. 심각하고 고귀한 주제를 저급하고 비속한 양식과 과장을 통해 풍자하는 벌레스크(burlesque, 풍자시) 형식을 사용한 시이다.
　　ⓑ 「휴디브라스」(*Hudibras*, 1663-1678)의 일부[3]

> **Hudibras : Part 1 - Canto I**
>
> THE ARGUMENT
>
> Sir Hudibras his passing worth,
> The manner how he sallied forth;
> His arms and equipage are shown;
> His horse's virtues, and his own.
> Th' adventure of the bear and fiddle
> Is sung, but breaks off in the middle.
>
> When civil dudgeon a first grew high,
> And men fell out they knew not why?
> When hard words, jealousies, and fears,
> Set folks together by the ears,
> And made them fight, like mad or drunk,
> For Dame Religion, as for punk;
> Whose honesty they all durst swear for,
> Though not a man of them knew wherefore:
> When Gospel-Trumpeter, surrounded
> With long-ear'd rout, to battle sounded,
> And pulpit, drum ecclesiastick,
> Was beat with fist, instead of a stick;
> Then did Sir Knight abandon dwelling,
> And out he rode a colonelling.

---

3) https://www.poemhunter.com/poem/hudibras-part-1-canto-i/

(2) 드라마

① 조지 에서리지(Sir George Etherege)

㉠ 작가와 작품관

왕정복고기에 유행했던 풍습 희극(comedy of manners) 형식을 처음으로 개발한 극작가이다. 풍습 희극을 통해 왕정복고기의 사회상과 문제점을 풍자했다.

㉡ 대표작품 : 『풍류 신사』(*The Man of Mode*, 1676)

풍습 희극을 처음으로 개발한 에서리지의 대표적인 풍습 희극 작품이다. 부도덕한 귀족, 순진한 처녀, 바람둥이, 질투를 하는 귀족 부인 등 당시 귀족들의 위선과 탐욕, 타락한 여성과 문화 등을 해학적으로 풍자하고 있다. 이 작품 이후로 풍습 희극이 크게 유행하였다.

② 윌리엄 콩그리브(William Congreve)

㉠ 작가와 작품관

에서리지가 처음으로 개발한 풍습 희극 형식을 완성한 작가는 콩그리브이다. 콩그리브는 인물과 사회에 대한 통찰을 지적인 해학성으로 작품을 통해 표현하고자 하였다.

㉡ 대표작품 : 『세상의 풍습』(*The Way of the World*, 1700)

정략결혼과 유산 상속을 둘러싼 인물들의 계략과 처세술을 담고 있다. 절대적인 진리와 정의가 존재하지 않는 처세술과 서로 속고 속이는 인물들을 통해 왕정복고기의 사회상과 문제점을 해학적으로 풍자하고 있다. 특히 결혼이 진정한 사랑의 결과물이 아니라 재산에 대한 욕망의 수단으로 전락한 현실을 풍자했다.

③ 윌리엄 위처리(William Wycherley)

㉠ 작가와 작품관

최초의 왕정복고기 극작가이다. 프랑스에서 교육을 받았고 이후 영국 옥스퍼드에서 수학했다. 프랑스 극작가들의 작품의 영향을 많이 받았고, 특히 프랑스의 극작가 몰리에르(Molière, 본명 Jean Baptiste Poquelin)의 영향을 많이 받았다.

㉡ 대표작품 : 『시골 출신의 아내』(*The Country Wife*, 1675)

몰리에르의 작품을 각색한 작품으로서 당시의 결혼 윤리관을 풍자하고 있다. 결혼을 신성한 것으로 여기지 않고 정욕을 채우는 수단으로 생각하던, 무너진 결혼에 대한 윤리관을 풍자하는 작품이다. 주인공은 말재주(wit)를 이용해서 다른 사람의 아내를 빼앗은 사람임에도 불구하고 사회적인 평판을 잃지 않는 위선적인 인물로 그려진다. 여성을 차지하기 위해 계략을 꾸미고 여성을 정욕의 대상으로 보는 사회상을 풍자하고 있다.

(3) 산문

① 존 드라이든(John Dryden, 1631-1700) 중요

㉠ 작가와 작품관

존 드라이든은 계관시인이고, 왕정복고기 대표 시인이며, 극작가이자 비평가이다. 또한 영국 비평의 토대를 마련한 비평가이다. 드라이든은 비평문 『극시론』(*An Essay of Dramatic Poesy*)을 통해 영국 비평의 토대를 세우면서 영국 비평의 아버지로 불리게 되었다.

ⓒ 대표작품 : 『극시론』(*An Essay of Dramatic Poesy*, 1668)
4명의 등장인물 간의 대화체 형식을 통해 드라마에 대한 비평적 입장을 묘사하고 있다. 고전극의 우월성과 고전극의 삼일치의 중요성을 주장하는 인물, 고전극의 권위를 부정하는 인물, 프랑스의 신고전주의 드라마의 우월성을 주장하는 인물, 셰익스피어의 영국 드라마의 전통성을 주장하는 인물 간의 대화체 형식을 통해 드라마에 대한 형식과 우수성에 대해 논의한다. 드라이든은 극중 인물을 통해 셰익스피어로 대표되는 영국 드라마의 우수성을 주장하고, 이러한 셰익스피어에 대한 비평은 후대에도 큰 영향을 미쳤다.

② 애프러 벤(Aphra Behn, 1640-1689)
  ㉠ 작가와 작품관
  왕정복고 시대의 영국 여성 극작가, 시인, 산문작가, 번역가이며 글쓰기로 생계를 유지한 최초의 여성 직업 작가이다. 버지니아 울프가 자신의 작품 『자기만의 방』(*A Room of One's Own*)에서 '애프러 벤은 여성들에게 자신의 생각을 표현할 권리를 쟁취하게 해준 사람이기 때문에 모든 여성들은 애프러 벤의 무덤에 꽃을 바쳐야 한다.'라고 주장했을 만큼 후대 여성 작가에게 많은 영향을 끼친 작가이다.
  ㉡ 대표작품 : 『오루노코』(*Oroonoko : or, the Royal Slave*, 1688)
    ⓐ 애프러 벤의 가장 잘 알려진 산문 작품으로서 초기 소설 혹은 영어로 쓰인 최초의 소설로 인정받기도 하였고, 이후 연극으로 각색되기도 했다. 속임수에 빠져 수리남(Surinam)의 유럽 식민지인들에게 노예로 팔려간 코라만티엔(Coramantien)의 아프리카 왕자인 오루노코의 삶, 사랑, 반란, 처형에 대한 1인칭 산문 작품이다.
    ⓑ 『오루노코』(*Oroonoko : or, the Royal Slave*, 1688)의 일부[4]

> I do not pretend, in giving you the history of this Royal Slave, to entertain my reader with adventures of a feigned hero, whose life and fortunes fancy may manage at the poet's pleasure; nor in relating the truth, design to adorn it with any accidents but such as arrived in earnest to him: and it shall come simply into the world, recommended by its own proper merits and natural intrigues; there being enough of reality to support it, and to render it diverting, without the addition of invention.
>
> I was myself an eye-witness to a great part of what you will find here set down; and what I could not be witness of, I received from the mouth of the chief actor in this history, the hero himself, who gave us the whole transactions of his youth: and though I shall omit, for brevity's sake, a thousand little accidents of his life, which, however pleasant to us, where history was scarce and adventures very rare, yet might prove tedious and heavy to my reader, in a world where he finds diversions for every minute, new and strange. But we who were perfectly charmed with the character of this great man were curious to gather every circumstance of his life.

---

[4] https://gutenberg.net.au/ebooks07/0700151h.html

The scene of the last part of his adventures lies in a colony in America, called Surinam, in the West Indies.

But before I give you the story of this gallant slave, 'tis fit I tell you the manner of bringing them to these new colonies; those they make use of there not being natives of the place: for those we live with in perfect amity, without daring to command 'em; but, on the contrary, caress 'em with all the brotherly and friendly affection in the world; trading with them for their fish, venison, buffalo's skins, and little rarities; as marmosets, a sort of monkey, as big as a rat or weasel, but of marvelous and delicate shape, having face and hands like a human creature; and cousheries, a little beast in the form and fashion of a lion, as big as a kitten, but so exactly made in all parts like that noble beast that it is it in miniature. Then for little paraketoes, great parrots, mackaws, and a thousand other birds and beasts of wonderful and surprising forms, shapes, and colors. For skins of prodigious snakes, of which there are some threescore yards in length; as is the skin of one that may be seen at his Majesty's Antiquary's; where are also some rare flies, of amazing forms and colors, presented to 'em by myself; some as big as my fist, some less; and all of various excellencies, such as art cannot imitate. Then we trade for feathers, which they order into all shapes, make themselves little short habits of 'em and glorious wreaths for their heads, necks, arms, and legs, whose tinctures are unconceivable. I had a set of these presented to me, and I gave 'em to the King's Theater, and it was the dress of the Indian Queen, infinitely admired by persons of quality; and was unimitable. Besides these, a thousand little knacks and rarities in nature; and some of art, as their baskets, weapons, aprons, etc. We dealt with 'em with beads of all colors, knives, axes, pins, and needles; which they used only as tools to drill holes with in their ears, noses, and lips, where they hang a great many little things; as long beads, bits of tin, brass or silver beat thin, and any shining trinket. The beads they weave into aprons about a quarter of an ell long, and of the same breadth; working them very prettily in flowers of several colors; which apron they wear just before 'em, as Adam and Eve did the fig-leaves; the men wearing a long stripe of linen, which they deal with us for. They thread these beads also on long cotton threads, and make girdles to tie their aprons to, which come twenty times, or more, about the waist, and then cross, like a shoulder-belt, both ways, and round their necks, arms, and legs. This adornment, with their long black hair, and the face painted in little specks or flowers here and there, makes 'em a wonderful figure to behold. Some of the beauties, which indeed are finely shaped, as almost all are, and who have pretty features, are charming and novel; for they have all that is called beauty, except the color, which is a reddish yellow; or after a new oiling, which they often use to themselves, they are of the color of a new brick, but smooth, soft, and sleek. They are extreme modest and bashful, very shy, and nice of being touched.

2 18세기 전반 신고전주의 시대

(1) 시

① **알렉산더 포프**(Alexander Pope, 1688-1744) 중요

　㉠ 작가와 작품관

　　포프는 신고전주의 시대의 대표적인 시인이며, 신고전주의 시 형식을 완성한 시인으로 평가된다. 포프는 드라이든이 정립한 풍자시의 한 시형인 영웅시체 이행연구(heroic couplet)를 완성한 시인이다. 그는 영웅시체 이행연구를 사용하면서 절제된 시어와 규칙성의 추구를 통해 이성과 질서(order), 건전한 예술성 등을 시적 주제로 삼았다. 포프는 영웅시체 이행연구 형식과 경구체 표현을 통해 교훈시, 풍자시, 의사 영웅시(Mock-heroic, Mock-epic, 풍자 영웅시)를 창작했다.

　㉡ 대표작품

　　ⓐ 「비평론」(*An Essay on Criticism*, 1711)

　　　• 포프의 대표적인 시로서 3부 총 744행으로 이루어진 시이다. 영웅시체 이행연구 형식으로 창작되었고, 대부분 경구로 이루어져 있다. 로마의 시인 호레이스(Horace)와 프랑스의 비평가 브왈로(Boileau)의 시론을 모방하여 영국의 신고전주의 시론을 확립했다.

　　　• 「비평론」(*An Essay on Criticism*, 1711)의 일부[5]

> **An Essay on Criticism : Part 1**
>
> Si quid novisti rectius istis,
> Candidus imperti; si non, his utere mecum
> [If you have come to know any precept more correct than these,
> share it with me, brilliant one; if not, use these with me]
> (Horace, Epistle I.6.67)
>
> PART 1
> 'Tis hard to say, if greater want of skill
> Appear in writing or in judging ill;
> But, of the two, less dang'rous is th' offence
> To tire our patience, than mislead our sense.
> Some few in that, but numbers err in this,
> Ten censure wrong for one who writes amiss;
> A fool might once himself alone expose,
> Now one in verse makes many more in prose.
>
> 'Tis with our judgments as our watches, none
> Go just alike, yet each believes his own.

---

[5] https://www.poetryfoundation.org/poems/44896/an-essay-on-criticism-part-1

> In poets as true genius is but rare,
> True taste as seldom is the critic's share;
> Both must alike from Heav'n derive their light,
> These born to judge, as well as those to write.
> Let such teach others who themselves excel,
> And censure freely who have written well.
> Authors are partial to their wit, 'tis true,
> But are not critics to their judgment too?

ⓑ 「머리타래의 강탈」(*The Rape of the Lock*, 1712)
- 포프의 대표적인 의사 영웅시이다. 머리타래를 강탈한 사소한 사건을 계기로 앤 여왕 치하의 두 귀족 가문 간에 실제로 싸움이 벌어졌다. 포프는 이 시를 통해 두 귀족 집안이 화해하기를 원하면서 이 시를 창작했다. 이 시는 영웅 서사시의 장엄한 어조로 머리타래 강탈이라는 우스꽝스러운 사건을 묘사하면서 귀족 사회를 비난하고 풍자하고 있다.
- 「머리타래의 강탈」(*The Rape of the Lock*, 1712)의 일부

> **The Rape of the Lock : Canto 1**
>
> >Nolueram, Belinda, tuos violare capillos;
> >Sedjuvat, hoc precibus me tribuisse tuis.
> >(Martial, Epigrams 12.84)
>
> What dire offence from am'rous causes springs,
> What mighty contests rise from trivial things,
> I sing—This verse to Caryl, Muse! is due:
> This, ev'n Belinda may vouchsafe to view:
> Slight is the subject, but not so the praise,
> If she inspire, and he approve my lays.
>
> >Say what strange motive, Goddess! could compel
> A well-bred lord t' assault a gentle belle?
> O say what stranger cause, yet unexplor'd,
> Could make a gentle belle reject a lord?
> In tasks so bold, can little men engage,
> And in soft bosoms dwells such mighty rage?
>
> >Sol thro' white curtains shot a tim'rous ray,
> And op'd those eyes that must eclipse the day;
> Now lap-dogs give themselves the rousing shake,

> And sleepless lovers, just at twelve, awake:
> Thrice rung the bell, the slipper knock'd the ground,
> And the press'd watch return'd a silver sound.
> Belinda still her downy pillow press'd,
> Her guardian sylph prolong'd the balmy rest:
> 'Twas he had summon'd to her silent bed
> The morning dream that hover'd o'er her head;
> A youth more glitt'ring than a birthnight beau,
> (That ev'n in slumber caus'd her cheek to glow)
> Seem'd to her ear his winning lips to lay,
> And thus in whispers said, or seem'd to say.

ⓒ 「인간론」(*An Essay on Man*, 1733-1734)

- 포프는 「인간론」을 통해 우주 속의 인간의 위치에 대해 성찰한다. 거대한 우주 속의 인간의 지위, 신과 인간의 올바른 관계, 인간의 사회적·도덕적 역할 등에 대한 고찰을 통해 신고전주의 시대의 세계관을 포함하고 있다. 향상심을 가진 보편인으로서 한계를 넘어서서 어떤 것을 추구하려고 하는 overreacher를 이상적인 인간상으로 삼았던 르네상스 시대의 인간과는 대조를 이루는 포프의 신고전주의의 이상적 인간은 자신의 한계를 알고 분수에 맞게 절제하며 한정된 목표를 추구해야 한다.

- 「인간론」(*An Essay on Man*, 1733-1734)의 일부6)

> **An Essay on Man : Epistle I**
>
> To Henry St. John, Lord Bolingbroke
>
> Awake, my St. John! leave all meaner things
> To low ambition, and the pride of kings.
> Let us (since life can little more supply
> Than just to look about us and to die)
> Expatiate free o'er all this scene of man;
> A mighty maze! but not without a plan;
> A wild, where weeds and flow'rs promiscuous shoot;
> Or garden, tempting with forbidden fruit.
> Together let us beat this ample field,
> Try what the open, what the covert yield;
> The latent tracts, the giddy heights explore
> Of all who blindly creep, or sightless soar;
> Eye Nature's walks, shoot folly as it flies,

---

6) https://www.poetryfoundation.org/poems/44899/an-essay-on-man-epistle-i

> And catch the manners living as they rise;
> Laugh where we must, be candid where we can;
> But vindicate the ways of God to man.
>
> I.
> Say first, of God above, or man below,
> What can we reason, but from what we know?
> Of man what see we, but his station here,
> From which to reason, or to which refer?
> Through worlds unnumber'd though the God be known,
> 'Tis ours to trace him only in our own.
> He, who through vast immensity can pierce,
> See worlds on worlds compose one universe,
> Observe how system into system runs,
> What other planets circle other suns,
> What varied being peoples ev'ry star,
> May tell why Heav'n has made us as we are.
> But of this frame the bearings, and the ties,
> The strong connections, nice dependencies,
> Gradations just, has thy pervading soul
> Look'd through? or can a part contain the whole?
>
> Is the great chain, that draws all to agree,
> And drawn supports, upheld by God, or thee?

(2) 소설

① **조나단 스위프트(Jonathan Swift, 1667-1745)** 중요

㉠ 작가와 작품관

스위프트는 포프와 함께 신고전주의 시대 풍자문학의 대표 작가이다. 스위프트는 앤 여왕의 통치 기간에 현실 정치에 대한 비판과 인간의 본성에 회의적인 시각을 표현하는 정치 비평가로도 활동했다. 스위프트는 영국 성공회의 신실한 신자로서 가톨릭과 신교를 풍자하고 비판했다. 특히 스위프트는 인간성과 사회에 대해 극단적으로 부정적인 시각을 갖고 있었기 때문에 인간혐오론자로도 알려져 있다. 스위프트는 『걸리버 여행기』를 창작한 이후 삶에 대한 회환과 슬픔으로 인해 정신적 광란 상태에 빠져 불행하게 생을 마감했다.

㉡ 대표작품 : 『걸리버 여행기』(*Gulliver's Travels*, 1726)

ⓐ 스위프트의 대표적인 작품 『걸리버 여행기』는 4개 국가를 여행하면서 겪는 다양한 모험적 에피소드들로 인해 아동문학처럼 보이기도 하지만 인간, 국가, 법 등에 대한 깊은 통찰과 풍자를 담은 작품이다. 스위프트 자신의 인간에 대한 혐오와 당시 영국 사회의 부패와 부조리성에 대한 풍자

로 가득한 작품이다. 걸리버 여행기는 총 4부로 구성되어 있고, 허구적 여행기의 형식으로 이야기를 전달한다.

ⓑ 『걸리버 여행기』의 줄거리
- 1부 : 소인국 여행(The Voyage to Lilliput)
 소인국 릴리퍼트(Lilliput) 여행기는 영국의 당시 정치 상황과 인간의 약함과 왜소함에 대한 풍자를 보여주고 있다. 굽이 높은 구두와 낮은 구두에 대한 논쟁 그리고 달걀을 어느 쪽에서 깨트릴 것인가에 대한 논쟁은 당시 영국의 정당 간 논쟁이 얼마나 소모적이고 비논리적인 것인지에 대한 신랄한 풍자이다.
- 2부 : 대인국 여행(The Voyage to Brobdingnag)
 대인국 브로딩낵(Brobdingnag) 여행기는 영국의 정치, 종교, 법의 부패와 부조리성에 대해 풍자한다. 스위프트는 거시적인 관점에서 보면 영국의 정치 집단, 종교적 제도, 법률은 해충(vermin)과 같은 혐오스러운 것이라는 사실을 풍자하고 있다.
- 3부 : 라퓨타 여행(The Voyage to Laputa)
 철학자들과 과학자들의 국가 라퓨타(Laputa) 여행기는 추상적인 논쟁과 비실용적인 연구 및 논의에 빠진 영국의 학문 집단을 풍자하고 있다. 오이에서 햇빛을 추출하기 위해 8년의 시간을 허비하는 라퓨타의 행태를 묘사하면서 영국의 철학자들과 과학자들을 비판하고 있다.
- 4부 : 휴이넘의 나라 여행(The Voyage to the Country of the Houyhnhnm)
 합리적인 이성과 이상적인 법체계를 구축한 말(Houyhnhnm)의 국가를 여행한 4부는 인간을 야수 같은 짐승(Yahoo)에 비유하면서 인간성에 대한 혐오와 비판을 드러낸다. 이성을 갖춘 말들이 야수 같은 하등 동물로 비유되는 인간 야후를 통해 인간성과 인간 세계에 대한 풍자와 비판은 최고조에 이른다.

ⓒ 주요 작품들
 ⓐ 『통 이야기』(Tale of a Tub, 1704)
 ⓑ 『책들의 전쟁』(The Battle of the Books, 1704)
 ⓒ 『기독교 폐지의 반론』(An Argument Against Abolishing Christianity, 1711)
 ⓓ 『걸리버 여행기』(Gulliver's Travels, 1726)
 ⓔ 『정중한 제의』(A Modest Proposal, 1729)

② 다니엘 디포(Daniel Defoe, 1660-1731) 중요

㉠ 작가와 작품관
 근대 소설의 효시로 평가받는 작품 『로빈슨 크루소』(Robinson Crusoe, 1719)를 창작했다. 디포는 신실한 청교도였으며, 신고전주의 시대의 대표적인 잡지인 『테틀러』(The Tatler)보다 4년이나 앞서는 『서평』(Review)이라는 잡지를 발간한 정치평론가였다. 그는 정치평론가로서 당시 휘그당과 토리당에 대한 풍자적인 글들을 썼다. 디포는 토리당에 대한 풍자 글로 인해 1년 동안 투옥되었고, 감옥에서 만난 수많은 유형의 죄인들을 통해 로맨스풍의 악한 소설을 집필하게 되었다.

디포는 사건을 묘사할 때 평이하고 간결한 문체를 통해 매우 세부적인 부분들까지 사실적으로 묘사하였다. 특히 『로빈슨 크루소』에서는 세부적인 숫자까지 매우 치밀하게 계산하여 설명하고 있기 때문에 독자들은 이 내용이 허구의 내용이 아니라 실화라고 착각하기도 했다.

ⓒ 대표작품 : 『로빈슨 크루소』(*Robinson Crusoe*, 1719)

근대 소설의 효시로 평가되는 작품이다. 흑인 노예를 구하기 위해 아프리카로 가던 도중에 배가 파선되면서 28년간 무인도에서 살아남은 사람의 이야기이다. 이 작품의 주인공 로빈슨 크루소(Robinson Crusoe)를 통해 역경과 고난을 극복하는 문명인을 묘사했다. 당시 자녀들을 위한 교양서적으로 추천될 만큼 이 작품은 스스로 역경을 이겨내는 인간의 의지를 담고 있다.

신실한 청교도 신자였던 작가 디포는 고립된 섬에서 곡식을 심고, 열정적인 노력과 노동을 통해 살아가면서 신앙을 지키는 청교도적인 삶의 표준을 표현했다. 디포는 『로빈슨 크루소』를 통해 스스로 역경을 이겨내고 생존하는 18세기 중산 계층의 현실적인 삶과 경제적 주체와 개인으로서의 청교도인들의 삶을 묘사했다. 디포는 무인도에서 한 개인이 스스로 생존하는 모습의 묘사를 통해 개인 주체 및 개인주의에 대한 주제를 다루었다.

그리고 디포는 『로빈슨 크루소』에서 배가 침몰하기 직전에 다른 물품들은 모두 바다에 버리지만 성서는 버리지 않는 로빈슨의 모습을 통해, 그리고 무인도에서 만난 야만인 흑인 프라이데이(Friday)를 기독교인으로 만들기 위해 노력하는 로빈슨의 모습을 통해 로빈슨의 청교도인으로서의 가치관을 묘사했다.

근대 소설이 갖추어야 하는 다양한 계층의 인간군상과 인물의 세밀한 심리묘사는 없지만, 당시 중산층이었던 청교도인 젠트리 계급의 인생 철학과 삶의 모습들을 소설로 묘사했기 때문에 근대 소설의 효시와 같은 작품으로 평가받고 있다. 디포는 이 작품을 통해 사건이 일어나는 장소, 시간, 사건의 진행상황 등에 대해 세세하게 설명하고 있다.

ⓒ 주요 작품들
  ⓐ 『로빈슨 크루소』(*Robinson Crusoe*, 1719)
  ⓑ 『몰 플랜더스』(*Moll Flanders*, 1722)
  ⓒ 『역병 일기』(*A Journal of Plague Year*, 1722)

③ **사무엘 리처드슨(Samuel Richardson, 1689-1761)** 종요

㉠ 작가와 작품관

리처드슨은 근대 소설의 본격적인 시작을 알리는 작가로서 근대 소설의 시조로 평가받는다. 최초의 근대 소설가로서의 지위를 갖고 있는 리처드슨은 일상적인 사건을 묘사할 때 세밀하게 배경을 묘사하고 아울러 탁월한 인물의 심리묘사를 보여준다. 특히 리처드슨은 여성을 주인공으로 등장시키면서 결혼, 정조 관념, 신분 간의 갈등 등과 같은 문제들을 다루었다. 리처드슨의 작품은 사건을 진행하는 과정의 통일성을 갖추고 있었으며, 여성 등장인물의 세밀한 심리묘사로 인해 대중적인 인기를 누렸다. 리처드슨 작품의 주제들은 주로 인간의 도덕성, 선행, 미덕 등과 같은 도덕적 교훈을 담고 있다.

㉡ 대표작품 : 『파멜라』(*Pamela*, 1740) 종요
  ⓐ 최초의 근대 소설로 평가받는, 4권으로 출간된 『파멜라』는 당시에 *Pamela* 혹은 *Virtue Rewarded* 라는 제목으로 출간되었다. 『파멜라』는 1인칭 서간체 소설 형식을 통해 여성 주인공의 심리를 섬세하고 사실적으로 묘사했다. 주인공 파멜라(Pamela)는 주인 아들로부터 유혹을 당할 때마다 자

신의 부모에게 일어났던 상황과 자신의 심정의 변화를 편지를 통해 자세하게 전달한다. 리처드슨은 이러한 편지를 연속적으로 전달하면서 사건과 인물의 심리를 묘사하는 서간체 형식을 즐겨 사용했다. 이 작품은 가난한 하녀가 주인 아들의 유혹을 물리치면서 신분 상승을 하게 되는 도덕적 교훈을 담고 있다.

> **더 알아두기**
>
> **서간체 소설(Epistolary Novel)**
> 18세기에 유행한 서간(편지) 형식으로 쓰인 소설을 가리킨다. 서간체 형식은 인물의 깊은 내면과 심리 상태를 표현할 수 있다. 신고전주의 시대에서 낭만주의 시대로 넘어가는 과도기에 많이 쓰인 형식이다. 서간체 소설은 사무엘 리처드슨의 『파멜라』가 효시이다.

　　ⓑ 『파멜라』의 줄거리
　　　파멜라 앤드류스(Pamela Andrews)는 가난한 하녀이지만 정조 관념이 분명한 도덕적인 인물이다. 파멜라를 하녀로 고용한 부잣집 미망인에게는 방탕한 아들 Mr. B가 있다. Mr. B는 파멜라를 수시로 유혹한다. 미망인이 죽고 Mr. B의 유혹이 더 심해지지만 파멜라는 매번 유혹을 물리치면서 주인에게 하인으로서의 충성심을 보인다. Mr. B는 파멜라의 진심 어린 태도에 감동하게 되고 자신도 도덕적인 인간이 되기로 마음먹고 파멜라를 부인으로 맞아들인다.
　　ⓒ 주요 작품들
　　　ⓐ 『파멜라』(*Pamela*, 1740)
　　　ⓑ 『클라리사』(*Clarissa*, 1747-1748)
　　　ⓒ 『찰스 그랜디슨 경』(*Sir Charles Grandison*, 1754)
④ 헨리 필딩(Henry Fielding, 1707-1754) **중요**
　㉠ 작가와 작품관
　　헨리 필딩은 악한 소설(picaresque novel)을 통해 영국의 사회상을 풍자했다. 인간의 심리변화와 내면을 세밀하게 묘사했던 리처드슨과는 대조적으로 헨리 필딩은 플롯에 강조점을 두었다. 인간의 내면 심리보다는 인물이 겪게 되는 사건과 사회의 구조적 모순과 부패한 제도 등과 같은 인간의 삶과 모험을 다루었다. 헨리 필딩의 작품은 위트가 넘치는 풍자들로 가득하고, 신분 상승과 재산에 대한 탐욕보다는 선행을 베푸는 것을 강조한다.
　　여러 가지 측면에서 필딩은 동시대의 작가 리처드슨과 대조를 이룬다. 리처드슨이 1인칭 서간체 소설을 창작했지만, 필딩은 3인칭 전지적 작가 시점의 소설을 창작했다. 리처드슨이 섬세한 묘사를 했다면, 필딩은 직설적이고 남성적인 호방한 필체의 묘사를 했다. 리처드슨이 정조 관념을 끝까지 지키는 파멜라를 통해 기독교의 교리와 율법을 지키는 것에 강조점을 두었다면, 필딩은 순수한 인간애에서 도출되는 선행의 베풂을 강조했다.
　　필딩은 리처드슨의 『파멜라』를 감상적인 도덕적 위선에 불과한 작품이라고 비난했고, 『파멜라』를 패러디한 『조셉 앤드류스의 모험』(*The Adventures of Joseph Andrews*, 1742)을 창작했다. 리처드슨의 『파멜라』의 주인공 파멜라 앤드류스의 편협한 도덕성을 비판하기 위해 필딩은 파멜라의 남동생인 조셉 앤드류스를 주인공으로 설정하면서 리처드슨의 감상적인 도덕적 위선과 중산층의 도덕률의 편협성을 비난했다.

ⓒ 대표작품 : 『업둥이 톰 존스 이야기』(The History of Tom Jones, A Foundling, 1749) 중요

ⓐ 『업둥이 톰 존스 이야기』는 필딩의 대표작품으로서 많은 인물이 등장하고 전체적인 플롯의 통일성을 갖춘 작품이다. 줄거리를 크게 3부로 나눌 수 있고, 총 18권으로 출간된 장편소설인 이 작품은 전체적인 통일성을 갖추고 있으며, 플롯들 간의 그리고 사건들 간의 유기적 관계도 잘 유지된다. 정직한 톰이 성장한 시골 이야기, 시골을 떠나 런던으로 가는 과정에서 겪게 되는 사건들과 모험담, 런던에서 만나는 사람들과 사건들의 이야기를 구성하면서 필딩은 분량을 균등하게 배분했고, 다양한 등장인물의 묘사와 플롯 간의 유기성도 확보했다.

ⓑ 『업둥이 톰 존스 이야기』의 줄거리

활발하고 의협심이 강한 톰은 명문가 올워시(Allworthy)의 집에서 업둥이로 키워진다. 올워시는 업둥이로 들어온 톰을 자신의 친조카인 블리필(Bilifil)과 차별 없이 키운다. 톰은 근처의 지주 웨스턴의 무남독녀인 소피아(Sophia)와 사랑에 빠지고, 톰과 블리필은 소피아를 두고 삼각관계를 이룬다. 블리필의 모함으로 톰은 올워시의 집에서 쫓겨나서 런던으로 향한다. 런던에서 톰은 다양한 모험과 사건을 경험한다. 소피아도 블리필의 구혼을 피해 런던으로 오게 된다. 블리필의 모함이 드러나 올워시의 사랑을 다시 받게 된 톰은 자신이 올워시의 친조카라는 출생의 비밀이 드러나면서 올워시의 상속자가 되고 소피아와 결혼을 하게 된다.

ⓒ 주요 작품들

ⓐ 『조셉 앤드류스의 모험』(The Adventures of Joseph Andrews, 1742)
ⓑ 『업둥이 톰 존스 이야기』(The History of Tom Jones, A Foundling, 1749)
ⓒ 『아멜리아』(Amelia, 1751)

3 18세기 후반 감성의 시대(전-낭만주의 시대)

(1) 시

① **토마스 그레이(Thomas Gray, 1716-1771)** 중요

㉠ 작가와 작품관

토마스 그레이는 신고전주의 시대에서 낭만주의 시대로 넘어가는 과도기의 전-낭만주의(Pre-Romanticism) 시인이다. 그레이는 엄격한 규칙, 이성의 가치, 보편성 추구 등과 같은 신고전주의 시의 특성에 반대하며, 인간의 개성과 상상력을 표출하는 시를 창작하면서 다가올 낭만주의 시대를 미리 연 시인이다. 그레이는 삶에 대한 음울하고 비관적인 정서를 시에 담고 있으며, 묘지에서 인생을 고찰하고, 죽음과 삶에 대한 철학적 사색을 통해 인생의 덧없음과 허무한 감정을 노래한 묘지파(Graveyard School) 시인이다.

ⓒ 대표작품:「시골 교회 묘지에서 쓴 애가」(*Elegy Written in a Country Churchyard*, 1751)
  ⓐ 그레이의 대표 시로서 소외된 평범한 사람들의 비극적인 인생에 대한 내용을 담고 있으며, 음울한 정서와 인생의 무상함에 대해 묘사하고 있다. 죽음과 인생의 유한성에 대한 성찰과 쓸쓸하고 음울한 감정을 표현하고 있다.
  ⓑ 「시골 교회 묘지에서 쓴 애가」(*Elegy Written in a Country Churchyard*, 1751)의 일부

> **Elegy Written in a Country Churchyard**
>
> The curfew tolls the knell of parting day,
>   The lowing herd wind slowly o'er the lea,
> The plowman homeward plods his weary way,
>   And leaves the world to darkness and to me.
>
> Now fades the glimm'ring landscape on the sight,
>   And all the air a solemn stillness holds,
> Save where the beetle wheels his droning flight,
>   And drowsy tinklings lull the distant folds;
>
> Save that from yonder ivy-mantled tow'r
>   The moping owl does to the moon complain
> Of such, as wand'ring near her secret bow'r,
>   Molest her ancient solitary reign.
>
> Beneath those rugged elms, that yew-tree's shade,
>   Where heaves the turf in many a mould'ring heap,
> Each in his narrow cell for ever laid,
>   The rude forefathers of the hamlet sleep.
>
> The breezy call of incense-breathing Morn,
>   The swallow twitt'ring from the straw-built shed,
> The cock's shrill clarion, or the echoing horn,
>   No more shall rouse them from their lowly bed.
>
> For them no more the blazing hearth shall burn,
>   Or busy housewife ply her evening care:
> No children run to lisp their sire's return,
>   Or climb his knees the envied kiss to share.
>
> Oft did the harvest to their sickle yield,
>   Their furrow oft the stubborn glebe has broke;

> How jocund did they drive their team afield!
> How bow'd the woods beneath their sturdy stroke!
>
> Let not Ambition mock their useful toil,
> Their homely joys, and destiny obscure;
> Nor Grandeur hear with a disdainful smile
> The short and simple annals of the poor.
>
> The boast of heraldry, the pomp of pow'r,
> And all that beauty, all that wealth e'er gave,
> Awaits alike th' inevitable hour.
> The paths of glory lead but to the grave.

② **올리버 골드스미스(Oliver Goldsmith, 1728-1774)**
  ⊙ 작가와 작품관
    「황폐한 마을」을 통해 낭만주의의 태동을 알리는 전-낭만주의 시인으로 인정받았다. 비록 시형은 신고전주의 시대의 영웅시체 이행연구를 사용했지만 도덕적 교훈이나 풍자시의 사회상 묘사가 아니라 인간의 삶에 대한 연민을 노래했다.
  ⓒ 대표작품 : 「황폐한 마을」(*The Deserted Village*, 1770)
    ⓐ 골드스미스를 전-낭만주의자로 인정받을 수 있게 한 대표 시로서 시골의 평화로운 정경을 묘사하면서 동시에 평생의 삶의 터전인 농지를 잃고 떠날 수밖에 없는 농민들의 감정과 연민을 표현하고 있다. 골드스미스는 자신이 어렸을 때 느꼈던 아름답고 이상적인 시골 정경을 낭만적으로 그려냈다.
    ⓑ 「황폐한 마을」(*The Deserted Village*, 1770)의 일부

> **The Deserted Village**
>
> Sweet Auburn, loveliest village of the plain,
> Where health and plenty cheared the labouring swain,
> Where smiling spring its earliest visit paid,
> And parting summer's lingering blooms delayed,
> Dear lovely bowers of innocence and ease,
> Seats of my youth, when every sport could please,
> How often have I loitered o'er thy green,
> Where humble happiness endeared each scene!
> How often have I paused on every charm,
> The sheltered cot, the cultivated farm,

> The never-failing brook, the busy mill,
> The decent church that topt the neighbouring hill,
> The hawthorn bush, with seats beneath the shade,
> For talking age and whispering lovers made!
> How often have I blest the coming day,
> When toil remitting lent its turn to play,
> And all the village train, from labour free,
> Led up their sports beneath the spreading tree,
> While many a pastime circled in the shade,
> The young contending as the old surveyed;
> And many a gambol frolicked o'er the ground,
> And slights of art and feats of strength went round;
> And still as each repeated pleasure tired,
> Succeeding sports the mirthful band inspired;
> The dancing pair that simply sought renown
> By holding out to tire each other down;
> The swain mistrustless of his smutted face,
> While secret laughter tittered round the place;
> The bashful virgin's side-long looks of love,
> The matron's glance that would those looks reprove!
> These were thy charms, sweet village; sports like these,
> With sweet succession, taught even toil to please;
> These round thy bowers their chearful influence shed,
> These were thy charms—But all these charms are fled.

③ 로버트 번스(Robert Burns, 1759-1796)

　㉠ 작가와 작품관

　　스코틀랜드의 시골 마을에서 자라면서 정규 교육을 받지 못했지만 로버트 번스는 스코틀랜드의 방언을 통해 스코틀랜드의 정서를 시에 담은 시인이다. 로버트 번스는 시집 『주로 스코틀랜드 방언으로 된 시들』(Poems, Chiefly in the Scottish Dialect, 1786)을 통해 대중들의 인기를 얻었고, 스코틀랜드 민요와 방언을 연구하고 수집하는 작업을 하다가 37세의 젊은 나이로 요절했다.

　　로버트 번스는 18세기 신고전주의 시대 시인들의 시 형식과 시어에서 벗어나 스코틀랜드 지역 민중들이 사용하는 소박하고 일상적인 언어를 사용하면서 민중들의 일상과 자연의 아름다움을 표현했다. 로버트 번스는 자연의 아름다움, 동물을 소재로 한 인도주의적 가치관, 여성의 아름다움 등을 노래하는 서정시를 통해 다가오는 낭만주의를 준비한 시인이다.

ⓛ 대표작품 : 「붉고, 붉은 장미」(*A Red, Red Rose*, 1796)7)

> **A Red, Red Rose**
>
> O my Luve is like a red, red rose
>   That's newly sprung in June;
> O my Luve is like the melody
>   That's sweetly played in tune.
>
> So fair art thou, my bonnie lass,
>   So deep in luve am I;
> And I will luve thee still, my dear,
>   Till a' the seas gang dry.
>
> Till a' the seas gang dry, my dear,
>   And the rocks melt wi' the sun;
> I will love thee still, my dear,
>   While the sands o' life shall run.
>
> And fare thee weel, my only luve!
>   And fare thee weel awhile!
> And I will come again, my luve,
>   Though it were ten thousand mile.

ⓒ 주요 작품들
  ⓐ 「생쥐에게」(*To a Mouse*, 1785)
  ⓑ 『주로 스코틀랜드 방언으로 된 시들』(*Poems, Chiefly in the Scottish Dialect*, 1786)
  ⓒ 「올드 랭 사인」(*Auld Lang Syne*, 1788)
  ⓓ 「붉고, 붉은 장미」(*A Red, Red Rose*, 1796)

(2) 산문

① **사무엘 존슨(Samuel Johnson, 1709-1784)** 중요

ⓞ 작가와 작품관

사무엘 존슨은 영문학사에서 가장 중요한 문학 비평가이며, 18세기 후반을 대표하는 산문 작가이자 시인이다. 18세기 후반은 감성의 시대로서 인간의 감성에 내재한 연민의 능력을 중시하는 시대였지만 고전주의자였던 존슨은 신고전주의 시대의 가치를 고수하고 주장했다. 18세기 말은 낭만주의가 태동하던 시기였지만 존슨은 신고전주의 시대의 가치인 도덕적 교훈과 교육적 기능을 중시했다.
사무엘 존슨은 1738년에 발표한 시 「런던」(*London*, 1738)이 포프의 호평을 받으며 문단의 인정을

---
7) https://www.poetryfoundation.org/poems/43812/a-red-red-rose

받았다. 그리고 1747년부터 시작한 사전 편찬 작업을 7년 만에 완성했다. 그가 편찬한 『영어사전』(*A Dictionary of English Language*, 1755)은 이후 옥스퍼드 영어사전 제작에 큰 영향을 미쳤다. 『영어사전』 편찬 작업의 공로를 인정한 조지 3세는 30파운드의 연금을 사무엘 존슨에게 수여했고, 이러한 경제적 안정을 바탕으로 1764년에 문인 동호회(The Club)를 조직했고, 제임스 보즈웰(James Boswell), 골드스미스 등의 주요 문인들이 참여했다. 특히 18세기 후반의 전기 작가인 제임스 보즈웰은 『사무엘 존슨 전기』(*The Life of Samuel Johnson*, 1791)를 통해 사무엘 존슨의 인품과 문학관을 정리했다.

사무엘 존슨은 1765년에 『셰익스피어 전집』을 출간했다. 그는 17세기 이후의 시인 52명의 전기와 작품에 대한 비평을 정리한 총 10권으로 구성된 『영국 시인전』(*The Lives of The Poets*, 1779-1781)을 통해 문학사에서 최고의 작가라는 평가를 받게 되었다. 사무엘 존슨은 가난으로 인해 옥스퍼드 대학교를 중퇴하였지만 이후 문학적 업적을 인정받아 박사학위가 추증되면서 존슨 박사(Dr. Samuel Johnson)라는 별칭이 생겼다. 미국의 신문사 워싱턴 포스트(The Washington Post)는 1995년에 사무엘 존슨을 1,000년 영국 문학사에서 최고의 업적을 남긴 인물로 선정하였다.

ⓒ 대표작품
  ⓐ 「인간 욕망의 헛됨」(*The Vanity of Human Wishes*, 1749)
   - 존슨의 대표 시로서 신고전주의 시대 시의 대표적인 형식인 영웅시체 이행연구(heroic couplet)의 형식을 사용하였다. 존슨은 인간의 욕망과 한계를 인정하지 않는 탐욕을 비난하고 있다. 존슨은 인간의 끝없는 야망은 인간을 파멸로 이끌기 때문에 인간의 한계를 인정하고 기독교 정신을 통해 평화와 행복을 추구하라고 촉구한다.
   - 「인간 욕망의 헛됨」(*The Vanity of Human Wishes*, 1749)의 일부

> **The Vanity of Human Wishes**
>
> Let observation with extensive view,
> Survey mankind, from China to Peru;
> Remark each anxious toil, each eager strife,
> And watch the busy scenes of crowded life;
> Then say how hope and fear, desire and hate,
> O'erspread with snares the clouded maze of fate,
> Where wav'ring man, betray'd by vent'rous pride
> To tread the dreary paths without a guide,
> As treach'rous phantoms in the mist delude,
> Shuns fancied ills, or chases airy good.
> How rarely reason guides the stubborn choice,
> Rules the bold hand, or prompts the suppliant voice,
> How nations sink, by darling schemes oppress'd,
> When vengeance listens to the fool's request.
> Fate wings with ev'ry wish th' afflictive dart,

Each gift of nature, and each grace of art,
With fatal heat impetuous courage glows,
With fatal sweetness elocution flows,
Impeachment stops the speaker's pow'rful breath,
And restless fire precipitates on death.

But scarce observ'd the knowing and the bold,
Fall in the gen'ral massacre of gold;
Wide-wasting pest! that rages unconfin'd,
And crowds with crimes the records of mankind,
For gold his sword the hireling ruffian draws,
For gold the hireling judge distorts the laws;
Wealth heap'd on wealth, nor truth nor safety buys,
The dangers gather as the treasures rise.

Let hist'ry tell where rival kings command,
And dubious title shakes the madded land,
When statutes glean the refuse of the sword,
How much more safe the vassal than the lord,
Low sculks the hind beneath the rage of pow'r,
And leaves the wealthy traitor in the Tow'r,
Untouch'd his cottage, and his slumbers sound,
Tho' confiscation's vultures hover round.

The needy traveller, serene and gay,
Walks the wild heath, and sings his toil away.
Does envy seize thee? crush th' upbraiding joy,
Increase his riches and his peace destroy,
New fears in dire vicissitude invade,
The rustling brake alarms, and quiv'ring shade,
Nor light nor darkness bring his pain relief.
One shews the plunder, and one hides the thief.

Yet still one gen'ral cry the skies assails,
And gain and grandeur load the tainted gales,
Few know the toiling statesman's fear or care,
Th' insidious rival and the gaping heir.

ⓑ 「셰익스피어 서문」(Preface to Shakespeare, 1765)
- 존슨은 자신이 편찬한 『셰익스피어 전집』의 서문인 「셰익스피어 서문」을 통해 셰익스피어는 고전극의 삼일치 형식을 엄격하게 지키지 않는 등의 단점들이 존재하지만, 보편적인 본성을 올바르게 묘사하고 독자들에게 작품을 통해 삶의 거울을 비추어 준다고 비평하면서 극찬했다.
- 「셰익스피어 서문」(Preface to Shakespeare, 1765)의 일부[8]

PREFACE TO SHAKESPEARE

Shakespeare is above all writers, at least above all modern writers, the poet of nature; the poet that holds up to his readers a faithful mirrour of manners and of life. His characters are not modified by the customs of particular places, unpractised by the rest of the world; by the peculiarities of studies or professions, which can operate but upon small numbers; or by the accidents of transient fashions or temporary opinions: they are the genuine progeny of common humanity, such as the world will always supply, and observation will always find. His persons act and speak by the influence of those general passions and principles by which all minds are agitated, and the whole system of life is continued in motion. In the writings of other poets a character is too often an individual; in those of Shakespeare it is commonly a species.

It is from this wide extension of design that so much instruction is derived. It is this which fills the plays of Shakespeare with practical axioms and domestick wisdom. It was said of Euripides, that every verse was a precept and it may be said of Shakespeare, that from his works may be collected a system of civil and oeconomical prudence. Yet his real power is not shown in the splendour of particular passages, but by the progress of his fable, and the tenour of his dialogue; and he that tries to recommend him by select quotations, will succeed like the pedant in Hierocles, who, when he offered his house to sale, carried a brick in his pocket as a specimen.

It will not easily be imagined how much Shakespeare excells in accommodating his sentiments to real life, but by comparing him with other authours. It was observed of the ancient schools of declamation, that the more diligently they were frequented, the more was the student disqualified for the world, because he found nothing there which he should ever meet in any other place. The same remark may be applied to every stage but that of Shakespeare. The theatre, when it is under any other direction, is peopled by such characters as were never seen, conversing in a language which was never heard, upon topicks which will never arise in the commerce of mankind. But the dialogue of this authour is often so evidently determined by the incident which produces it, and is pursued with so much ease and simplicity, that it seems scarcely to claim the merit of fiction, but to have been gleaned by diligent selection out of common conversation, and common occurrences.

---

[8] https://www.gutenberg.org/cache/epub/5429/pg5429.html

Upon every other stage the universal agent is love, by whose power all good and evil is distributed, and every action quickened or retarded. To bring a lover, a lady and a rival into the fable; to entangle them in contradictory obligations, perplex them with oppositions of interest, and harrass them with violence of desires inconsistent with each other; to make them meet in rapture and part in agony; to fill their mouths with hyperbolical joy and outrageous sorrow; to distress them as nothing human ever was distressed; to deliver them as nothing human ever was delivered, is the business of a modern dramatist. For this probability is violated, life is misrepresented, and language is depraved. But love is only one of many passions, and as it has no great influence upon the sum of life, it has little operation in the dramas of a poet, who caught his ideas from the living world, and exhibited only what he saw before him. He knew, that any other passion, as it was regular or exorbitant, was a cause of happiness or calamity.

Characters thus ample and general were not easily discriminated and preserved, yet perhaps no poet ever kept his personages more distinct from each other. I will not say with Pope, that every speech may be assigned to the proper speaker, because many speeches there are which have nothing characteristical; but, perhaps, though some may be equally adapted to every person, it will be difficult to find, any that can be properly transferred from the present possessor to another claimant. The choice is right, when there is reason for choice.

Other dramatists can only gain attention by hyperbolical or aggravated characters, by fabulous and unexampled excellence or depravity, as the writers of barbarous romances invigorated the reader by a giant and a dwarf; and he that should form his expectations of human affairs from the play, or from the tale, would be equally deceived. Shakespeare has no heroes; his scenes are occupied only by men, who act and speak as the reader thinks that he should himself have spoken or acted on the same occasion: Even where the agency is supernatural the dialogue is level with life. Other writers disguise the most natural passions and most frequent incidents: so that he who contemplates them in the book will not know them in the world: Shakespeare approximates the remote, and familiarizes the wonderful; the event which he represents will not happen, but if it were possible, its effects would be probably such as he has assigned; and it may be said, that he has not only shewn human nature as it acts in real exigences, but as it would be found in trials, to which it cannot be exposed. This therefore is the praise of Shakespeare, that his drama is the mirrour of life; that he who has mazed his imagination, in following the phantoms which other writers raise up before him, may here be cured of his delirious extasies, by reading human sentiments in human language; by scenes from which a hermit may estimate the transactions of the world, and a confessor predict the progress of the passions.

> His adherence to general nature has exposed him to the censure of criticks, who form their judgments upon narrower principles. Dennis and Rhymer think his Romans not sufficiently Roman; and Voltaire censures his kings as not completely royal. Dennis is offended, that Menenius, a senator of Rome, should play the buffoon; and Voltaire perhaps thinks decency violated when the Danish Usurper is represented as a drunkard. But Shakespeare always makes nature predominate over accident; and if he preserves the essential character, is not very careful of distinctions superinduced and adventitious. His story requires Romans or kings, but he thinks only on men. He knew that Rome, like every other city, had men of all dispositions; and wanting a buffoon, he went into the senate-house for that which the senate-house would certainly have afforded him. He was inclined to shew an usurper and a murderer not only odious but despicable, he therefore added drunkenness to his other qualities, knowing that kings love wine like other men, and that wine exerts its natural power upon kings. These are the petty cavils of petty minds; a poet overlooks the casual distinction of country and condition, as a painter, satisfied with the figure, neglects the drapery.

　　ⓒ 『영국 시인전』(*The Lives of The Poets*, 1779-1781)
　　　17세기 이후의 영국 시인 52명의 전기와 작품론을 총 10권으로 정리한 『영국 시인전』을 통해 존슨은 신고전주의 시인들에 대해 평가했다. 평가 중에는 형이상학파 시인들에 대한 비평도 담겨 있고, 전-낭만주의자들의 시를 비판하기도 했다.
　ⓒ 주요 작품들
　　ⓐ 시
　　　• 「런던」(*London*, 1738)
　　　• 「인간 욕망의 헛됨」(*The Vanity of Human Wishes*, 1749)
　　ⓑ 드라마(비극)
　　　『아이린』(*Irene*, 1749)
　　ⓒ 잡지
　　　• 『램블러』(*The Rambler*, 1750-1752)
　　　• 『아이들러』(*The Idler*, 1758-1760)
　　ⓓ 『영어사전』(*A Dictionary of English Language*, 1746-1755)
　　ⓔ 『셰익스피어 전집』(*The Plays of William Shakespeare*, 1765)
　　ⓕ 『영국 시인전』(*The Lives of The Poets*, 1779-1781)
② 제임스 보즈웰(James Boswell, 1740-1795)
　㉠ 작가와 작품관
　　18세기 후반의 대표적인 전기 작가인 제임스 보즈웰은 명문 법률가 출신으로 법률을 공부하기 위해 런던에 갔다가 사무엘 존슨을 만나게 되면서 인생의 전환점을 맞이하게 된다. 에든버러에서 변호사로 활동했지만 자주 런던을 오가면서 사무엘 존슨과 교류하고, 사무엘 존슨이 만든 문인 동호회(The Club)의 일원으로 활발하게 활동했다.

제임스 보즈웰은 사무엘 존슨이 죽을 때까지 평생을 옆에 가까이 있으면서 사무엘 존슨의 행동, 태도, 가치관, 습관 등을 면밀히 기록했고 이를 바탕으로 『사무엘 존슨 전기』(*The Life of Samuel Johnson*, 1791)를 출간했다. 그리고 사무엘 존슨을 수행했던 여행을 기록한 『헤브리디스 여행일기』(*The Journal of a Tour to the Hebrides with Samuel Johnson*, 1785)를 출간하였다.

ⓛ 대표작품

ⓐ 『사무엘 존슨 전기』(*The Life of Samuel Johnson*, 1791)

제임스 보즈웰이 자신의 스승인 사무엘 존슨의 사소한 행동부터 습관까지 그리고 문학에 대한 의견들의 개진까지 세세하게 기록하여 남긴 사무엘 존슨에 대한 전기이다. 전체적으로 흐름상 통일성을 갖추었고, 보즈웰의 세심한 관찰력 덕분에 전기 분야의 위대한 작품으로 평가받고 있다. 특히 그 시대의 작가들에 대한 연구를 위한 중요한 역사적 사료이기도 하다.

ⓑ 『헤브리디스 여행일기』(*The Journal of a Tour to the Hebrides with Samuel Johnson*, 1785)

제5편 | 실전예상문제

01 왕정복고기에는 과학이 발전했기 때문에 자연 속의 보편적인 법칙과 질서를 발견하고 인간의 한계를 인정하는 합리적인 이성을 중시했다.

01 17세기 후반 왕정복고기의 문학적 특징에 대한 설명으로 옳지 <u>않은</u> 것은?
① 르네상스 시대의 낭만적 태도와 자유로운 상상력을 비판했다.
② 청교도 시대의 비이성적이고 과도한 종교적 열정을 비판했다.
③ 자연 속의 보편적인 법칙과 질서를 발견하고 인간의 한계를 넘어서려는 열정을 추구했다.
④ 영감, 감성보다는 그리스 로마 고전의 엄격한 문학 양식의 규율을 강조하면서 단순하고 명료한 문학을 추구하였다.

02 이 시기의 시인들은 셰익스피어와 밀턴과 같은 16세기 시인들이 즐겨 사용했던 무운시(blank verse)와 운율을 배격하고, 통일성과 질서를 추구하는 단조로운 영웅시체 이행연구(heroic couplet, 영웅대구)를 사용했다.

02 왕정복고기 시에 대한 설명으로 옳지 <u>않은</u> 것은?
① 왕정복고기의 가장 대표적인 시인은 드라이든이다.
② 이 시기의 시인들은 자유롭게 감정을 표현할 수 있는 소네트(Sonnet) 형식을 사용했다.
③ 이 시기의 시인들은 셰익스피어와 밀턴과 같은 16세기 시인들이 즐겨 사용했던 무운시(blank verse)와 운율을 배격했다.
④ 르네상스 시대의 낭만적 분위기와 풍부한 상상력에서 벗어나 사실주의적인 표현과 엄밀한 규칙에 따른 정확하고 명료한 형식을 추구했다.

정답 01 ③ 02 ②

03 왕정복고기 드라마에 대한 설명으로 옳지 않은 것은?

① 왕정복고기에는 지붕이 있는 실내 공연을 주로 했다.
② 여성 역할을 소년이 대신하는 것이 아니라 여성이 실제로 수행했다.
③ 왕정복고기의 드라마는 역사극이 대세를 이루었다.
④ 상류층의 풍습(manners)을 해학적으로 풍자하는 풍습 희극(comedy of manners)을 통해 부패한 귀족 사회의 풍습을 풍자했다.

03 왕정복고기의 드라마는 희극이 대세를 이루었고, 상류층의 풍습(manners)을 해학적으로 풍자하는 풍습 희극(comedy of manners)이 만들어졌다.

04 18세기 신고전주의 시대의 문학적 특징에 대한 설명으로 옳지 않은 것은?

① 인간의 감정(emotion)보다는 이성(reason)을 강조했다.
② 그리스 로마 시대의 고전 작품의 질서(order)와 형식을 강조했다.
③ 18세기 신고전주의 시대에는 문학의 장르로서 소설(novel)이 생겨났다.
④ 형이상학파의 시형을 계승하고, 엄격한 규칙성을 가진 고전의 영웅시체 이행연구(Heroic Couplet)를 사용했다.

04 신고전주의 시대의 문학은 17세기 형이상학파의 자유로운 시형을 반대하고, 엄격한 규칙성을 가진 고전의 영웅시체 이행연구(Heroic Couplet)를 사용했다.

05 괄호 안에 들어갈 말로 가장 알맞은 것은?

> (   )은(는) 주제, 내용, 사상, 용어, 문체 간의 조화와 일치를 추구하는 것을 의미한다. 모든 문학의 내용과 주제는 적절한 장르가 있고 각각의 장르는 그에 맞는 적절한 스타일로 창작되어야 한다는 것이다. 고상한 언어와 장엄한 언어는 서사시와 비극에 적정하며, 평이하고 자연스러운 언어는 희극에 사용되어야 한다는 것이다.

① Art
② Satire
③ Decorum
④ Neo-Classicism

05 적정률(decorum)에 대한 설명이다.

정답 03 ③ 04 ④ 05 ③

06 신고전주의 시대 문학 작가들은 감성보다는 이성, 상상력보다는 규칙을, 다양함보다는 질서를 추구했다.

06 신고전주의 시대 작가들의 공통적 특징에 대한 설명으로 옳지 <u>않은</u> 것은?

① 적정률을 추구했다.
② 정확한 표현, 형식, 풍자 문학을 추구했다.
③ 그리스 로마의 고전 작가와 작품을 이상향으로 삼고 지향했다.
④ 이성보다는 감성을, 형식보다는 상상력을, 다양함보다는 질서를 추구했다.

07 신고전주의 시대에는 영웅 서사시의 장엄한 어조를 통해 사회의 부조리와 귀족층의 부패를 풍자(Satire)하는 의사 영웅시(Mock-heroic, 풍자 영웅시) 작품들이 창작됐다.

07 신고전주의 시에 대한 설명으로 옳지 <u>않은</u> 것은?

① 시어 또한 정확성을 추구했고 지나친 수사와 장식을 배격했다.
② 주관성보다는 객관성을 추구하면서 내용보다는 형식에 초점을 맞추었다.
③ 영웅 서사시의 장엄한 어조를 통해 사회의 질서를 유지하는 국가의 중요성을 노래했다.
④ 형식을 단순화하여 두 행 안에 시적 화자의 주제를 전달하는 영웅시체 이행연구(heroic couplet)가 대표적인 시 형식이다.

08 의사 영웅시(Mock-heroic, Mock-epic, 풍자 영웅시)에 대한 설명이다.

08 괄호 안에 들어갈 말로 가장 알맞은 것은?

( )은(는) 주제와 문체 간의 조화를 추구하는 적정률을 의도적으로 벗어남으로써 풍자의 효과를 극대화시키는 풍자 문학의 한 형식이다. 영웅이 아닌 인물을 장엄하고 진지한 영웅 서사시의 어조를 통해 묘사함으로써 진정한 영웅이 아닌 가짜 영웅, 즉 의사 영웅을 비난하고 풍자와 희롱의 대상으로 위축시키는 아이러니를 연출한다.

① Irony
② Satire
③ Hero Epic
④ Mock-heroic

정답 06 ④ 07 ③ 08 ④

09 괄호 안에 들어갈 말로 가장 알맞은 것은?

( )는 18세기 신고전주의 시대를 대표하는 비극의 형식이다. 귀족 같은 특권층이 아닌, 중산층이나 하층 계급에 속하는 평범한 주인공을 둘러싸고 가정 내에서 벌어지는 비극을 의미한다. 18세기 영국의 작가 조지 릴로(George Lillo)의 『런던 상인』을 통해 이 비극형식을 확립했다.

① Domestic Tragedy
② Comedy of Menace
③ Sentimental Comedy
④ Comedy of Humours

09 가정 비극(Domestic Tragedy)에 대한 설명이다.

10 괄호 안에 들어갈 말로 가장 알맞은 것은?

( )는 18세기 신고전주의 시대를 대표하는 희극의 형식이다. 신고전주의 시대에는 중산층의 감성에 호소하면서 눈물을 자아내는 새로운 희극의 형태인 이것이 유행했다.

① Satire Drama
② Comedy of Menace
③ Sentimental Comedy
④ Comedy of Humours

10 감상 희극(Sentimental Comedy)에 대한 설명이다.

11 18세기 초기 산문으로서의 소설 작가에 해당하지 <u>않는</u> 작가는?

① Jane Austen
② Daniel Defoe
③ Henry Fielding
④ Samuel Richardson

11 18세기 초기의 산문으로서의 소설 작가인 다니엘 디포(Daniel Defoe), 사무엘 리처드슨(Samuel Richardson), 헨리 필딩(Henry Fielding) 등의 작품을 통해 산문과는 구별되는 내용과 형식이 만들어졌고, 18세기 후반에는 제인 오스틴(Jane Austen) 등의 작품을 통해 소설이 문학의 장르로서 완벽한 형식과 내용을 갖추게 되었다.

정답 09 ① 10 ③ 11 ①

12 신고전주의 시대의 소설은 리얼리즘에 기반해서 낭만적인 로맨스를 배격하고 평범한 일상과 인물을 사실적으로 묘사했다. 그리고 당시 소설은 사회를 사실적으로 묘사하고, 동시에 부패와 위선을 풍자하는 데 초점을 맞추었다.

12 신고전주의 시대의 소설에 대한 설명으로 옳지 <u>않은</u> 것은?

① 소설은 중산층의 가치관과 요구를 수용하고 대변하는 장르였다.
② 18세기 신고전주의 시대에는 문학의 장르로서 소설(novel)이 생겨났다.
③ 낭만적인 내용과 비현실적이고 초자연적인 이야기들이 주를 이루었다.
④ 중산층이 관심을 가졌던 부의 획득을 통한 신분 상승과 도덕적 교훈을 주는 내용이 대부분이었다.

13 악한 소설(Picaresque Novel)에 대한 설명이다.

13 괄호 안에 들어갈 말로 가장 알맞은 것은?

> 악당을 의미하는 스페인어 picaro에 어원을 두고 있는 (　　)은 소설의 초기 형식이다. 1인칭 서술체로 악한(악당)이나 하층 계급 출신의 천민이 생존을 위해 모험을 하면서 고군분투하는 내용을 다룬다.

① Satire Novel
② Gothic Novel
③ Realism Novel
④ Picaresque Novel

정답　12 ③　13 ④

14 괄호 안에 들어갈 말로 가장 알맞은 것은?

> 18세기 후반 사실주의 소설에 저항하는 소설의 형식인 ( )은(는) 음산한 중세시대의 성(castle)을 배경으로 기이한 사건들과 공포스러운 분위기를 통해 독자들의 상상력을 자극하는 괴기 소설의 형식이다.

① Gothic Novel
② Picaresque Novel
③ Anti-realism Novel
④ The Novel of Purpose

14 고딕 소설(Gothic Novel)에 대한 설명이다.

15 존 드라이든(John Dryden)에 대한 설명으로 옳지 <u>않은</u> 것은?

① 왕정복고기의 대표 시인이면서 신고전주의를 열게 한 시인이다.
② 대표작품 영웅 서사시 *Mac Flecknoe*를 통해 플레노(Flecknoe)를 찬양했다.
③ 드라이든은 풍자시의 한 시형인 영웅시체 이행연구(heroic couplet)를 정립하였다.
④ 드라이든은 계관시인으로서 정치적 문제와 관련된 내용과 주제의 시를 쓰기도 했다.

15 「맥 플레노」(*Mac Flecknoe*, 1682)는 대표적인 존 드라이든의 의사 영웅시(Mock-heroic, 풍자 영웅시)이다. 의사 영웅시는 영웅이 아닌 인물을 장엄하고 진지한 영웅 서사시의 어조를 통해 묘사함으로써 가짜 영웅을 풍자하는 형식이다.

정답 14 ① 15 ②

16 알렉산더 포프(Alexander Pope)에 대한 설명이다.

16 다음 설명에 해당하는 작가는?

> 신고전주의 시대의 대표적인 시인이며 신고전주의 시 형식을 완성한 시인으로 평가된다. 드라이든이 정립한 풍자시의 한 시형인 영웅시체 이행연구(heroic couplet)를 완성한 시인이다. 대표작품은 *An Essay on Criticism, The Rape of the Lock* 등이 있다.

① Robert Burns
② William Blake
③ Samuel Butler
④ Alexander Pope

17 조나단 스위프트(Jonathan Swift)의 대표작품 『걸리버 여행기』(*Gulliver's Travels*)에 대한 내용이다.

17 다음 설명에 해당하는 작품은?

> 조나단 스위프트(Jonathan Swift)의 대표작품이다. 4개 국가를 여행하면서 겪는 다양한 모험적 에피소드들로 인해 아동문학처럼 보이기도 하지만 인간, 국가, 법 등에 대한 깊은 통찰과 풍자를 담았다. 스위프트 자신의 인간에 대한 혐오와 당시 영국 사회의 부패와 부조리성에 대한 풍자로 가득한 작품이다.

① *Gulliver's Travels*
② *Robinson Crusoe*
③ *Sir Charles Grandison*
④ *The Adventures of Joseph Andrews*

정답 16 ④ 17 ①

18 다음 설명에 해당하는 작품은?

> 다니엘 디포(Daniel Defoe)의 대표작품으로, 근대 소설의 효시로 평가되는 작품이다. 흑인 노예를 구하기 위해 아프리카로 가던 도중에 배가 파선되면서 28년간 무인도에서 살아남은 사람의 이야기이다. 이 작품의 주인공을 통해 역경과 고난을 극복하는 문명인을 묘사했다.

① *Moll Flanders*
② *Tale of a Tub*
③ *Robinson Crusoe*
④ *Sir Charles Grandison*

18 다니엘 디포(Daniel Defoe)의 대표작품인 『로빈슨 크루소』(*Robinson Crusoe*)에 대한 내용이다.

19 사무엘 리처드슨(Samuel Richardson)의 대표작품이며, 서간체 소설(Epistolary Novel)의 효시로 평가되는 작품은?

① *Pamela*
② *Tom Jones*
③ *Moll Flanders*
④ *The Adventures of Joseph Andrews*

19 『파멜라』(*Pamela*, 1740)에 대한 설명이다.

정답 18 ③ 19 ①

교육이란 사람이 학교에서 배운 것을 잊어버린 후에 남은 것을 말한다.

— 알버트 아인슈타인 —

제 6 편

낭만주의 시대
(The Age of Romanticism, 1798-1837)

제1장	시대적 배경
제2장	문학의 특징
제3장	대표 작가와 작품
실전예상문제	

단원 개요

낭만주의 시대의 문학은 이성보다는 인간의 감정과 상상력을 중시하였다. 프랑스혁명과 산업혁명을 겪으면서 영국 낭만주의 시대의 문학은 개인의 감정과 상상력을 중시하는 개인주의와 현실 세계보다는 초자연적인 세계와 이상 세계에 대한 동경심이 강조되었다. 또한 복음주의 운동의 영향으로 인해 아무리 어려운 역경이 오더라도 상상력의 힘으로 그것을 이겨내고 초월할 수 있다는 믿음과 이상적인 세계인 천년 왕국이 올 것이라는 낙관적인 믿음도 있었다.

출제 경향 및 수험 대책

수험생들이 초점을 맞추어야 하는 학습 요소로는 낭만주의 시의 특징적 요소, 낭만주의 시인과 작품들, 고딕 소설(Gothic Novel)의 성행, 낭만주의 시대 대표적인 소설가 제인 오스틴(Jane Austen)과 작품 세계, 역사 소설을 창시한 월터 스콧(Walter Scott) 등이 있다.

※ 수험생의 학습과 이해를 돕기 위해 대부분의 작가와 작품명을 한글(영어) 형식으로 병기했습니다. 실제 시험에서는 주로 영어로 표기되오니 참고하시기 바랍니다.

보다 깊이 있는 학습을 원하는 수험생들을 위한
시대에듀의 동영상 강의가 준비되어 있습니다.
www.sdedu.co.kr ➔ 회원가입(로그인) ➔ 강의 살펴보기

제 1 장 시대적 배경

영국 문학사의 낭만주의 시기의 정확한 구분은 학자마다 다르다. 통념상 낭만주의 시대의 시작 시점을 프랑스혁명(French Revolution)이 일어난 1789년으로 보는 시각, 윌리엄 워즈워스(William Wordsworth)와 사무엘 테일러 콜리지(Samuel Taylor Coleridge)의 공동 시집 『서정 민요 시집』(Lyrical Ballads)이 출판된 1798년으로 보는 시각, 그리고 전-낭만파(pre-romantics)로 분류되기도 하는 윌리엄 블레이크(William Blake, 1757-1827)와 로버트 번즈(Robert Burns, 1759-1796)가 첫 작품을 발표한 1785년으로 보는 시각이 존재한다. 그리고 낭만주의 시대의 종료 시점은 낭만파 시인 월터 스콧(Sir Walter Scott)이 죽은 해이자 1차 선거법 개정 법안(Reform Bill)이 통과된 1832년으로 보는 시각과 빅토리아 여왕이 즉위한 1837년으로 보는 시각이 있다.

본 교재는 영국 문학사 시기 구분에서 가장 많이 사용되고 있는 구분을 따른다. 즉, 본 교재는 낭만주의 시대를 18세기 말 전-낭만파 시인들의 새로운 물결을 이어받아 본격적으로 낭만주의 시형과 내용을 완성한 워즈워스와 콜리지의 공동 시집 『서정 민요 시집』이 출판된 1798년부터 19세기 빅토리아 시대를 여는 빅토리아 여왕이 즉위한 1837년까지로 구분한다. 하지만 본 교재에서는 개정된 평가영역표에 근거하여 윌리엄 블레이크는 낭만주의 시대의 시인으로 구분한다.

영국 문학사에서 낭만주의 시대는 약 40년 정도에 해당되는데, 이는 조지 3세(George Ⅲ)의 통치 기간(1760-1820)에 시작되어 황태자 조지 4세(George Ⅳ)의 통치 기간(1820-1830)과 조지 4세의 동생 윌리엄 4세(William Ⅳ)의 통치 기간(1830-1837)을 아우르는 기간이다. 영국의 낭만주의 시대에 큰 영향을 미친 중요한 역사적, 시대적 사건은 프랑스혁명, 산업혁명, 복음주의 운동이다.

1 프랑스혁명(French Revolution, 1789-1794) 중요

시민들에 의해 프랑스의 국왕이 단두대에서 처형되면서 절대왕정의 신분제와 구체제의 악습을 타파한 프랑스의 시민혁명인 프랑스혁명은 영국의 낭만주의 시인들의 절대적인 지지를 받았다. 프랑스혁명은 몽테스키외, 볼테르, 루소 등의 계몽사상가들의 인민 주권론을 바탕으로 절대왕정을 무너뜨렸다. 국민의 90퍼센트를 차지했던 일반 평민 계급의 시민들이 왕과 귀족 그리고 성직자들의 구체제인 신분제도와 절대왕정에 반기를 들면서 모든 인간은 법 앞에 평등할 권리와 자유의 권리를 부여받았다는 인권 선언을 천명했다. 개인의 자유와 평등이라는 프랑스혁명의 핵심 가치는 영국의 지식인들에게도 큰 공감을 불러일으키면서 영국 내의 인권 신장과 개혁을 위한 움직임으로 이어졌다.

2 산업혁명(Industrial Revolution) 중요

18세기 중반 1760년대부터 영국에서 시작된 기술혁신을 통한 사회, 경제 구조의 대변혁을 이끈 산업혁명은 프랑스혁명과 함께 유럽의 근대 사회 성립에 가장 결정적인 영향을 끼친 혁명이다. 영국은 산업 발달에 필요한 광대한 시장을 갖고 있었고 풍부한 자본과 자원 및 노동력을 갖추고 있었다. 영국은 명예혁명 이후로 사회적으로 그리고 정치적으로 안정되어 있었다. 1765년 제임스 와트의 증기기관 발명, 1769년의 방적기의 발명 등과 같은 공업 기술의 발전을 통해 공장제 공업을 기반으로 하는 대량생산이 가능해졌다. 1780년대에는 운하 체계가 확장되었고, 1814년에는 증기 기관차가 발명되었고, 1830년에는 철도 건설이 절정기에 달했다. 영국은 공업 기술의 진보, 제조업(철광석, 모직, 면 등)의 진보, 운송 및 수송 수단의 진보를 통해 자본주의 시장경제 체제의 발판을 마련해 갔다.

산업혁명은 영국을 농업 기반의 사회에서 공업, 제조업, 무역업 중심의 근대 산업국가로 바꾸었다. 이 과정에서 농업을 기반으로 부를 축적했던 귀족 지주 계급들은 서서히 몰락했고 자연스럽게 젠트리 시민 계급이 사회의 전면으로 부상했다. 하지만 공장주들은 극히 일부에 불과했고, 공장에서 일하는 노동자들의 도시 이주로 인한 도시 과밀화와 전염병, 열악한 위생상태 등이 문제가 되었으며, 무엇보다 빈부격차와 노동자들의 열악한 처우 등이 문제가 되어 폭동이 발생하기도 했다.

3 복음주의(Evangelicalism) 운동

영국의 감리교(Methodist Church)를 만든 존 웨슬리(John Wesley)는 산업혁명의 시기에 종교적·개인적 체험과 성결한 생활의 중요성을 설교하면서 복음주의 운동을 전개했다. 웨슬리는 영국 국교회의 부패와 형식주의에 반기를 들고 개개인의 영적 체험과 도덕성의 회복을 주장했다. 웨슬리의 설교로 15만 명 이상의 회심자가 생겼다는 기록이 있을 정도로 영국 사회에서 청교도 운동만큼 많은 호응을 이끌어낸 복음주의 운동은 영국 내 소외계층을 위한 자선 사업, 주일학교 교육을 통한 무상 교육 제공, 노예해방 운동 등을 이끌면서 영국 사회의 부패 문제 해결과 영국인들의 도덕성 회복에 큰 영향을 끼쳤다. 복음주의 운동의 영향으로 1807년에 노예 매매가 금지되었고, 1833년에 노예 제도가 폐지되었다.

제 2 장 문학의 특징

1 낭만주의 시대의 문학적 특징

18세기 신고전주의 시대의 문학이 개인의 감정보다는 이성을 중시하면서 고전 작품의 형식을 중시하였다면, 18세기 말부터 19세기 중기까지 꽃피운 낭만주의 시대의 문학은 이성보다는 인간의 감정과 상상력을 중시하였다. 1776년 미국의 독립 선언과 1789년 프랑스혁명으로 인해 영국 내에 법 앞에서 모든 개인이 평등하고 자유로워야 한다는 개인의 존엄성이 인식되었다. 또한 산업혁명의 부작용인 도시 내 인구 밀집으로 인한 전염병 확산, 비위생적인 환경, 빈부격차, 공장 노동자의 인권 유린 등을 목도하면서 시인들을 중심으로 자연의 아름다움을 노래하는 시들이 창작되었다.

프랑스혁명과 산업혁명을 겪으면서 영국 낭만주의 시대의 문학은 개인의 감정과 상상력을 중시하는 개인주의와 현실 세계보다는 초자연적인 세계와 이상 세계에 대한 동경심이 강조되었다. 또한 복음주의 운동의 영향으로 인해 아무리 어려운 역경이 오더라도 상상력의 힘으로 그것을 이겨내고 초월할 수 있다는 믿음과 이상적인 세계인 천년 왕국이 올 것이라는 낙관적인 믿음도 있었다.

> **더 알아두기**
>
> **낭만주의(Romanticism)**
> 18세기 말부터 19세기 중기까지 영국과 유럽 전역에 확산된 문예 사조이자 예술 운동이다. 낭만적이라는 뜻의 영어 Romantic이라는 용어는 라틴어에서 유래된 중세의 프랑스어 Roman에 어원을 두고 있다. 프랑스어 Roman은 중세 시대 기사와 영웅들의 모험담에서 사용되다가 17세기 말부터 프랑스어 Romantique, 독일어 Romantisch, 영어 Romantic으로 나타나면서 19세기 낭만주의 운동의 핵심 단어가 되었다. 17세기 말의 Romantic은 '비현실적, 공상적, 신기한 것'을 의미했지만 19세기 낭만주의 시대가 열리면서 낭만주의 시인들이 자연에서 받은 감흥을 표현하는 '상상적인, 감성적인, 초자연적인 것'을 의미하는 단어가 되었다. 낭만주의는 인간의 개성을 중시하고 개인적인 경험과 감정을 문학의 중심에 두었다. 신고전주의 시대의 이성보다는 인간의 감정과 상상력(imagination)을 중시하였다. 낭만주의 문학은 인간의 고유성(individuality), 인간의 존엄성, 인간의 가능성을 신뢰하고 문학에 그러한 가치를 반영하였다.

2 낭만주의 시대 시의 특징

(1) 『서정 민요 시집』(Lyrical Ballads) 서문에 나타난 시의 특징

① **적정률의 파괴**

영국의 낭만주의 시대는 시인 윌리엄 워즈워스(William Wordsworth)와 사무엘 테일러 콜리지(Samuel Taylor Coleridge)가 공동으로 『서정 민요 시집』(Lyrical Ballads)을 출판하면서 시작된다. 워즈워스는 『서정 민요 시집』의 서문에서 신고전주의 시대의 대표적인 문학의 특징인 형식, 장르, 용어 간의 일치를 강조하는 적정률(decorum)의 파괴를 주장한다.

② **개인의 감정을 강조하는 서정시**

워즈워스는 신고전주의에서 강조하는 고전 작품을 오랜 세월을 두고 연습하는 기교(art)로서의 문학을 부정했다. 워즈워스는 서문에서 훌륭한 시는 감정의 자연스러운 흘러넘침(the spontaneous overflow of powerful feelings)이라고 설명하면서 개인의 감정과 개인의 개성이 드러나는 서정시를 낭만주의 시대의 대표적인 시 형식으로 강조했다.

(2) 낭만주의 시대 시의 특징 [중요]

① **1인칭 서정시 : 상상력과 시적 자발성 추구**

신고전주의 시대에는 보편적 교훈을 제시하는 이성의 역할과 시의 사회적 기능을 강조했지만, 낭만주의 시대에는 시에서 개인의 감정, 상상력, 개성, 정서를 표현하는 것을 강조했다. 신고전주의 시대의 시는 인간의 삶을 모방하는 거울로서의 역할이었지만, 낭만주의 시대의 시는 인위적인 규제로부터 벗어나서 시인 자신의 주관 세계와 감정을 분출하는 것이었다. 낭만주의 시대 시인은 자신의 상상력을 통해 주관적인 감정을 표현하기 위해 시인 자신을 나(I)로 표현하는 1인칭 서정시를 즐겨 사용했다.

② **상상의 세계, 초자연적 세계, 과거의 세계 추구**

낭만주의 시대 시인들은 직관, 상상력, 비전(vision)을 시인의 가장 기본적인 자질이라고 평가했다. 낭만주의 시대 시인들은 시인 개인의 개성, 체험, 자연과의 교감 등을 통해 상상의 세계, 초자연적인 세계, 신비의 세계를 추구하였다. 이러한 상상의 세계와 초자연적인 세계를 추구하는 낭만주의 시인들을 특별한 감수성과 재능을 부여받은 예언자적 시인(prophet-poet)으로 평가하기도 했다. 더 나아가 몇몇 시인들은 내면을 고찰하는 장시를 통해 자신들의 작품에서 내면 세계, 정신적인 성장, 초자연적 사건에 대한 심리적 의미 등을 추구하기도 했다.

낭만주의 시인들은 시를 통해 과거의 세계를 동경했다. 고대 그리스 로마 시대, 중세 시대의 신화적 세계, 낭만적 기사도, 과거의 신비롭고 이국적인 세계를 시적 소재로 사용하기도 했다.

③ **일상적인 소재와 소박한 일상언어 사용**

워즈워스는 『서정 민요 시집』 서문에서 일상생활에서의 사건과 상황을 선택한 후 가능한 한 보통 사람들이 실제로 사용하는 언어를 통해 묘사하는 것을 강조했다. 자연과 접하고 있는 일반 서민들의 소박하고 꾸밈이 없는 일상적인 언어를 사용하는 것이 낭만주의 시의 언어적 특징이다. 소박한 일상 언어를 통해 시인들은 서민들의 소탈한 삶, 농촌의 정경을 묘사했다.

④ **자연시(자연 찬미, 자연과의 합일을 통한 내면 성찰)**
낭만주의 시대 시인들은 자연의 아름다움을 노래하는 자연시를 창작했다. 낭만주의 시인들의 자연시는 자연과의 단순한 교감을 넘어서 자연과의 합일을 추구했다. 자연과의 교감을 통해 시인은 내면적 성찰과 정신적 성장과 깨달음에 이르기 때문에 낭만주의 자연시를 명상시로 분류하기도 한다.

⑤ **무운시의 사용**
낭만주의 시인들은 신고전주의 시인들이 사용하던 영웅시체 이행연구(heroic couplet)의 형식에서 벗어나서 자유로운 무운시(blank verse) 형식을 사용했다.

3 낭만주의 시대 드라마

(1) 낭만주의 시대의 드라마는 극 공연 사전 허가제로 인해 매우 위축되어 있었다. 1737년에 시행된 극 공연 사전 허가제는 드루리 레인(Drury Lane)과 코벤트 가든(Covent Garden) 두 곳에서만 사전에 허가된 극작품만 공연할 수 있도록 하는 제도이다. 이 제도는 1843년 빅토리아 여왕 시대에 이르러 폐지되었기 때문에 18세기부터 낭만주의 시대까지 드라마 장르는 거의 사형 선고를 받은 것과 다름없었다.
낭만주의 시대에 대중성을 갖추고 알려진 드라마 작품은 대표적인 낭만주의 시인 바이런(George Gordon Byron)과 셸리(Percy Bysshe Shelley)가 창작한 극작품들이 거의 유일할 만큼 드라마는 위축되었다.

(2) **낭만주의 시대 대표적인 드라마 작품**

① **조지 고든 바이런(George Gordon Byron)**
『맨프레드』(*Manfred*, 1817)

② **퍼시 비시 셸리(Percy Bysshe Shelley)**
㉠ 『해방된 프로메테우스』(*Prometheus Unbound*, 1819)
㉡ 『쎈시』(*The Cenci : A Tragedy in Five Acts*, 1819)

4 낭만주의 시대 소설

(1) **고딕 소설(Gothic Novel)의 성행**
낭만주의 시대에는 18세기 말에 시작된 고딕 소설이 유행했다. 18세기 초 다니엘 디포(Daniel Defoe), 사무엘 리처드슨(Samuel Richardson), 헨리 필딩(Henry Fielding)과 같은 작가들을 필두로 사실주의 소설이 유행했고, 18세기 말기에는 이러한 사실주의 소설의 경향에 반기를 드는 고딕 소설 형식이 나타났다. 낭만주의 시대로 넘어오면서 본격적으로 고딕 소설이 유행하게 된다. 초자연적인 세계와 공포스럽고 음산한 분위기를 표현하는 고딕 소설은 18세기 신고전주의의 이성, 합리, 계몽주의, 규범 등을 넘어서기 위한 시도이며 고딕 소설을 통해 작가들은 신비적, 공포적, 파괴적 세계를 추구했다.

18세기 말에 시작된 고딕 소설의 대표적인 작품은 호레이스 월폴(Horace Walpole)의 『오트란토 성』(*The Castle of Otranto*, 1764), 앤 래드클리프(Mrs. Ann Radcliffe)의 『우돌포의 신비』(*The Mysteries of Udolpho*, 1794) 등이 있다.

낭만주의 시대의 대표적인 고딕 소설 작품은 메리 셸리(Mary Wollstonecraft Shelley)의 『프랑켄슈타인』(*Frankenstein*, 1818)이 있다.

(2) 제인 오스틴 : 낭만주의적 인간관과 가치관

영국 문학사에서 가장 뛰어난 여성 소설가로 평가되는 제인 오스틴(Jane Austen)은 낭만주의 시대 대표적인 소설가이다. 제인 오스틴은 낭만주의 시대의 인간관과 가치관을 가장 잘 묘사한 작가이다. 작은 시골 마을을 배경으로 정치적 현실을 벗어나는 소위 도피주의적인 문학을 추구했다.

(3) 월터 스콧 : 역사 소설

월터 스콧(Walter Scott)은 역사 소설 장르를 개척했다. 낭만주의 시인들이 먼 과거의 세계를 동경했던 것처럼 월터 스콧은 과거의 역사적인 사건들을 허구적 이야기 장르인 소설 장르에 접목함으로써 역사 소설이라는 새로운 장르를 개척했다.

5 낭만주의 시대 산문

낭만주의 시대의 산문은 낭만주의 시대의 경향을 반영하여 개인적인 체험과 느낌을 서술하는 수필(Essay)이 유행했다. 대표적인 수필가(Essayist)로는 찰스 램(Charles Lamb)과 윌리엄 해즐릿(William Hazlitt), 토머스 드 퀸시(Thomas De Quincey) 등이 있다.

제 3 장 | 대표 작가와 작품

1 시

(1) 윌리엄 워즈워스(William Wordsworth, 1770-1850) 중요

① **작가와 작품관**

낭만주의 시대의 대표적인 시인이자 낭만주의 시론을 정립한 시인이다. 1798년에 콜리지와 함께 발간한 『서정 민요 시집』이 대중적 인기를 얻게 되고, 1800년에 제2판을 발간하면서 서문을 통해 낭만주의 시론을 정립하였다.

워즈워스는 서문을 통해 훌륭한 시는 감정의 자연스러운 흘러넘침(the spontaneous overflow of powerful feelings)이라고 설명하면서 시인의 주관적 내면을 강조했다. 워즈워스는 시인의 감정은 즉각적인 감정의 분출이 아니라 평온 속에 회상된 정서(emotion recollected in tranquillity)라고 강조하면서 시인의 감정과 정서는 반복적으로 축적된 정서임을 강조했다.

워즈워스는 시인은 일상적이고, 평범하고, 특별하지 않은 것을 시의 소재로 선택하고, 사람들이 실제로 사용하는 서민들의 언어로 시인의 상상력을 통해 일상적인 것을 새롭게 보이도록 해야 한다고 주장했다. 워즈워스는 자연에 대한 경외심과 소박한 서민들의 삶을 평범하고 일상적인 서민들의 소박한 언어로 노래했다. 워즈워스는 개인의 감정, 주관, 개성이 잘 표현될 수 있는 서정시를 창작했다.

워즈워스는 자연 속에 신의 존재가 담겨 있다는 자연에 대한 범신론(Pantheism)적인 철학을 갖고 있었다. 자연은 환희와 위안을 주고 인간을 교화할 수 있으며 또한 신과의 합일을 가능케 한다고 주장했다. 어린 시절부터 자연 속에서 성장한 워즈워스는 캠브리지 대학을 졸업한 후 프랑스에 체류하면서 프랑스혁명을 직접 경험했다. 프랑스혁명 후 프랑스의 공포정치에 환멸을 느끼고 깊은 절망에 빠졌지만 자연 속에서 위안을 받고 자연과의 교감을 통해 정신적인 방황에서 벗어날 수 있었다.

② **대표작품**

㉠ 「서곡」(*The Prelude*, 1805)

ⓐ 워즈워스의 자선전과 같은 장시이다. 워즈워스가 시인으로 성장하는 과정을 1인칭 서정시 형식으로 노래한다. 자아의 형성, 개인의 내면을 탐색하는 대표작품이다.

ⓑ 「서곡」(*The Prelude*, 1805)의 일부[1]

> **The Prelude : Book 1 : Childhood and School-time**
>
> —Was it for this
> That one, the fairest of all Rivers, lov'd
> To blend his murmurs with my Nurse's song,
> And from his alder shades and rocky falls,

---

[1] https://www.poetryfoundation.org/poems/45542/the-prelude-book-1-childhood-and-school-time

> And from his fords and shallows, sent a voice
> That flow'd along my dreams? For this, didst Thou,
> O Derwent! travelling over the green Plains
> Near my 'sweet Birthplace', didst thou, beauteous Stream
> Make ceaseless music through the night and day
> Which with its steady cadence, tempering
> Our human waywardness, compos'd my thoughts
> To more than infant softness, giving me,
> Among the fretful dwellings of mankind,
> A knowledge, a dim earnest, of the calm
> That Nature breathes among the hills and groves.
> When, having left his Mountains, to the Towers
> Of Cockermouth that beauteous River came,
> Behind my Father's House he pass'd, close by,
> Along the margin of our Terrace Walk.
> He was a Playmate whom we dearly lov'd.
> Oh! many a time have I, a five years' Child,
> A naked Boy, in one delightful Rill,
> A little Mill-race sever'd from his stream,
> Made one long bathing of a summer's day,
> Bask'd in the sun, and plunged, and bask'd again
> Alternate all a summer's day, or cours'd
> Over the sandy fields, leaping through groves
> Of yellow grunsel, or when crag and hill,
> The woods, and distant Skiddaw's lofty height,
> Were bronz'd with a deep radiance, stood alone
> Beneath the sky, as if I had been born
> On Indian Plains, and from my Mother's hut
> Had run abroad in wantonness, to sport,
> A naked Savage, in the thunder shower.

- ⓒ 「틴턴 사원」(*Tintern Abbey*, 1800) 〈중요〉
  - ⓐ 워즈워스가 오랫동안 도시 생활을 한 후 5년 전 방문했던 틴턴 사원을 다시 방문하며 느낀 풍경의 변화를 보면서 과거를 회상하고 현재의 시인 자신을 성찰하는 시이다. 복잡한 도시와는 다른 자연의 아름다움과 평온함을 노래하면서 자연에서 얻는 내면적 성찰을 묘사한다.

ⓑ 「틴턴 사원」(*Tintern Abbey*, 1800)의 일부

Tintern Abbey

Five years have past; five summers, with the length
Of five long winters! and again I hear
These waters, rolling from their mountain-springs
With a soft inland murmur.—Once again
Do I behold these steep and lofty cliffs,
That on a wild secluded scene impress
Thoughts of more deep seclusion; and connect
The landscape with the quiet of the sky.
The day is come when I again repose
Here, under this dark sycamore, and view
These plots of cottage-ground, these orchard-tufts,
Which at this season, with their unripe fruits,
Are clad in one green hue, and lose themselves
'Mid groves and copses. Once again I see
These hedge-rows, hardly hedge-rows, little lines
Of sportive wood run wild: these pastoral farms,
Green to the very door; and wreaths of smoke
Sent up, in silence, from among the trees!
With some uncertain notice, as might seem
Of vagrant dwellers in the houseless woods,
Or of some Hermit's cave, where by his fire
The Hermit sits alone.

                              These beauteous forms,
Through a long absence, have not been to me
As is a landscape to a blind man's eye:
But oft, in lonely rooms, and 'mid the din
Of towns and cities, I have owed to them,
In hours of weariness, sensations sweet,
Felt in the blood, and felt along the heart;
And passing even into my purer mind
With tranquil restoration:—feelings too
Of unremembered pleasure: such, perhaps,
As have no slight or trivial influence

> On that best portion of a good man's life,
> His little, nameless, unremembered, acts
> Of kindness and of love. Nor less, I trust,
> To them I may have owed another gift,
> Of aspect more sublime; that blessed mood,
> In which the burthen of the mystery,
> In which the heavy and the weary weight
> Of all this unintelligible world,
> Is lightened:—that serene and blessed mood,
> In which the affections gently lead us on,—
> Until, the breath of this corporeal frame
> And even the motion of our human blood
> Almost suspended, we are laid asleep
> In body, and become a living soul:
> While with an eye made quiet by the power
> Of harmony, and the deep power of joy,
> We see into the life of things.

ⓒ 「내 가슴 설레이네」(*My Heart Leaps Up*, 1807)³⁾
감수성과 상상력이 풍부한 아이를 통해 신비로운 무지개에 대한 경이로움을 노래하는 대표적인 자연시이다.

> **My Heart Leaps Up**
>
> My heart leaps up when I behold
>   A rainbow in the sky:
> So was it when my life began;
> So is it now I am a man;
> So be it when I shall grow old,
>   Or let me die!
> The Child is father of the Man;
> And I could wish my days to be
> Bound each to each by natural piety.

ⓔ 「송시 : 어린 시절의 회상에서 떠오르는 영원불멸의 암시」(*Ode : Intimations of Immortality from Recollections of Early Childhood*, 1807)
  ⓐ 워즈워스의 범신론적 자연관이 가장 잘 드러난 시이다. 자연은 시인의 정신적 삶의 원천이자 영적인 각성을 이끄는 영적 스승이다. 시인은 자연과의 교감을 넘어 자연과의 합일을 추구한다.

---

3) https://poets.org/poem/my-heart-leaps

ⓑ 「송시 : 어린 시절의 회상에서 떠오르는 영원불멸의 암시」(*Ode : Intimations of Immortality from Recollections of Early Childhood*, 1807)의 일부[4]

Ode : Intimations of Immortality from Recollections of Early Childhood

 The child is father of the man;
And I could wish my days to be
 Bound each to each by natural piety.
  (Wordsworth, "My Heart Leaps Up")

There was a time when meadow, grove, and stream,
  The earth, and every common sight,
    To me did seem
   Apparelled in celestial light,
 The glory and the freshness of a dream.
It is not now as it hath been of yore;—
   Turn wheresoe'er I may,
    By night or day.
The things which I have seen I now can see no more.

   The Rainbow comes and goes,
   And lovely is the Rose,
   The Moon doth with delight
 Look round her when the heavens are bare,
   Waters on a starry night
   Are beautiful and fair;
 The sunshine is a glorious birth;
 But yet I know, where'er I go,
That there hath past away a glory from the earth.

Now, while the birds thus sing a joyous song,
  And while the young lambs bound
    As to the tabor's sound,
To me alone there came a thought of grief:
A timely utterance gave that thought relief,
   And I again am strong:
The cataracts blow their trumpets from the steep;
No more shall grief of mine the season wrong;

---

[4] https://www.poetryfoundation.org/poems/45536/ode-intimations-of-immortality-from-recollections-of-early-childhood

I hear the Echoes through the mountains throng,
　　　The Winds come to me from the fields of sleep,
　　　　　And all the earth is gay;
　　　　　　Land and sea
　　　　　Give themselves up to jollity,
　　　　　　And with the heart of May
　　　　　Doth every Beast keep holiday;—
　　　　　　Thou Child of Joy,
Shout round me, let me hear thy shouts, thou happy Shepherd-boy.

Ye blessèd creatures, I have heard the call
　　　Ye to each other make; I see
The heavens laugh with you in your jubilee;
　　　My heart is at your festival,
　　　　My head hath its coronal,
The fulness of your bliss, I feel—I feel it all.
　　　　　　Oh evil day! if I were sullen
　　　　　　While Earth herself is adorning,
　　　　　　　This sweet May-morning,
　　　　　　And the Children are culling
　　　　　　　On every side,
In a thousand valleys far and wide,
　　　　　　Fresh flowers; while the sun shines warm,
And the Babe leaps up on his Mother's arm:—
　　　　　　I hear, I hear, with joy I hear!
　　　　　　—But there's a Tree, of many, one,
A single field which I have looked upon,
Both of them speak of something that is gone;
　　　　　　The Pansy at my feet
　　　　　　Doth the same tale repeat:
Whither is fled the visionary gleam?
Where is it now, the glory and the dream?

Our birth is but a sleep and a forgetting:
The Soul that rises with us, our life's Star,
　　　　　Hath had elsewhere its setting,
　　　　　　And cometh from afar:
　　　　　Not in entire forgetfulness,
　　　　　And not in utter nakedness,
But trailing clouds of glory do we come
　　　　　From God, who is our home:

> Heaven lies about us in our infancy!
> Shades of the prison-house begin to close
>   Upon the growing Boy,
> But he beholds the light, and whence it flows,
>   He sees it in his joy;
> The Youth, who daily farther from the east
>   Must travel, still is Nature's Priest,
>   And by the vision splendid
>   Is on his way attended;
> At length the Man perceives it die away,
> And fade into the light of common day.

⑭ 「나는 구름처럼 외로이 헤매었네」(*I Wandered Lonely as a Cloud*, 1815)
워즈워스가 여동생 도로시(Dorothy)와 호수를 산책하다가 물가에 피어 있는 수선화의 아름다움을 노래한 시이다.

> **I Wandered Lonely as a Cloud**
>
> I wandered lonely as a cloud
> That floats on high o'er vales and hills,
> When all at once I saw a crowd,
> A host, of golden daffodils;
> Beside the lake, beneath the trees,
> Fluttering and dancing in the breeze.
>
> Continuous as the stars that shine
> And twinkle on the milky way,
> They stretched in never-ending line
> Along the margin of a bay:
> Ten thousand saw I at a glance,
> Tossing their heads in sprightly dance.
>
> The waves beside them danced; but they
> Out-did the sparkling waves in glee:
> A poet could not but be gay,
> In such a jocund company:
> I gazed—and gazed—but little thought
> What wealth the show to me had brought:
>
> For oft, when on my couch I lie
> In vacant or in pensive mood,

> They flash upon that inward eye
> Which is the bliss of solitude;
> And then my heart with pleasure fills,
> And dances with the daffodils.

③ 주요 작품들
  ㉠ 『서정 민요 시집』(*Lyrical Ballads*, 1798) 제1판 _{중요}
    「Lines Composed A Few Miles above Tintern Abbey」 등 수록
  ㉡ 『서정 민요 시집』(*Lyrical Ballads*, 1800) 제2판
    ⓐ 「Preface to the Lyrical Ballads」
    ⓑ 「Lucy Gray」
    ⓒ 「The Solitary Reaper」 등 수록
  ㉢ 『두 권의 시집』(*Poems in Two Volumes*, 1807)
    ⓐ 「I Wandered Lonely as a Cloud」
    ⓑ 「My Heart Leaps Up」
    ⓒ 「Ode : Intimations of Immortality from Recollections of Early Childhood」
    ⓓ 「London, 1802」 등 수록
  ㉣ 「The Prelude」(1850)

(2) 사무엘 테일러 콜리지(Samuel Taylor Coleridge, 1772-1834) _{중요}

① 작가와 작품관

사무엘 테일러 콜리지는 윌리엄 워즈워스와 함께 발행한 공동 시집 『서정 민요 시집』(*Lyrical Ballads*, 1798)을 통해 영국의 낭만주의 시대를 연 대표 시인이다. 콜리지는 매우 감성적이면서 동시에 충동적인 성격이었다. 그의 충동적인 성격은 워즈워스와의 만남을 통해 예술적으로 승화되었다는 평가를 받는다. 워즈워스와 함께 공동 시집을 발간했지만 콜리지는 워즈워스와 대조되는 시 세계를 갖고 있다. 워즈워스가 일상적인 것을 소재로 선택해 상상력을 통해 비범한 통찰을 이끌어 냈다면, 콜리지는 비일상적이고, 초자연적인 것을 소재로 선택해서 현실 속에 실재한 것처럼 표현했다. 워즈워스가 자연을 안정과 위로를 주는 정신의 치료자로 간주했다면, 콜리지는 자연을 초월한 초자연의 세계를 추구했다. 콜리지는 마법 같은 상상의 초월적 세계, 미지의 세계, 고대의 영웅의 마법 같은 세계, 환상을 통해 본 기이하고 신비한 세계 등을 표현하고 추구했다.

콜리지는 「노수부의 노래」(*The Rime of the Ancient Mariner*, 1798), 「크리스타벨」(*Christabel*, 1816), 「쿠블라 칸」(*Kubla Khan*, 1816) 등과 같은 초자연적 소재를 다루는 시들을 주로 창작했다. 콜리지는 초자연적인 사건, 신화적인 사건, 민담, 미신 등과 같은 것들을 시적 소재로 사용하면서 마치 실재에 존재하는 것처럼 표현하여 독자들이 자연스럽게 의심 없이 받아들일 수 있도록 강요한다. 또한 콜리지는 「한밤의 서리」(*Frost at Midnight*, 1798)와 「낙담부」(*Dejection : An Ode*, 1802)와 같은 대화시(Conversation Poems)를 통해 내면적 성찰을 노래한다.

② **대표작품**
  ㉠ 「노수부의 노래」(*The Rime of the Ancient Mariner*, 1798) 중요
    ⓐ 총 7부로 구성된 장시인 「노수부의 노래」는 낭만주의 시 중에서도 가장 기괴하고 신비한 초자연적인 현상을 다룬 작품으로 평가된다. 이 시는 한 수부가 선상 생활을 하면서 아무런 이유 없이 알바트로스 새를 죽이게 되면서 겪게 되는 일련의 사건들을 다룬다.
    ⓑ 「노수부의 노래」(*The Rime of the Ancient Mariner*, 1798)의 일부[5]

> **The Rime of the Ancient Mariner**
>
> PART I
> It is an ancient Mariner,
> And he stoppeth one of three.
> 'By thy long grey beard and glittering eye,
> Now wherefore stopp'st thou me?
>
> The Bridegroom's doors are opened wide,
> And I am next of kin;
> The guests are met, the feast is set:
> May'st hear the merry din.'
>
> He holds him with his skinny hand,
> 'There was a ship,' quoth he.
> 'Hold off! unhand me, grey-beard loon!'
> Eftsoons his hand dropt he.
>
> He holds him with his glittering eye—
> The Wedding-Guest stood still,
> And listens like a three years' child:
> The Mariner hath his will.
>
> The Wedding-Guest sat on a stone:
> He cannot choose but hear;
> And thus spake on that ancient man,
> The bright-eyed Mariner.
>
> 'The ship was cheered, the harbour cleared,
> Merrily did we drop
> Below the kirk, below the hill,
> Below the lighthouse top.

---

[5] https://www.poetryfoundation.org/poems/43997/the-rime-of-the-ancient-mariner-text-of-1834

The Sun came up upon the left,
Out of the sea came he!
And he shone bright, and on the right
Went down into the sea.

Higher and higher every day,
Till over the mast at noon—'
The Wedding-Guest here beat his breast,
For he heard the loud bassoon.

The bride hath paced into the hall,
Red as a rose is she;
Nodding their heads before her goes
The merry minstrelsy.

The Wedding-Guest he beat his breast,
Yet he cannot choose but hear;
And thus spake on that ancient man,
The bright-eyed Mariner.

And now the STORM-BLAST came, and he
Was tyrannous and strong:
He struck with his o'ertaking wings,
And chased us south along.

With sloping masts and dipping prow,
As who pursued with yell and blow
Still treads the shadow of his foe,
And forward bends his head,
The ship drove fast, loud roared the blast,
And southward aye we fled.

And now there came both mist and snow,
And it grew wondrous cold:
And ice, mast-high, came floating by,
As green as emerald.

And through the drifts the snowy clifts
Did send a dismal sheen:
Nor shapes of men nor beasts we ken—
The ice was all between.

The ice was here, the ice was there,
The ice was all around:
It cracked and growled, and roared and howled,
Like noises in a swound!

At length did cross an Albatross,
Thorough the fog it came;
As if it had been a Christian soul,
We hailed it in God's name.

It ate the food it ne'er had eat,
And round and round it flew.
The ice did split with a thunder-fit;
The helmsman steered us through!

And a good south wind sprung up behind;
The Albatross did follow,
And every day, for food or play,
Came to the mariner's hollo!

In mist or cloud, on mast or shroud,
It perched for vespers nine;
Whiles all the night, through fog-smoke white,
Glimmered the white Moon-shine.'

'God save thee, ancient Mariner!
From the fiends, that plague thee thus!—
Why look'st thou so?'—With my cross-bow
I shot the ALBATROSS.

ⓒ 「쿠블라 칸」(*Kubla Khan*, 1816)[6]

몽골제국을 창시한 13세기 중국의 역사적 인물인 쿠블라 칸의 환락궁에 대한 이야기로, 「쿠블라 칸」에서 시인은 자신도 상상력만으로 쿠블라 칸의 환락궁을 지을 수 있다고 이야기하면서 상상력의 위대함을 역설한다.

Kubla Khan

Or, a vision in a dream. A Fragment.

---

6) https://www.poetryfoundation.org/poems/43991/kubla-khan

In Xanadu did Kubla Khan
A stately pleasure-dome decree:
Where Alph, the sacred river, ran
Through caverns measureless to man
 Down to a sunless sea.
So twice five miles of fertile ground
With walls and towers were girdled round;
And there were gardens bright with sinuous rills,
Where blossomed many an incense-bearing tree;
And here were forests ancient as the hills,
Enfolding sunny spots of greenery.

But oh! that deep romantic chasm which slanted
Down the green hill athwart a cedarn cover!
A savage place! as holy and enchanted
As e'er beneath a waning moon was haunted
By woman wailing for her demon-lover!
And from this chasm, with ceaseless turmoil seething,
As if this earth in fast thick pants were breathing,
A mighty fountain momently was forced:
Amid whose swift half-intermitted burst
Huge fragments vaulted like rebounding hail,
Or chaffy grain beneath the thresher's flail:
And mid these dancing rocks at once and ever
It flung up momently the sacred river.
Five miles meandering with a mazy motion
Through wood and dale the sacred river ran,
Then reached the caverns measureless to man,
And sank in tumult to a lifeless ocean;
And 'mid this tumult Kubla heard from far
Ancestral voices prophesying war!
 The shadow of the dome of pleasure
 Floated midway on the waves;
 Where was heard the mingled measure
 From the fountain and the caves.
It was a miracle of rare device,
A sunny pleasure-dome with caves of ice!
 A damsel with a dulcimer
 In a vision once I saw:
 It was an Abyssinian maid

> And on her dulcimer she played,
> Singing of Mount Abora.
> Could I revive within me
> Her symphony and song,
> To such a deep delight 'twould win me,
> That with music loud and long,
> I would build that dome in air,
> That sunny dome! those caves of ice!
> And all who heard should see them there,
> And all should cry, Beware! Beware!
> His flashing eyes, his floating hair!
> Weave a circle round him thrice,
> And close your eyes with holy dread
> For he on honey-dew hath fed,
> And drunk the milk of Paradise.

③ 주요 작품들
- ㉠ 『서정 민요 시집』(*Lyrical Ballads*, 1798) 중요
- ㉡ 「노수부의 노래」(*The Rime of the Ancient Mariner*, 1798)
- ㉢ 「한밤의 서리」(*Frost at Midnight*, 1798)
- ㉣ 「낙담부」(*Dejection : An Ode*, 1802)
- ㉤ 「크리스타벨」(*Christabel*, 1816)
- ㉥ 「쿠블라 칸」(*Kubla Khan*, 1816)

(3) 윌리엄 블레이크(William Blake, 1757-1827)

① 작가와 작품관

윌리엄 블레이크는 전-낭만주의자(Pre-Romanticists) 시인으로 분류되기도 한다. 왜냐하면 그의 대표적인 작품들의 발표 시기가 18세기 후반에 해당되고, 무엇보다 낭만주의 시대의 시작을 윌리엄 워즈워스(William Wordsworth)와 사무엘 테일러 콜리지(Samuel Taylor Coleridge)의 공동 시집 『서정 민요 시집』(*Lyrical Ballads*, 1798)의 출간을 기점으로 보는 관점이 있기 때문이다. 하지만 이 책에서는 개정된 평가영역표에 근거하여 윌리엄 블레이크를 낭만주의자로 분류했다.

윌리엄 블레이크는 상인의 아들이었으며 정규 학교 교육을 받지 못했지만 시인, 조각가, 화가로 활동했다. 윌리엄 블레이크는 신비적인 환상(vision)을 강조하면서 자신만의 거대한 상징체계를 구축했다. 윌리엄 블레이크는 파격적인 형식과 예언, 상징, 환상이 가득한 시 내용으로 인해 난해하면서도 천재적인 시인으로 평가된다. 윌리엄 블레이크는 18세기 신고전주의 시인들과는 대조적으로 파격적인 감성과 내용 그리고 시 형식을 통해 자신의 작품 세계를 표현했다. 인간과 신 그리고 선과 악에 대한 환상(vision)과 자신만의 상징체계를 통해 예언시(prophetic poems)를 창작했다. 예언시와 철학적이고 사변적인 그의 시에 표현된 난해성과 천재성은 20세기 이후에 재해석되면서 인정받았다.

윌리엄 블레이크는 시집 『순수의 노래』(Songs of Innocence, 1789)를 통해 순수한 어린아이의 눈으로 세상의 아름다움을 노래했다. 그리고 시집 『경험의 노래』(Songs of Experience, 1794)를 통해 세상의 순수함을 더럽히는 죄악으로 가득 찬 세상과 세상을 심판하는 신의 준엄함에 대해 묘사했다.

② **대표작품**

㉠ 「양」(The Lamb)[7]

윌리엄 블레이크의 시집 『순수의 노래』(Songs of Innocence, 1789)에 실린 대표적인 작품이다. 윌리엄 블레이크는 어린아이의 순수함과 예수 그리스도를 양에 비유하면서 세상의 아름다움을 묘사한다.

The Lamb

Little Lamb who made thee
   Dost thou know who made thee
Gave thee life & bid thee feed.
By the stream & o'r the mead;
Gave thee clothing of delight,
Softest clothing wooly bright;
Gave thee such a tender voice,
Making all the vales rejoice!
   Little Lamb who made thee
   Dost thou know who made thee

   Little Lamb I'l tell thee,
   Little Lamb I'l tell thee!
He is called by thy name,
For he calls himself a Lamb:
He is meek & he is mild,
He became a little child:
I a child & thou a lamb,
We are called by his name.
   Little Lamb God bless thee.
   Little Lamb God bless thee.

---

[7] https://www.poetryfoundation.org/poems/43670/the-lamb-56d222765a3e1

ⓛ 「호랑이」(The Tyger)

윌리엄 블레이크의 시집 『경험의 노래』(Songs of Experience, 1794)에 실린 대표적인 작품이다. 인간의 타락과 죄악에 대한 형벌을 내리는 신의 준엄함을 호랑이에 비유하고 있다.

> **The Tyger**
>
> Tyger Tyger, burning bright,
> In the forests of the night;
> What immortal hand or eye,
> Could frame thy fearful symmetry?
>
> In what distant deeps or skies.
> Burnt the fire of thine eyes?
> On what wings dare he aspire?
> What the hand, dare seize the fire?
>
> And what shoulder, & what art,
> Could twist the sinews of thy heart?
> And when thy heart began to beat,
> What dread hand? & what dread feet?
>
> What the hammer? what the chain,
> In what furnace was thy brain?
> What the anvil? what dread grasp,
> Dare its deadly terrors clasp!
>
> When the stars threw down their spears
> And water' heaven with their tears:
> Did he smile his work to see?
> Did he who made the Lamb make thee?
>
> Tyger Tyger burning bright,
> In the forests of the night:
> What immortal hand or eye,
> Dare frame thy fearful symmetry?

ⓒ 「런던」(London)[8]

산업혁명이라는 대격변을 경험하고 있던 런던 시민들의 정신적 고통과 종교의 부패와 위선을 표현하고 있다.

---

[8] https://www.poetryfoundation.org/poems/43673/london-56d222777e969

> **London**
>
> I wander thro'each charter' street,
> Near where the charter' Thames does flow.
> And mark in every face I meet
> Marks of weakness, marks of woe.
>
> In every cry of every Man,
> In every Infants cry of fear,
> In every voice: in every ban,
> The mind-forg' manacles I hear
>
> How the Chimney-sweepers cry
> Every blackning Church appalls,
> And the hapless Soldiers sigh
> Runs in blood down Palace walls
>
> But most thro'midnight streets I hear
> How the youthful Harlots curse
> Blasts the new-born Infants tear
> And blights with plagues the Marriage hearse

③ 주요 작품들
  ㉠ 시집
    ⓐ 『시적 스케치』(Poetical Sketches, 1783)
    ⓑ 『순수의 노래』(Songs of Innocence, 1789)
    ⓒ 『경험의 노래』(Songs of Experience, 1794)
  ㉡ 예언서 : 『유리즌의 서』(The First Book of Urizen, 1794)

(4) 조지 고든 바이런(George Gordon Byron, 1788-1824) 〈중요〉

① **작가와 작품관**

귀족 집안 출신의 바이런은 선천적인 신체적 장애가 있었지만 뛰어난 감수성과 잘생긴 외모로 영국 사교계의 주목을 받았던 인물이다. 바이런은 기존의 사회적 제도와 관습에 저항적 정신을 표현한 낭만주의적 반항아이자 동시에 이상주의자였다. 어머니까지도 조롱 받았던 소위 절름발이로 불리는 자신의 선천적인 신체적 장애로 인해 평생을 괴로워했지만, 사회에 대한 냉소적인 태도와 고뇌와 우수에 찬 표현 그리고 동시에 풍자와 위트 넘치는 회의적 시선을 시를 통해 표현함으로써 당대 대중적 인기를 누렸다.

바이런은 풍자시 「영국 시인과 스코틀랜드 비평가들」(*English Bards and Scotch Reviewers*, 1809)을 통해 낭만주의 시인들, 비평가들을 비판하면서 명성을 얻었다. 낭만주의 시인들이 벗어나고자 했던 신고전주의 시인들의 영웅시체 이행연구 형식을 사용하고, 포프와 드라이든의 시 형식을 오히려 극찬하면서 낭만주의 시대의 작가들을 풍자했다.

바이런은 자신의 대표작품이자 후기 낭만주의 작품 중 최고의 작품으로 평가되는 「차일드 해롤드의 순례」(*Childe Harold's Pilgrimage*, 1812)를 통해 소위 '바이런적 영웅'(Byronic hero) 개념을 만들어냈다. 바이런은 「차일드 해롤드의 순례」에서 바이런 자신을 형상화한 해롤드(Harold)라는 인물을 통해 유럽의 문명과 그에 대한 바이런의 감상과 생각을 표현했다.

바이런은 당대의 다른 낭만주의자들과 대조적으로 신고전주의 시대의 시의 형식과 주제를 자신의 시에 수용하면서 낭만주의 시대의 사회적 제도, 풍속, 인습을 풍자하는 풍자시를 창작했다. 제도의 억압과 인습에 대한 비판이 담겨 있기 때문에 바이런의 시에는 낭만주의적 요소가 강하고 특히 자신의 시에서 구축한 바이런적 영웅(Byronic hero)을 통해 낭만적 반항 정신을 잘 표현하고 있다.

> **더 알아두기**
>
> **바이런적 영웅(Byronic hero)**
> 바이런은 자신의 작품에서 저항 정신으로 무장되었지만 이상향을 추구하는 전형적인 낭만주의 시대의 영웅적 인물들을 만들어냈다. 바이런적 영웅은 자신의 주체성과 신념이 강한 개인주의적 성향을 가진 인물이다. 바이런적 영웅은 지적이지만 우울하고 냉소적이면서 오만하며 에너지가 넘치는 방랑아로 표현된다. 바이런적 영웅은 사회적 제도, 통념, 관습에 저항하는 방랑아이면서 자신만의 도덕률과 세계관을 구축한 열정과 에너지를 소유한 인물이다.

② **대표작품**
- ㉠ 「차일드 해롤드의 순례」(*Childe Harold's Pilgrimage*, 1812)
  - ⓐ 바이런적 영웅(Byronic hero) 개념이 만들어진 총 4편의 장시이다. 바이런 자신이 경험했던 유럽 여행에 대한 감상을 해롤드라는 인물을 통해 표현하고 있다.
  - ⓑ 「차일드 해롤드의 순례」(*Childe Harold's Pilgrimage*, 1812)의 일부[9]

    Childe Harold's Pilgrimage : Canto I

    CANTO I

    1
    Oh, thou! in Hellas deem'd of heavenly birth,
    Muse! formed or fabled at the minstrel's will!
    Since shamed full oft by later lyres on earth,
    Mine dares not call thee from thy sacred hill:

---

[9] https://www.gutenberg.org/files/5131/5131-h/5131-h.htm

Yet there I've wandered by thy vaunted rill;
Yes! sigh'd o'er Delphi's long deserted shrine,
Where, save that feeble fountain, all is still;
Nor mote my shell awake the weary Nine
To grace so plain a tale – this lowly lay of mine.

2
Whilome in Albion's isle there dwelt a youth,
Who ne in virtue's ways did take delight;
But spent his days in riot most uncouth,
And vexed with mirth the drowsy ear of Night.
Ah, me! in sooth he was a shameless wight,
Sore given to revel and ungodly glee;
Few earthly things found favour in his sight
Save concubines and carnal companie,
And flaunting wassailers of high and low degree.

3
Childe Harold was he hight: – but whence his name
And lineage long, it suits me not to say;
Suffice it, that perchance they were of fame,
And had been glorious in another day;
But one sad losel soils a name for aye,
However mighty in the olden time;
Nor all that heralds rake from coffined clay,
Nor florid prose, nor honied lies of rhyme,
Can blazon evil deeds or consecrate a crime.

4
Childe Harold basked him in the noon-tide sun,
Disporting there like any other fly;
Nor deemed before his little day was done
One blast might chill him into misery.
But long ere scarce a third of his passed by.
Worse than adversity the Childe befell;
He felt the fulness of satiety:
Then loathed he in his native land to dwell,
Which seemed to him more lone than Eremite's sad cell.

ⓒ 「돈 주앙」(*Don Juan*, 1819-1824)

스페인의 탕아인 돈 주앙을 통해 유럽 문명에 대한 비판과 풍자를 담고 있는, 총 17편으로 이루어진 풍자 서사시이다. 영어로 쓰인 최대의 풍자시로, 운문 형식으로 쓰인 악한 소설의 특징과 내용을 담고 있다.

③ **주요 작품들**
ⓐ 「영국 시인과 스코틀랜드 비평가들」(*English Bards and Scotch Reviewers*, 1809)
ⓑ 「차일드 해롤드의 순례」(*Childe Harold's Pilgrimage*, 1812)
ⓒ 「돈 주앙」(*Don Juan*, 1819-1824)

(5) 퍼시 비쉬 셸리(Percy Bysshe Shelley, 1792-1822) 중요

① **작가와 작품관**

귀족 가문 출신의 셸리는 하층민의 딸과 결혼했고, 이후 낭만주의 시대의 대표적인 고딕 소설 작품인 『프랑켄슈타인』(*Frankenstein*, 1818)을 지은 메리 셸리(Mary Wollstonecraft Shelley)와 결혼했다. 셸리는 낭만주의 시대 시인들 중에서 가장 강력하게 기존의 인습과 종교에 반항한 시인이다. 셸리는 급진주의적 이상주의자로서 혁명을 통한 인류의 해방을 꿈꿨다. 셸리는 옥스퍼드 대학에서 「무신론의 필요성」(The necessity of Atheism)이라는 팸플릿을 만들면서 퇴학을 당할 만큼 종교에 대한 저항 의식도 컸다. 셸리는 사회개혁과 유토피아적 이상향을 갖고 있었고 시에 이러한 주제들이 드러난다.

셸리는 「서풍에 부치는 노래」(*Ode to the West Wind*, 1819)를 통해 사회 제도의 모순과 인습의 혁신의 필요성을 표현했고 서정시 드라마(Lyrical Drama) 작품 『해방된 프로메테우스』(*Prometheus Unbound*, 1820)를 통해 종교에 대한 저항 의식을 표현했다. 그리고 「아도네이스」(*Adonais*, 1821)를 통해 그리스 로마 신화를 변형해 자신의 친구 존 키츠의 죽음에 대한 애도를 노래하기도 했다.

② **대표작품**
ⓐ 「서풍에 부치는 노래」(*Ode to the West Wind*, 1819)[10]

총 5부로 구성된 「서풍에 부치는 노래」는 가을에 불어오는 서풍과 혁명을 연관지어 표현한다. 서풍이 지상, 하늘, 바다에 미치는 영향력에 대해 묘사하면서 시인은 서풍에게 자신도 혁명에 기여해 사회에 변화를 미칠 수 있기를 기원하는 내용이다.

Ode to the West Wind

I

O wild West Wind, thou breath of Autumn's being,
Thou, from whose unseen presence the leaves dead
Are driven, like ghosts from an enchanter fleeing,

---

[10] https://www.poetryfoundation.org/poems/45134/ode-to-the-west-wind

Yellow, and black, and pale, and hectic red,
Pestilence-stricken multitudes: O thou,
Who chariotest to their dark wintry bed

The winged seeds, where they lie cold and low,
Each like a corpse within its grave, until
Thine azure sister of the Spring shall blow

Her clarion o'er the dreaming earth, and fill
(Driving sweet buds like flocks to feed in air)
With living hues and odours plain and hill:

Wild Spirit, which art moving everywhere;
Destroyer and preserver; hear, oh hear!

II
Thou on whose stream, mid the steep sky's commotion,
Loose clouds like earth's decaying leaves are shed,
Shook from the tangled boughs of Heaven and Ocean,

Angels of rain and lightning: there are spread
On the blue surface of thine aëry surge,
Like the bright hair uplifted from the head

Of some fierce Maenad, even from the dim verge
Of the horizon to the zenith's height,
The locks of the approaching storm. Thou dirge

Of the dying year, to which this closing night
Will be the dome of a vast sepulchre,
Vaulted with all thy congregated might

Of vapours, from whose solid atmosphere
Black rain, and fire, and hail will burst: oh hear!

III
Thou who didst waken from his summer dreams
The blue Mediterranean, where he lay,
Lull'd by the coil of his crystalline streams,

Beside a pumice isle in Baiae's bay,
And saw in sleep old palaces and towers
Quivering within the wave's intenser day,

All overgrown with azure moss and flowers
So sweet, the sense faints picturing them! Thou
For whose path the Atlantic's level powers

Cleave themselves into chasms, while far below
The sea-blooms and the oozy woods which wear
The sapless foliage of the ocean, know

Thy voice, and suddenly grow gray with fear,
And tremble and despoil themselves: oh hear!

IV
If I were a dead leaf thou mightest bear;
If I were a swift cloud to fly with thee;
A wave to pant beneath thy power, and share

The impulse of thy strength, only less free
Than thou, O uncontrollable! If even
I were as in my boyhood, and could be

The comrade of thy wanderings over Heaven,
As then, when to outstrip thy skiey speed
Scarce seem'd a vision; I would ne'er have striven

As thus with thee in prayer in my sore need.
Oh, lift me as a wave, a leaf, a cloud!
I fall upon the thorns of life! I bleed!

A heavy weight of hours has chain'd and bow'd
One too like thee: tameless, and swift, and proud.

V
Make me thy lyre, even as the forest is:
What if my leaves are falling like its own!
The tumult of thy mighty harmonies

> Will take from both a deep, autumnal tone,
> Sweet though in sadness. Be thou, Spirit fierce,
> My spirit! Be thou me, impetuous one!
>
> Drive my dead thoughts over the universe
> Like wither'd leaves to quicken a new birth!
> And, by the incantation of this verse,
>
> Scatter, as from an unextinguish'd hearth
> Ashes and sparks, my words among mankind!
> Be through my lips to unawaken'd earth
>
> The trumpet of a prophecy! O Wind,
> If Winter comes, can Spring be far behind?

ⓒ 「아도네이스」(*Adonais*, 1821)

ⓐ 「아도네이스」는 존 키츠의 비극적인 슬픔과 그의 죽음을 애도하는 비가(elegy)이다. 이 시는 셸리가 자신의 친구이자 낭만주의 시인인 존 키츠의 죽음을 애도하기 위해 그리스 로마 신화 아도니스(Adonis)를 변형하였다.

ⓑ 「아도네이스」(*Adonais*, 1821)의 일부[11]

> **Adonais : An Elegy on the Death of John Keats**
>
> I
>
> > I weep for Adonais—he is dead!
> > Oh, weep for Adonais! though our tears
> > Thaw not the frost which binds so dear a head!
> > And thou, sad Hour, selected from all years
> > To mourn our loss, rouse thy obscure compeers,
> > And teach them thine own sorrow, say: "With me
> > Died Adonais; till the Future dares
> > Forget the Past, his fate and fame shall be
> > An echo and a light unto eternity!"
>
> II
>
> > Where wert thou, mighty Mother, when he lay,
> > When thy Son lay, pierc'd by the shaft which flies
> > In darkness? where was lorn Urania

---

[11] https://www.poetryfoundation.org/poems/45112/adonais-an-elegy-on-the-death-of-john-keats

When Adonais died? With veiled eyes,
'Mid listening Echoes, in her Paradise
She sate, while one, with soft enamour'd breath,
Rekindled all the fading melodies,
With which, like flowers that mock the corse beneath,
He had adorn'd and hid the coming bulk of Death.

III

Oh, weep for Adonais—he is dead!
Wake, melancholy Mother, wake and weep!
Yet wherefore? Quench within their burning bed
Thy fiery tears, and let thy loud heart keep
Like his, a mute and uncomplaining sleep;
For he is gone, where all things wise and fair
Descend—oh, dream not that the amorous Deep
Will yet restore him to the vital air;
Death feeds on his mute voice, and laughs at our despair.

IV

Most musical of mourners, weep again!
Lament anew, Urania! He died,
Who was the Sire of an immortal strain,
Blind, old and lonely, when his country's pride,
The priest, the slave and the liberticide,
Trampled and mock'd with many a loathed rite
Of lust and blood; he went, unterrified,
Into the gulf of death; but his clear Sprite
Yet reigns o'er earth; the third among the sons of light.

③ 주요 작품들
- ㉠ 「서풍에 부치는 노래」(*Ode to the West Wind*, 1819)
- ㉡ 『해방된 프로메테우스』(*Prometheus Unbound*, 1820) : Lyrical Drama
- ㉢ 「종달새」(*To a Skylark*, 1820)
- ㉣ 「구름」(*The Cloud*, 1820)
- ㉤ 「아도네이스」(*Adonais*, 1821)

(6) 존 키츠(John Keats, 1795-1821) 중요

① 작가와 작품관

존 키츠는 동시대의 다른 낭만주의 시인들과 달리 어린 시절에 부모님을 여의고 어려운 가정환경에서 성장했다. 정규 교육에서 고전 교육을 받지 못했지만 독학으로 그리스어와 고전을 공부했다. 생계를 위해 가정교사, 의사 등의 직업을 가졌지만 시에 대한 열정으로 인해 모두 그만두고 시작에 전념했다. 하지만 결핵으로 26세의 나이로 일찍 세상을 떠났다.

존 키츠는 셸리와 바이런의 급진적이고 저항적인 시풍과는 대조를 이룬다. 존 키츠는 그리스 로마의 고전에서 시의 이상적인 아름다움을 추구했다. 키츠는 단순하고 열정적으로 오직 아름다움을 위한 아름다움을 충실히 따랐으며, 낭만주의 시대의 시인들 중에서 가장 순수하고 감각적인 시를 쓴 시인으로 평가받는다.

존 키츠의 시는 그리스 로마의 고전이나 중세의 로맨스를 시적 소재로 사용하기도 했고, 탁월한 음악성과 언어적 기교를 통해 감각적인 표현을 시적 언어로 구사했다. 그는 1817년에 『시집』(*Poems*, 1817)을 출판했지만 큰 호응을 얻지 못했다. 이후 1820년에 출판된 세 번째 시집 『라미아, 이사벨라, 성 아그네스의 전야와 다른 시들』(*Lamia, Isabella, The Eve of St. Agnes, and Other Poems*, 1820)을 출판하면서 후대에 남긴 유명한 작품들을 발표했다.

송시(Ode) 연작시에는 존 키츠의 시적 주제인 인생의 유한성과 아름다움, 죽음, 예술을 통한 아름다움의 경험 등이 표현된다. 송시(Ode) 연작시 작품으로는 「나이팅게일에 보내는 송시」(*Ode to a Nightingale*, 1820), 「그리스 항아리에 부치는 노래」(*Ode on a Grecian Urn*, 1820), 「나태함에 부치는 송시」(*Ode On Indolence*, 1820) 등이 있다.

② 대표작품

㉠ 「가을에게」(*To Autumn*, 1820)[12]

존 키츠의 탁월한 음악성과 감각적인 표현들로 가을의 풍경을 묘사하는 키츠 후기의 서정시이다. 가을을 의인화하고 있고 충만함과 공허함, 생명과 죽음과 같은 상호 모순적인 개념들이 감각적인 언어로 묘사되고 있다.

> **To Autumn**
>
> Season of mists and mellow fruitfulness,
>   Close bosom-friend of the maturing sun;
> Conspiring with him how to load and bless
>   With fruit the vines that round the thatch-eves run;
> To bend with apples the moss'd cottage-trees,
>   And fill all fruit with ripeness to the core;
>   To swell the gourd, and plump the hazel shells
>   With a sweet kernel; to set budding more,
> And still more, later flowers for the bees,

---

[12] https://www.poetryfoundation.org/poems/44484/to-autumn

Until they think warm days will never cease,
    For summer has o'er-brimm'd their clammy cells.

Who hath not seen thee oft amid thy store?
    Sometimes whoever seeks abroad may find
Thee sitting careless on a granary floor,
    Thy hair soft-lifted by the winnowing wind;
Or on a half-reap'd furrow sound asleep,
    Drows'd with the fume of poppies, while thy hook
        Spares the next swath and all its twined flowers:
And sometimes like a gleaner thou dost keep
    Steady thy laden head across a brook;
    Or by a cyder-press, with patient look,
        Thou watchest the last oozings hours by hours.

Where are the songs of spring? Ay, Where are they?
    Think not of them, thou hast thy music too,—
While barred clouds bloom the soft-dying day,
    And touch the stubble-plains with rosy hue;
Then in a wailful choir the small gnats mourn
    Among the river sallows, borne aloft
        Or sinking as the light wind lives or dies;
And full-grown lambs loud bleat from hilly bourn;
    Hedge-crickets sing; and now with treble soft
    The red-breast whistles from a garden-croft;
        And gathering swallows twitter in the skies.

ⓒ 「그리스 항아리에 부치는 노래」(*Ode on a Grecian Urn*)
존 키츠의 대표적인 송시(Ode)이며, 고대 그리스의 유물인 항아리 위에 그려진 그림을 보면서 시적 화자가 상상을 하게 되는 내용이다. 존 키츠 시풍의 특징인 시각적 이미지와 청각적 이미지를 그려내는 감각적인 언어가 잘 드러난다.

Ode on a Grecian Urn

Thou still unravish'd bride of quietness,
    Thou foster-child of silence and slow time,
Sylvan historian, who canst thus express
    A flowery tale more sweetly than our rhyme:
What leaf-fring'd legend haunts about thy shape
    Of deities or mortals, or of both,

      In Tempe or the dales of Arcady?
    What men or gods are these? What maidens loth?
What mad pursuit? What struggle to escape?
      What pipes and timbrels? What wild ecstasy?

Heard melodies are sweet, but those unheard
  Are sweeter; therefore, ye soft pipes, play on;
Not to the sensual ear, but, more endear'd,
  Pipe to the spirit ditties of no tone:
Fair youth, beneath the trees, thou canst not leave
  Thy song, nor ever can those trees be bare;
    Bold Lover, never, never canst thou kiss,
Though winning near the goal yet, do not grieve;
  She cannot fade, though thou hast not thy bliss,
    For ever wilt thou love, and she be fair!

Ah, happy, happy boughs! that cannot shed
  Your leaves, nor ever bid the Spring adieu;
And, happy melodist, unwearied,
  For ever piping songs for ever new;
More happy love! more happy, happy love!
  For ever warm and still to be enjoy'd,
    For ever panting, and for ever young;
All breathing human passion far above,
  That leaves a heart high-sorrowful and cloy'd,
    A burning forehead, and a parching tongue.

Who are these coming to the sacrifice?
  To what green altar, O mysterious priest,
Lead'st thou that heifer lowing at the skies,
  And all her silken flanks with garlands drest?
What little town by river or sea shore,
  Or mountain-built with peaceful citadel,
    Is emptied of this folk, this pious morn?
And, little town, thy streets for evermore
  Will silent be; and not a soul to tell
    Why thou art desolate, can e'er return.

O Attic shape! Fair attitude! with brede
  Of marble men and maidens overwrought,

> With forest branches and the trodden weed;
>   Thou, silent form, dost tease us out of thought
> As doth eternity: Cold Pastoral!
>   When old age shall this generation waste,
>   Thou shalt remain, in midst of other woe
> Than ours, a friend to man, to whom thou say'st,
>   "Beauty is truth, truth beauty,—that is all
>   Ye know on earth, and all ye need to know."

③ **주요 작품들**
- ㉠ 『시집』(Poems, 1817)
- ㉡ 『라미아, 이사벨라, 성 아그네스의 전야와 다른 시들』(Lamia, Isabella, The Eve of St. Agnes, and Other Poems, 1820)
- ㉢ 「나이팅게일에 보내는 송시」(Ode to a Nightingale, 1820)
- ㉣ 「그리스 항아리에 부치는 노래」(Ode on a Grecian Urn, 1820)
- ㉤ 「나태함에 부치는 송시」(Ode On Indolence, 1820)
- ㉥ 「가을에게」(To Autumn, 1820)

2 드라마

(1) 조지 고든 바이런(George Gordon Byron)

① **작가와 작품관**
낭만주의 시대는 사전 허가제로 인해 드라마 장르가 매우 위축되어 있었다. 낭만주의 대표적인 시인이었던 바이런의 작품이 대중적 인기를 얻었던 몇 안 되는 작품이다.

② **대표작품 : 『맨프레드』(Manfred, 1817)**
- ㉠ 낭만주의 대표적인 시인인 바이런이 창작한 극 시(dramatic poem)이다. 그 당시 영국에서 유행했던 유령 이야기(ghost story)와 초자연적 요소들을 포함하고 있다.
- ㉡ 『맨프레드』(Manfred, 1817)의 일부[13]

> **Manfred**
>
> The scene of the Drama is amongst the Higher Alps -- partly in the Castle of Manfred, and partly in the Mountains.
>
> ACT I

---

[13] https://en.wikisource.org/wiki/Manfred,_a_dramatic_poem

SCENE I
MANFRED alone. -- Scene, a Gothic Gallery. -- Time, Midnight.

MANFRED. The lamp must be replenish'd, but even then
It will not burn so long as I must watch.
My slumbers-- if I slumber-- are not sleep,
But a continuance of enduring thought,
Which then I can resist not: in my heart
There is a vigil, and these eyes but close
To look within; and yet I live, and bear
The aspect and the form of breathing men.
But grief should be the instructor of the wise;
Sorrow is knowledge: they who know the most
Must mourn the deepest o'er the fatal truth,
The Tree of Knowledge is not that of Life.
Philosophy and science, and the springs
Of wonder, and the wisdom of the world,
I have essay'd, and in my mind there is
A power to make these subject to itself--
But they avail not: I have done men good,
And I have met with good even among men--
But this avail'd not: I have had my foes,
And none have baffled, many fallen before me--
But this avail'd not: Good, or evil, life,
Powers, passions, all I see in other beings,
Have been to me as rain unto the sands,
Since that all-nameless hour. I have no dread,
And feel the curse to have no natural fear
Nor fluttering throb, that beats with hopes or wishes
Or lurking love of something on the earth.
Now to my task.--
                    Mysterious Agency!
Ye spirits of the unbounded Universe,
Whom I have sought in darkness and in light!
Ye, who do compass earth about, and dwell
In subtler essence! ye, to whom the tops
Of mountains inaccessible are haunts,
And earth's and ocean's caves familiar things--
I call upon ye by the written charm

> Which gives me power upon you-- Rise! appear!
>   [A pause.
> They come not yet.-- Now by the voice of him
> Who is the first among you; by this sign,
> Which makes you tremble; by the claims of him
> Who is undying,-- Rise! appear!-- Appear!
>   [A pause.
> If it be so.-- Spirits of earth and air,
> Ye shall not thus elude me: by a power,
> Deeper than all yet urged, a tyrant-spell,
> Which had its birthplace in a star condemn'd,
> The burning wreck of a demolish'd world,
> A wandering hell in the eternal space;
> By the strong curse which is upon my soul,
> The thought which is within me and around me,
> I do compel ye to my will.   Appear!

(2) 퍼시 비시 셸리(Percy Bysshe Shelley)

① 작가와 작품관

낭만주의 시대 대표적인 시인인 퍼시 비시 셸리가 바이런과 함께 당시 대중적인 인지도와 인기를 얻었던 드라마 작품을 창작했다. 퍼시는 『해방된 프로메테우스(*Prometheus Unbound*, 1819)와 『쎈시』(*The Cenci : A Tragedy in Five Acts*, 1819) 두 작품을 창작했고 『쎈시』는 그의 사후에 상연되었다.

② 대표작품

㉠ 『해방된 프로메테우스(*Prometheus Unbound*, 1819) : Lyrical drama
㉡ 『쎈시』(*The Cenci : A Tragedy in Five Acts*, 1819) : Verse drama

3 소설

(1) 제인 오스틴(Jane Austen, 1775-1817) 중요

① 작가와 작품관

제인 오스틴은 영국 문학사에서 탁월한 여성 소설가로 평가될 만큼 소설의 발전에 큰 기여를 했다. 작은 시골의 목회자의 딸로 태어난 제인 오스틴은 시골에서 평범한 일상을 살아가면서 자신의 주변 인물들과 일상들을 관찰하면서 이를 소설로 만들어냈다.

제인 오스틴은 중산층의 가정과 일상에서 벌어지는 크고 작은 사건들을 매우 세밀하고 정교하게 묘사했다. 특히 남성과는 달리 가정이라는 작은 울타리를 넘어설 수 없는 여성들의 입장과 심리를 대변하는 소설을 통해 많은 공감을 이끌어냈다. 제인 오스틴은 가정 그리고 작은 마을에 존재하는 시골 향사, 귀부인, 처녀들과 같은 인물들의 일상사를 회화체로 생생하게 그려냈고, 동시대 남성 작가들이 하지 못한 섬세한 여성 심리묘사가 탁월했다.

제인 오스틴의 작품 속에는 위트 넘치는 풍자가 있고, 인물들의 섬세한 심리묘사와 탄탄한 플롯이 존재한다. 특히 제인 오스틴의 대사는 일상적인 평범한 사건에 생기를 불어 넣는 위트 넘치는 대사들이 많다. 제인 오스틴은 작가의 이탈(Digression) 없이 명확한 기승전결 구조를 통해 이야기의 몰입도를 높이고, 등장인물들의 지위와 신분에 맞는 어휘들을 선별적으로 사용하면서 극중 인물들의 생동감을 살린다. 제인 오스틴은 주로 상류층과의 결혼, 유산 상속의 문제 등과 같은 사건들에 대해 아이러니(irony)를 사용함으로써 영국 사회를 풍자했다.

> **더 알아두기**
>
> **작가의 이탈(Digression)**
> 헨리 필딩과 같은 18세기의 소설 작가들은 이탈(Digression)을 자주 사용했다. 이탈이란 소설을 진행하다가 갑자기 작가가 소설 이야기와 관계없는 사적인 이야기를 하거나, 특정 주제에 대한 철학적 자기 견해를 피력하거나, 혹은 삽화를 늘어놓는 등과 같은 행위를 하는 것을 의미한다. 소설의 플롯 진행에 방해가 되기도 하지만 독자와의 유대감과 친밀감을 높이는 방식이기도 했다.

② **대표작품 : 『오만과 편견』**(*Pride and Prejudice*, 1813) 중요

㉠ 『오만과 편견』은 다섯 명의 딸을 둔 베넷(Bennet) 부부와 딸들의 결혼 문제를 중심 소재로 사용하고 인물들과 가치관을 세밀하게 묘사하는, 가정을 중심으로 일어나는 소설이다. 자녀의 결혼에 대한 부모의 관심, 무도회를 통한 마을 사람들의 사교 활동, 그리고 친척들의 방문을 중심 소재로 삼으면서 편견에 치우쳐서 사람을 판단하는 것의 문제점과 겸손을 통해 사람을 대하는 진정성에 대한 통찰을 그려낸다.

제인 오스틴은 이 작품을 통해 영국 사회의 문제점을 날카롭게 통찰하고 풍자했으며, 외적인 조건들보다 사람 자체가 더 중요하다는 낭만주의 시대의 인간관을 표현하였다. 단순하고 현실적인 어머니, 위트가 넘치는 아버지, 결혼이라는 인생에서 가장 설레는 순간을 살아가는 딸들, 따뜻한 내면을 가졌지만 귀족의 사회적 품위를 지키기 위해 외면적으로 차갑고 오만하게 무장한 달시(Mr. Darcy), 달시의 오만함을 경멸하면서 편견의 시선을 가진 엘리자베스(Elizabeth) 등 모든 인물들은 제인 오스틴의 섬세한 묘사를 통해 생동감 있는 인물로 그려지고 있다.

이 소설의 첫 대사는 제인 오스틴이 소설에 자주 사용했던 아이러니(irony) 문장으로 시작된다.

> It is a truth universally acknowledged, that a single man in possession of a good fortune, must be in want of a wife.

→ '많은 재산을 가진 독신 남자에게 아내가 필요할 것이라는 사실은 보편적으로 인정되는 진실이다.'라는 첫 문장은 '독신의 가난한 여성은 돈 많은 남편이 필요할 것이다.'라는 아이러니를 내포하고 있다. 이러한 아이러니를 제인 오스틴은 자주 위트 있게 사용했다.

ⓛ 『오만과 편견』(Pride and Prejudice, 1813)의 일부[14]

> **Pride and Prejudice**
>
> Chapter 1
>
> It is a truth universally acknowledged, that a single man in possession of a good fortune, must be in want of a wife.
> However little known the feelings or views of such a man may be on his first entering a neighbourhood, this truth is so well fixed in the minds of the surrounding families, that he is considered as the rightful property of some one or other of their daughters.
> "My dear Mr. Bennet," said his lady to him one day, "have you heard that Netherfield Park is let at last?"
> Mr. Bennet replied that he had not.
> "But it is," returned she; "for Mrs. Long has just been here, and she told me all about it."
> Mr. Bennet made no answer.
> "Do not you want to know who has taken it?" cried his wife impatiently.
> "You want to tell me, and I have no objection to hearing it."
> This was invitation enough.
> "Why, my dear, you must know, Mrs. Long says that Netherfield is taken by a young man of large fortune from the north of England; that he came down on Monday in a chaise and four to see the place, and was so much delighted with it that he agreed with Mr. Morris immediately; that he is to take possession before Michaelmas, and some of his servants are to be in the house by the end of next week."
> "What is his name?"
> "Bingley."
> "Is he married or single?"
> "Oh! single, my dear, to be sure! A single man of large fortune; four or five thousand a year. What a fine thing for our girls!"

③ 주요 작품들 **중요**

㉠ 『이성과 감성』(Sense and Sensibility, 1811)
㉡ 『오만과 편견』(Pride and Prejudice, 1813)
㉢ 『맨스필드 파크』(Mansfield Park, 1814)
㉣ 『엠마』(Emma, 1816)
㉤ 『노생거 사원』(Northanger Abbey, 1817)
㉥ 『설득』(Persuasion, 1817)

---

14) https://www.gutenberg.org/files/1342/1342-h/1342-h.htm#link2HCH0001

(2) 월터 스콧(Walter Scott, 1771-1832)

① 작가와 작품관

법률가였지만 문학에 관심을 갖고 시인으로 활동을 시작한 월터 스콧은 역사 소설 장르를 개척했다. 낭만주의 시인들이 먼 과거의 세계를 동경했던 것처럼 월터 스콧은 과거의 역사적인 사건들을 허구적 이야기 장르인 소설 장르에 접목함으로써 역사 소설이라는 새로운 장르를 개척했다.

월터 스콧은 18세기 후반부터 시작되어 낭만주의 시대에 유행한 괴기 소설과 낭만주의 소설들과는 다른 사실적인 사건들을 소재로 하는 역사 소설을 창작했다. 특히 스콧은 스코틀랜드의 역사적 사실을 다룬 작품을 창작하면서 역사 소설 장르를 개척했다.

② 대표작품 : 『웨이벌리』(*Waverley*, 1814)

㉠ 역사적 사건인 1745년의 재코바이트(Jacobite)의 반란을 중심 소재로 사용하고 있다. 월터 스콧의 첫 소설 작품이면서 그에게 대중적 인지도를 안겨 준 대표작품이다. 스코틀랜드 지역 방언이 사용되었지만 영국 독자들의 인기를 얻었던 작품이다.

㉡ 『웨이벌리』(*Waverley*, 1814)의 일부[15]

> **Waverley**
>
> CHAPTER I.
>
> The sun was nearly set behind the distant mountains of Liddesdale, when a few of the scattered and terrified inhabitants of the village of Hersildoun, which had four days before been burned by a predatory band of English Borderers, were now busied in repairing their ruined dwellings. One high tower in the centre of the village alone exhibited no appearance of devastation. It was surrounded with court walls, and the outer gate was barred and bolted. The bushes and brambles which grew around, and had even insinuated their branches beneath the gate, plainly showed that it must have been many years since it had been opened. While the cottages around lay in smoking ruins, this pile, deserted and desolate as it seemed to be, had suffered nothing from the violence of the invaders; and the wretched beings who were endeavouring to repair their miserable huts against nightfall, seemed to neglect the preferable shelter which it might have afforded them, without the necessity of labour.
>
> Before the day had quite gone down, a knight, richly armed, and mounted upon an ambling hackney, rode slowly into the village. His attendants were a lady, apparently young and beautiful, who rode by his side upon a dappled palfrey; his squire, who carried his helmet and lance, and led his battle-horse, a noble steed, richly caparisoned. A page and four yeomen, bearing bows and quivers, short swords, and targets of a span breadth, completed his equipage, which, though small, denoted him to be a man of high rank.

---

15) https://www.gutenberg.org/files/5998/5998-h/5998-h.htm

> He stopped and addressed several of the inhabitants whom curiosity had withdrawn from their labour to gaze at him; but at the sound of his voice, and still more on perceiving the St. George's Cross in the caps of his followers, they fled, with a loud cry that the Southrons were returned. The knight endeavoured to expostulate with the fugitives, who were chiefly aged men, women, and children; but their dread of the English name accelerated their flight, and in a few minutes, excepting the knight and his attendants, the place was deserted by all. He paced through the village to seek a shelter for the night, and despairing to find one either in the inaccessible tower or the plundered huts of the peasantry, he directed his course to the left hand, where he spied a small, decent habitation, apparently the abode of a man considerably above the common rank. After much knocking, the proprietor at length showed himself at the window, and speaking in the English dialect, with great signs of apprehension, demanded their business. The warrior replied that his quality was an English knight and baron, and that he was travelling to the court of the king of Scotland on affairs of consequence to both kingdoms.

③ 주요 작품들
　㉠ 『웨이벌리』(*Waverley*, 1814)
　㉡ 『롭 로이』(*Rob Roy*, 1817)
　㉢ 『아이반호』(*Ivanhoe*, 1820)

(3) 메리 셸리(Mary Wollstonecraft Shelley, 1797-1851)

① 작가와 작품관

메리 셸리는 소설가, 극작가, 수필가, 전기 작가, 여행 작가로 다방면에서 활동했다. 메리 셸리의 어머니는 『여성의 권리 옹호』(*A Vindication of the Rights of Woman*, 1792)를 통해 여성은 태생적으로 남성에 비해 열등하지 않으며, 남성에 비해 교육을 받을 수 있는 기회와 권리가 결여되어 있다고 주장했던 여성 인권 운동가이자 작가였던 메리 울스턴크래프트(Mary Wollstonecraft)이고, 아버지는 영국의 정치 철학자 윌리엄 고드윈(William Godwin)이다. 메리 셸리의 남편은 낭만주의 시인 퍼시 비시 셸리(Percy Bysshe Shelley)이다. 메리 셸리는 초기에는 남편의 작품을 출판하고 소개하는 작업에 참여했지만 이후 자신의 작품 활동을 통해 대중의 인정을 받게 되었다. 특히 그녀는 고딕 소설이자 초기 과학 소설로 인정받는 『프랑켄슈타인』(*Frankenstein ; or, The Modern Prometheus*, 1818)으로 대중에게 알려졌다.

② 대표작품 : 『프랑켄슈타인』(*Frankenstein ; or, The Modern Prometheus*, 1818)

㉠ 영문학 작품 중 대중에게 가장 널리 알려진 작품 중 하나로 인정받는 『프랑켄슈타인』은 고딕 소설과 낭만주의 운동의 요소가 혼재되어 있다. 메리 셸리가 과학 실험에 의해 만들어진 한 괴물에 대해 쓴 소설인 이 작품은 당대의 문학과 대중문화에 엄청난 파급력을 행사했고, 이 작품의 출판 이후 영화, 연극, 뮤지컬로도 재탄생되었다. 프랑켄슈타인은 작품 속의 괴물을 탄생시킨 과학자의 이름이었지만 대중들에게는 프랑켄슈타인 자체가 괴물의 이름으로 잘못 인지되고 있을 만큼 대중들에게 큰 영향력을 끼쳤다. 이 작품은 로버트 월튼 대위와 그의 여동생 마가렛 월튼 사빌 사이의 허구적인 서신을 기록하고 있는 편지 형식으로 쓰인 액자 이야기 형식을 취하고 있다.

ⓒ 『프랑켄슈타인』(*Frankenstein ; or, The Modern Prometheus*, 1818)의 일부[16]

Letter 1

To Mrs. Saville, England.

St. Petersburgh, Dec. 11th, 17—.

You will rejoice to hear that no disaster has accompanied the commencement of an enterprise which you have regarded with such evil forebodings. I arrived here yesterday, and my first task is to assure my dear sister of my welfare and increasing confidence in the success of my undertaking.

I am already far north of London, and as I walk in the streets of Petersburgh, I feel a cold northern breeze play upon my cheeks, which braces my nerves and fills me with delight. Do you understand this feeling? This breeze, which has travelled from the regions towards which I am advancing, gives me a foretaste of those icy climes. Inspirited by this wind of promise, my daydreams become more fervent and vivid. I try in vain to be persuaded that the pole is the seat of frost and desolation; it ever presents itself to my imagination as the region of beauty and delight. There, Margaret, the sun is for ever visible, its broad disk just skirting the horizon and diffusing a perpetual splendour. There—for with your leave, my sister, I will put some trust in preceding navigators—there snow and frost are banished; and, sailing over a calm sea, we may be wafted to a land surpassing in wonders and in beauty every region hitherto discovered on the habitable globe. Its productions and features may be without example, as the phenomena of the heavenly bodies undoubtedly are in those undiscovered solitudes. What may not be expected in a country of eternal light? I may there discover the wondrous power which attracts the needle and may regulate a thousand celestial observations that require only this voyage to render their seeming eccentricities consistent for ever. I shall satiate my ardent curiosity with the sight of a part of the world never before visited, and may tread a land never before imprinted by the foot of man. These are my enticements, and they are sufficient to conquer all fear of danger or death and to induce me to commence this laborious voyage with the joy a child feels when he embarks in a little boat, with his holiday mates, on an expedition of discovery up his native river. But supposing all these conjectures to be false, you cannot contest the inestimable benefit which I shall confer on all mankind, to the last generation, by discovering a passage near the pole to those countries, to reach which at present so many months are requisite; or by ascertaining the secret of the magnet, which, if at all possible, can only be effected by an undertaking such as mine.

---

[16] https://www.gutenberg.org/files/84/84-h/84-h.htm

These reflections have dispelled the agitation with which I began my letter, and I feel my heart glow with an enthusiasm which elevates me to heaven, for nothing contributes so much to tranquillise the mind as a steady purpose—a point on which the soul may fix its intellectual eye. This expedition has been the favourite dream of my early years. I have read with ardour the accounts of the various voyages which have been made in the prospect of arriving at the North Pacific Ocean through the seas which surround the pole. You may remember that a history of all the voyages made for purposes of discovery composed the whole of our good Uncle Thomas' library. My education was neglected, yet I was passionately fond of reading. These volumes were my study day and night, and my familiarity with them increased that regret which I had felt, as a child, on learning that my father's dying injunction had forbidden my uncle to allow me to embark in a seafaring life.

These visions faded when I perused, for the first time, those poets whose effusions entranced my soul and lifted it to heaven. I also became a poet and for one year lived in a paradise of my own creation; I imagined that I also might obtain a niche in the temple where the names of Homer and Shakespeare are consecrated. You are well acquainted with my failure and how heavily I bore the disappointment. But just at that time I inherited the fortune of my cousin, and my thoughts were turned into the channel of their earlier bent.

Six years have passed since I resolved on my present undertaking. I can, even now, remember the hour from which I dedicated myself to this great enterprise. I commenced by inuring my body to hardship. I accompanied the whale-fishers on several expeditions to the North Sea; I voluntarily endured cold, famine, thirst, and want of sleep; I often worked harder than the common sailors during the day and devoted my nights to the study of mathematics, the theory of medicine, and those branches of physical science from which a naval adventurer might derive the greatest practical advantage. Twice I actually hired myself as an under-mate in a Greenland whaler, and acquitted myself to admiration. I must own I felt a little proud when my captain offered me the second dignity in the vessel and entreated me to remain with the greatest earnestness, so valuable did he consider my services.

And now, dear Margaret, do I not deserve to accomplish some great purpose? My life might have been passed in ease and luxury, but I preferred glory to every enticement that wealth placed in my path. Oh, that some encouraging voice would answer in the affirmative! My courage and my resolution is firm; but my hopes fluctuate, and my spirits are often depressed. I am about to proceed on a long and difficult voyage, the emergencies of which will demand all my fortitude: I am required not only to raise the spirits of others, but sometimes to sustain my own, when theirs are failing.

This is the most favourable period for travelling in Russia. They fly quickly over the snow in their sledges; the motion is pleasant, and, in my opinion, far more agreeable than that of an English stagecoach. The cold is not excessive, if you are wrapped in furs—a dress which

I have already adopted, for there is a great difference between walking the deck and remaining seated motionless for hours, when no exercise prevents the blood from actually freezing in your veins. I have no ambition to lose my life on the post-road between St. Petersburgh and Archangel.

I shall depart for the latter town in a fortnight or three weeks; and my intention is to hire a ship there, which can easily be done by paying the insurance for the owner, and to engage as many sailors as I think necessary among those who are accustomed to the whale-fishing. I do not intend to sail until the month of June; and when shall I return? Ah, dear sister, how can I answer this question? If I succeed, many, many months, perhaps years, will pass before you and I may meet. If I fail, you will see me again soon, or never.

Farewell, my dear, excellent Margaret. Heaven shower down blessings on you, and save me, that I may again and again testify my gratitude for all your love and kindness.

Your affectionate brother,
R. Walton

제 6 편 실전예상문제

01 낭만주의 시대의 시작을 알리는 작품은?

① *The Prelude*
② *Lyrical Ballads*
③ *Tintern Abbey*
④ *My Heart Leaps Up*

01 영국 문학사의 낭만주의 시기의 정확한 구분은 학자마다 다를 수 있지만 작품으로 구분을 한다면 윌리엄 워즈워스(William Wordsworth)와 사무엘 테일러 콜리지(Samuel Taylor Coleridge)의 공동 시집 『서정 민요 시집』(*Lyrical Ballads*)이 출판된 1798년으로 보는 시각이 정확하다. 특히 학습자들은 두 작가와 작품을 숙지할 필요가 있다.

02 낭만주의 시대에 영향을 끼친 역사적 사건이 <u>아닌</u> 것은?

① Evangelicalism
② French Revolution
③ Puritan Revolution
④ Industrial Revolution

02 청교도혁명(Puritan Revolution)은 낭만주의가 아니라 엄격한 청교도 시대를 여는 데 영향을 미쳤다. 1789년 프랑스혁명으로 인해 영국 내에 법 앞에서 모든 개인이 평등하고 자유로워야 한다는 개인의 존엄성이 인식되었다. 또한 산업혁명의 부작용인 도시 내 인구 밀집으로 인한 전염병 확산, 비위생적인 환경, 빈부격차, 공장 노동자의 인권 유린 등을 목도하면서 시인들을 중심으로 자연의 아름다움을 노래하는 시들이 창작되었다. 아울러 복음주의 운동의 영향으로 인해 아무리 어려운 역경이 오더라도 상상력의 힘으로 그것을 이겨내고 초월할 수 있다는 믿음과 이상적인 세계인 천년 왕국이 올 것이라는 낙관적인 믿음도 있었다.

정답 01 ② 02 ③

03 18세기 신고전주의 시대의 문학이 개인의 감정보다는 이성을 중시하면서 고전 작품의 형식을 중시하였다.

03 낭만주의 시대의 문학적 특징에 대한 설명으로 옳지 않은 것은?
① 고전 작품의 형식을 중시하였다.
② 이성보다는 인간의 감정과 상상력을 중시하였다.
③ 자연의 아름다움을 노래하는 시들이 창작되었다.
④ 현실 세계보다는 초자연적인 세계와 이상 세계에 대한 동경심이 강조되었다.

04 고전 작품을 오랜 세월을 두고 연습하는 기교(art)로서의 시는 신고전주의에서 강조하는 이상적인 시이다.

04 낭만주의 시대의 시의 특징에 대한 설명으로 옳지 않은 것은?
① 고전 작품을 오랜 세월을 두고 연습하는 기교(art)로서의 시를 강조한다.
② 형식, 장르, 용어 간의 일치를 강조하는 적정률(decorum)의 파괴를 주장한다.
③ 일반 서민들의 소박하고 꾸밈이 없는 일상적인 언어를 사용하는 것이 낭만주의 시의 언어적 특징이다.
④ 신고전주의 시인들이 사용하던 영웅시체 이행연구(heroic couplet)의 형식에서 벗어나서 자유로운 무운시(blank verse) 형식을 사용했다.

05 인물을 둘러싼 외부의 상황이나 사건의 전개에 초점을 맞추지 않고 인물의 내면 의식 세계에 초점을 맞추는 모더니즘 소설은 20세기 전반의 소설의 경향이다.

05 낭만주의 시대의 소설에 대한 설명으로 옳지 않은 것은?
① 월터 스콧(Walter Scott)은 역사 소설 장르를 개척했다.
② 제인 오스틴은 낭만주의 시대의 인간관과 가치관을 가장 잘 묘사한 작가이다.
③ 18세기 말에 고딕 소설 형식이 나타났고, 낭만주의 시대로 넘어오면서 본격적으로 유행하게 되었다.
④ 인물을 둘러싼 외부의 상황이나 사건의 전개에 초점을 맞추지 않고 인물의 내면 의식 세계에 초점을 맞추었다.

정답 03 ① 04 ① 05 ④

06 윌리엄 워즈워스(William Wordsworth)에 대한 설명으로 옳지 않은 것은?

① 낭만주의 시대의 대표적인 시인이자 낭만주의 시론을 정립한 시인이다.
② 자연에 대한 경외심과 소박한 서민들의 삶을 평범하고 일상적인 서민들의 소박한 언어로 노래했다.
③ 마법 같은 상상의 초월적 세계, 미지의 세계, 고대의 영웅의 마법 같은 세계, 환상을 통해 본 기이하고 신비한 세계 등을 표현하고 추구했다.
④ 훌륭한 시는 감정의 자연스러운 흘러넘침(the spontaneous overflow of powerful feelings)이라고 설명하면서 시인의 주관적 내면을 강조했다.

> 06 마법 같은 상상의 초월적 세계, 미지의 세계, 고대의 영웅의 마법 같은 세계, 환상을 통해 본 기이하고 신비한 세계 등을 표현하고 추구한 시인은 사무엘 테일러 콜리지(Samuel Taylor Coleridge)다.

07 다음 설명에 해당하는 작가는?

> 윌리엄 워즈워스(William Wordsworth)와 함께 발행한 공동 시집 『서정 민요 시집』(Lyrical Ballads, 1798)을 통해 영국의 낭만주의 시대를 연 대표 시인이다. 워즈워스가 일상적인 것을 소재로 선택해 상상력을 통해 비범한 통찰을 이끌어 냈다면, 이 시인은 비일상적이고, 초자연적인 것을 소재로 선택해서 현실 속에 실재한 것처럼 표현했다.

① John Keats
② Percy Bysshe Shelley
③ George Gordon Byron
④ Samuel Taylor Coleridge

> 07 사무엘 테일러 콜리지(Samuel Taylor Coleridge)에 대한 설명이다.

정답 06 ③ 07 ④

08 「서풍에 부치는 노래」(Ode to the West Wind)는 퍼시 비쉬 셸리(Percy Bysshe Shelley)의 작품이다.

08 조지 고든 바이런(George Gordon Byron)에 대한 설명으로 옳지 않은 것은?

① 제도의 억압과 인습에 대한 비판이 담겨 있기 때문에 바이런의 시에는 낭만주의적 요소가 강하다.
② 「서풍에 부치는 노래」(Ode to the West Wind)를 통해 사회 제도의 모순과 인습의 혁신의 필요성을 표현했다.
③ 신고전주의 시인들의 영웅시체 이행연구 형식을 사용하고, 포프와 드라이든의 시 형식을 극찬하면서 낭만주의 시인들을 풍자했다.
④ 저항 정신으로 무장되었지만 이상향을 추구하는 전형적인 낭만주의 시대의 영웅적 인물인 바이런적 영웅(Byronic hero)을 만들어냈다.

09 존 키츠(John Keats)에 대한 설명이다.

09 다음 설명에 해당하는 작가는?

> 단순하고 열정적으로 오직 아름다움을 위한 아름다움을 충실히 따른 시인이다. 낭만주의 시대의 시인들 중에서 가장 순수하고 감각적인 시를 쓴 시인으로 평가받는다. 송시(Ode) 연작시에는 시인의 시적 주제인 인생의 유한성과 아름다움, 죽음, 예술을 통한 아름다움의 경험 등이 표현된다.

① John Keats
② Percy Bysshe Shelley
③ George Gordon Byron
④ Samuel Taylor Coleridge

정답 08 ② 09 ①

10 제인 오스틴(Jane Austen)에 대한 설명으로 옳지 않은 것은?

① 작가의 이탈(Digression)을 자주 사용하면서 특정 주제에 대한 작가의 의견을 피력했다.
② 중산층의 가정과 일상에서 벌어지는 크고 작은 사건들을 매우 세밀하고 정교하게 묘사했다.
③ 가정이라는 작은 울타리를 넘어설 수 없는 여성들의 입장과 심리를 대변하는 소설을 통해 많은 공감을 이끌어냈다.
④ 명확한 기승전결 구조를 통해 이야기에 대한 몰입도를 높이면서 등장인물들의 지위와 신분에 맞는 어휘들을 선별적으로 사용했다.

10 제인 오스틴은 작가의 이탈(Digression) 없이 명확한 기승전결 구조를 통해 이야기에 대한 몰입도를 높였다. 헨리 필딩과 같은 18세기의 소설 작가들이 이탈(Digression)을 자주 사용했다.

11 다음 설명에 해당하는 작가는?

> 소설가, 극작가, 수필가, 전기 작가, 여행 작가로 다방면에서 활동했다. 고딕 소설이자 초기 과학 소설로 인정받는 『프랑켄슈타인』(*Frankenstein ; or, The Modern Prometheus*)으로 당대의 문학과 대중문화에 엄청난 파급력을 행사했다.

① Jane Austen
② Mary Shelley
③ Daniel Defoe
④ Henry Fielding

11 메리 셸리(Mary Wollstonecraft Shelley)에 대한 설명이다.

12 다음 중 작가와 작품의 관계가 맞지 않는 것은?

① John Keats – *Adonais*
② William Wordsworth – *The Prelude*
③ George Gordon Byron – *Childe Harold's Pilgrimage*
④ Samuel Taylor Coleridge – *The Rime of the Ancient Mariner*

12 퍼시 비쉬 셸리(Percy Bysshe Shelley)는 「아도네이스」(*Adonais*, 1821)를 통해 그리스 로마 신화를 변형해 자신의 친구 존 키츠의 죽음에 대한 애도를 노래하기도 했다.

정답 10 ① 11 ② 12 ①

13 윌리엄 블레이크(William Blake)에 대한 설명이다.

13 다음 설명에 해당하는 작가는?

> 낭만주의 시인으로, 신비적인 환상(vision)을 강조하면서 자신만의 거대한 상징체계를 구축했다. 그는 18세기 신고전주의 시인들과는 대조적으로 파격적인 감성과 내용 그리고 시 형식을 통해 자신의 작품 세계를 표현했다. 인간과 신 그리고 선과 악에 대한 환상(vision)과 자신만의 상징체계를 통해 예언시(prophetic poems)를 창작했다.

① William Wordsworth
② William Blake
③ Samuel Taylor Coleridge
④ George Gordon Byron

정답 13 ②

제 7 편

빅토리아 시대
(Victorian Age, 1837-1901)

제1장	시대적 배경
제2장	문학의 특징
제3장	대표 작가와 작품
실전예상문제	

| 단원 개요 |

빅토리아 시대는 영국 역사상 가장 강력한 국가적 번영을 경험하면서 경제적 발전과 동시에 종교의 쇠퇴, 빈부격차 등의 명암을 경험한 시대이다. 빅토리아 시대 초기와 중기에는 신사(Gentleman, 젠틀맨)의 체면 중시와 도덕적 진지함이 중시되고, 소설과 산문의 전성기를 맞는다. 후기에는 세기말적 유미주의(Aestheticism)와 신낭만주의자인 라파엘 전파(Pre-Raphaelites)가 나타난다.

| 출제 경향 및 수험 대책 |

수험생들이 초점을 맞추어야 하는 학습 요소로는 작품 속 주제로 등장하는 체면 중시(Respectability)와 도덕적 진지함(Moral Seriouness), 다양한 시 형식의 특징, 극작가 오스카 와일드(Oscar Wilde)의 풍자극 『진지함의 중요성』(*The Importance of Being Earnest*, 1895) 등이 있다. 특히 소설의 전성기를 이끈 빅토리아 시대의 작가들과 작품 세계 및 사실주의 소설의 특징을 중점적으로 학습할 필요가 있다.

※ 수험생의 학습과 이해를 돕기 위해 대부분의 작가와 작품명을 한글(영어) 형식으로 병기했습니다. 실제 시험에서는 주로 영어로 표기되오니 참고하시기 바랍니다.

보다 깊이 있는 학습을 원하는 수험생들을 위한
시대에듀의 동영상 강의가 준비되어 있습니다.
www.sdedu.co.kr ➔ 회원가입(로그인) ➔ 강의 살펴보기

제 1 장 시대적 배경

영국 문학사의 빅토리아 시대는 1837년부터 1901년까지 빅토리아 여왕(Queen Victoria)이 통치한 시기를 가리킨다. 빅토리아 여왕 시기는 대영제국으로서 영국 역사상 가장 강력한 제국이었으며, 산업혁명으로 인해 최고의 경제 대국이 되었다. 전 세계 영토의 1/4을 식민지로 가졌다. 빅토리아 시대의 영국은 유례없는 경제적 번영을 누렸지만 동시에 극심한 빈부격차와 같은 사회 갈등을 겪기도 했다. 또한 과학의 급속한 발전과 경제적 번영으로 물질만능주의가 팽배하고 동시에 종교의 영향력이 약화되면서 기존 질서에 대한 회의와 정서적 황폐함도 함께 경험하는 시기였다. 일반적으로 빅토리아 시대는 초기, 중기, 후기로 구분한다.

1 빅토리아 시대 초기(1837-1848)

(1) 도시화와 극심한 빈부격차 중요

빅토리아 초기 시대는 산업혁명이 야기한 도시화와 양극화의 문제가 사회적인 문제로 대두되었다. 산업혁명으로 인해 대량 생산이 가능해졌고, 농업에서 산업으로 국가의 산업체계가 바뀌면서 많은 사람들이 도시로 이주했다. 하지만 협소한 공간에 많은 사람들이 몰리면서 도시의 공공 위생이 열악해졌고, 전염병이 더 자주 발생했으며, 공장의 매연과 악취로 인해 하층민들은 더 어려운 삶으로 내몰렸다.

산업혁명으로 인해 공장에 대량 생산이 가능한 기계가 개발되고, 기차와 증기선과 같은 운송 체계까지 갖추어 가면서 경제적 산물과 이윤이 만들어졌지만, 부의 분배가 중상위층으로 집중되면서 빈부의 격차가 심해졌고 노동자들의 삶은 더 비참해지고 있었다. 여성과 아동의 노동 시간을 제한하는 공장법(Factory Law, 1833)과 빈민들의 삶의 질을 보장하기 위한 빈민법(Poor Law, 1834) 제정과 같은 노력이 있었지만 열악한 노동자들의 삶은 변하지 않았다.

(2) 불경기와 하층민의 생활고

자본가, 공장주, 상인들의 부는 점점 더 커지고, 노동자들과 하층민들의 삶은 점점 더 힘들어졌다. 심지어 1840년대는 극심한 불경기, 실업, 저임금, 곡물 가격의 폭등 등으로 국가적으로 매우 위태로운 시기였다. 하지만 곡물법(Corn Law)을 폐지하여 곡물 가격의 안정을 되찾고 동시에 무역을 활성화함으로써 국내 경제의 숨통을 틔우고, 빅토리아 여왕 중기의 국가의 부와 성장을 위한 발판을 마련했다.

2 빅토리아 시대 중기(1848-1879)

(1) 해가 지지 않는 대영제국의 중흥기 중요

빅토리아 중기 시대는 영국 역사상 가장 강력하고 부유한 국가적 번영의 시기이다. 농업 중심의 귀족사회에서 상공업 중심의 산업사회로 전환을 마무리하는 시기였다. 영국은 산업혁명을 가장 먼저 시작한 국가로서, 그리고 세계에서 가장 기술과 산업이 진보한 국가로서의 위상을 1851년 런던 박람회(The Great Exhibition)를 통해 전 세계에 알렸다.

영국은 산업혁명이 야기한 기술력을 바탕으로 세계 무역의 중심 국가가 되었다. 관세 개혁을 통해 국가 간의 관세를 최소화함으로써 자유무역 정책을 펼쳤고, 영국은 세계 무역의 중심국가로서 많은 부를 갖게 되었다. 특히 런던은 세계 무역의 중심 도시이자, 전 세계 은행 도시의 기능도 담당했다.

1876년 영국 법령을 통해 빅토리아 여왕은 인도의 여왕(Empress of India)이 되었고, 사망한 1901년까지 인도의 황제 직위를 유지했다. 빅토리아 중기에는 전 세계 1/4에 해당하는 영토를 식민지로 삼으면서 해가 지지 않는 나라로 불릴 만큼 대영제국의 중흥기를 맞았다.

(2) 진화론과 공리주의의 발생과 종교의 쇠퇴

1859년에 찰스 다윈(Charles Darwin)은 『종의 기원』(On the Origin of Species, 1859)을 통해 진화론을 주장했고 지질학, 천문학 등 전반적인 과학이 발전했다. 진화론과 과학의 발전으로 인해 종교의 권위와 기독교적 세계관이 약화되었다.

또한 제레미 벤담(Jeremy Bentham)이 최대 다수의 최대 행복을 주장하는 공리주의(Utilitarianisin)를 주장했다. 공리주의는 유용성을 최우선의 가치로 내세웠기 때문에 정량화될 수 없는 사랑, 믿음, 정의와 같은 종교적 가치들을 경시했다. 또한 국가와 다수의 행복을 위해 하층민 노동자의 희생을 당연시하는 부정적인 결과도 낳았다.

(3) 중간 계급의 부상 중요

대규모 토지를 소유한 전통 귀족 계급과 대농장 혹은 무역업을 통해 부를 축적한 젠트리 계급을 위협할 수 있는 새로운 중간 계층이 부상했다. 중간 계급은 산업혁명의 결과로 생긴 금융, 산업, 언론 등과 같은 영역에서 부를 축적하여 자신들만의 일정한 재산을 형성한 계층이다. 빅토리아 여왕 시대에는 중세 후기 토지 소유자 계층으로 부상하면서 청교도혁명을 이끈 젠트리 계급과 새롭게 부상한 산업자본가 계층인 중간 계급이 국가의 공업, 무역업을 주도했다.

중간 계급은 귀족 계급과 젠트리 계급과는 다른 자신들만의 가치관을 갖고 있었다. 중간 계급은 근면, 성실을 바탕으로 자립한 계층으로서 귀족 계급과 젠트리 계급의 전통적 가치에 얽매이지 않으면서 자신들만의 신념을 만들어냈다. 중간 계급은 외형적 형식을 중요시하는 '체면 중시'(respectability)라는 가치와 청교도적 근면, 성실의 가치를 중시했고, 이러한 중간 계급의 정신이 빅토리아 시대의 정신을 대표했다. 서서히 젠트리 계급과 중간 계급 간의 경계가 흐려지면서 새로운 의미의 젠틀맨(Gentleman)이라는 개념이 생겼다.

(4) 교육 기회의 확대

빅토리아 여왕 이전의 교육은 귀족들을 위한 특권이었지만, 빅토리아 여왕 시대에는 귀족 출신에게만 가능했던 수준의 교육을 중간 계급 집안의 자녀들에게로 확대했다. 사립학교와 종교재단의 학교들이 설립되면서 전 국민적인 교육 제도를 실시했다.

3 빅토리아 시대 후기(1880-1901)

(1) 경제력의 쇠퇴

팽창하던 영국의 국력과 경제력은 1880년대부터 서서히 쇠퇴기로 접어들게 된다. 경제적으로 급성장한 독일과 미국의 부상으로 공업의 주도권을 내어주게 되고, 이탈리아, 일본, 러시아 등 산업혁명 후발 주자들의 선전으로 인해 독점적으로 누리던 자유무역의 특권을 서서히 내어주게 되었다. 상공업과 무역에서의 독점적 지위를 서서히 경쟁국들에게 잃어버린 영국은 국내 농산물 흉작으로 인한 곡물 가격의 폭등과 도시 빈민의 증가로 인해 어려움을 겪게 된다.

(2) 유미주의의 등장과 가치관의 변화

영국의 국력과 경제력이 팽창과 번영의 시기에서 쇠퇴기로 접어들면서 사회 전반적으로 세기말적 징조가 나타났고, 1890년대에는 중상주의를 비판하고 무관심과 심미적 쾌락을 추구하는 유미주의(Aestheticism)가 유행했다. 그리고 세기말적 유미주의(데카당스)로 발전하면서 빅토리아 시대를 상징하는 도덕적 진지성, 점잖음, 근면, 성실 등과 같은 가치들을 비판하고 20세기 모더니즘 시대로의 전환을 준비하게 된다.

> **더 알아두기**
>
> - **유미주의(Aestheticism)**
>   미적 가치의 창조를 예술의 유일한 목적으로 삼는 문예, 예술사조이다. 영국의 유미주의 운동은 1860년대에 시작되어 1890년대에 절정에 이르렀다. 영국 문학사에서 유미주의자에는 낭만주의 시인 존 키츠와 라파엘 전파(Pre-Raphaelites) 시인들이 있다. 유미주의자들은 사회적 효용성이 아닌 예술을 위한 예술(art for art's sake)을 추구하고, 내용보다는 형식적 아름다움에 몰두하면서 예술의 자족성(autonomy)을 추구한다.
>
> - **데카당스(Décadence)**
>   데카당스는 퇴폐주의적이고 세기말적인 문예 사조를 가리키는 말이다. 19세기 후반 유미주의가 쾌락주의 성격이 강해지면서 세기말적 유미주의를 데카당스로 부르기 시작했다. 데카당스는 방탕, 우울, 절망, 염세주의 등과 같은 세기말적·퇴폐주의적 문예 사조이다. 데카당스는 로마 말기의 문화 즉, 고전주의적 미의식을 거부하고 융성기보다는 몰락기의 문화에 내재한 관능주의적 성향, 과민한 자의식, 현실 사회에 대한 반감, 기괴한 제재에 대한 흥미 등을 추구한다.

- **라파엘 전파(Pre-Raphaelites)**
  라파엘 전파는 1848년에 단테 가브리엘 로제티(Dante Gabriel Rossetti), 홀먼 헌트(Holman Hunt), 밀레이(J. Millais) 등 7명의 젊은 영국 예술가들이 결성한 모임이다. 이들은 신비로움과 단순함 그리고 순수함을 추구하는 중세 예술로 돌아가자는 신낭만주의자들이다. 이들은 빅토리아 시대의 산업 사회와 공리주의의 세계관과 물질만능주의, 과학만능주의에 반기를 들면서 중세적 순수미와 단순성을 복원하고자 했다.

제 2 장 | 문학의 특징

1 빅토리아 시대 영문학의 특징적 요소

(1) 낭만주의의 감성주의에서 청교도적 도덕관으로의 이동

빅토리아 시대는 낭만주의 시대의 지나친 감성주의를 배격하고, 청교도적 도덕관과 윤리관이 지배했다. 낭만주의 시대의 지나친 개인주의는 절제와 체면 중시(Respectability)로 대체되었고, 과도한 감성주의는 금욕과 도덕적 진지함(Moral Seriousness)으로 대체되었다. 빅토리아 여왕도 남편과의 사별 후 약 40년 동안 절제와 금욕을 실천하며 가정적인 미덕의 본보기가 되면서 청교도적 도덕관과 엄격한 도덕률이 사회의 기풍이 되었다.

(2) 빅토리아 시대 정신 : 신사(Gentleman, 젠틀맨)의 체면 중시와 도덕적 진지함 중요

빅토리아 시대에는 전통적인 토지와 농업 기반의 귀족 계급은 쇠퇴하였다. 작위는 없었지만 지방 향사 출신이면서 토지를 소유한 젠트리 계급의 사람들은 젠틀맨(Gentleman)으로 불렸다. 산업혁명 이후 산업국가로의 전환과정에서 상공업에서 막대한 부를 축적하면서 새롭게 부상한 중간 계급과 젠트리 계급이 등장했고, 막대한 자본력을 가진 두 계급 집단인 중간 계급과 젠트리 계급은 함께 사업을 하면서 서서히 계급 간의 경계가 흐려졌다. 즉, 빅토리아 시대에는 계급 간의 경계가 이전 시대에 비해 흐려지고 유동성이 더 많이 생겼다. 계급 이동의 유동성과 신분 상승의 기회를 제공했던 빅토리아 여왕 시대에 젠틀맨(Gentleman)이라는 넓은 의미의 개념이 생겼다.

빅토리아 시대의 신사(Gentleman, 젠틀맨)의 개념은 귀족이나 젠트리 계급에 국한되지 않고, 점잖은 행동양식을 갖추고 교양 있게 행동하며 자신들의 품위를 유지할 수 있을 만큼의 재산을 소유한 사람들을 아우르는 개념이 되었다. 비록 귀족의 작위가 없었음에도 불구하고 근면, 성실을 바탕으로 그리고 청교도적 도덕성을 바탕으로 성공을 일군 중간 계급의 사람들은 신사가 되기 위해 도덕적 진지함, 체면, 예법을 중시하게 되었고, 그것이 문학 작품에 반영되었다.

(3) 소설과 산문 장르의 전성기 중요

빅토리아 시대에는 소설 장르가 전성기를 맞았고 산문도 꽃을 피웠다. 하지만 낭만주의 시대까지 최고의 전성기와 많은 작품들을 만들어낸 시 장르는 쇠퇴했다. 산업혁명, 과학의 발전 등을 거치면서 발생한 사회 문제와 전통 기독교에 대한 회의 등에 대한 생각과 고민들을 나타내기에는 시 형식보다는 소설과 산문이 더 적합했기 때문이다.

2 빅토리아 시대의 시

(1) 다양한 주제, 다양한 시 형식 추구 중요

빅토리아 시대의 시는 하나로 관통되는 동일한 주제, 형식, 내용이 존재하지 않는다. 이 시기의 시인들은 다양한 주제, 다양한 형식을 실험하고 추구했다. 급속한 산업화와 과학 지식의 진보로 인해 전통적인 가치관들이 흔들리면서 시인들도 공통적으로 합의되는 하나의 통일된 양식을 지양하고, 자신만의 형식과 주제를 지향했다. 특징적인 형식과 주제는 다음과 같다.

① 장편 설화시(long narrative poetry)가 등장하였다.
② 극적 독백(Dramatic monologue)을 사용하였다.
③ 사실주의(realism)를 통한 영국의 사회문제를 고찰하였다.
④ 자서전적(autobiological) 요소를 사용하였다.
⑤ 형식을 통해 지나친 감정의 표현을 통제하였다.
⑥ 상징주의(symbolism)적 요소를 사용하였다.
⑦ 도덕성(morality)을 강조하였다.

(2) 빅토리아 시대 초기 : 낭만주의 시인들의 영향력 잔존

빅토리아 시대 초기에는 존 키츠와 같은 낭만주의 시인들의 영향을 많이 받았고, 여전히 감성을 시에 담기 위해 노력했다. 하지만 빅토리아 시대 중기를 향해 가면서 시적 소재가 자연에서 사회로 이동하기 시작한다.

(3) 빅토리아 시대 중기 : 도덕성 추구

빅토리아 시대 중기에는 시대정신인 도덕성을 추구하는 시들이 등장한다. 개인적인 자유보다는 사회적 자유와 도덕성을 강조하게 된다. 하지만 국가의 번영으로 인한 낙관적 미래와 기대감을 표현하는 시와 인간성의 하락과 고독을 노래하는 시가 동시에 나타난다.

(4) 빅토리아 시대 후기 : 유미주의(데카당스), 라파엘 전파

빅토리아 시대 후기에는 빅토리아 시대의 엄격함과 진지함을 비판하면서 유미주의적 · 쾌락주의적 요소가 나타난다. 빅토리아 시대 후기에는 물질주의, 과학만능주의에 대한 회의와 비판이 생기고, 퇴폐적인 세기말의 데카당스적이고 유미주의적인 풍조가 시에도 나타난다.

3 빅토리아 시대의 드라마

빅토리아 시대의 드라마는 다른 장르에 비해 활발하게 나타나지 못했다. 새로운 작품들이 창작되지는 않지만 극장은 많은 인기가 있었다. 1890년에 이르러 조지 버나드 쇼(George Bernard Shaw)와 오스카 와일드(Oscar Wilde)가 등장한 이후부터 다시 새로운 드라마들이 창작되었다.

유미주의자인 오스카 와일드는 『진지함의 중요성』(The Importance of Being Earnest, 1895)을 통해 빅토리아 시대의 중요한 가치였던 진지함에 대해 풍자했고, 조지 버나드 쇼는 스웨덴의 극작가 입센(Henrik Ibsen)의 영향을 받아서 자연주의적인 기법을 활용한 사회극을 통해 영국 사회의 세기말적 사회상을 비판했다. 조지 버나드 쇼는 19세기 빅토리아 시대와 20세기에 걸쳐서 활발한 활동을 했고, 그는 그의 주요 작품과 작품관으로 인해 주로 20세기 드라마 작가로 분류되기도 한다.

빅토리아 시대의 진정한 대표 드라마 작가와 작품은 오스카 와일드의 『진지함의 중요성』이다.

4 빅토리아 시대의 소설

빅토리아 시대는 리얼리즘 소설 즉, 사실주의 소설이 전성기를 누린 시기이다.

(1) 중산층의 부상과 소설의 전성기 [중요]

산업혁명과 영국의 국력 및 경제력의 증가로 인해 중간 계급이 새롭게 부상하고 그들은 영국 사회의 가장 중요한 중산층이 되었다. 구매력을 갖춘 중산층을 위한 소설들이 많이 창작되었고, 소설은 유례없는 전성기를 맞았다. 소설은 중산층의 세계관을 반영했고 중산층의 현실적인 문제들을 소재로 삼았다. 또한 기계와 기술의 발명으로 인해 대량으로 책을 만들어낼 수 있었고, 교육의 확대로 인해 문자를 읽을 수 있는 인구가 대폭 확대되었기 때문에 매월 발행되는 잡지나 정기 간행물을 통해 분할 연재되는 소설 형식도 생겨났다. 빅토리아 시대에는 많은 소설가들이 많은 작품을 창작했다.

각 시대별 대표 작가는 다음과 같다.

① 1830년대 : 찰스 디킨스(Charles Dickens)
② 1840년대 : 샬롯 브론테(Charlotte Brontë), 에밀리 브론테(Emily Brontë)
③ 1850년대 : 윌리엄 새커리(William Makepeace Thackeray)
④ 1860-70년대 : 조지 엘리엇(George Eliot)
⑤ 1880-90년대 : 토마스 하디(Thomas Hardy)

(2) 빅토리아 시대 초·중기 : 사실주의 소설 [중요]

찰스 다윈의 진화론과 벤담의 공리주의의 영향으로 빅토리아 시대에는 종교적인 절대적 믿음과 가치관이 쇠퇴하고, 이전 낭만주의 시대에 추구했던 낭만적 상상력과 감수성은 회의 대상이 되었다. 신과 인간 간의 관계가 아니라 인간과 인간, 사회와 인간 간의 관계가 더 중요해지고 소설 속에도 이러한 경향이 반영되었다. 중산층의 삶과 사회적인 문제들을 일상적이고 현실적으로 그려내는 데 초점을 맞추었다.

이러한 배경으로 인해 빅토리아조 시대에는 리얼리즘 소설 즉, 사실주의(Realism) 경향의 소설이 대세를 이루었다. 18세기에는 현실을 풍자하는 소설들이 등장했지만, 빅토리아 시대 소설에서는 풍자를 넘어서 현실 세계를 객관적으로 재현하고 인간과 사회의 문제점들을 객관적으로 묘사했다. 사실주의 소설은 사회개혁의 가능성과 인간의 가치를 중시한다.

영국 사실주의 소설의 특징은 다음과 같다.
① 현실 세계를 객관적인 시각으로 재현하는 데 초점을 맞춘다.
② 낭만주의 시대의 신화, 이상적인 세계를 배격하고, 현실 세계와 문제점들을 묘사한다.
③ 영웅적 인물이 아닌 평범한 일반 대중의 삶을 묘사한다.
④ 사실주의 소설 작가들은 지나치게 염세주의적인 태도를 배격하고, 사회를 바꿀 수 있다는 기대감을 갖고 개선을 위해 긍정적으로 사회의 실상을 반영한다.
⑤ 작품에 작가가 개입하지 않고, 작가의 개성을 반영하지 않으려고 노력한다.

> **더 알아두기**
>
> **사실주의 문학(Realism literature)**
> 낭만주의와 반대되는 개념인 사실주의 문학은 객관적으로 있는 그대로 정확하게 재현하려는 사조이다. 사실주의 문학 작가는 작가의 개성을 추구하던 낭만주의 작가의 태도와는 달리 객관성을 갖고 현실을 있는 그대로 관찰하여 묘사하는 데 초점을 맞춘다. 대표적인 영국의 사실주의 소설가는 찰스 디킨스(Charles Dickens)와 윌리엄 새커리(William M. Thackeray)이다.

(3) 빅토리아 시대 후기 : 자연주의 소설의 등장

빅토리아 시대 후기에는 사회개혁과 인간의 가치에 중점을 두었던 사실주의 소설의 기조를 이어 받았지만, 빅토리아 시대 후기에 드러난 산업화의 부작용인 물질만능주의와 세기말적 유미주의(데카당스)의 영향으로 인해 자연주의 소설이 등장했다. 사회개혁과 개선 가능성에 긍정적인 태도를 보인 사실주의 소설과 달리, 자연주의 소설은 진화론과 유물론 등과 같은 결정론적 철학에 초점을 맞추면서 사회와 인간의 어둡고 추한 면을 묘사한다. 즉, 자연주의 소설은 사회개혁과 개선 가능성에 부정적인 태도를 취한다. 자연주의 소설은 인간의 추악한 본능과 어두운 면을 드러내는 데 집착하고, 자연의 파괴력에 무너지는 인간의 결정론적 운명을 표현한다.

> **더 알아두기**
>
> **자연주의 문학(Naturalism literature)**
> 문학에 자연과학적 방법을 적용한다는 의미에서 자연주의 문학이라고 일컫게 되었다. 자연과학자가 현미경을 통해 자연 현상의 미세한 부분까지 관찰하듯이, 자연주의 작가들도 자연과학자들처럼 인간의 운명을 엄정하고 객관적으로 묘사하기 위해 노력한다. 인간의 삶과 사회의 문제들을 객관적으로 묘사하는 것은 사실주의와 동일하지만, 자연주의는 인간의 욕망, 인간의 삶과 사회를 해부하고 분석함으로써 삶의 실체적 진실에 접근하려고 한다. 자연주의는 진화론이나 유물론 같은 결정론, 즉 인간의 성격과 운명은 환경과 유전에 의해 결정된다는 결정론에 근거를 두고 인간과 사회의 개선 가능성을 비관적으로 예측한다. 사실주의 문학가들이 개선 가능성이라는 긍정적인 태도를 견지한다면, 자연주의 문학가들은 부정적인 태도를 견지하면서 사회와 인간의 삶의 어두운 면과 암울한 미래를 묘사한다.

5 빅토리아 시대의 산문

빅토리아 시대는 소설과 산문 문학이 꽃피운 시기이다. 산업혁명이 가져다 준 경제적 번영의 긍정적인 부분도 있지만 그 이면에 숨어 있는 극심한 빈부격차, 여성과 아이들 문제, 노동자들의 참혹한 현실 등과 같은 부정적인 부분도 많았다. 산문 작가들은 이러한 문제들에 대해 다양한 의견을 개진하고 독자들을 설득하기 위해 노력했다. 같은 주제를 두고 서로 논박을 펼치기도 하면서 영국 사회가 당면한 사회적 문제점들과 인간성에 대해 고찰하는 산문들을 창작했다.

토마스 칼라일(Thomas Carlyle)은 공리주의와 물질문명에 대해 비판했고, 존 러스킨(John Ruskin)은 예술적 낭만성과 인도주의적 경제학을 주장했다. 월터 페이터(Walter Horatio Pater)는 예술을 위한 예술을 주장하면서 유미주의의 선구적 역할을 했으며, 매슈 아놀드(Matthew Arnold)는 중간 계급의 하층민 노동착취와 속물근성을 비판했다.

제3장 대표 작가와 작품

1 시

(1) 알프레드 테니슨(Alfred Tennyson, 1809-1892) 중요

① 작가와 작품관

테니슨은 빅토리아 시대를 대표하는 낭만적 서정 시인이다. 캠브리지 대학 출신인 테니슨은 워즈워스에 이어 계관시인으로 임명되었고, 1884년에는 작위를 받아 경(Lord)의 칭호까지 얻은 빅토리아 시대 최고의 시인으로 평가된다.

테니슨은 빅토리아 시대 다른 시인들처럼 다양한 주제에 대해 노래했다. 테니슨은 낭만주의 시대 유미주의자인 존 키츠에게 영향을 받아서 과거를 회상하고 노래하는 감상적인 서정시를 창작했다. 이후 빅토리아 시대의 과학의 발전과 미래에 대한 긍정과 낙관을 그리고, 대영제국 국민들의 애국심을 고취시키는 시를 창작했다. 동시에 과학 발전으로 인한 종교에 대한 회의, 경제 발전 이면의 가치관의 혼란 등에 대한 시도 창작했다. 그리고 캠브리지 대학 시절 가장 친했던 친구이면서 자신의 여동생의 약혼자인 아서 헨리 할렘(Arthur Henry Hallam)의 죽음 이후 큰 슬픔에 빠졌고, 친구를 추도하는 장편의 비가(elegy) 『A. H. H.를 추억하며』(*In Memoriam A. H. H.*, 1850)를 창작했다.

테니슨은 탁월한 언어 감각을 가진 시인으로 평가된다. 개인적 아름다움을 추구한 낭만주의 서정 시인이다. 테니슨은 영국 시인 중에서 가장 섬세한 귀(finest ear)를 가졌다고 평가되고, 말의 발견자(discoverer of words)와 언어의 주인(lord of language)으로 평가될 만큼 언어적 감각이 탁월했다. 테니슨의 시에는 낭만주의 시 형식(form)과 상징주의(symbolism)가 내재되어 있다.

② 대표작품

㉠ 「부서져라, 부서져라, 부서져라」(*Break, Break, Break*, 1842)[1]

캠브리지 대학 시절 가장 친했던 친구이면서 자신의 여동생의 약혼자인 아서 헨리 할렘이 죽었다는 소식을 들은 후 슬픔을 표현한 비가이다. Break는 저녁 해변에서 부서지는 파도 소리와 부서지는 파도처럼 슬픔으로 무너지는 시적 화자의 마음의 언어이고, 동시에 육신의 쓰러짐, 즉 죽음을 상징하고 있다.

> **Break, Break, Break**
>
> Break, break, break,
> On thy cold gray stones, O Sea!
> And I would that my tongue could utter
> The thoughts that arise in me.

---

[1] https://www.poetryfoundation.org/poems/45318/break-break-break

> O, well for the fisherman's boy,
>   That he shouts with his sister at play!
> O, well for the sailor lad,
>   That he sings in his boat on the bay!
>
> And the stately ships go on
>   To their haven under the hill;
> But O for the touch of a vanish'd hand,
>   And the sound of a voice that is still!
>
> Break, break, break
>   At the foot of thy crags, O Sea!
> But the tender grace of a day that is dead
>   Will never come back to me.

ⓒ 「율리시스」(*Ulysses*, 1842)[2]

낭만주의 시적 전통을 계승한 시로서 중세의 기사도, 전설, 그리스 로마 시대의 고전적 소재를 사용하고 있다. 율리시스의 모험을 통해 당시 빅토리아 여왕 시대의 영국의 기상, 낙관적 미래, 과학과 문명의 발전 등을 노래한다.

> **Ulysses**
>
> It little profits that an idle king,
> By this still hearth, among these barren crags,
> Match'd with an aged wife, I mete and dole
> Unequal laws unto a savage race,
> That hoard, and sleep, and feed, and know not me.
> I cannot rest from travel: I will drink
> Life to the lees: All times I have enjoy'd
> Greatly, have suffer'd greatly, both with those
> That loved me, and alone, on shore, and when
> Thro' scudding drifts the rainy Hyades
> Vext the dim sea: I am become a name;
> For always roaming with a hungry heart
> Much have I seen and known; cities of men
> And manners, climates, councils, governments,
> Myself not least, but honour'd of them all;
> And drunk delight of battle with my peers,

---

[2] https://www.poetryfoundation.org/poems/45392/ulysses

Far on the ringing plains of windy Troy.
I am a part of all that I have met;
Yet all experience is an arch wherethro'
Gleams that untravell'd world whose margin fades
For ever and forever when I move.
How dull it is to pause, to make an end,
To rust unburnish'd, not to shine in use!
As tho' to breathe were life! Life piled on life
Were all too little, and of one to me
Little remains: but every hour is saved
From that eternal silence, something more,
A bringer of new things; and vile it were
For some three suns to store and hoard myself,
And this gray spirit yearning in desire
To follow knowledge like a sinking star,
Beyond the utmost bound of human thought.

   This is my son, mine own Telemachus,
To whom I leave the sceptre and the isle,—
Well-loved of me, discerning to fulfil
This labour, by slow prudence to make mild
A rugged people, and thro' soft degrees
Subdue them to the useful and the good.
Most blameless is he, centred in the sphere
Of common duties, decent not to fail
In offices of tenderness, and pay
Meet adoration to my household gods,
When I am gone. He works his work, I mine.

   There lies the port; the vessel puffs her sail:
There gloom the dark, broad seas. My mariners,
Souls that have toil'd, and wrought, and thought with me—
That ever with a frolic welcome took
The thunder and the sunshine, and opposed
Free hearts, free foreheads—you and I are old;
Old age hath yet his honour and his toil;
Death closes all: but something ere the end,
Some work of noble note, may yet be done,
Not unbecoming men that strove with Gods.

> The lights begin to twinkle from the rocks:
> The long day wanes: the slow moon climbs: the deep
> Moans round with many voices. Come, my friends,
> 'T is not too late to seek a newer world.
> Push off, and sitting well in order smite
> The sounding furrows; for my purpose holds
> To sail beyond the sunset, and the baths
> Of all the western stars, until I die.
> It may be that the gulfs will wash us down:
> It may be we shall touch the Happy Isles,
> And see the great Achilles, whom we knew.
> Tho' much is taken, much abides; and tho'
> We are not now that strength which in old days
> Moved earth and heaven, that which we are, we are;
> One equal temper of heroic hearts,
> Made weak by time and fate, but strong in will
> To strive, to seek, to find, and not to yield.

ⓒ 「눈물, 하염없는 눈물」(Tears, Idle Tears, 1847)[3]

『공주』(The Princess, 1847)의 「눈물, 하염없는 눈물」은 테니슨이 틴턴사원을 방문했을 때 가을의 정경을 노래한 시이다. 가을 정경을 통해 과거를 회상하면서 친구 헨리 할렘을 그리워하고 있다.

> **from The Princess : Tears, Idle Tears**
>
> Tears, idle tears, I know not what they mean,
> Tears from the depth of some divine despair
> Rise in the heart, and gather to the eyes,
> In looking on the happy Autumn-fields,
> And thinking of the days that are no more.
>
>   Fresh as the first beam glittering on a sail,
> That brings our friends up from the underworld,
> Sad as the last which reddens over one
> That sinks with all we love below the verge;
> So sad, so fresh, the days that are no more.
>
>   Ah, sad and strange as in dark summer dawns
> The earliest pipe of half-awaken'd birds
> To dying ears, when unto dying eyes

---

3) https://www.poetryfoundation.org/poems/45384/the-princess-tears-idle-tears

> The casement slowly grows a glimmering square;
> So sad, so strange, the days that are no more.
>
>   Dear as remember'd kisses after death,
> And sweet as those by hopeless fancy feign'd
> On lips that are for others; deep as love,
> Deep as first love, and wild with all regret;
> O Death in Life, the days that are no more!

② 『A. H. H.를 추억하며』(*In Memoriam A. H. H.*, 1850)

  ⓐ 이 작품은 장시이자, 친구 헨리 할렘을 추모하는 비가(elegy)이다. 이 추모시는 셸리가 그리스 로마 신화를 변형해 자신의 친구 존 키츠의 죽음에 대한 애도를 노래했던 「아도네이스」(*Adonais*, 1821)와 비견되는 작품이다.

  ⓑ 『A. H. H.를 추억하며』(*In Memoriam A. H. H.*, 1850)의 일부[4]

> **In Memoriam A. H. H.**
>
> III
>
> O Sorrow, cruel fellowship,
>   O Priestess in the vaults of Death,
>   O sweet and bitter in a breath,
> What whispers from thy lying lip?
>
> 'The stars,' she whispers, 'blindly run;
>   A web is wov'n across the sky;
>   From out waste places comes a cry,
> And murmurs from the dying sun:
>
> 'And all the phantom, Nature, stands—
>   With all the music in her tone,
>   A hollow echo of my own,—
> A hollow form with empty hands.'
>
> And shall I take a thing so blind,
>   Embrace her as my natural good;
>   Or crush her, like a vice of blood,
> Upon the threshold of the mind?

---

[4] https://poets.org/poem/memoriam-h-h

IV
To Sleep I give my powers away;
　My will is bondsman to the dark;
　I sit within a helmless bark,
And with my heart I muse and say:

O heart, how fares it with thee now,
　That thou should'st fail from thy desire,
　Who scarcely darest to inquire,
'What is it makes me beat so low?'

Something it is which thou hast lost,
　Some pleasure from thine early years.
　Break, thou deep vase of chilling tears,
That grief hath shaken into frost!

Such clouds of nameless trouble cross
　All night below the darken'd eyes;
　With morning wakes the will, and cries,
'Thou shalt not be the fool of loss.'

V
I sometimes hold it half a sin
　To put in words the grief I feel;
　For words, like Nature, half reveal
And half conceal the Soul within.

But, for the unquiet heart and brain,
　A use in measured language lies;
　The sad mechanic exercise,
Like dull narcotics, numbing pain.

In words, like weeds, I'll wrap me o'er,
　Like coarsest clothes against the cold:
　But that large grief which these enfold
Is given in outline and no more.

③ 주요 작품들
  ⊙ 『시집』(Poems, 1832) - 「샬롯의 처녀」(The Lady of Shalott, 1832)
  ⓛ 『시집』(Poems, 1842) - 「율리시스」(Ulysses, 1842)
  ⓒ 『공주』(The Princess, 1847) - 「눈물, 하염없는 눈물」(Tears, Idle Tears, 1847)
  ⓔ 『A. H. H.를 추억하며』(In Memoriam A. H. H. 1850)

(2) 로버트 브라우닝(Robert Browning, 1812-1889) 중요
 ① 작가와 작품관
  브라우닝은 테니슨의 음악성과 감각적인 언어와는 거리가 멀다. 브라우닝은 투박한 시어와 거친 화법을 구사하며 난해한 내용과 소재를 불규칙적인 리듬으로 전달한다. 브라우닝은 당대의 다른 시인과는 차별적으로 대담하고 거친 구어체 스타일과 파격적인 운율을 구사하는 시인이다. 빅토리아 시대의 낙천주의를 표현하며 여러 가지 다양한 시 형식을 실험했으며, 설화시(narrative poem), 극적 독백(dramatic monologue)이라는 기법을 확립한 시인으로 현대 시의 효시로 평가된다.
  브라우닝은 시적 화자의 진술을 통해 이야기를 묘사하고 전달하는 설화시(narrative poem)를 창작했다. 그리고 동시대의 시인들은 시인 자신이 직접 시적 화자가 되어 감정을 묘사했지만, 브라우닝은 제3의 화자를 등장시켜 감정과 이야기를 전달하는 극적 독백(dramatic monologue) 기법을 확립했다.

  > **더 알아두기**
  >
  > **브라우닝의 극적 독백(Dramatic Monologue)의 특징**
  > 브라우닝의 극적 독백은 시인이 직접 진술하지 않고, 객관적이고 중립적인 입장에서 제3의 화자의 진술을 마치 연극 무대에서 청자들이 듣고 있는 것같이 전달하는 기법이다. 브라우닝의 극적 독백은 다음과 같은 특징들을 가진다.
  > • 특정 시간, 상황을 설정하고 시적 화자가 가상의 청자에게 대화를 하는 드라마 형태이다.
  > • 화자와 청자를 분명하게 제시한다.
  > • 시인은 화자에 대한 평가를 내리지 않고 도덕적 중립을 유지하면서, 독자가 스스로 극적 독백의 주인공을 도덕적으로 판단하도록 유도한다.

 ② 대표작품
  ⊙ 「내 전처 공작부인」(My Last Duchess, 1842)[5]
   극적 독백 기법을 가장 잘 보여주는 브라우닝의 대표작이다. 브라우닝은 객관적이고 중립적으로 전달하는 공작의 진술을 들으면서 독자들이 공작과 그의 전처(Last Duchess)의 성격과 도덕성에 대한 판단을 내리도록 유도한다.

---

[5] https://www.poetryfoundation.org/poems/43768/my-last-duchess

My Last Duchess

That's my last Duchess painted on the wall,
Looking as if she were alive. I call
That piece a wonder, now; Fra Pandolf's hands
Worked busily a day, and there she stands.
Will't please you sit and look at her? I said
"Fra Pandolf" by design, for never read
Strangers like you that pictured countenance,
The depth and passion of its earnest glance,
But to myself they turned (since none puts by
The curtain I have drawn for you, but I)
And seemed as they would ask me, if they durst,
How such a glance came there; so, not the first
Are you to turn and ask thus. Sir, 'twas not
Her husband's presence only, called that spot
Of joy into the Duchess' cheek; perhaps
Fra Pandolf chanced to say, "Her mantle laps
Over my lady's wrist too much," or "Paint
Must never hope to reproduce the faint
Half-flush that dies along her throat." Such stuff
Was courtesy, she thought, and cause enough
For calling up that spot of joy. She had
A heart—how shall I say?— too soon made glad,
Too easily impressed; she liked whate'er
She looked on, and her looks went everywhere.
Sir, 'twas all one! My favour at her breast,
The dropping of the daylight in the West,
The bough of cherries some officious fool
Broke in the orchard for her, the white mule
She rode with round the terrace—all and each
Would draw from her alike the approving speech,
Or blush, at least. She thanked men—good! but thanked
Somehow—I know not how—as if she ranked
My gift of a nine-hundred-years-old name
With anybody's gift. Who'd stoop to blame
This sort of trifling? Even had you skill
In speech—which I have not—to make your will
Quite clear to such an one, and say, "Just this

> Or that in you disgusts me; here you miss,
> Or there exceed the mark"—and if she let
> Herself be lessoned so, nor plainly set
> Her wits to yours, forsooth, and made excuse—
> E'en then would be some stooping; and I choose
> Never to stoop. Oh, sir, she smiled, no doubt,
> Whene'er I passed her; but who passed without
> Much the same smile? This grew; I gave commands;
> Then all smiles stopped together. There she stands
> As if alive. Will't please you rise? We'll meet
> The company below, then. I repeat,
> The Count your master's known munificence
> Is ample warrant that no just pretense
> Of mine for dowry will be disallowed;
> Though his fair daughter's self, as I avowed
> At starting, is my object. Nay, we'll go
> Together down, sir. Notice Neptune, though,
> Taming a sea-horse, thought a rarity,
> Which Claus of Innsbruck cast in bronze for me!

ⓒ 「포필리아의 연인」(*Porphyria's Lover*, 1836)[6]

「포필리아의 연인」 또한 극적 독백의 기법을 잘 나타내는 작품이다. 사랑하는 여인(Porphyria)에게 사랑 고백을 받은 그 순간을 영원히 지속시키기 위해 사랑하는 여인을 교살한 한 남자의 독백으로서 브라우닝의 난해한 시적 세계를 나타낸다.

> **Porphyria's Lover**
>
> The rain set early in to-night,
>   The sullen wind was soon awake,
> It tore the elm-tops down for spite,
>   And did its worst to vex the lake:
>   I listened with heart fit to break.
> When glided in Porphyria; straight
>   She shut the cold out and the storm,
> And kneeled and made the cheerless grate
>   Blaze up, and all the cottage warm;
>   Which done, she rose, and from her form
> Withdrew the dripping cloak and shawl,
>   And laid her soiled gloves by, untied

---

6) https://www.poetryfoundation.org/poems/46313/porphyrias-lover

Her hat and let the damp hair fall,
    And, last, she sat down by my side
    And called me. When no voice replied,
She put my arm about her waist,
    And made her smooth white shoulder bare,
And all her yellow hair displaced,
    And, stooping, made my cheek lie there,
    And spread, o'er all, her yellow hair,
Murmuring how she loved me — she
    Too weak, for all her heart's endeavour,
To set its struggling passion free
    From pride, and vainer ties dissever,
    And give herself to me for ever.
But passion sometimes would prevail,
    Nor could to-night's gay feast restrain
A sudden thought of one so pale
    For love of her, and all in vain:
    So, she was come through wind and rain.
Be sure I looked up at her eyes
    Happy and proud; at last I knew
Porphyria worshipped me; surprise
    Made my heart swell, and still it grew
    While I debated what to do.
That moment she was mine, mine, fair,
    Perfectly pure and good: I found
A thing to do, and all her hair
    In one long yellow string I wound
    Three times her little throat around,
And strangled her. No pain felt she;
    I am quite sure she felt no pain.
As a shut bud that holds a bee,
    I warily oped her lids: again
    Laughed the blue eyes without a stain.
And I untightened next the tress
    About her neck; her cheek once more
Blushed bright beneath my burning kiss:
    I propped her head up as before,
    Only, this time my shoulder bore
Her head, which droops upon it still:
    The smiling rosy little head,

> So glad it has its utmost will,
>   That all it scorned at once is fled,
>   And I, its love, am gained instead!
> Porphyria's love: she guessed not how
>   Her darling one wish would be heard.
> And thus we sit together now,
>   And all night long we have not stirred,
>   And yet God has not said a word!

ⓒ 「리포 리피 신부」(*Fra Lippo Lippi*, 1855)
   ⓐ 르네상스 시기의 성직자를 통해 신앙과 종교적 회의에 대해 진술하는 극적 독백 기법을 활용한 작품이다.
   ⓑ 「리포 리피 신부」(*Fra Lippo Lippi*, 1855)의 일부7)

> **Fra Lippo Lippi**
>
> I am poor brother Lippo, by your leave!
> You need not clap your torches to my face.
> Zooks, what's to blame? you think you see a monk!
> What, 'tis past midnight, and you go the rounds,
> And here you catch me at an alley's end
> Where sportive ladies leave their doors ajar?
> The Carmine's my cloister: hunt it up,
> Do,—harry out, if you must show your zeal,
> Whatever rat, there, haps on his wrong hole,
> And nip each softling of a wee white mouse,
> Weke, weke, that's crept to keep him company!
> Aha, you know your betters! Then, you'll take
> Your hand away that's fiddling on my throat,
> And please to know me likewise. Who am I?
> Why, one, sir, who is lodging with a friend
> Three streets off—he's a certain ... how d'ye call?
> Master—a ... Cosimo of the Medici,
> I' the house that caps the corner. Boh! you were best!
> Remember and tell me, the day you're hanged,
> How you affected such a gullet's-gripe!
> But you, sir, it concerns you that your knaves
> Pick up a manner nor discredit you:

---
7) https://www.poetryfoundation.org/poems/43755/fra-lippo-lippi

> Zooks, are we pilchards, that they sweep the streets
> And count fair price what comes into their net?
> He's Judas to a tittle, that man is!
> Just such a face! Why, sir, you make amends.
> Lord, I'm not angry! Bid your hang-dogs go
> Drink out this quarter-florin to the health
> Of the munificent House that harbours me
> (And many more beside, lads! more beside!)
> And all's come square again. I'd like his face—
> His, elbowing on his comrade in the door
> With the pike and lantern,—for the slave that holds
> John Baptist's head a-dangle by the hair
> With one hand ("Look you, now," as who should say)
> And his weapon in the other, yet unwiped!
> It's not your chance to have a bit of chalk,
> A wood-coal or the like? or you should see!
> Yes, I'm the painter, since you style me so.

③ 주요 작품들
  ㉠ 「포필리아의 연인」(*Porphyria's Lover*, 1836)
  ㉡ 「내 전처 공작부인」(*My Last Duchess*, 1842)
  ㉢ 「리포 리피 신부」(*Fra Lippo Lippi*, 1855)
  ㉣ 『남과 여』(*Men and Women*, 1855)

(3) 매슈 아놀드(Matthew Arnold, 1822~1888) 종요

① 작가와 작품관

매슈 아놀드는 교육자이자 장학관으로서 영국 교육제도 개혁을 위해 노력했다. 빅토리아 시대의 비평가로 활동하기도 했던 매슈 아놀드는 산업화된 사회에서 소외된 인간과 영국 사회의 문제점들에 대해 지적했다. 아놀드는 명상 시인으로서 인간의 단절, 고독, 절망감 그리고 세기말적인 절망감 등을 노래했다. 하지만 이러한 비관적인 묘사에서 그치지 않고 아놀드는 교양, 문화, 계급적 이익을 초월한 보편적 가치와 질서 등을 통해 물질주의로 인한 황폐함과 부패한 사회를 개선할 수 있다고 주장했다.

② 대표작품 : 「도버 해협」(*Dover Beach*, 1867)[8]

아놀드의 대표 시 「도버 해협」은 명상시이다. 해변가에 밀려왔다가 사라지는 파도 소리를 들으면서 신명과 희망이 차올랐다가 다시 사라지는 것을 명상한다. 우울, 단절, 회의, 불확실성이 지배하고 있는 영국 사회에 대한 우울한 명상시이다.

---

[8] https://www.poetryfoundation.org/poems/43588/dover-beach

Dover Beach

The sea is calm tonight.
The tide is full, the moon lies fair
Upon the straits; on the French coast the light
Gleams and is gone; the cliffs of England stand,
Glimmering and vast, out in the tranquil bay.
Come to the window, sweet is the night-air!
Only, from the long line of spray
Where the sea meets the moon-blanched land,
Listen! you hear the grating roar
Of pebbles which the waves draw back, and fling,
At their return, up the high strand,
Begin, and cease, and then again begin,
With tremulous cadence slow, and bring
The eternal note of sadness in.

Sophocles long ago
Heard it on the Ægean, and it brought
Into his mind the turbid ebb and flow
Of human misery; we
Find also in the sound a thought,
Hearing it by this distant northern sea.

The Sea of Faith
Was once, too, at the full, and round earth's shore
Lay like the folds of a bright girdle furled.
But now I only hear
Its melancholy, long, withdrawing roar,
Retreating, to the breath
Of the night-wind, down the vast edges drear
And naked shingles of the world.

Ah, love, let us be true
To one another! for the world, which seems
To lie before us like a land of dreams,
So various, so beautiful, so new,
Hath really neither joy, nor love, nor light,
Nor certitude, nor peace, nor help for pain;

> And we are here as on a darkling plain
> Swept with confused alarms of struggle and flight,
> Where ignorant armies clash by night.

③ 주요 작품들
  ㉠ 「서시스」(*Thyrsis*, 1865)
  ㉡ 「도버 해협」(*Dover Beach*, 1867)

(4) 제라드 맨리 홉킨스(Gerard Manley Hopkins, 1844-1889)

① 작가와 작품관

종교적 소명감이 투철한 금욕주의자인 홉킨스는 브라우닝과 함께 현대 시의 선구자로 평가받는 시인이다. 홉킨스는 과감한 운율과 새로운 구문의 사용과 같은 시적 실험을 한 시인이다. 탈락, 도치, 압축, 생략 등과 같은 문법의 파괴를 통한 리듬과 운율에 대한 실험은 영국 시인들 중에서도 가장 난해하고 파격적인 실험으로 인정받으면서 현대 시의 선구자로 평가받는다. 일부 비평가들은 이러한 홉킨스의 시적 실험 정신과 그의 시의 독창성과 심오함은 20세기의 시인들보다 뛰어나다고 여기면서 그를 20세기 시인으로 분류하고 싶어 할 정도이다.

홉킨스는 자연 속에 나타나는 신의 영광스러운 모습을 노래하면서, 인간은 자신의 고유한 정체성(inscape)을 실현(instress)하는 과정을 통해 신에게 다가갈 수 있다고 역설한다. 홉킨스의 시에는 종교적 충실함과 독창적인 리듬 그리고 세밀한 감각이 모두 담겨 있다.

홉킨스는 자신만의 독특한 리듬인 도약 리듬(Sprung rhythm, 도약률)을 창시하고 이를 통해 운율과 리듬에 대한 실험을 진행했다.

> **더 알아두기**
>
> **도약 리듬(Sprung rhythm, 도약률)**
>
> 홉킨스가 만든 도약 리듬은 하나의 강세에 여러 개의 약세가 존재하거나 혹은 약음절이 계속 진행되는 과정에 강음절이 도약하듯이(sprung) 진행되는 리듬이다. 도약 리듬은 소리 내어 낭송하기를 바라는 의도에서 만든 실험이기도 하다.

② 대표작품
  ㉠ 「황조롱이」(*The Windhover*, 1877)[9]
    도약 리듬이 사용된 전형적인 예시이다. 도약 리듬을 통해 황조롱이가 위엄 있게 비상하는 모습을 보면서 시인은 예수 그리스도의 영광과 희생을 노래한다.

---

9) https://www.poetryfoundation.org/poems/44402/the-windhover

The Windhover

To Christ our Lord

I caught this morning morning's minion, king-
    dom of daylight's dauphin, dapple-dawn-drawn Falcon, in his riding
    Of the rolling level underneath him steady air, and striding
High there, how he rung upon the rein of a wimpling wing
In his ecstasy! then off, off forth on swing,
    As a skate's heel sweeps smooth on a bow-bend: the hurl and gliding
    Rebuffed the big wind. My heart in hiding
Stirred for a bird, – the achieve of, the mastery of the thing!

Brute beauty and valour and act, oh, air, pride, plume, here
    Buckle! AND the fire that breaks from thee then, a billion
Times told lovelier, more dangerous, O my chevalier!

    No wonder of it: shéer plód makes plough down sillion
Shine, and blue-bleak embers, ah my dear,
    Fall, gall themselves, and gash gold-vermilion.

ⓒ 「신의 위엄」(*God's Grandeur*, 1877)
    도약 리듬을 통해 신의 위엄이 가득 찬 세상을 노래하고 있다.

God's Grandeur

The world is charged with the grandeur of God.
    It will flame out, like shining from shook foil;
    It gathers to a greatness, like the ooze of oil
Crushed. Why do men then now not reck his rod?
Generations have trod, have trod, have trod;
    And all is seared with trade; bleared, smeared with toil;
    And wears man's smudge and shares man's smell: the soil
Is bare now, nor can foot feel, being shod.
And for all this, nature is never spent;
    There lives the dearest freshness deep down things;
And though the last lights off the black West went
    Oh, morning, at the brown brink eastward, springs —
Because the Holy Ghost over the bent
    World broods with warm breast and with ah! bright wings.

③ 주요 작품들
  ㉠ 「황조롱이」(*The Windhover*, 1877)
  ㉡ 「신의 위엄」(*God's Grandeur*, 1877)

2 드라마

(1) 오스카 와일드(Oscar Wilde, 1854-1900) 중요

① **작가와 작품관**

오스카 와일드는 빅토리아 시대 후기 유미주의를 대표하는 작가이다. 와일드는 경구(驚句)로 가득한 희극 작품들을 창작했고, 와일드의 드라마는 당시 많은 관객들을 모으는 인기극이었다. 옥스퍼드를 졸업한 와일드는 소설가, 시인으로도 활동했다. 유미주의자인 와일드를 두고, 비평가들은 영국의 유미주의는 월터 페이터(Walter Pater)에서 시작해서 오스카 와일드에서 끝난다고 표현한다.

② **대표작품 : 『진지함의 중요성』**(*The Importance of Being Earnest*, 1895)

  ㉠ 와일드가 창작한 4편의 희극 작품은 모두 당대에 인기가 있었다. 『진지함의 중요성』은 와일드의 희극 작품 중에서도 가장 대표적인 작품이다. 두 쌍의 커플이 결혼을 원하지만 뜻하지 않은 난관을 마주하게 되면서 겪게 되는 사건들을 희극으로 풀어내는 이 작품을 통해 빅토리아 시대의 시대정신인 진지함을 풍자했다. 또한 외면적으로는 진지함을 추구하지만 실제로는 속물적이고 퇴폐적인 영국 사회의 표리부동함을 풍자했다. 와일드는 결혼 문제를 소재로 당시 영국의 사회적인 문제였던 재산, 교육, 계급 차별, 예법 등과 같은 부분들을 풍자하고 비판했다.
  ㉡ 『진지함의 중요성』(*The Importance of Being Earnest*, 1895)의 일부

> **The Importance of Being Earnest**
>
> A Trivial Comedy for Serious People
>
> FIRST ACT
>
> SCENE
> Morning-room in Algernon's flat in Half-Moon Street. The room is luxuriously and artistically furnished. The sound of a piano is heard in the adjoining room.
>
> [Lane is arranging afternoon tea on the table, and after the music has ceased, Algernon enters.]
>
> Algernon.
> Did you hear what I was playing, Lane?

Lane.
I didn't think it polite to listen, sir.

Algernon.
I'm sorry for that, for your sake. I don't play accurately—any one can play accurately—but I play with wonderful expression. As far as the piano is concerned, sentiment is my forte. I keep science for Life.

Lane.
Yes, sir.

Algernon.
And, speaking of the science of Life, have you got the cucumber sandwiches cut for Lady Bracknell?

Lane.
Yes, sir. [Hands them on a salver.]

Algernon.
[Inspects them, takes two, and sits down on the sofa.] Oh! ... by the way, Lane, I see from your book that on Thursday night, when Lord Shoreman and Mr. Worthing were dining with me, eight bottles of champagne are entered as having been consumed.

Lane.
Yes, sir; eight bottles and a pint.

Algernon.
Why is it that at a bachelor's establishment the servants invariably drink the champagne? I ask merely for information.

Lane.
I attribute it to the superior quality of the wine, sir. I have often observed that in married households the champagne is rarely of a firstrate brand.

Algernon.
Good heavens! Is marriage so demoralising as that?

Lane.
I believe it is a very pleasant state, sir. I have had very little experience of it myself up to the present. I have only been married once. That was in consequence of a misunderstanding between myself and a young person.

> Algernon.
> [Languidly.] I don't know that I am much interested in your family life, Lane.
>
> Lane.
> No, sir; it is not a very interesting subject. I never think of it myself.

③ 주요 작품들
　㉠ 『윈더미어 부인의 부채』(*Lady Windermere's Fan*, 1892)
　㉡ 『중요하지 않은 여자』(*A Woman of No Importance*, 1893)
　㉢ 『이상형 남편』(*An Ideal Husband*, 1895)
　㉣ 『진지함의 중요성』(*The Importance of Being Earnest*, 1895)

(2) 조지 버나드 쇼(George Bernard Shaw, 1856-1950) 중요

① 작가와 작품관

조지 버나드 쇼는 19세기 빅토리아 시대와 20세기 전반까지 활발한 작품활동을 한 작가로서 1925년 노벨 문학상을 수상한 작가이다. 노벨 문학상을 수상하는 데 결정적인 역할을 한 작품 『성녀 조앤』(*Saint Joan*, 1923)이 20세기 전반기의 작품이기 때문에 20세기의 대표적인 드라마 작가로 분류되기도 한다. 하지만 19세기 말 빅토리아 시대 후기에도 많은 작품을 통해 영국사회의 문제를 통찰했기 때문에 두 세기를 모두 걸쳐 활약한 작가로 볼 수 있다.

쇼는 처음에는 소설 작가로 활동하기를 원했고, 많은 소설 작품들을 썼지만 그의 재능은 드라마에서 더 빛이 났다. 쇼는 마르크스의 자본론에 큰 감명을 받아서 온건 좌파 단체 페이비언 협회(Fabian Society)에 가담해서 사회의 개혁을 외치기도 했다.

쇼는 소설, 비평 글들을 먼저 창작했고 비교적 늦은 36세의 나이에 드라마 극작을 시작했지만 풍자와 위트가 가득 찬 작품으로 당대의 연극계에서 인정받았다. 쇼의 대부분의 극작품은 사회적 문제에 대해 풍자와 지적인 유머를 통해 고찰했다. 쇼는 극작품 속에서 제기된 사회적 문제점들에 대한 토론을 포함시키기도 하고 해결책이 없는 사회의 구조적 모순을 제기하기도 했다. 사실주의에 기반해서 사회적 모순과 문제점들을 묘사하지만 쇼는 풍자와 위트를 섞어서 과장되게 그리고 쇼 자신만의 사상을 포함시켰다. 쇼는 영국의 계급 전통도 하나의 허상일 뿐이라고 주장하기도 했고, 시대에 앞서 여성과 아이들을 극의 주인공으로 내세우기도 했다. 쇼는 56편의 희곡들을 발표했다.

② 19세기 말 빅토리아 시대 후기 대표작품
　㉠ 『무기와 사람』(*Arms and the Man*, 1894)
　　쇼는 『무기와 사람』을 통해 전쟁을 낭만적 영웅주의로 바라보는 태도를 비판한다. 세르비아와 불가리아 사이의 전쟁을 소재로 전쟁은 낭만적 공간이 아니라 잔인하고 추악한 사냥터라는 참상을 전달한다. 쇼는 당시 영국인들이 갖고 있던 전쟁에 대한 낭만성이 허구이며, 애국주의 이면에 있는 전쟁의 폭력성을 표현했다.

ⓒ 『워렌 부인의 직업』(Mrs Waren's Profession, 1893)

　　　당시의 영국 사회의 문제점인 매춘을 소재로 영국 사회의 악을 비판한 문제극이다. 상류 사회의 여성으로 알려진 워렌 부인(Mrs. Waren)이 실제로는 빈민가 출신이었고 매춘을 통해 부를 획득했다는 내용과, 상류 사회의 귀족들과 성직자들도 매춘 사업과 연계되어 있다는 내용을 통해 극심한 가난, 여성의 독립을 저해하는 영국 사회의 구조적 모순, 상류 사회의 부패상을 지적했다.

③ 조지 버나드 쇼의 19세기 말 주요 작품들

　ㄱ 『홀아비의 집』(Widowers' House, 1892)

　ㄴ 『워렌 부인의 직업』(Mrs Waren's Profession, 1893)

　ㄷ 『무기와 사람』(Arms and the Man, 1894)

　ㄹ 『운명의 사람』(The Man of Destiny, 1895)

④ 조지 버나드 쇼의 20세기 주요 작품들

　ㄱ 『피그말리온』(Pygmalion, 1913)

　ㄴ 『성녀 조앤』(Saint Joan, 1923)

3 소설

(1) 찰스 디킨스(Charles Dickens, 1812-1870) 중요

① 작가와 작품관

　찰스 디킨스는 빅토리아 시대를 대표하는 소설가이다. 정식 교육을 받지 못했지만 약 15편의 장편 소설과 수백 편의 단편 소설들을 창작하는 등 왕성한 활동을 하였고 인기를 얻었다. 특히 연재소설을 통해 독자들의 인기를 얻었다.

　디킨스는 빅토리아 시대의 눈부신 발전 이면에 가려진 사회의 어두운 부분과 문제점들을 사실주의를 기반으로 묘사했다. 디킨스 자신이 경험했던 빈민층의 삶을 소설을 통해 묘사했다. 디킨스는 산업화로 인해 급속하게 변해가는 런던과 일반인들의 생활상을 사실주의로 그리고 해학적으로 묘사하면서 당대 영국 사회를 풍자했다.

　디킨스는 빈부 격차의 문제, 노동자의 비참한 삶의 모습, 신사(gentleman) 계급의 신분과 관련된 문제와 같은 당시 영국의 문제점들을 다양한 인물들을 통해 생생하게 묘사했고, 아울러 범죄물과 미스터리물의 플롯들을 사용하면서 흥미진진하게 스토리를 전개해 나갔기 때문에 동시대 독자들의 공감과 사랑을 받았다.

　특히 디킨스는 런던에서 살아가는 사람들의 군상을 세밀하게 관찰하면서 각계각층의 다양한 인물들을 만들어냈고, 인물들의 개별적 특징을 생생하게 묘사해 내는 데 탁월했다고 평가된다.

② 대표작품

　ㄱ 『올리버 트위스트』(Oliver Twist, 1837) 중요

　　ⓐ 디킨스 자신이 겪었던 하층민들의 삶과 중산층의 부도덕함 및 탐욕을 생생하게 묘사하고 있다. 디킨스는 부채를 갚지 못한 아버지의 투옥으로 인해 어린 시절부터 구두약 공장에서 하루 10시간

이상의 노동을 하는 등 힘들었던 하층민의 삶을 직접 경험하면서 만났던 인물과 사회의 부조리를 이 소설에 생생하게 그려냈다. 소설의 내용 또한 고아원에서 배고픔과 폭력에 시달리는 주인공 올리버(Oliver)가 소매치기와 같은 나쁜 일에 가담을 하는 모습 등 당대 사회의 단면과 어두운 면들을 사실주의적으로 묘사했다.

ⓑ 『올리버 트위스트』(*Oliver Twist*, 1837)의 일부[10]

> **Oliver Twist**
>
> CHAPTER I
>
> TREATS OF THE PLACE WHERE OLIVER TWIST WAS BORN AND OF THE CIRCUMSTANCES ATTENDING HIS BIRTH
>
> Among other public buildings in a certain town, which for many reasons it will be prudent to refrain from mentioning, and to which I will assign no fictitious name, there is one anciently common to most towns, great or small: to wit, a workhouse; and in this workhouse was born; on a day and date which I need not trouble myself to repeat, inasmuch as it can be of no possible consequence to the reader, in this stage of the business at all events; the item of mortality whose name is prefixed to the head of this chapter.
>
> For a long time after it was ushered into this world of sorrow and trouble, by the parish surgeon, it remained a matter of considerable doubt whether the child would survive to bear any name at all; in which case it is somewhat more than probable that these memoirs would never have appeared; or, if they had, that being comprised within a couple of pages, they would have possessed the inestimable merit of being the most concise and faithful specimen of biography, extant in the literature of any age or country.
>
> Although I am not disposed to maintain that the being born in a workhouse, is in itself the most fortunate and enviable circumstance that can possibly befall a human being, I do mean to say that in this particular instance, it was the best thing for Oliver Twist that could by possibility have occurred. The fact is, that there was considerable difficulty in inducing Oliver to take upon himself the office of respiration,—a troublesome practice, but one which custom has rendered necessary to our easy existence; and for some time he lay gasping on a little flock mattress, rather unequally poised between this world and the next: the balance being decidedly in favour of the latter. Now, if, during this brief period, Oliver had been surrounded by careful grandmothers, anxious aunts, experienced nurses, and doctors of profound wisdom, he would most inevitably and indubitably have been killed in no time. There being nobody by, however, but a pauper old woman, who was

---

10) https://www.gutenberg.org/files/730/730-h/730-h.htm#chap01

rendered rather misty by an unwonted allowance of beer; and a parish surgeon who did such matters by contract; Oliver and Nature fought out the point between them. The result was, that, after a few struggles, Oliver breathed, sneezed, and proceeded to advertise to the inmates of the workhouse the fact of a new burden having been imposed upon the parish, by setting up as loud a cry as could reasonably have been expected from a male infant who had not been possessed of that very useful appendage, a voice, for a much longer space of time than three minutes and a quarter.

As Oliver gave this first proof of the free and proper action of his lungs, the patchwork coverlet which was carelessly flung over the iron bedstead, rustled; the pale face of a young woman was raised feebly from the pillow; and a faint voice imperfectly articulated the words, "Let me see the child, and die."

The surgeon had been sitting with his face turned towards the fire: giving the palms of his hands a warm and a rub alternately. As the young woman spoke, he rose, and advancing to the bed's head, said, with more kindness than might have been expected of him:

"Oh, you must not talk about dying yet."

"Lor bless her dear heart, no!" interposed the nurse, hastily depositing in her pocket a green glass bottle, the contents of which she had been tasting in a corner with evident satisfaction.

"Lor bless her dear heart, when she has lived as long as I have, sir, and had thirteen children of her own, and all on 'em dead except two, and them in the wurkus with me, she'll know better than to take on in that way, bless her dear heart! Think what it is to be a mother, there's a dear young lamb do."

Apparently this consolatory perspective of a mother's prospects failed in producing its due effect. The patient shook her head, and stretched out her hand towards the child.

The surgeon deposited it in her arms. She imprinted her cold white lips passionately on its forehead; passed her hands over her face; gazed wildly round; shuddered; fell back—and died. They chafed her breast, hands, and temples; but the blood had stopped forever. They talked of hope and comfort. They had been strangers too long.

"It's all over, Mrs. Thingummy!" said the surgeon at last.

"Ah, poor dear, so it is!" said the nurse, picking up the cork of the green bottle, which had fallen out on the pillow, as she stooped to take up the child. "Poor dear!"

> "You needn't mind sending up to me, if the child cries, nurse," said the surgeon, putting on his gloves with great deliberation. "It's very likely it will be troublesome. Give it a little gruel if it is." He put on his hat, and, pausing by the bed-side on his way to the door, added, "She was a good-looking girl, too; where did she come from?"
>
> "She was brought here last night," replied the old woman, "by the overseer's order. She was found lying in the street. She had walked some distance, for her shoes were worn to pieces; but where she came from, or where she was going to, nobody knows."
>
> The surgeon leaned over the body, and raised the left hand. "The old story," he said, shaking his head: "no wedding-ring, I see. Ah! Good-night!"
>
> The medical gentleman walked away to dinner; and the nurse, having once more applied herself to the green bottle, sat down on a low chair before the fire, and proceeded to dress the infant.
>
> What an excellent example of the power of dress, young Oliver Twist was! Wrapped in the blanket which had hitherto formed his only covering, he might have been the child of a nobleman or a beggar; it would have been hard for the haughtiest stranger to have assigned him his proper station in society. But now that he was enveloped in the old calico robes which had grown yellow in the same service, he was badged and ticketed, and fell into his place at once—a parish child—the orphan of a workhouse—the humble, half-starved drudge—to be cuffed and buffeted through the world—despised by all, and pitied by none.
>
> Oliver cried lustily. If he could have known that he was an orphan, left to the tender mercies of church-wardens and overseers, perhaps he would have cried the louder.

ⓛ 『위대한 유산』(*Great Expectations*, 1860)
  ⓐ 위대한 유산은 한 시골 소년이 진정한 신사로 성장해 가는 과정에서 겪는 정신적 성장을 다룬 소설이다. 고아가 된 시골 소년(Pip)이 신사가 될 수 있도록 그를 교육시키고 경제적으로 지원해 주는 사람이 부유하지만 불행한 해비샴(Havisham)이라고 추측했지만 실제로는 탈옥수 매그위치(Magwitch)라는 사실을 알게 된다. 핍의 재산 상속의 후원자로 밝혀진 매그위치는 가난했던 어린 시절을 보내고 막노동, 행상, 사기행각으로 인한 구속 등 불행한 인생을 산 범죄자이다. 도덕성을 상징하는 신사가 되기 위해 노력한 시골 소년의 후원자가 범죄자라는 아이러니를 통해 디킨스는 당시 영국 사회의 신분 제도와 관련된 도덕성에 대한 통찰을 제공했다.
  디킨스는 이 소설을 통해 빅토리아 시대의 신분 상승에 대한 욕구와 도덕성의 문제를 풍자한다. 시골 소년 핍의 신분 상승 욕구, 재산 상속의 환상과 같은 속물근성을 통해 영국 사회의 신분제도와 물질만능주의와 연관된 정서적 황폐함을 다룬다.

ⓑ 『위대한 유산』(*Great Expectations*, 1860)의 일부[11]

> **Great Expectations**
>
> Chapter I.
>
> My father's family name being Pirrip, and my Christian name Philip, my infant tongue could make of both names nothing longer or more explicit than Pip. So, I called myself Pip, and came to be called Pip.
>
> I give Pirrip as my father's family name, on the authority of his tombstone and my sister,—Mrs. Joe Gargery, who married the blacksmith. As I never saw my father or my mother, and never saw any likeness of either of them (for their days were long before the days of photographs), my first fancies regarding what they were like were unreasonably derived from their tombstones. The shape of the letters on my father's, gave me an odd idea that he was a square, stout, dark man, with curly black hair. From the character and turn of the inscription, "Also Georgiana Wife of the Above," I drew a childish conclusion that my mother was freckled and sickly. To five little stone lozenges, each about a foot and a half long, which were arranged in a neat row beside their grave, and were sacred to the memory of five little brothers of mine,—who gave up trying to get a living, exceedingly early in that universal struggle,—I am indebted for a belief I religiously entertained that they had all been born on their backs with their hands in their trousers-pockets, and had never taken them out in this state of existence.
>
> Ours was the marsh country, down by the river, within, as the river wound, twenty miles of the sea. My first most vivid and broad impression of the identity of things seems to me to have been gained on a memorable raw afternoon towards evening. At such a time I found out for certain that this bleak place overgrown with nettles was the churchyard; and that Philip Pirrip, late of this parish, and also Georgiana wife of the above, were dead and buried; and that Alexander, Bartholomew, Abraham, Tobias, and Roger, infant children of the aforesaid, were also dead and buried; and that the dark flat wilderness beyond the churchyard, intersected with dikes and mounds and gates, with scattered cattle feeding on it, was the marshes; and that the low leaden line beyond was the river; and that the distant savage lair from which the wind was rushing was the sea; and that the small bundle of shivers growing afraid of it all and beginning to cry, was Pip.
>
> "Hold your noise!" cried a terrible voice, as a man started up from among the graves at the side of the church porch. "Keep still, you little devil, or I'll cut your throat!"

---

[11] https://www.gutenberg.org/files/1400/1400-h/1400-h.htm

> A fearful man, all in coarse grey, with a great iron on his leg. A man with no hat, and with broken shoes, and with an old rag tied round his head. A man who had been soaked in water, and smothered in mud, and lamed by stones, and cut by flints, and stung by nettles, and torn by briars; who limped, and shivered, and glared, and growled; and whose teeth chattered in his head as he seized me by the chin.
>
> "Oh! Don't cut my throat, sir," I pleaded in terror. "Pray don't do it, sir."
> "Tell us your name!" said the man. "Quick!"
> "Pip, sir."
> "Once more," said the man, staring at me. "Give it mouth!"
> "Pip. Pip, sir."
> "Show us where you live," said the man. "Pint out the place!"
>
> I pointed to where our village lay, on the flat in-shore among the alder-trees and pollards, a mile or more from the church.
>
> The man, after looking at me for a moment, turned me upside down, and emptied my pockets. There was nothing in them but a piece of bread. When the church came to itself, —for he was so sudden and strong that he made it go head over heels before me, and I saw the steeple under my feet,—when the church came to itself, I say, I was seated on a high tombstone, trembling while he ate the bread ravenously.

③ 주요 작품들 중요

㉠ 『올리버 트위스트』(*Oliver Twist*, 1837)
㉡ 『데이비드 코퍼필드』(*David Copperfield*, 1849)
㉢ 『황량한 집』(*Bleak House*, 1852)
㉣ 『힘든 시절』(*Hard Times*, 1854)
㉤ 『위대한 유산』(*Great Expectations*, 1860)

(2) 조지 엘리엇(George Eliot, 1819-1880) 중요

① 작가와 작품관

조지 엘리엇은 필명이고 본명은 메리 앤 에번스(Mary Ann Evans)로, 빅토리아 시대를 대표하는 여성 소설가이다. 당시 여성 작가에 대한 사회적인 고정관념과 편견 때문에 평생 필명을 사용했다. 엘리엇은 빅토리아 시대 기독교를 비판했고, 소설, 시, 수필 등 다양한 분야에서 활동했다.

디킨스가 사회 각계각층의 다양한 인물의 군상을 생생하게 묘사하는 데 탁월한 능력을 가졌다면, 엘리엇은 인물의 내면적 갈등, 심리적 묘사, 시련의 과정을 섬세하게 묘사하는 데 탁월한 능력을 가졌다고 평가된다. 엘리엇은 탁월한 심리묘사로 인해 디킨스와 함께 빅토리아를 대표하는 소설가로 인정받고 있다. 디킨스가 런던의 하층민들에게 벌어지는 참담한 일상을 잘 묘사해 냈다면, 엘리엇은 영국의 시골을 배경으로 삶에 실패한 비참한 주인공들의 심리묘사에 탁월했다.

엘리엇은 신분 상승, 부의 축적 등과 같은 개인적 야망을 가진 인물이 사회의 편견, 관습과 갈등을 겪으면서 좌절을 경험하지만 도덕적 각성과 성숙을 통해 다시 공동체에 돌아오는 성자의 이야기를 다루었다.

② **대표작품**

㉠ 『미들마치』(*Middlemarch*, 1871-1872) 중요

ⓐ 영국 중부의 상업 도시인 미들마치에 살고 있는 세 가족의 이야기를 중심으로 영국 시골의 평범한 사람들의 결혼 이야기, 시골 사회의 불완전한 사회 질서 등을 소재로 사용하고 있다. 총 8권의 장편 소설이며, 엘리엇은 지식욕이 있는 도로샤, 의학계를 개혁하겠다는 야망을 가진 의사 리드게이트, 유산과 관련된 수치스러운 과거를 가진 불스트로드라는 세 명의 주인공을 통해 영국 사회의 단면을 묘사하고 있다.

ⓑ 『미들마치』(*Middlemarch*, 1871-1872)의 일부[12]

> **Middlemarch**
>
> BOOK I.
> MISS BROOKE.
>
> CHAPTER I.
>
> Since I can do no good because a woman,
> Reach constantly at something that is near it.
> —*The Maid's Tragedy*: BEAUMONT AND FLETCHER.
>
> Miss Brooke had that kind of beauty which seems to be thrown into relief by poor dress. Her hand and wrist were so finely formed that she could wear sleeves not less bare of style than those in which the Blessed Virgin appeared to Italian painters; and her profile as well as her stature and bearing seemed to gain the more dignity from her plain garments, which by the side of provincial fashion gave her the impressiveness of a fine quotation from the Bible,—or from one of our elder poets,—in a paragraph of to-day's newspaper. She was usually spoken of as being remarkably clever, but with the addition that her sister Celia had more common-sense. Nevertheless, Celia wore scarcely more trimmings; and it was only to close observers that her dress differed from her sister's, and had a shade of coquetry in its arrangements; for Miss Brooke's plain dressing was due to mixed conditions, in most of which her sister shared. The pride of being ladies had something to do with it: the Brooke connections, though not exactly aristocratic, were unquestionably "good:" if you inquired backward for a generation or two, you would not find any yard-measuring or parcel-tying forefathers—anything lower than an admiral or a clergyman; and there was even an ancestor discernible as a Puritan gentleman who served under Cromwell, but afterwards conformed, and managed to come out of all political

---

12) https://www.gutenberg.org/files/145/145-h/145-h.htm

troubles as the proprietor of a respectable family estate. Young women of such birth, living in a quiet country-house, and attending a village church hardly larger than a parlor, naturally regarded frippery as the ambition of a huckster's daughter. Then there was well-bred economy, which in those days made show in dress the first item to be deducted from, when any margin was required for expenses more distinctive of rank. Such reasons would have been enough to account for plain dress, quite apart from religious feeling; but in Miss Brooke's case, religion alone would have determined it; and Celia mildly acquiesced in all her sister's sentiments, only infusing them with that common-sense which is able to accept momentous doctrines without any eccentric agitation. Dorothea knew many passages of Pascal's Pensees and of Jeremy Taylor by heart; and to her the destinies of mankind, seen by the light of Christianity, made the solicitudes of feminine fashion appear an occupation for Bedlam. She could not reconcile the anxieties of a spiritual life involving eternal consequences, with a keen interest in gimp and artificial protrusions of drapery. Her mind was theoretic, and yearned by its nature after some lofty conception of the world which might frankly include the parish of Tipton and her own rule of conduct there; she was enamoured of intensity and greatness, and rash in embracing whatever seemed to her to have those aspects; likely to seek martyrdom, to make retractations, and then to incur martyrdom after all in a quarter where she had not sought it. Certainly such elements in the character of a marriageable girl tended to interfere with her lot, and hinder it from being decided according to custom, by good looks, vanity, and merely canine affection. With all this, she, the elder of the sisters, was not yet twenty, and they had both been educated, since they were about twelve years old and had lost their parents, on plans at once narrow and promiscuous, first in an English family and afterwards in a Swiss family at Lausanne, their bachelor uncle and guardian trying in this way to remedy the disadvantages of their orphaned condition.

It was hardly a year since they had come to live at Tipton Grange with their uncle, a man nearly sixty, of acquiescent temper, miscellaneous opinions, and uncertain vote. He had travelled in his younger years, and was held in this part of the county to have contracted a too rambling habit of mind. Mr. Brooke's conclusions were as difficult to predict as the weather: it was only safe to say that he would act with benevolent intentions, and that he would spend as little money as possible in carrying them out. For the most glutinously indefinite minds enclose some hard grains of habit; and a man has been seen lax about all his own interests except the retention of his snuff-box, concerning which he was watchful, suspicious, and greedy of clutch.

In Mr. Brooke the hereditary strain of Puritan energy was clearly in abeyance; but in his niece Dorothea it glowed alike through faults and virtues, turning sometimes into impatience of her uncle's talk or his way of "letting things be" on his estate, and making her long all the more for the time when she would be of age and have some command of money for generous schemes. She was regarded as an heiress; for not only had the

> sisters seven hundred a-year each from their parents, but if Dorothea married and had a son, that son would inherit Mr. Brooke's estate, presumably worth about three thousand a-year—a rental which seemed wealth to provincial families, still discussing Mr. Peel's late conduct on the Catholic question, innocent of future gold-fields, and of that gorgeous plutocracy which has so nobly exalted the necessities of genteel life.

ⓒ 『플로스 강변의 물방앗간』(The Mill on the Floss, 1860)

『플로스 강변의 물방앗간』은 여주인공을 통해 당시 영국 사회가 얼마나 여성에게 불합리하고 가혹했는지를 묘사한다. 이 작품은 엘리엇의 자전적인 소설로서, 여성 작가로서 남성의 필명을 쓰면서 싸워야 했던 여성에 대한 당시의 고정관념과 편견과 같은 당대의 여성 문제들을 사실주의적으로 묘사하고 있다.

③ 주요 작품들
 ㉠ 『애덤 비드』(Adam Bede, 1859)
 ㉡ 『플로스 강변의 물방앗간』(The Mill on the Floss, 1860)
 ㉢ 『사일러스 마너』(Silas Marner, 1861)
 ㉣ 『미들마치』(Middlemarch, 1871-1872)

(3) 샬롯 브론테(Charlotte Brontë, 1816-1855) 중요

① 작가와 작품관

샬롯 브론테(Charlotte Brontë), 에밀리 브론테(Emily Brontë), 앤 브론테(Anne Brontë)를 영국 문학사에서는 브론테 자매들(Brontë Sisters)이라고 부른다. 이 자매들은 가난한 목사의 딸로 태어났고, 어려서부터 시골 교회의 목사관에서 함께 생활하고 서로의 세계관과 상상의 세계를 공유하면서 자랐다. 특히 샬롯 브론테와 에밀리 브론테는 빅토리아 시대의 대표적인 소설가이면서 현대에도 사랑받는 소설 작품들을 남겼다. 샬롯 브론테는 브론테 자매들 중 맏언니로서 가난한 가정 형편을 돕기 위해 가정교사 일을 하면서 가족의 생계를 도왔다.

샬롯 브론테는 그녀의 첫 소설 『제인 에어』(Jane Eyre, 1847)를 통해 당대의 독자들에게 큰 인기를 얻었고, 영국의 사회상을 사실주의적으로 묘사하면서 동시에 기괴한 고딕소설의 기법과 격정적인 인물들의 낭만주의적 요소들을 함께 사용했다.

② 대표작품 : 『제인 에어』(Jane Eyre, 1847) 중요

㉠ 샬롯 브론테의 첫 소설 작품으로서 당대에 엄청난 인기와 독자의 공감을 이끌어 낸 대표작품이다. 비록 고아이지만 독립심이 강한 여성 제인(Jane)은 로체스터(Mr. Rochester)의 집에 가정교사로 채용된다. 음울하고 냉정한 로체스터의 얼음장 같은 마음은 독립적인 자아로서의 당찬 모습을 가진 제인의 열정과 영민함에 녹고, 서로 사랑에 빠지게 된다. 하지만 로체스터에게 정신병에 걸린 아내가 있다는 것을 알고 제인이 떠난다. 이후 로체스터가 화재 속에서 아내를 구하려다가 장님이 되었고 불구의 몸이 되었다는 소식을 듣게 된다. 제인은 로체스터를 다시 찾아가고 이 둘은 결국 결혼에 이르게 된다. 샬롯 브론테는 이 작품을 통해 여성의 사회적 정체성과 당시 영국의 결혼 문제를 소설에 담아내고 있다. 고아 여성이 사회로부터 받게 되는 부당한 대우들을 사실주의적 기법으로 잘 묘사하고 있고,

로체스터와 로체스터의 집이 풍기는 기괴함은 고딕 소설의 기법을 활용하여 표현했다. 제인의 격정적이고 반항적인 정신은 낭만주의적 요소의 사용으로 볼 수 있다.

반항적이고 독립심이 강한 고아 제인이 가정교사라는 신분의 한계를 넘어서고 또한 모든 것을 잃은 로체스터를 먼저 찾아가서 그의 불행을 모두 품어 준다는 진정한 사랑의 주제는 빅토리아 시대 독자들의 공감을 끌어내기에 충분했다. 이 소설은 생계를 위해 가정교사 일을 하면서 가정을 도운 샬롯 브론테의 자전적 소설이기도 하다.

ⓛ 『제인 에어』(*Jane Eyre*, 1847)의 일부[13]

JANE EYRE
AN AUTOBIOGRAPHY

CHAPTER I

There was no possibility of taking a walk that day. We had been wandering, indeed, in the leafless shrubbery an hour in the morning; but since dinner (Mrs. Reed, when there was no company, dined early) the cold winter wind had brought with it clouds so sombre, and a rain so penetrating, that further outdoor exercise was now out of the question.

I was glad of it: I never liked long walks, especially on chilly afternoons: dreadful to me was the coming home in the raw twilight, with nipped fingers and toes, and a heart saddened by the chidings of Bessie, the nurse, and humbled by the consciousness of my physical inferiority to Eliza, John, and Georgiana Reed.

The said Eliza, John, and Georgiana were now clustered round their mama in the drawing-room: she lay reclined on a sofa by the fireside, and with her darlings about her (for the time neither quarrelling nor crying) looked perfectly happy. Me, she had dispensed from joining the group; saying, "She regretted to be under the necessity of keeping me at a distance; but that until she heard from Bessie, and could discover by her own observation, that I was endeavouring in good earnest to acquire a more sociable and childlike disposition, a more attractive and sprightly manner—something lighter, franker, more natural, as it were—she really must exclude me from privileges intended only for contented, happy, little children."

"What does Bessie say I have done?" I asked.

"Jane, I don't like cavillers or questioners; besides, there is something truly forbidding in a child taking up her elders in that manner. Be seated somewhere; and until you can speak pleasantly, remain silent."

---

13) https://www.gutenberg.org/files/1260/1260-h/1260-h.htm

A breakfast-room adjoined the drawing-room, I slipped in there. It contained a bookcase: I soon possessed myself of a volume, taking care that it should be one stored with pictures. I mounted into the window-seat: gathering up my feet, I sat cross-legged, like a Turk; and, having drawn the red moreen curtain nearly close, I was shrined in double retirement.

Folds of scarlet drapery shut in my view to the right hand; to the left were the clear panes of glass, protecting, but not separating me from the drear November day. At intervals, while turning over the leaves of my book, I studied the aspect of that winter afternoon. Afar, it offered a pale blank of mist and cloud; near a scene of wet lawn and storm-beat shrub, with ceaseless rain sweeping away wildly before a long and lamentable blast.

I returned to my book—Bewick's History of British Birds: the letterpress thereof I cared little for, generally speaking; and yet there were certain introductory pages that, child as I was, I could not pass quite as a blank. They were those which treat of the haunts of sea-fowl; of "the solitary rocks and promontories" by them only inhabited; of the coast of Norway, studded with isles from its southern extremity, the Lindeness, or Naze, to the North Cape—

"Where the Northern Ocean, in vast whirls,
Boils round the naked, melancholy isles
Of farthest Thule; and the Atlantic surge
Pours in among the stormy Hebrides."

Nor could I pass unnoticed the suggestion of the bleak shores of Lapland, Siberia, Spitzbergen, Nova Zembla, Iceland, Greenland, with "the vast sweep of the Arctic Zone, and those forlorn regions of dreary space,—that reservoir of frost and snow, where firm fields of ice, the accumulation of centuries of winters, glazed in Alpine heights above heights, surround the pole, and concentre the multiplied rigours of extreme cold." Of these death-white realms I formed an idea of my own: shadowy, like all the half-comprehended notions that float dim through children's brains, but strangely impressive. The words in these introductory pages connected themselves with the succeeding vignettes, and gave significance to the rock standing up alone in a sea of billow and spray; to the broken boat stranded on a desolate coast; to the cold and ghastly moon glancing through bars of cloud at a wreck just sinking.

③ 주요 작품들
  ㉠ 『제인 에어』(Jane Eyre, 1847)
  ㉡ 『셜리』(Shirley, 1849)
  ㉢ 『빌레트(Villette, 1853)

(4) 에밀리 브론테(Emily Brontë, 1818-1848) 중요

① 작가와 작품관

에밀리 브론테는 아버지의 목사관이 있던 시골의 황무지에서 살았지만 감수성이 예민했고 항상 열정을 가슴에 품고 살았다. 에밀리는 자신의 생의 터전인 아버지의 목사관 주변에 펼쳐진 황무지와 자연 속에 내재된 생명력을 관찰하고 그것을 소설 『폭풍의 언덕』(Wuthering Heights) 속에 구현했다.

에밀리 브론테는 30세의 나이에 폐결핵으로 짧은 생을 마감했지만 소설가이자 시인으로서 열정적으로 창작활동을 했다.

② 대표작품 : 『폭풍의 언덕』(Wuthering Heights, 1847) 중요

㉠ 에밀리 브론테의 유일한 소설 작품이자 20세기에 재평가되면서 셰익스피어의 『리어왕』에 필적할 수 있는 명작으로 평가된다. 황무지의 황량한 자연을 배경으로 히스클리프(Heathcliff)와 캐서린(Catherine)의 격정적인 사랑 이야기를 줄거리로 하고 있다. 작품이 출판되었을 때는 내용이 지나치게 비윤리적이고 야만적이라는 평가를 받으면서 큰 호응을 얻지 못했지만, 20세기에 재평가되면서 인간의 애정을 서정적으로 묘사하고 인간 본성에 대한 통찰을 보여주는 작품으로 인정받았다.

에밀리 브론테는 히스클리프와 캐서린의 열정적이고 격정적인 사랑 이야기를 자신이 살았던 실제 황무지를 연상시키는 현실적인 공간이면서 동시에 황무지가 갖고 있는 영적 생명력이라는 영적인 세계 속에 구현해 냈다. 동시대의 작가들이 빅토리아 시대 영국의 사회적인 문제들을 사실주의 기법으로 묘사했지만, 에밀리 브론테는 영국 북부 요크셔 지방의 황무지를 배경으로 삼고 그 세계 안의 인물들의 애증과 본성을 깊이 있게 그려냈다.

㉡ 『폭풍의 언덕』(Wuthering Heights, 1847)의 일부[14]

> **Wuthering Heights**
>
> CHAPTER I
>
> 1801—I have just returned from a visit to my landlord—the solitary neighbour that I shall be troubled with. This is certainly a beautiful country! In all England, I do not believe that I could have fixed on a situation so completely removed from the stir of society. A perfect misanthropist's Heaven—and Mr. Heathcliff and I are such a suitable pair to divide the desolation between us. A capital fellow! He little imagined how my heart warmed towards him when I beheld his black eyes withdraw so suspiciously under their brows, as I rode up, and when his fingers sheltered themselves, with a jealous resolution, still further in his waistcoat, as I announced my name.
> "Mr. Heathcliff?" I said.
> A nod was the answer.
> "Mr. Lockwood, your new tenant, sir. I do myself the honour of calling as soon as possible after my arrival, to express the hope that I have not inconvenienced you by my perseverance in soliciting the occupation of Thrushcross Grange: I heard yesterday you had had some thoughts—"

---

[14] https://www.gutenberg.org/files/768/768-h/768-h.htm

"Thrushcross Grange is my own, sir," he interrupted, wincing. "I should not allow any one to inconvenience me, if I could hinder it—walk in!"

The "walk in" was uttered with closed teeth, and expressed the sentiment, "Go to the Deuce!" even the gate over which he leant manifested no sympathising movement to the words; and I think that circumstance determined me to accept the invitation: I felt interested in a man who seemed more exaggeratedly reserved than myself.

When he saw my horse's breast fairly pushing the barrier, he did put out his hand to unchain it, and then sullenly preceded me up the causeway, calling, as we entered the court,—"Joseph, take Mr. Lockwood's horse; and bring up some wine."

"Here we have the whole establishment of domestics, I suppose," was the reflection suggested by this compound order. "No wonder the grass grows up between the flags, and cattle are the only hedge-cutters."

Joseph was an elderly, nay, an old man, very old, perhaps, though hale and sinewy. "The Lord help us!" he soliloquised in an undertone of peevish displeasure, while relieving me of my horse: looking, meantime, in my face so sourly that I charitably conjectured he must have need of divine aid to digest his dinner, and his pious ejaculation had no reference to my unexpected advent.

Wuthering Heights is the name of Mr. Heathcliff's dwelling. "Wuthering" being a significant provincial adjective, descriptive of the atmospheric tumult to which its station is exposed in stormy weather. Pure, bracing ventilation they must have up there at all times, indeed: one may guess the power of the north wind, blowing over the edge, by the excessive slant of a few stunted firs at the end of the house; and by a range of gaunt thorns all stretching their limbs one way, as if craving alms of the sun. Happily, the architect had foresight to build it strong: the narrow windows are deeply set in the wall, and the corners defended with large jutting stones.

Before passing the threshold, I paused to admire a quantity of grotesque carving lavished over the front, and especially about the principal door; above which, among a wilderness of crumbling griffins and shameless little boys, I detected the date "1500," and the name "Hareton Earnshaw." I would have made a few comments, and requested a short history of the place from the surly owner; but his attitude at the door appeared to demand my speedy entrance, or complete departure, and I had no desire to aggravate his impatience previous to inspecting the penetralium.

③ **주요 작품들**
  ㉠ 유일한 소설 작품 : 『폭풍의 언덕』(*Wuthering Heights*, 1847)
  ㉡ 시
    ⓐ 「죄수」(*The Prisoner*, 1846)
    ⓑ 「내 영혼은 비겁하지 않노라」(*No Coward Soul is Mine*, 1846)

(5) 윌리엄 새커리(William Makepeace Thackeray, 1811-1863)

① 작가와 작품관

인도에서 태어났지만 4세 때 재무관이었던 아버지가 돌아가시면서 본국으로 돌아왔다. 캠브리지 대학을 중퇴하고 방황하면서 22세에 아버지의 유산을 모두 탕진했다. 이후 삽화가로 활동하다가 작가로 전업해서 수필, 평론, 소설을 창작하게 된다.

새커리는 절제되고 교양 있는 문체를 사용하면서 영국 사회를 사실주의적 기법으로 묘사한 작가이다. 디킨스가 영국 사회의 하층민들의 참담한 생활을 사실주의적 기법으로 묘사했다면, 새커리는 상위 계층의 위선, 허영, 악함을 묘사했다. 디킨스가 감상적이고 낭만주의적인 요소를 가미하여 사실주의적 기법으로 인물들을 묘사했다면, 새커리는 철저하게 있는 그대로의 현실을 묘사하였다.

새커리는 도덕주의자였기 때문에 자신이 경험하고 관찰한 영국 사회의 위선, 속물근성, 부패함 등을 묘사함으로써 사회를 개혁할 수 있다는 낙관적인 관점을 갖고 있었다.

② 대표작품 : 『허영의 시장』(*Vanity Fair*, 1847-1848)

㉠ 새커리의 대표 소설 작품인 『허영의 시장』은 2년간 월간으로 연재되었고, 새커리 자신이 삽화를 넣은 작품이다. 17세기 청교도혁명 시기의 대표 작가인 존 번연의 『천로역정』(*Pilgrim's Progress*) 속에 등장하는 허영(Vanity)의 시장을 차용했으며, 영국 런던의 중상위 계층의 허영과 위선을 다루었다. 인간을 상품화하는 중산층의 부패와 속물근성 그리고 상류층의 점잖은 체하는 위선적인 모습을 사실주의 기법을 통해 적나라하게 폭로한다. 새커리는 이 소설을 통해 선과 악이 혼재한 인간의 이중성을 잘 묘사하고 있다.

㉡ 『허영의 시장』(*Vanity Fair*, 1847-1848)의 일부[15]

> **Vanity Fair**
>
> CHAPTER II
>
> In Which Miss Sharp and Miss Sedley Prepare to Open the Campaign
>
> When Miss Sharp had performed the heroical act mentioned in the last chapter, and had seen the Dixonary, flying over the pavement of the little garden, fall at length at the feet of the astonished Miss Jemima, the young lady's countenance, which had before worn an almost livid look of hatred, assumed a smile that perhaps was scarcely more agreeable, and she sank back in the carriage in an easy frame of mind, saying—"So much for the Dixonary; and, thank God, I'm out of Chiswick."
>
> Miss Sedley was almost as flurried at the act of defiance as Miss Jemima had been; for, consider, it was but one minute that she had left school, and the impressions of six years are not got over in that space of time. Nay, with some persons those awes and terrors of youth last for ever and ever. I know, for instance, an old gentleman of sixty-eight, who said

---

[15] https://www.gutenberg.org/files/599/599-h/599-h.htm

to me one morning at breakfast, with a very agitated countenance, "I dreamed last night that I was flogged by Dr. Raine." Fancy had carried him back five-and-fifty years in the course of that evening. Dr. Raine and his rod were just as awful to him in his heart, then, at sixty-eight, as they had been at thirteen. If the Doctor, with a large birch, had appeared bodily to him, even at the age of threescore and eight, and had said in awful voice, "Boy, take down your pant—?" Well, well, Miss Sedley was exceedingly alarmed at this act of insubordination.

"How could you do so, Rebecca?" at last she said, after a pause.

"Why, do you think Miss Pinkerton will come out and order me back to the black-hole?" said Rebecca, laughing.

"No: but—"

"I hate the whole house," continued Miss Sharp in a fury. "I hope I may never set eyes on it again. I wish it were in the bottom of the Thames, I do; and if Miss Pinkerton were there, I wouldn't pick her out, that I wouldn't. O how I should like to see her floating in the water yonder, turban and all, with her train streaming after her, and her nose like the beak of a wherry."

"Hush!" cried Miss Sedley.

"Why, will the black footman tell tales?" cried Miss Rebecca, laughing. "He may go back and tell Miss Pinkerton that I hate her with all my soul; and I wish he would; and I wish I had a means of proving it, too. For two years I have only had insults and outrage from her. I have been treated worse than any servant in the kitchen. I have never had a friend or a kind word, except from you. I have been made to tend the little girls in the lower schoolroom, and to talk French to the Misses, until I grew sick of my mother tongue. But that talking French to Miss Pinkerton was capital fun, wasn't it? She doesn't know a word of French, and was too proud to confess it. I believe it was that which made her part with me; and so thank Heaven for French. Vive la France! Vive l'Empereur! Vive Bonaparte!"

"O Rebecca, Rebecca, for shame!" cried Miss Sedley; for this was the greatest blasphemy Rebecca had as yet uttered; and in those days, in England, to say, "Long live Bonaparte!" was as much as to say, "Long live Lucifer!" "How can you—how dare you have such wicked, revengeful thoughts?"

"Revenge may be wicked, but it's natural," answered Miss Rebecca. "I'm no angel." And, to say the truth, she certainly was not.

③ 주요 작품들
  ㉠ 『허영의 시장』(*Vanity Fair*, 1847-1848)
  ㉡ 『펜더니스 이야기』(*The History of Pendennis*, 1848-1850)
  ㉢ 『헨리 에즈먼드』(*Henry Esmond*, 1852)

(6) 토마스 하디(Thomas Hardy, 1840-1928) 중요

① 작가와 작품관

토마스 하디는 빅토리아 시대 후기의 대표적인 자연주의 소설가이다. 자연주의 소설은 사실주의 소설과 결을 같이하지만 사회개혁과 개선 가능성에 대해 긍정적인 태도를 보인 사실주의 소설과 달리, 자연주의 소설은 진화론과 유물론 등과 같은 결정론적 철학에 초점을 맞추면서 사회와 인간의 어둡고 추한 면을 묘사한다. 자연주의 소설은 사회개혁과 개선 가능성에 대해 부정적인 태도를 취하면서 인간의 추악한 본능과 어두운 면을 드러내는 데 집착하고, 자연의 파괴력에 무너지는 인간의 결정론적 운명을 표현한다. 하디는 산업화와 근대화의 격변기를 경험하면서 인간의 삶과 운명이 환경에 의해 결정된다는 결정론적이고 비관적인 자연주의적 관점을 갖게 된다. 인간의 존재와 삶에 대해 비관적인 태도를 가진 하디는 기독교적 전통과 가치체계에 대한 회의와 비판을 작품 속에 투영하고 있다.

하디는 작품 속에서 산업화와 근대화로 인해 쇠퇴하는 영국 남서부 지역의 농촌인 웨식스(Wessex) 지역의 모습을 묘사한다. 하디는 자신의 소설 작품의 배경을 웨식스로 한정하고 있기 때문에 비평가들은 그의 소설을 웨식스 소설이라고 명명하기도 한다. 하디는 웨식스 농촌 지역의 인물들이 근대화와 산업화로 인해 비극적으로 무너지고 그들의 농촌 공동체도 함께 무너지는 모습을 비극적으로 그려낸다. 즉, 하디는 인간은 환경이라는 운명 앞에서 무력하게 좌절할 수밖에 없다는 결정론적 운명관과 인물들의 비극을 작품 속에 그려내고 있다.

② 대표작품

  ㉠ 『테스』(*Tess of the d'Urbervilles*, 1891) 중요
    ⓐ 『테스』에서 토마스 하디는 주인공 테스(Tess)를 잔인한 운명에 빠져 살인을 저지를 수밖에 없는 비극적 주인공으로 그려낸다. 『테스』는 환경에 의해 영향을 받을 수밖에 없고 비극적인 운명으로 빠질 수밖에 없는 결정론적 태도를 보여주는 전형적인 하디의 자연주의 소설이다.
    몰락한 농가의 딸인 테스는 명문가인 더버빌가의 후손이라고 자칭하는 청년 알렉(Alec)과의 사이에서 사생아를 낳았지만 아이가 곧 사망하게 되어 몰래 매장을 하고 고향을 떠난다. 도망간 지역의 농장에서 젖을 짜는 일을 하며 지내다가 그 농장의 경영주인 목사의 아들 엔젤(Angel)과 결혼하게 된다. 결혼한 첫날밤에 남편이 자신의 잘못들을 고백하자, 테스도 사생아를 낳았고 매장했던 자신의 과거의 죄를 고백한다. 하지만 남편 엔젤은 그녀의 과거를 받아들이지 못하고 브라질로 떠나버린다. 테스는 다시 고향으로 돌아와 알렉을 만나 동거하게 되고 이때 테스에게 취한 비정한 태도를 회개하고 엔젤이 돌아온다. 자신의 비극적 운명 앞에서 격정에 사무친 테스는 자신의 인생의 비극의 빌미를 제공하고 엔젤과의 파혼을 이끈 장본인인 알렉을 살해한다. 그리고 엔젤과 잠시 행복한 시간을 보내지만 결국 처형된다.
    하디는 사회적·도덕적 편견으로 인해 희생될 수밖에 없는 여성의 비극성과 인간의 힘으로 저항할 수 없는 운명 앞에서 무력한 인간의 비극성을 자연주의 기법을 통해 묘사했다.

ⓑ 『테스』(*Tess of the d'Urbervilles*, 1891)의 일부16)

Tess of the d'Urbervilles

A Pure Woman

LIX

The city of Wintoncester, that fine old city, aforetime capital of Wessex, lay amidst its convex and concave downlands in all the brightness and warmth of a July morning. The gabled brick, tile, and freestone houses had almost dried off for the season their integument of lichen, the streams in the meadows were low, and in the sloping High Street, from the West Gateway to the mediæval cross, and from the mediæval cross to the bridge, that leisurely dusting and sweeping was in progress which usually ushers in an old-fashioned market-day.

From the western gate aforesaid the highway, as every Wintoncestrian knows, ascends a long and regular incline of the exact length of a measured mile, leaving the houses gradually behind. Up this road from the precincts of the city two persons were walking rapidly, as if unconscious of the trying ascent—unconscious through preoccupation and not through buoyancy. They had emerged upon this road through a narrow, barred wicket in a high wall a little lower down. They seemed anxious to get out of the sight of the houses and of their kind, and this road appeared to offer the quickest means of doing so. Though they were young, they walked with bowed heads, which gait of grief the sun's rays smiled on pitilessly.

One of the pair was Angel Clare, the other a tall budding creature—half girl, half woman—a spiritualized image of Tess, slighter than she, but with the same beautiful eyes—Clare's sister-in-law, 'Liza-Lu. Their pale faces seemed to have shrunk to half their natural size. They moved on hand in hand, and never spoke a word, the drooping of their heads being that of Giotto's "Two Apostles".

When they had nearly reached the top of the great West Hill the clocks in the town struck eight. Each gave a start at the notes, and, walking onward yet a few steps, they reached the first milestone, standing whitely on the green margin of the grass, and backed by the down, which here was open to the road. They entered upon the turf, and, impelled by a force that seemed to overrule their will, suddenly stood still, turned, and waited in paralyzed suspense beside the stone.

---

16) https://www.gutenberg.org/files/110/110-h/110-h.htm

The prospect from this summit was almost unlimited. In the valley beneath lay the city they had just left, its more prominent buildings showing as in an isometric drawing— among them the broad cathedral tower, with its Norman windows and immense length of aisle and nave, the spires of St Thomas's, the pinnacled tower of the College, and, more to the right, the tower and gables of the ancient hospice, where to this day the pilgrim may receive his dole of bread and ale. Behind the city swept the rotund upland of St Catherine's Hill; further off, landscape beyond landscape, till the horizon was lost in the radiance of the sun hanging above it.

Against these far stretches of country rose, in front of the other city edifices, a large red-brick building, with level gray roofs, and rows of short barred windows bespeaking captivity, the whole contrasting greatly by its formalism with the quaint irregularities of the Gothic erections. It was somewhat disguised from the road in passing it by yews and evergreen oaks, but it was visible enough up here. The wicket from which the pair had lately emerged was in the wall of this structure. From the middle of the building an ugly flat-topped octagonal tower ascended against the east horizon, and viewed from this spot, on its shady side and against the light, it seemed the one blot on the city's beauty. Yet it was with this blot, and not with the beauty, that the two gazers were concerned.

Upon the cornice of the tower a tall staff was fixed. Their eyes were riveted on it. A few minutes after the hour had struck something moved slowly up the staff, and extended itself upon the breeze. It was a black flag.

"Justice" was done, and the President of the Immortals, in Æschylean phrase, had ended his sport with Tess. And the d'Urberville knights and dames slept on in their tombs unknowing. The two speechless gazers bent themselves down to the earth, as if in prayer, and remained thus a long time, absolutely motionless: the flag continued to wave silently. As soon as they had strength, they arose, joined hands again, and went on.

ⓛ 『무명의 주드』(Jude the Obscure, 1895)
ⓐ 하디는 『무명의 주드』를 통해 빅토리아 시대 후기 여성의 성적 억압과 경제적 억압을 묘사하고 있다. 인위적인 결혼제도와 결혼과 관련된 관습의 문제점을 폭로하고 있다. 『무명의 주드』는 주드(Jude)라는 시골 청년이 결혼의 장벽과 교육제도 앞에서 좌절하는 이야기를 내용으로 하고 있다. 하디가 『무명의 주드』에서 다루고 있는 가난한 사람들을 위한 교육 기회의 박탈, 결혼과 이혼에 대한 사회적 편견과 통념, 교회의 부패 등과 같은 문제들은 당시 영국 사회가 겪고 있는 문제점이었다.

ⓑ 『무명의 주드』(Jude the Obscure, 1895)의 일부[17]

JUDE THE OBSCURE

Part First
AT MARYGREEN
"Yea, many there be that have run out of their wits for women, and become servants for their sakes. Many also have perished, have erred, and sinned, for women … O ye men, how can it be but women should be strong, seeing they do thus?"—ESDRAS.

I
The schoolmaster was leaving the village, and everybody seemed sorry. The miller at Cresscombe lent him the small white tilted cart and horse to carry his goods to the city of his destination, about twenty miles off, such a vehicle proving of quite sufficient size for the departing teacher's effects. For the schoolhouse had been partly furnished by the managers, and the only cumbersome article possessed by the master, in addition to the packing-case of books, was a cottage piano that he had bought at an auction during the year in which he thought of learning instrumental music. But the enthusiasm having waned he had never acquired any skill in playing, and the purchased article had been a perpetual trouble to him ever since in moving house.

The rector had gone away for the day, being a man who disliked the sight of changes. He did not mean to return till the evening, when the new school-teacher would have arrived and settled in, and everything would be smooth again.

The blacksmith, the farm bailiff, and the schoolmaster himself were standing in perplexed attitudes in the parlour before the instrument. The master had remarked that even if he got it into the cart he should not know what to do with it on his arrival at Christminster, the city he was bound for, since he was only going into temporary lodgings just at first.

A little boy of eleven, who had been thoughtfully assisting in the packing, joined the group of men, and as they rubbed their chins he spoke up, blushing at the sound of his own voice: "Aunt have got a great fuel-house, and it could be put there, perhaps, till you've found a place to settle in, sir."

"A proper good notion," said the blacksmith.

It was decided that a deputation should wait on the boy's aunt—an old maiden resident—and ask her if she would house the piano till Mr. Phillotson should send for it. The smith

---

[17] https://www.gutenberg.org/files/153/153-h/153-h.htm

and the bailiff started to see about the practicability of the suggested shelter, and the boy and the schoolmaster were left standing alone.

"Sorry I am going, Jude?" asked the latter kindly.

Tears rose into the boy's eyes, for he was not among the regular day scholars, who came unromantically close to the schoolmaster's life, but one who had attended the night school only during the present teacher's term of office. The regular scholars, if the truth must be told, stood at the present moment afar off, like certain historic disciples, indisposed to any enthusiastic volunteering of aid.

③ 주요 작품들
- ㉠ 『귀향』(The Return of the Native, 1878)
- ㉡ 『테스』(Tess of the d'Urbervilles, 1891)
- ㉢ 『무명의 주드』(Jude the Obscure, 1895)

4 산문

(1) 토마스 칼라일(Thomas Carlyle, 1795-1881) 중요

① 작가와 작품관

빅토리아 시대는 소설과 산문이 꽃을 피운 시기이다. 토마스 칼라일은 빅토리아 시대의 대표적인 산문작가이다. 그는 비평가이자 역사가로서 빅토리아 시대의 문제점들을 자신만의 독창적인 문체로 날카롭게 지적했다. 특히 청교도 가정에서 출생한 칼라일은 빅토리아 시대의 철학인 공리주의와 경험론에 반기를 들었고, 영웅적 지도자의 필요성을 역설하며 반민주적 의견을 개진하기도 했다.

② 대표작품

㉠ 『의상 철학』(Sartor Resartus, 1833-1834)

ⓐ 칼라일의 대표 산문으로서 공리주의를 비판하고, 인간 영혼의 실재를 추구해야 한다고 역설한다. 칼라일은 경험을 앞서는 영적 이상주의자였다. 칼라일은 제도, 인습, 형식 등의 인간의 문명은 화려한 치장을 한 의상과 같아서 신의 진리를 가린다고 주장한다. 칼라일은 신의 진리와 영적 이상을 가리는 거추장스러운 의상과 같은 인위적인 제도들과 형식들을 타파할 것을 주장한다. 공리주의와 과학도 허울 좋은 의상에 불과하며 실제로는 이 허울 좋은 의상이 진리의 세계를 가리고 있기 때문에 이 의상을 벗어야 한다고 주장하면서 공리주의와 경험철학을 부정한다.

ⓑ 『의상 철학』(Sartor Resartus, 1833-1834)의 일부[18]

SARTOR RESARTUS :
The Life and Opinions of Herr Teufelsdrockh

CHAPTER VIII. NATURAL SUPERNATURALISM.
It is in his stupendous Section, headed Natural Supernaturalism, that the Professor first becomes a Seer; and, after long effort, such as we have witnessed, finally subdues under his feet this refractory Clothes-Philosophy, and takes victorious possession thereof. Phantasms enough he has had to struggle with; "Cloth-webs and Cob-webs," of Imperial Mantles, Superannuated Symbols, and what not: yet still did he courageously pierce through. Nay, worst of all, two quite mysterious, world-embracing Phantasms, TIME and SPACE, have ever hovered round him, perplexing and bewildering: but with these also he now resolutely grapples, these also he victoriously rends asunder. In a word, he has looked fixedly on Existence, till, one after the other, its earthly hulls and garnitures have all melted away; and now, to his rapt vision, the interior celestial Holy-of-Holies lies disclosed.

Here, therefore, properly it is that the Philosophy of Clothes attains to Transcendentalism; this last leap, can we but clear it, takes us safe into the promised land, where Palingenesia, in all senses, may be considered as beginning. "Courage, then!" may our Diogenes exclaim, with better right than Diogenes the First once did. This stupendous Section we, after long painful meditation, have found not to be unintelligible; but, on the contrary, to grow clear, nay radiant, and all-illuminating. Let the reader, turning on it what utmost force of speculative intellect is in him, do his part; as we, by judicious selection and adjustment, shall study to do ours:—

"Deep has been, and is, the significance of Miracles," thus quietly begins the Professor; far deeper perhaps than we imagine. Meanwhile, the question of questions were: What specially is a Miracle? To that Dutch King of Siam, an icicle had been a miracle; whoso had carried with him an air-pump, and vial of vitriolic ether, might have worked a miracle. To my Horse, again, who unhappily is still more unscientific, do not I work a miracle, and magical 'Open sesame!' every time I please to pay twopence, and open for him an impassable Schlagbaum, or shut Turnpike?

'But is not a real Miracle simply a violation of the Laws of Nature?' ask several. Whom I answer by this new question: What are the Laws of Nature? To me perhaps the rising of one from the dead were no violation of these Laws, but a confirmation; were some far deeper Law, now first penetrated into, and by Spiritual Force, even as the rest have all been, brought to bear on us with its Material Force.

---

18) https://www.gutenberg.org/files/1051/1051-h/1051-h.htm

> Here too may some inquire, not without astonishment: On what ground shall one, that can make Iron swim, come and declare that therefore he can teach Religion? To us, truly, of the Nineteenth Century, such declaration were inept enough; which nevertheless to our fathers, of the First Century, was full of meaning.
>
> 'But is it not the deepest Law of Nature that she be constant?' cries an illuminated class: 'Is not the Machine of the Universe fixed to move by unalterable rules?' Probable enough, good friends: nay I, too, must believe that the God, whom ancient inspired men assert to be 'without variableness or shadow of turning,' does indeed never change; that Nature, that the Universe, which no one whom it so pleases can be prevented from calling a Machine, does move by the most unalterable rules. And now of you, too, I make the old inquiry: What those same unalterable rules, forming the complete Statute-Book of Nature, may possibly be?
>
> They stand written in our Works of Science, say you; in the accumulated records of Man's Experience?—Was Man with his Experience present at the Creation, then, to see how it all went on? Have any deepest scientific individuals yet dived down to the foundations of the Universe, and gauged everything there? Did the Maker take them into His counsel; that they read His ground-plan of the incomprehensible All; and can say, This stands marked therein, and no more than this? Alas, not in anywise! These scientific individuals have been nowhere but where we also are; have seen some hand breadths deeper than we see into the Deep that is infinite, without bottom as without shore.

ⓛ 『프랑스혁명』(*French Revolution*, 1837)
칼라일은 이 작품을 완성하면서 대중적 인기와 명성을 얻게 된다. 그는 프랑스혁명은 프랑스의 상류층과 지배 계층의 부정부패와 악한 정치 행각에 대한 하나님의 징계라고 주장했다. 아울러 우주의 질서를 깨닫고 성실하게 부정에 대항하는 용맹한 영웅적 지도자가 필요하다고 역설했다. 칼라일은 인간이 가진 정신의 위대함을 주장하면서 새로운 시대를 이끌 영웅적 지도자가 필요하다고 주장한다.

ⓒ 『영웅 숭배론』(*Heroes and Hero Worship*, 1840)
칼라일은 강연 모음집인 『영웅 숭배론』을 통해 산업혁명이 가져온 근대화 이면에 숨겨진 노동자의 비참한 노동조건, 물질만능주의, 인간성의 파괴 등을 비판했다. 칼라일은 이러한 사회적 문제들과 무질서, 그리고 정서적 황폐함은 오직 위대한 영웅적 지도자를 통해 해결될 수 있다고 역설하였다.

③ 주요 작품들
　㉠ 『의상 철학』(*Sartor Resartus*, 1833-1834)
　㉡ 『프랑스혁명』(*French Revolution*, 1837)
　㉢ 『영웅 숭배론』(*Heroes and Hero Worship*, 1840)

(2) 존 러스킨(John Ruskin, 1819-1900) 중요

① 작가와 작품관
존 러스킨은 비평가이자 사회 사상가이다. 러스킨은 특히 예술의 아름다움을 통해 영국의 정서적 황폐함을 치유할 수 있다고 믿었다. 러스킨은 처음에는 신학을 전공하고 목사가 되려고 했지만 옥스퍼드 재학 중 뜻을 바꿨고, 미술과 건축에 관련된 저서들을 통해 예술미의 순수 감상을 주장했다.

러스킨은 빅토리아 시대의 산업화가 야기한 인간의 기계화, 즉 인간성의 가치보다 공리주의에 따른 효용성이 있는 인간으로의 변모를 비판했다. 인간이 기계된 노동 기계처럼 되어 가는 것에 대해 비판하면서, 예술미의 순수한 감상을 통해 도덕적 감화 효과를 낼 수 있고 인간성이 회복될 수 있다고 주장했다. 러스킨은 예술을 통한 대중의 감화를 주장했다.

② 대표작품 : 『베니스의 돌』(The Stone of Venice, 1851)
러스킨은 이 작품을 통해 미술과 건축, 즉 예술미의 순수 감상을 통한 영국 국민들의 도덕성과 민족적 이상의 회복 가능성을 주장했다. 러스킨은 고딕 건축물 속에 기계화된 인간을 해방시킬 수 있는 자유로운 인간 정신과 상상력이 있다고 주장하면서, 진정한 예술미의 감상을 통해 도덕적 감화가 가능하고 실제로 러스킨은 예술이 대중들을 교화할 수 있는 중요한 매개체라고 주장하였다.

③ 주요 작품들
- ㉠ 『건축의 시학』(The Poetry of Architecture, 1837-1838)
- ㉡ 『현대의 화가들』(The Modern Painters, 1843)
- ㉢ 『건축의 일곱 개 램프』(The Seven Lamps of Architecture, 1849)
- ㉣ 『베니스의 돌』(The Stone of Venice, 1851)

(3) 매슈 아놀드(Matthew Arnold, 1822-1888) 중요

① 작가와 작품관
매슈 아놀드는 교육자이자 장학관으로서 영국 교육제도의 개혁을 위해 노력했다. 매슈 아놀드는 당대의 명상 시인으로도 영향력을 끼쳤지만, 빅토리아 시대의 비평가로도 활동하면서 당대 영국의 교육제도 개혁을 위한 주장들을 내세우며 근대적인 영국 국민들을 위한 대중 국민 교육에 이바지했다. 매슈 아놀드는 옥스퍼드 대학의 교수로 임용된 이후부터는 문학 비평가로 주로 활동했다. 문학 비평가로서 현대 비평의 길을 열었다는 평가를 받고 있다.

그는 인문학적 교양, 문화, 인간의 보편적 가치와 질서 등을 보존해야 하는 역할을 문학이 해야 한다고 주장했고, 영국의 근대화로 인해 무너진 문명사회는 문학을 통해 치유될 수 있다고 주장했다.

② 대표작품 : 『교양과 무질서』(Culture and Anarchy, 1869)
- ㉠ 이 작품은 매슈 아놀드의 대표적인 사회 비평서이다. 아놀드는 중산층의 편협성, 속물근성, 겉과 속이 다른 가치관과 비윤리성을 비판하면서 중산층을 위한 인문학적 교양 교육의 필요성을 역설한다.

ⓛ 『교양과 무질서』(*Culture and Anarchy*, 1869)의 일부[19]

CULTURE AND ANARCHY : AN ESSAY IN POLITICAL AND SOCIAL CRITICISM

CHAPTER I

[5] The disparagers of culture make its motive curiosity; sometimes, indeed, they make its motive mere exclusiveness and vanity. The culture which is supposed to plume itself on a smattering of Greek and Latin is a culture which is begotten by nothing so intellectual as curiosity; it is valued either out of sheer vanity and ignorance, or else as an engine of social and class distinction, separating its holder, like a badge or title, from other people who have not got it. No serious man would call this culture, or attach any value to it, as culture, at all. To find the real ground for the very differing estimate which serious people will set upon culture, we must find some motive for culture in the terms of which [6] may lie a real ambiguity; and such a motive the word curiosity gives us. I have before now pointed out that in English we do not, like the foreigners, use this word in a good sense as well as in a bad sense; with us the word is always used in a somewhat disapproving sense; a liberal and intelligent eagerness about the things of the mind may be meant by a foreigner when he speaks of curiosity, but with us the word always conveys a certain notion of frivolous and unedifying activity. In the Quarterly Review, some little time ago, was an estimate of the celebrated French critic, Monsieur Sainte-Beuve, and a very inadequate estimate it, in my judgment, was. And its inadequacy consisted chiefly in this: that in our English way it left out of sight the double sense really involved in the word curiosity, thinking enough was said to stamp Monsieur Sainte-Beuve with blame if it was said that he was impelled in his operations as a critic by curiosity, and omitting either to perceive that Monsieur Sainte-Beuve himself, and many other people with him, would consider that this was praiseworthy and not blameworthy, or to point out why it ought really to be accounted worthy of blame [7] and not of praise. For as there is a curiosity about intellectual matters which is futile, and merely a disease, so there is certainly a curiosity,—a desire after the things of the mind simply for their own sakes and for the pleasure of seeing them as they are,—which is, in an intelligent being, natural and laudable. Nay, and the very desire to see things as they are implies a balance and regulation of mind which is not often attained without fruitful effort, and which is the very opposite of the blind and diseased impulse of mind which is what we mean to blame when we blame curiosity. Montesquieu says:—"The first motive which ought to impel us to study is the desire to augment the excellence of our nature, and to render an intelligent being yet more intelligent." This is the true ground to assign for the genuine scientific passion, however manifested, and for culture, viewed simply as a fruit of this passion; and it is a worthy ground, even though we let the term curiosity stand to describe it.

---

19) https://www.gutenberg.org/cache/epub/4212/pg4212.html

> But there is of culture another view, in which not solely the scientific passion, the sheer desire to see things as they are, natural and proper in an intelligent [8] being, appears as the ground of it. There is a view in which all the love of our neighbour, the impulses towards action, help, and beneficence, the desire for stopping human error, clearing human confusion, and diminishing the sum of human misery, the noble aspiration to leave the world better and happier than we found it,—motives eminently such as are called social,—come in as part of the grounds of culture, and the main and pre-eminent part. Culture is then properly described not as having its origin in curiosity, but as having its origin in the love of perfection; it is a study of perfection. It moves by the force, not merely or primarily of the scientific passion for pure knowledge, but also of the moral and social passion for doing good. As, in the first view of it, we took for its worthy motto Montesquieu's words: "To render an intelligent being yet more intelligent!" so, in the second view of it, there is no better motto which it can have than these words of Bishop Wilson: "To make reason and the will of God prevail!" Only, whereas the passion for doing good is apt to be overhasty in determining what reason and the will of God say, because its turn is for acting rather than thinking, and it wants to be [9] beginning to act; and whereas it is apt to take its own conceptions, which proceed from its own state of development and share in all the imperfections and immaturities of this, for a basis of action; what distinguishes culture is, that it is possessed by the scientific passion, as well as by the passion of doing good; that it has worthy notions of reason and the will of God, and does not readily suffer its own crude conceptions to substitute themselves for them; and that, knowing that no action or institution can be salutary and stable which are not based on reason and the will of God, it is not so bent on acting and instituting, even with the great aim of diminishing human error and misery ever before its thoughts, but that it can remember that acting and instituting are of little use, unless we know how and what we ought to act and to institute.

③ 주요 작품들
  ㉠ 『비평론』(*Essays in Criticism*, 1865)
  ㉡ 『교양과 무질서』(*Culture and Anarchy*, 1869)
  ㉢ 『문학과 도그마』(*Literature and Dogma*, 1873)

(4) 월터 페이터(Walter Horatio Pater, 1839-1894)

① 작가와 작품관

월터 페이터는 예술을 위한 예술을 주장하면서 유미주의의 선구적 역할을 했다. 특히 페이터는 『르네상스 역사 연구』(*Studies in the History of the Renaissance*, 1873)를 통해 영국의 유미주의 사조의 형성에 지대한 영향을 미쳤다. 오스카 와일드도 월터의 『르네상스 역사 연구』에 영향을 받았다고 진술했다. 몇몇 비평가들은 영국의 유미주의는 월터 페이터에서 시작해서 오스카 와일드에서 끝난다고 표현할 만큼 월터 페이터는 유미주의의 선구자였다. 월터 페이터는 영국의 라파엘 전파와 세기말적 유미주의(데카당스)에도 큰 영향을 미쳤다.

② **대표작품 :** 『르네상스 역사 연구』(*Studies in the History of the Renaissance*, 1873)
  ㉠ 월터 페이터의 『르네상스 역사 연구』는 인상주의 비평서이다. 페이터는 이 작품을 통해 예술을 위한 예술을 주장하면서 영국의 유미주의 문예사조의 기초를 닦았다. 여러 잡지에 기고한 글들을 모은 이 비평서는 정교하고 명료한 문체로 인정받고 있다. 월터 페이터의 문체는 문장 간의 개연성과 단어 선택의 정확성에서 그 탁월함을 인정받고 있다.
  ㉡ 『르네상스 역사 연구』(*Studies in the History of the Renaissance*, 1873)의 일부

> **STUDIES IN THE HISTORY OF THE RENAISSANCE**
>
> THE history of the Renaissance ends in France and carries us away from Italy to the beautiful cities of the country of the Loire. But it was in France also, in a very important sense, that the Renaissance had begun; and French writers, who are fond of connecting the creations of Italian genius with a French origin, who tell us how Saint Francis of Assisi took not his name only, but all those notions of chivalry and romantic love which so deeply penetrated his thoughts, from a French source, how Boccaccio borrowed the outlines of his stories from the old French fabliaux, and how Dante himself expressly connects the origin of the art of miniature painting with the city of Paris, have often dwelt on this notion of a Renaissance in the end of the twelfth and beginning of the thirteenth century,—a Renaissance within the limits of the middle age itself, a brilliant but in part abortive effort to do for human life and the human mind what was afterwards done in the fifteenth. The word Renaissance indeed is now generally used to denote not merely that revival of classical antiquity which took place in the fifteenth century, and to which the word was first applied, but a whole complex movement, of which that revival of classical antiquity was but one element or symptom. For us the Renaissance is the name of a manysided but yet united movement, in which the love of the things of the intellect and the imagination for their own sake, the desire for a more liberal and comely way of conceiving life, make themselves felt, prompting those who experience this desire to seek first one and then another means of intellectual or imaginative enjoyment, and directing them not merely to the discovery of old and forgotten sources of this enjoyment, but to divine new sources of it, new experiences, new subjects of poetry, new forms of art.

제7편 실전예상문제

01 빅토리아 시대의 시는 하나로 관통되는 동일한 주제, 형식, 내용이 존재하지 않는다. 이 시기의 시인들은 다양한 주제, 다양한 형식을 실험하고 추구했다.

01 빅토리아 시대의 문학적 특징에 대한 설명으로 옳지 <u>않은</u> 것은?
① 소설 장르가 전성기를 맞았고 산문도 꽃을 피웠다.
② 시 장르는 하나로 관통되는 주제와 형식을 추구했다.
③ 중간 계급의 사람들은 신사가 되기 위해 도덕적 진지함, 체면, 예법을 중시하게 되었고 그것이 문학 작품에 반영되었다.
④ 낭만주의 시대의 지나친 개인주의는 절제와 체면 중시(Respectability)로 대체되었고, 과도한 감성주의는 금욕과 도덕적 진지함(Moral Seriousness)으로 대체되었다.

02 빅토리아 시대 후기에는 빅토리아 시대의 엄격함과 진지함을 비판하면서 유미주의적, 쾌락주의적 요소가 나타난다. 빅토리아 시대 후기에는 물질주의, 과학만능주의에 대한 회의와 비판이 생기고, 퇴폐적인 세기말의 데카당스적이고 유미주의적인 풍조가 시에도 나타난다.

02 빅토리아 시대의 시에 대한 설명으로 옳지 <u>않은</u> 것은?
① 빅토리아 시대 중기를 향해 가면서 시적 소재가 자연에서 사회로 이동하기 시작한다.
② 빅토리아 시대 후기에는 빅토리아 시대의 엄격함과 진지함을 비판하면서 낭만주의의 상상력으로의 회귀를 주장한다.
③ 빅토리아 시대 초기에는 존 키츠와 같은 낭만주의 시인들의 영향을 많이 받았고, 여전히 감성을 시에 담기 위해 노력했다.
④ 빅토리아 시대 중기에는 시대정신인 도덕성을 추구하는 시들이 등장한다. 개인적인 자유보다는 사회적 자유와 도덕성을 강조하게 된다.

정답 01 ② 02 ②

03 빅토리아 시대의 소설에 대한 설명으로 옳지 <u>않은</u> 것은?

① 현실을 풍자하는 소설들이 등장했다.
② 사회개혁의 가능성과 인간의 가치를 중시한다.
③ 리얼리즘 소설, 즉 사실주의(Realism) 경향의 소설이 대세를 이루었다.
④ 중산층의 세계관을 반영했고 중산층의 현실적인 문제들을 소재로 삼았다.

03 18세기에는 현실을 풍자하는 소설들이 등장했지만, 빅토리아 시대에는 풍자를 넘어서서 현실 세계를 객관적으로 재현하고 인간과 사회의 문제점들을 객관적으로 묘사했다.

04 영국 사실주의 소설의 특징에 대한 설명으로 옳지 <u>않은</u> 것은?

① 영웅적 인물이 아닌 평범한 일반 대중의 삶을 묘사한다.
② 현실 세계를 객관적인 시각으로 재현하는 데 초점을 맞춘다.
③ 작가가 작품에 개입하는 이탈을 통해 작가의 소신과 철학을 밝힌다.
④ 지나치게 염세주의적인 태도를 배격하고, 사회를 바꿀 수 있다는 기대감을 갖고 개선을 위해 긍정적으로 사회의 실상을 반영한다.

04 영국 사실주의 소설에서 작가는 작품에 개입하지 않고, 작가의 개성을 반영하지 않으려고 노력한다.

05 괄호 안에 들어갈 말로 가장 알맞은 것은?

> 낭만주의와 반대되는 개념인 (　　)은 객관적으로 있는 그대로 정확하게 재현하려는 사조이다. 작가의 개성을 추구하던 낭만주의 작가의 태도와는 달리 객관성을 갖고 현실을 있는 그대로 관찰하여 묘사하는 데 초점을 맞춘다. 이 사조의 대표적인 소설가는 찰스 디킨스(Charles Dickens)와 윌리엄 새커리(William M. Thackeray)이다.

① Realism
② Classicism
③ Naturalism
④ Neoclassicism

05 사실주의(Realism)에 대한 설명이다.

정답　03 ①　04 ③　05 ①

06 프랜시스 베이컨(Francis Bacon)은 17세기 왕정복고기의 대표적인 산문작가이다.
토마스 칼라일(Thomas Carlyle)은 공리주의와 물질문명에 대해 비판했고, 존 러스킨(John Ruskin)은 예술적 낭만성과 인도주의적 경제학을 주장했다. 월터 페이터(Walter Horatio Pater)는 예술을 위한 예술을 주장하면서 유미주의의 선구적 역할을 했다.

07 알프레드 테니슨(Alfred Tennyson)에 대한 설명이다.

08 브라우닝은 탁월한 음악성과 감각적인 언어와는 거리가 멀다. 브라우닝은 투박한 시어와 거친 화법을 구사하며 난해한 내용과 소재를 불규칙적인 리듬으로 전달하였다. 브라우닝은 당대의 다른 시인과는 차별적으로 대담하고 거친 구어체 스타일과 파격적인 운율을 구사했던 시인이다.

정답 06 ② 07 ② 08 ①

---

06 빅토리아 시대에 활동한 대표적인 산문 작가가 <u>아닌</u> 것은?

① John Ruskin
② Francis Bacon
③ Thomas Carlyle
④ Walter Horatio Pater

07 다음 설명에 해당하는 작가는?

> 빅토리아 시대를 대표하는 낭만적 서정 시인이다. 이 시인은 영국 시인 중에서 가장 섬세한 귀(finest ear)를 가졌다고 평가되고, 말의 발견자(discoverer of words)와 언어의 주인(lord of language)으로 평가될 만큼 언어적 감각이 탁월했다. 이 시인의 시에는 낭만주의 시 형식(form)과 상징주의(symbolism)가 내재되어 있다.

① Matthew Arnold
② Alfred Tennyson
③ Robert Browning
④ Gerard Manley Hopkins

08 로버트 브라우닝(Robert Browning)에 대한 설명으로 옳지 <u>않은</u> 것은?

① 탁월한 음악성을 가졌고 감각적이고 아름다운 언어를 사용했다.
② 빅토리아 시대의 낙천주의를 표현하며 여러 가지 다양한 시 형식을 실험했다.
③ 시적 화자의 진술을 통해 이야기를 묘사하고 전달하는 설화시(narrative poem)를 창작했다.
④ 제3의 화자를 등장시켜 감정과 이야기를 전달하는 극적 독백(dramatic monologue)이라는 기법을 확립했다.

09 괄호 안에 들어갈 말로 가장 알맞은 것은?

> 로버트 브라우닝(Robert Browning)의 (　　)은(는) 시인이 직접 진술하지 않고, 객관적이고 중립적인 입장에서 제3의 화자의 진술을 마치 연극 무대에서 청자들이 듣고 있는 것같이 전달하는 기법이다. 이 기법을 통해 시인은 화자에 대한 평가를 내리지 않고 도덕적 중립을 유지하면서, 독자가 스스로 극적 독백의 주인공을 도덕적으로 판단하도록 유도한다.

① Aestheticism
② Narrative Poem
③ Dramatic Monologue
④ Naturalism literature

09 브라우닝의 극적 독백(Dramatic Monologue)에 대한 설명이다.

10 제라드 맨리 홉킨스(Gerard Manley Hopkins)에 대한 설명으로 옳지 <u>않은</u> 것은?

① 자신만의 독특한 리듬인 적정률(Decorum)을 창시했다.
② 과감한 운율과 새로운 구문의 사용과 같은 시적 실험을 한 시인이다.
③ 로버트 브라우닝(Robert Browning)과 함께 현대 시의 선구자로 평가받는 시인이다.
④ 자연 속에 나타나는 신의 영광스러운 모습을 노래하면서 인간은 자신의 고유한 정체성(inscape)을 실현(instress)하는 과정을 통해 신에게 다가갈 수 있다고 역설한다.

10 홉킨스는 자신만의 독특한 리듬인 도약 리듬(Sprung rhythm, 도약률)을 창시하고 이를 통해 운율과 리듬에 대한 실험을 진행했다. 홉킨스가 만든 도약 리듬은 하나의 강세에 여러 개의 약세가 존재하거나 약음절이 계속 진행되는 과정에 강음절이 도약하듯이(sprung) 진행되는 리듬이다.

정답 09 ③ 10 ①

11 오스카 와일드(Oscar Wilde)에 대한 설명이다.

12 찰스 디킨스(Charles Dickens)는 『올리버 트위스트』(Oliver Twist, 1837)를 통해 디킨스 자신이 겪었던 하층민들의 삶과 중산층의 부도덕함 및 탐욕을 생생하게 묘사하였다.

13 조지 엘리엇(George Eliot)에 대한 설명이다.

11 다음 설명에 해당하는 작가는?

> 빅토리아 시대 후기 유미주의를 대표하는 작가이며, 경구(驚句)로 가득한 희극 작품들을 창작했다. 『진지함의 중요성』(The Importance of Being Earnest, 1895)을 통해 빅토리아 시대의 중요한 가치였던 진지함에 대해 풍자했다.

① Oscar Wilde
② Harold Pinter
③ Samuel Beckett
④ George Bernard Shaw

12 『올리버 트위스트』(Oliver Twist)를 통해 당대 사회의 단면과 어두운 면들을 사실주의적으로 묘사한 소설가는?

① George Eliot
② Emily Brontë
③ Charlotte Brontë
④ Charles Dickens

13 다음 설명에 해당하는 작가는?

> 빅토리아 시대를 대표하는 여성 소설가이다. 디킨스가 사회 각계각층의 다양한 인물의 군상을 생생하게 묘사하는 데 탁월한 능력을 가졌다면, 이 작가는 인물의 내면적 갈등, 심리적 묘사, 시련의 과정을 섬세하게 묘사하는 데 탁월한 능력을 가졌다고 평가된다. 디킨스가 런던의 하층민들에게 벌어지는 참담한 일상을 잘 묘사해 냈다면, 이 작가는 영국의 시골을 배경으로 삶에 실패한 비참한 주인공들의 심리묘사에 탁월했다.

① George Eliot   ② Jane Austen
③ Emily Brontë   ④ Charlotte Brontë

정답 11 ① 12 ④ 13 ①

14 다음 설명에 해당하는 작품은?

> 샬롯 브론테(Charlotte Brontë)의 첫 소설 작품으로서 당대에 엄청난 인기와 독자의 공감을 이끌어 낸 대표작품이다. 반항적이고 독립심이 강한 고아 주인공이 가정교사라는 신분의 한계를 넘어서고 또한 모든 것을 잃은 로체스터를 먼저 찾아가서 그의 불행을 모두 품어 준다는 진정한 사랑의 주제는 빅토리아 시대의 독자들의 공감을 끌어냈다. 이 소설은 생계를 위해 가정교사 일을 하면서 가정을 도운 샬롯 브론테의 자전적 소설이기도 하다.

① *Shirley*
② *Jane Eyre*
③ *David Copperfield*
④ *Wuthering Heights*

14 『제인 에어』(*Jane Eyre*, 1847)에 대한 설명이다.

15 다음 설명에 해당하는 작가는?

> 빅토리아 시대 후기의 대표적인 자연주의 소설가이다. 이 작가는 작품 속에서 산업화와 근대화로 인해 쇠퇴하는 영국 남서부 지역의 농촌인 웨식스(Wessex) 지역의 모습을 묘사했다. 하디는 자신의 소설 작품의 배경을 웨식스로 한정하고 있기 때문에 비평가들은 그의 소설을 웨식스 소설이라고 명명하기도 한다. 대표작품은 *Tess of the d'Urbervilles*이다.

① Thomas Hardy
② Thomas Carlyle
③ Charles Dickens
④ William Makepeace Thackeray

15 토마스 하디(Thomas Hardy)에 대한 설명이다.

정답 14 ② 15 ①

16 토마스 칼라일(Thomas Carlyle)에 대한 설명이다.

16 다음 설명에 해당하는 작가는?

> 빅토리아 시대의 대표적인 산문작가이다. 빅토리아 시대의 시대 철학인 공리주의와 경험론에 반기를 들었고, 영웅적 지도자의 필요성을 역설하며 반민주적 의견을 개진하기도 했다. 『의상 철학』(*Sartor Resartus*)을 통해 신의 진리와 영적 이상을 가리는 거추장스러운 의상과 같은 인위적인 제도들과 형식들을 타파할 것을 주장하였다.

① John Ruskin
② Matthew Arnold
③ Thomas Carlyle
④ Walter Horatio Pater

정답 16 ③

제 8 편

20세기 영문학
(The 20th century English Literature, 1901-2000)

제1장	시대적 배경
제2장	문학의 특징
제3장	대표 작가와 작품
실전예상문제

단원 개요

제1·2차 세계대전을 거치면서 종교의 절대적인 가치에 대한 믿음이 무너졌고, 인간의 이성과 인간성에 대한 믿음도 모두 무너졌다. 실존주의 철학이 태동하고 니체(Nietzsche)의 염세주의적 철학은 종교적 절대성을 비판했다. 정신분석학자 프로이트(Freud)는 무의식이라는 새로운 개념으로 인간의 의식의 지평을 확대했고, 아인슈타인(Einstein)의 상대성 이론은 모두가 공유할 수 있는 보편타당한 절대적인 진리의 공유 가능성을 무너뜨렸다. 모더니즘부터 포스트모더니즘에 이르는 문학적 사조가 큰 영향을 미친 시기이다.

출제 경향 및 수험 대책

수험생들이 초점을 맞추어야 하는 20세기 전반의 학습 요소로는 모더니즘 소설의 특징적 요소인 의식의 흐름(Stream of Consciousness), 내적 독백(Interior monologue), 에피파니(Epiphany), 모더니즘 시의 특징적 요소인 이미지즘(Imagism), 상징주의(Symbolism) 등이 있다. 20세기 중·후반의 학습 요소로는 포스트모더니즘 사조와 사무엘 베케트(Samuel Beckett)의 부조리극(The Absurd Drama)과 해롤드 핀터(Harold Pinter)의 위협 희극(comedy of menace) 등이 있다. 각 장르별 특징적인 기법과 주요 작가의 작품세계를 숙지할 필요가 있다.

※ 수험생의 학습과 이해를 돕기 위해 대부분의 작가와 작품명을 한글(영어) 형식으로 병기했습니다. 실제 시험에서는 주로 영어로 표기되오니 참고하시기 바랍니다.

보다 깊이 있는 학습을 원하는 수험생들을 위한
시대에듀의 동영상 강의가 준비되어 있습니다.
www.sdedu.co.kr ➜ 회원가입(로그인) ➜ 강의 살펴보기

제 1 장 | 시대적 배경

1 20세기 전반(1901-1945)

(1) 제1차 세계대전(1914-1918) : 환멸의 시대

① **빅토리아 여왕 사후 쇠퇴기를 겪는 영국**

빅토리아 여왕이 1901년에 죽고 에드워드 7세가 즉위한 시점부터 20세기가 시작되었다. 빅토리아 여왕 시대 후기인 19세기 말부터 영국의 경제와 산업은 쇠퇴하고 있었다. 유럽의 독일, 독립한 신생국 미국의 발전과 영국 내의 흉작으로 인한 곡물값의 폭등, 그리고 금광의 이권을 두고 발발한 남아프리카 보어인들과의 보어전쟁(Boer War, 1899-1902) 등으로 국력이 쇠퇴했다. 중산층의 속물근성과 산업화 및 근대화로 인해 야기된 사회 문제들도 국내의 정치적 상황을 어렵게 만들었고, 노동당이 창당되어 보수당과 대결 구도를 이루었다.

② **제1차 세계대전의 승리, 아일랜드 독립운동, 성 역할의 변화**

1914년부터 1918년까지 제1차 세계대전(World War I)이 벌어졌다. 약 천만 명의 사망자와 약 2천만 명의 부상자를 낼 만큼 인류 역사상 최악이자 최대의 전쟁에서 영국은 프랑스, 러시아와 연합군을 구축하여 싸웠고, 마침내 1918년 독일의 항복을 받으면서 승리로 끝났다. 하지만 제1차 세계대전을 치르던 1916년에 수백 년간 영국의 지배를 받던 아일랜드가 독립운동을 벌이면서 전쟁에 나간 남성의 일자리를 여성이 대신하게 되었다. 이로 인해 영국 내 전통적인 성 역할에 변화가 일어나기 시작했다. 여성이 노동력 시장의 상당한 부분을 차지하면서 이후 1918년에 30세 이상 여성은 투표권을 획득하였다.

③ **환멸의 시대 : 미래에 대한 불확실성, 허무주의, 전통적 가치관의 붕괴**

제1차 세계대전을 겪으면서 인류는 과학의 진보가 대량 살상이라는 끔찍한 참상을 일으켰다는 사실에 절망한다. 약 3천만 명의 사상자와 부상자를 만들어낸, 인류사에서 가장 끔찍한 전쟁 앞에서 인류는 미래에 대한 불확실성과 도덕적 허무주의, 회의주의에 빠지게 된다. 이 시기를 환멸의 시대라고 명명하기도 하며, 이를 계기로 전통적인 가치관이 무너지고 새로운 질서가 생기기 시작한다.

④ **전후 경제 위기와 아일랜드의 독립**

전쟁 후 영국은 승전국이었지만 심각한 경제 위기를 맞는다. 세계 경제와 무역의 주도권은 미국으로 넘어갔고 영국은 무역의 쇠퇴, 실업자 증대 등으로 심각한 재정난에 빠지게 된다. 1937년에는 아일랜드가 영국으로부터 독립을 이루어냈다.

(2) 제2차 세계대전(World War Ⅱ, 1939-1945)

① 경제 대공황, 파시즘, 나치정권

1930년대에 세계 공황으로 인해 영국도 심각한 경제적 어려움을 겪는다. 아울러 이탈리아에서는 무솔리니(Benito Mussolini)가 파시즘(fascism)을 주창했고, 독일에서는 히틀러의(Adolf Hitler)의 나치정권이 1933년에 수립되면서 제2차 세계대전의 전운이 감돌게 된다.

② 제2차 세계대전 : 국력의 쇠퇴

영국은 수상 윈스턴 처칠(Winston Leonard Spencer Churchill)의 리더십을 통해 전쟁에서 승전국이 되지만 전쟁으로 인해 국가의 재정이 소진되었다. 제2차 세계대전을 기점으로 영국은 세계의 무역, 금융 패권 국가로서의 지위를 서서히 상실하게 된다.

제1차 세계대전의 악몽이 끝나기도 전에 제2차 세계대전이라는 더 잔인하고 참혹한 전쟁의 참상을 경험하면서 인류는 인간성 자체에 대한 회의와 혐오를 느끼게 된다. 특히 유태인 학살과 원자폭탄과 같은 대량 살상 무기를 보면서 인류는 인류의 존속에 대한 불안에 휩싸이게 된다.

2 20세기 중·후반

(1) 식민지들의 독립과 제국주의 종식

제2차 세계대전 후 영국의 경제는 급속히 쇠퇴하게 된다. 특히 전쟁 중 국고의 낭비가 매우 심하여 전쟁 직후 국가 재정의 3/4이 사라져 버린 상태였다. 국가 재정의 파탄으로 인해 국내 경기는 심하게 위축되고 노동자들의 파업이 자주 발생했다. 영국의 식민지들이 독립하기 시작하면서 영국의 제국주의는 종식을 맞게 되었고, 대영제국의 명칭은 영국연방으로 바뀌게 되었다.

(2) 요람에서 무덤까지

20세기 중반인 1950년대에 노동당이 집권하면서 '요람에서 무덤까지'라는 슬로건으로 복지국가 건설을 천명했다. 10년 정도 안정적인 경제 성장률을 보였다.

(3) 영국병

영국의 안정적인 10년의 성장세는 1973년 오일 파동을 기점으로 장기 침체에 들어가게 된다. 심각한 인플레이션과 실업률 상승 등의 요인으로 장기적인 경기 침체에 빠지면서 소위 영국병이라는 말까지 생겨났다. 심지어 1976년에는 IMF의 구제 금융을 신청하는 위기에 다다른다.

(4) 철의 여인 마가렛 대처

장기 침체라는 영국병을 고친 사람은 철의 여인으로 불리는 마가렛 대처이다. 1980년대 이후 대대적인 구조개혁과 개선을 통해 영국은 장기 침체의 늪을 벗어나게 된다.

제 2 장 │ 문학의 특징

1 20세기 전반 영문학의 특징적 요소

(1) 모더니즘(Modernism) 중요

제1·2차 세계대전을 거치면서 종교의 절대적인 가치와 인간의 이성, 인간성에 대한 믿음도 모두 무너졌다. 실존주의 철학이 태동하고 니체(Nietzsche)의 염세주의적 철학은 종교적 절대성을 비판했다. 정신분석학자 프로이트(Freud)는 무의식이라는 새로운 개념으로 인간의 의식의 지평을 확대했고, 아인슈타인(Einstein)의 상대성 이론은 모두가 공유할 수 있는 보편타당한 절대적인 진리의 공유 가능성을 무너뜨렸다.

사회, 정치(제1·2차 세계대전), 과학(상대성 이론), 철학(실존철학, 염세주의), 심리학(프로이트의 정신분석학) 분야의 혁명적 변화로 인해 20세기는 불확실성과 회의주의라는 두 가지 키워드의 시대가 되었으며, 이러한 학문적 배경을 바탕으로 태동한 것이 모더니즘이다.

1920년대에 태동한 모더니즘은 19세기의 사실주의(Realism, 리얼리즘)와 합리주의에 기반한 도덕, 사회제도, 전통적인 가치관, 신념체계를 일절 부정하면서 생긴 극단적인 개인주의적 문예 사조이다. 모더니즘은 사회와 자연과 같은 절대적이고 객관적인 것을 재현하는 것이 아니라, 인간의 주관적이고 상대적인 의식세계와 프로이트가 주창한 무의식의 세계, 즉 인간의 내면의 세계를 재현하는 것을 목표로 한다.

19세기 초·중반의 사실주의, 19세기 후반의 자연주의, 라파엘 전파로 대표되는 유미주의, 세기말적 데카당스를 거쳐 20세기 초반의 모더니즘은 1920년대에 시작되어 1960년대까지 이어지는 문예 사조이다. 영국의 모더니즘은 소설에서 의식의 흐름(Stream of Consciousness), 내적 독백(Interior monologue), 에피파니(Epiphany), 시에서 이미지즘(Imagism), 상징주의(Symbolism) 등으로 나타난다.

(2) 20세기 전반 소설의 특징적 요소

20세기에는 독자와 작가를 연결하는 보편적인 가치가 없어졌기 때문에 20세기 소설가는 빅토리아의 사실주의 소설가들처럼 현실을 풍자하고 묘사하는 것이 아니라, 소설가 자신만의 직관을 통해 자신만의 소설 세계를 구축하고 의미체계와 가치를 만들어낸다. 20세기 소설가들은 프로이트의 정신분석학의 영향으로 인해 인간의 내면세계를 탐구하기 시작했고, 이를 위해 의식의 흐름과 내적 독백 같은 새로운 기법을 활용했다.

① **의식의 흐름(Stream of Consciousness)** 중요
  ㉠ 모더니즘 소설은 인물을 둘러싼 외부의 상황이나 사건의 전개에 초점을 맞추지 않고 인물의 내면 의식 세계에 초점을 맞춘다. 인간의 유동적이고 복합적인 주관적 무의식의 세계를 효과적으로 표현하기 위해 자유 연상 기법을 활용하는 의식의 흐름 기법을 활용한다. 객관적으로 재현하는 것이 불가능한 인간의 내면 의식 세계를 그려내기 위해 의식이 외부로부터 자극을 받아들이고 그에 반응하는 인물의 마음의 연속적인 연상작용을 포착하는 것이 바로 의식의 흐름 기법이다. 모더니즘 소설은 의식의 흐름 기법을 통해 인물들의 복잡한 내면세계와 의식세계를 표현한다. 작중인물의 의식의 흐름은 복잡하고, 무질서하고, 비연속적이다.

ⓒ 대표 작가와 작품

제임스 조이스(James Joyce)의 『율리시스』(*Ulysses*, 1922)

② **내적 독백(Interior monologue)** 〈중요〉

작중인물의 복잡하고, 무질서하고, 비연속적인 의식의 흐름을 가장 잘 표현하는 기법이 바로 내적 독백이다. 내적 독백은 작가가 인물의 의식의 흐름에 개입하지 않고, 인물의 기억, 독백, 연상작용 등의 행위를 그대로 독자에게 전달하는 기법이다. 독자들은 인물의 내적 독백을 통해 인물의 내면세계와 심리적 실체를 작가의 해석 없이 생생하게 파악할 수 있다. 독자는 1인칭 화자로 등장하는 인물의 간접 화법을 통해 복잡하게 얽혀 있는 인물의 내면 의식의 세계를 직접 파악할 수 있다.

③ **에피파니(Epiphany)**

에피파니는 초자연적인 혹은 신적인 것의 출현, 강림을 의미하는 영어 단어이다. 모더니즘에서의 에피파니는 주인공의 궁극적인 깨달음, 자각, 초월적 순간에 이름, 진리와 마주하는 찰나를 의미한다. 즉, 자아, 인생, 세계에 대한 궁극적인 깨달음이나 진리에 이르는 순간을 나타낸다. 모더니즘 소설가들은 에피파니 기법을 활용했다.

(3) 20세기 전반 시의 특징적 요소

빅토리아 시대의 시인들이 도덕성과 객관적 사실주의를 추구했다면, 20세기 초기 모더니즘 시인들은 시적 화자의 내면세계와 타자와의 관계성을 주관적으로 추구했다.

① **이미지즘(Imagism)** 〈중요〉

이미지즘 운동은 영국의 시인이자 비평가인 흄(T. E. Hulme)에 의해 시작되었다. 흄의 이미지즘은 낭만주의의 감정과 눈물이 넘치는 흐릿하고 축축한(damp) 시를 반대한다. 이미지즘은 메마른 견고함(dry hardness)을 추구하면서 객관적으로 냉정하게 묘사하는 것을 추구한다. 이미지는 시의 본질이자 가장 핵심적인 요소인데 이미지를 객관적으로 명확하게 표현하는 것이 바로 이미지즘이다. 20세기 모더니즘 시는 감정을 드러내는 시어는 배격하고, 명확하고 분명한 이미지를 통해 정서를 전달하고자 했다. 모더니즘 시인들은 이미지즘 운동을 통해 대상을 직접적으로 명확하게 표현했고, 기존의 운율을 버리고 새로운 운율을 통해 이미지를 정확하게 표현하고자 했다.

② **상징주의(Symbolism)** 〈중요〉

영국의 20세기 현대 시인들은 프랑스의 상징주의 시인들에게서 많은 영향을 받았다. 상징주의는 19세기 말 프랑스에서 사실주의와 자연주의의 객관적으로 세상을 묘사하려는 경향에 반대하면서 나타난, 객관적으로 표현할 수 없는 주관적 정서를 상징을 통해 표현하려는 운동이다. 인간의 의식은 유동적이고, 가변적이기 때문에 전통적인 사실주의나 자연주의적 기법으로는 정확하게 표현하는 것이 불가능하다. 상징주의 시인들은 자신들만의 특수한 언어들의 상응관계, 이미지들의 조합을 이끌어 내는 상징성을 통해 인간의 의식을 드러내고자 했다. 영국 문학에서는 제1차 세계대전을 전후로 상징주의 시와 소설이 발달했다.

③ **대표 작가와 작품 : T. S. 엘리엇(T. S. Eliot)**

㉠ 「알프레드 프루프록의 연가」(*The Love Song of J. Alfred Prufrock*, 1915)

㉡ 「황무지」(*The Waste Land*, 1922)

(4) 20세기 전반 드라마의 특징적 요소 : 조지 버나드 쇼의 사상극(토론극)

19세기 말과 20세기 전반에 걸쳐 활발한 작품 활동을 한 조지 버나드 쇼는 사상극(Drama of Idea)을 창작했다. 쇼는 기본적으로 사실주의 희극을 창작했다. 하지만 쇼는 있는 그대로의 현실을 묘사하는 사실주의 극에 자신이 전달하고 싶은 사상을 투입했고, 다소 희화화되고 과장된 인물이 등장하는 사상극들도 창작했다. 쇼의 사상극에는 도덕적 교훈이나 쇼가 의도한 사상을 전달하기 위해 현실성이 약화된 인물이나 장황한 대사를 하는 부자연스러운 인물이 등장한다.

쇼는 사상극 작품을 통해 종교문제, 교육문제, 영국 사회의 계급 간의 문제 등과 같은 다양한 문제들을 다루면서 자신의 사상을 전달했다. 정교한 플롯과 구성에 강조점을 두기보다는 등장인물의 토론과 논쟁을 통해 사상을 전달하는 쇼의 사상극을 토론극이라고 명명하기도 했다.

2 20세기 중·후반 영문학의 특징적 요소

(1) 포스트모더니즘(Postmodernism) 중요

20세기 중·후반인 1960년대부터 모더니즘에 대한 반발로 포스트모더니즘이 나타났다. 그 전에 19세기 사실주의와 자연주의에 대한 반발로 모더니즘이 전개되었다. 모더니즘은 사실주의와 자연주의가 추구했던 사회와 도덕성의 객관적 재현을 거부하고 주관적인 개인의 내면세계를 재현하고자 했다.

모더니즘이 지나치게 주관적이고, 내면 지향적이기 때문에 모더니즘 문학은 난해하고 추상적인 기법을 지나치게 사용하면서 대중성을 잃었다. 하지만 포스트모더니즘은 모더니즘의 이러한 지나친 추상성과 난해성을 배격하면서 대중성을 추구한다. 포스트모더니즘은 대중성의 기반 위에서 개성, 자율성, 다양성을 추구한다. 포스트모더니즘은 문학에서 다시 개인의 의견과 목소리를 되찾고 대중성을 확보하기 위한 실험을 진행한다.

모더니즘 소설에서는 작가는 절대 개입하지 않고 인물의 내적 독백을 통해 의식의 흐름을 따라가지만, 포스트모더니즘 소설에서는 인물들의 내적 독백이 사라지고 다시 저자가 등장한다. 하지만 사실주의나 자연주의 소설처럼 객관성을 추구하는 것은 아니다. 모더니즘의 지나친 추상성과 난해성을 벗어버리고 대중성을 추구하되, 개성, 자율성, 다양성을 추구한다.

포스트모더니즘은 사실주의의 절대적이고 객관적인 세계의 재현이 아니라 작가가 자신을 되돌아보는 자의식적 서술, 인물과 독자에게 선택권과 해석권을 주는 열린 결말을 가진 소설 등과 같이 (이)탈중심, 탈장르, 탈이념을 추구한다.

(2) 부조리극(The Absurd Drama) 중요

① 부조리극은 두 번의 끔찍한 세계대전 후 염세주의와 허무주의에 빠진 인간의 절망적이고 소외된 부조리한 상황을 표현하는 극이다. 부조리극은 전통적인 기독교의 세계관이 무너지고, 상대성 이론의 등장으로 인해 보편타당하고 절대적인 가치가 부재한 인간의 불안, 불확실성, 절망을 표현한다. 1950년대의 부조리 극작가들은 전통적인 드라마의 형식을 파괴하고, 무의미한 대사, 침묵, 단절 등을 통해 오지 않을 신을 기다리거나 희망과 목적이 없이 살아가야 하는 인간의 부조리한 상황들을 표현한다.

② 대표 작가와 작품

　㉠ 사무엘 베케트(Samuel Beckett)

　　『고도를 기다리며』(*Waiting for Godot*, 1952)

　㉡ 해롤드 핀터(Harold Pinter)

　　『생일 파티』(*The Birthday Party*, 1957)

제 3 장 | 대표 작가와 작품

1 시

(1) 윌리엄 버틀러 예이츠(William Butler Yeats, 1865-1939) 중요

① 작가와 작품관

윌리엄 버틀러 예이츠는 1923년에 노벨 문학상을 수상한 20세기 전반의 대표적인 시인이다. 아일랜드 출신의 예이츠는 아일랜드의 토속 민요와 전설에 관심을 가졌다. 아일랜드의 독립운동과 예술운동을 주도했던 예이츠는 아일랜드의 자연, 예술, 전설, 토속적 신비주의 등을 예술로 승화시켰다.

㉠ 초기

초기의 예이츠 시는 아일랜드 전설, 영웅담에 기초를 둔 초자연적인 세계와 몽환적이고 낭만적인 세계를 노래한다. 빅토리아 시대 후기에 나타난 물질만능주의로 인한 인간성의 파괴와 공리주의와 같은 실증 철학에 반감을 느낀 예이츠는 전통적인 기독교 사상이 아닌 신비주의에 관심을 기울이면서 시 세계 또한 신비적이고 낭만적인 세계를 묘사했다.

㉡ 중기

중기의 예이츠 시는 초기의 신비주의를 벗어나서 현실세계를 구체적으로 묘사한다. 중기의 예이츠는 시를 창작하는 것보다 아일랜드 민족주의 운동을 주도하면서 현실적인 사회운동에 많은 시간을 할애했다. 20세기 초의 아일랜드 독립운동으로 인한 유혈사태 등으로 인해 예이츠는 적극적으로 현실 정치와 사회운동에 가담했다.

㉢ 후기

후기의 예이츠 시는 상징주의 기법을 통해 인류가 처한 암울함과 전통적 기독교 신앙의 붕괴, 물질문명이 야기한 혼탁함과 불안을 묘사한다. 아울러 예이츠는 기독교적 전통이 종식된 후 새로운 문명이 탄생할 것에 대한 기대감과 비전(vision)을 노래했다.

예이츠는 시를 통해 자신만의 비전(vision)을 제시한다. 현실세계와 이상세계, 육체와 영혼, 생명과 죽음 등과 같은 양립 불가능한 이원화된 세계와 그 세계 안에서 살아가는 인간의 비극성을 묘사하면서 이 세계를 통합할 수 있는 새로운 비전과 문명의 도래를 노래한다.

② 대표작품

㉠ 「이니스프리의 호수 섬」(*The Lake Isle of Innisfree*, 1888)[1] 중요

예이츠의 「이니스프리의 호수 섬」은 고향을 그리워하는 예이츠의 향수가 잘 드러나 있고, 목가적인 정취를 묘사한 아름다운 초기 서정시이다. 아일랜드인들이 가장 애송하는 시 중의 하나로 알려져 있다. 회색빛의 도시 런던과 평화로운 아일랜드 전원의 아름다운 풍경 간의 대비를 통해 고향에 대한 아름다움과 그리움을 표현한다.

---

[1] https://www.poetryfoundation.org/poems/43281/the-lake-isle-of-innisfree

The Lake Isle of Innisfree

I will arise and go now, and go to Innisfree,
And a small cabin build there, of clay and wattles made;
Nine bean-rows will I have there, a hive for the honey-bee,
And live alone in the bee-loud glade.

And I shall have some peace there, for peace comes dropping slow,
Dropping from the veils of the morning to where the cricket sings;
There midnight's all a glimmer, and noon a purple glow,
And evening full of the linnet's wings.

I will arise and go now, for always night and day
I hear lake water lapping with low sounds by the shore;
While I stand on the roadway, or on the pavements grey,
I hear it in the deep heart's core.

ⓛ 「재림」(*The Second Coming*, 1919)[2]

「재림」(*The Second Coming*, 1919)을 통해 예이츠는 점점 심화되는 현대 문명의 혼란과 인간의 불안을 묘사한다. 기독교적 전통에서 재림은 예수 그리스도의 부활과 승천 후 다시 세상을 심판하러 오는 재림을 의미하지만, 예이츠는 새로운 문명의 탄생을 빗대어 표현하고 있다. 현대 사회의 혼란을 해결할 새로운 문명에 대한 기대감이 드러나는 시이다.

The Second Coming

Turning and turning in the widening gyre
The falcon cannot hear the falconer;
Things fall apart; the centre cannot hold;
Mere anarchy is loosed upon the world,
The blood-dimmed tide is loosed, and everywhere
The ceremony of innocence is drowned;
The best lack all conviction, while the worst
Are full of passionate intensity.

Surely some revelation is at hand;
Surely the Second Coming is at hand.
The Second Coming! Hardly are those words out
When a vast image out of Spiritus Mundi

---

[2] https://www.poetryfoundation.org/poems/43290/the-second-coming

> Troubles my sight: somewhere in sands of the desert
> A shape with lion body and the head of a man,
> A gaze blank and pitiless as the sun,
> Is moving its slow thighs, while all about it
> Reel shadows of the indignant desert birds.
> The darkness drops again; but now I know
> That twenty centuries of stony sleep
> Were vexed to nightmare by a rocking cradle,
> And what rough beast, its hour come round at last,
> Slouches towards Bethlehem to be born?

ⓒ 「비잔티움으로의 항해」(*Sailing to Byzantium*, 1928)[3]

늙음에 대한 명상을 주된 내용으로 하고 있는 예이츠의 「비잔티움으로의 항해」는 비잔티움이라는 현실세계 너머의 예술적 이상세계에 대한 동경을 담고 있다. 비잔티움과 현실세계, 무한한 지성과 현실세계의 대비를 통해 종교와 예술이 전체 대중에게 수용되었던 이상적인 사회인 비잔티움의 이상성을 노래한다. 노년에 이른 예이츠가 예술과 종교가 하나된 비잔티움을 동경하는 내용이다.

> **Sailing to Byzantium**
>
> I
>
> That is no country for old men. The young
> In one another's arms, birds in the trees,
> —Those dying generations—at their song,
> The salmon-falls, the mackerel-crowded seas,
> Fish, flesh, or fowl, commend all summer long
> Whatever is begotten, born, and dies.
> Caught in that sensual music all neglect
> Monuments of unageing intellect.
>
> II
>
> An aged man is but a paltry thing,
> A tattered coat upon a stick, unless
> Soul clap its hands and sing, and louder sing
> For every tatter in its mortal dress,
> Nor is there singing school but studying
> Monuments of its own magnificence;

---

3) https://www.poetryfoundation.org/poems/43291/sailing-to-byzantium

> And therefore I have sailed the seas and come
> To the holy city of Byzantium.
>
> III
>
> O sages standing in God's holy fire
> As in the gold mosaic of a wall,
> Come from the holy fire, perne in a gyre,
> And be the singing-masters of my soul.
> Consume my heart away; sick with desire
> And fastened to a dying animal
> It knows not what it is; and gather me
> Into the artifice of eternity.
>
> IV
>
> Once out of nature I shall never take
> My bodily form from any natural thing,
> But such a form as Grecian goldsmiths make
> Of hammered gold and gold enamelling
> To keep a drowsy Emperor awake;
> Or set upon a golden bough to sing
> To lords and ladies of Byzantium
> Of what is past, or passing, or to come.

③ 주요 작품들
- ㉠ 「이니스프리의 호수 섬」(*The Lake Isle of Innisfree*, 1888)
- ㉡ 「재림」(*The Second Coming*, 1919)
- ㉢ 「쿨 호수의 야생 백조」(*The Wild Swans at Cool*, 1919)
- ㉣ 「레다와 백조」(*Lada and the Swan*, 1924)
- ㉤ 「비잔티움으로의 항해」(*Sailing to Byzantium*, 1928)

(2) 토마스 스턴스 엘리엇(Thomas Stearns Eliot, 1888-1965) 중요

① 작가와 작품관

미국 세인트루이스에서 출생하고 하버드에서 문학과 철학을 전공한 엘리엇은 제1차 세계대전 이후 영국으로 이주하여 1927년에 영국 시민권을 획득했다. 시인, 극작가, 비평가로서 활동한 엘리엇은 세 영역에서 탁월함을 인정받았고, 1948년에 노벨 문학상을 수상했다. 엘리엇이 영국에 체류하면서 시인으로 활동하게 된 데에는 에즈라 파운드(Ezra Pound)의 영향이 컸다. 에즈라 파운드의 도움으로 「알프레드 프루프록의 연가」(*The Love Song of J. Alfred Prufrock*, 1915)를 게재할 수 있었고, 「황무지」(*The Waste Land*, 1922)도 에즈라의 수정과 도움으로 출판되었다.

엘리엇의 시는 매우 난해하다고 평가된다. 현대 문명의 다양성과 복합성을 시로 전달한 엘리엇은 상징과 암시를 통해 시적 주제를 전달했다. 또한 이미지즘, 상징주의, 형이상학파 시의 기법 등을 활용하여 자신만의 방식으로 새로운 시 형식과 기법을 창조했다.

엘리엇 시는 모더니즘 시의 대표적인 전형이며, 시의 특징은 다음과 같다.

㉠ 다양한 현대 시 기법의 수용

엘리엇은 현대 시의 다양한 기법들을 시에 수용하면서 자신만의 새로운 기법과 전통을 만들어냈다. 엘리엇은 이미지즘, 형이상학적 시, 상징주의 기법 등 현대 시의 다양한 기법들을 수용했다.

ⓐ 이미지즘

엘리엇은 간결하고 정확한 언어를 통해 명확하고 명징한 이미지를 전달한다.

ⓑ 형이상학적 시

엘리엇은 형이상학파 시인들의 위트(wit)와 이질적인 요소들의 결합을 통해 복합적인 시적 의미를 창조한다.

ⓒ 상징주의

엘리엇은 낭만주의 시에서 나타나는 지나친 감정의 표현을 배격하면서 프랑스의 상징주의로부터 영향을 받아 상징을 통한 시적 암시와 의미의 창출을 시도한다.

㉡ 감수성의 분열(dissociation of sensibility), 통합된 감수성(united sensibility), 객관적 상관물(objective correlative)

감수성의 분열은 엘리엇이 자신의 논문에서 사용한 표현이다. 엘리엇은 낭만주의 시는 사유(thought)와 감정(feeling)이 분리되는 감수성의 분열을 포함하고 있다고 주장한다. 하지만 엘리엇은 낭만주의 시와 달리 현대 시는 감정과 정서를 직접적으로 표현하지 않고, 사물과 상황의 묘사를 통해 정서와 시적 의미를 상징하거나 암시해야 한다고 주장한다. 엘리엇은 사물과 상황의 묘사를 통한 정서와 시적 의미의 암시를 통합된 감수성이라고 표현한다. 특정 사물, 사건, 상황의 묘사를 통해 시인은 특정 정서적 반응을 독자에게 유도하는 객관적 상관물을 시적 장치로써 사용한다. 객관적 상관물은 주관적 정서를 객관적으로 환기하기 위한 매개체이다.

㉢ 몰개성(impersonal, 탈개성) 시론

엘리엇은 반낭만주의적 경향이 강하고 지성과 전통을 강조한다. 엘리엇은 시인이 최대한 드러나지 않는 시를 추구하면서 시의 개성이 최대한 드러나지 않는 몰개성 시를 추구했다. 엘리엇은 사상과 감정이 통합된 감수성을 추구하면서 객관적 상관물을 활용하였다.

㉣ 극적 독백(Dramatic monologue)의 사용

엘리엇은 초기 시에서 극적 독백을 사용한다. 시인 자신이 아니라 극적 인물을 통해 초연하게 감정을 객관적으로 전달한다.

② **대표작품**

㉠ 「알프레드 프루프록의 연가」(*The Love Song of J. Alfred Prufrock*, 1915)[4] 중요

엘리엇은 「알프레드 프루프록의 연가」에서 분열된 자아 중 하나의 자아가 또 다른 자아에게 구애의 실패과정을 고백하는 극적 독백을 사용하고 있다. 구어체 언어를 통해 이상과 현실 사이의 분열 속에 갇힌 채 무력감과 좌절감을 느끼는 프루프록의 내면세계를 묘사하고 있다.

---

[4] https://www.poetryfoundation.org/poetrymagazine/poems/44212/the-love-song-of-j-alfred-prufrock

프루프록은 망상에 사로잡혀서 자기 비애에 빠지는 비극적 인물이다. 프루프록은 바다의 방으로 비유되는 마음의 틀 속에 갇힌 채 그 벽을 허물어 내지 못하고 의식의 방에서 패자의 꿈을 꾸다가 현실로 돌아오게 된다.

엘리엇은 이 작품에서 일상 구어체를 사용하면서 형이상학파 시인들의 특징인 기상(conceit)의 기법을 받아들여 자신만의 기지가 넘치는 지적인 비유인 객관적 상관물을 활용하여 시적 주제를 전달하고 있다.

The Love Song of J. Alfred Prufrock

Let us go then, you and I,
When the evening is spread out against the sky
Like a patient etherized upon a table;
Let us go, through certain half-deserted streets,
The muttering retreats
Of restless nights in one-night cheap hotels
And sawdust restaurants with oyster-shells:
Streets that follow like a tedious argument
Of insidious intent
To lead you to an overwhelming question ...

Oh, do not ask, "What is it?"
Let us go and make our visit.

In the room the women come and go
Talking of Michelangelo.

The yellow fog that rubs its back upon the window-panes,
The yellow smoke that rubs its muzzle on the window-panes,
Licked its tongue into the corners of the evening,
Lingered upon the pools that stand in drains,
Let fall upon its back the soot that falls from chimneys,
Slipped by the terrace, made a sudden leap,
And seeing that it was a soft October night,
Curled once about the house, and fell asleep.

And indeed there will be time
For the yellow smoke that slides along the street,
Rubbing its back upon the window-panes;
There will be time, there will be time
To prepare a face to meet the faces that you meet;

There will be time to murder and create,
And time for all the works and days of hands
That lift and drop a question on your plate;
Time for you and time for me,
And time yet for a hundred indecisions,
And for a hundred visions and revisions,
Before the taking of a toast and tea.

In the room the women come and go
Talking of Michelangelo.

And indeed there will be time
To wonder, "Do I dare?" and, "Do I dare?"
Time to turn back and descend the stair,
With a bald spot in the middle of my hair —
(They will say: "How his hair is growing thin!")
My morning coat, my collar mounting firmly to the chin,
My necktie rich and modest, but asserted by a simple pin —
(They will say: "But how his arms and legs are thin!")
Do I dare
Disturb the universe?
In a minute there is time
For decisions and revisions which a minute will reverse.

For I have known them all already, known them all:
Have known the evenings, mornings, afternoons,
I have measured out my life with coffee spoons;
I know the voices dying with a dying fall
Beneath the music from a farther room.
　　　　　So how should I presume?

And I have known the eyes already, known them all—
The eyes that fix you in a formulated phrase,
And when I am formulated, sprawling on a pin,
When I am pinned and wriggling on the wall,
Then how should I begin
To spit out all the butt-ends of my days and ways?
　　　　　And how should I presume?

And I have known the arms already, known them all—
Arms that are braceleted and white and bare
(But in the lamplight, downed with light brown hair!)
Is it perfume from a dress
That makes me so digress?
Arms that lie along a table, or wrap about a shawl.
          And should I then presume?
          And how should I begin?

Shall I say, I have gone at dusk through narrow streets
And watched the smoke that rises from the pipes
Of lonely men in shirt-sleeves, leaning out of windows? ...

I should have been a pair of ragged claws
Scuttling across the floors of silent seas.

And the afternoon, the evening, sleeps so peacefully!
Smoothed by long fingers,
Asleep ... tired ... or it malingers,
Stretched on the floor, here beside you and me.
Should I, after tea and cakes and ices,
Have the strength to force the moment to its crisis?
But though I have wept and fasted, wept and prayed,
Though I have seen my head (grown slightly bald) brought in upon a platter,
I am no prophet — and here's no great matter;
I have seen the moment of my greatness flicker,
And I have seen the eternal Footman hold my coat, and snicker,
And in short, I was afraid.

And would it have been worth it, after all,
After the cups, the marmalade, the tea,
Among the porcelain, among some talk of you and me,
Would it have been worth while,
To have bitten off the matter with a smile,
To have squeezed the universe into a ball
To roll it towards some overwhelming question,
To say: "I am Lazarus, come from the dead,
Come back to tell you all, I shall tell you all"—
If one, settling a pillow by her head
          Should say: "That is not what I meant at all;
          That is not it, at all."

And would it have been worth it, after all,
Would it have been worth while,
After the sunsets and the dooryards and the sprinkled streets,
After the novels, after the teacups, after the skirts that trail along the floor—
And this, and so much more?—
It is impossible to say just what I mean!
But as if a magic lantern threw the nerves in patterns on a screen:
Would it have been worth while
If one, settling a pillow or throwing off a shawl,
And turning toward the window, should say:
        "That is not it at all,
        That is not what I meant, at all."

No! I am not Prince Hamlet, nor was meant to be;
Am an attendant lord, one that will do
To swell a progress, start a scene or two,
Advise the prince; no doubt, an easy tool,
Deferential, glad to be of use,
Politic, cautious, and meticulous;
Full of high sentence, but a bit obtuse;
At times, indeed, almost ridiculous—
Almost, at times, the Fool.

I grow old ... I grow old ...
I shall wear the bottoms of my trousers rolled.

Shall I part my hair behind? Do I dare to eat a peach?
I shall wear white flannel trousers, and walk upon the beach.
I have heard the mermaids singing, each to each.

I do not think that they will sing to me.

I have seen them riding seaward on the waves
Combing the white hair of the waves blown back
When the wind blows the water white and black.
We have lingered in the chambers of the sea
By sea-girls wreathed with seaweed red and brown
Till human voices wake us, and we drown.

ⓒ 「황무지」(*The Waste Land*, 1922) 중요
  ⓐ 낭만주의 시대의 시작을 워즈워스와 콜리지의 『서정 민요 시집』(*Lyrical Ballads*, 1798)이 발표된 1798년으로 보듯이, 비평가들은 모더니즘의 시작을 엘리엇이 「황무지」를 발표한 1922년으로 판단한다. 엘리엇의 「황무지」는 혁명적인 시로 평가받고 모더니즘 시의 전형으로 평가받고 있다. 총 5부로 구성된 「황무지」는 전통시의 운율을 버리고 자유시(Free verse)를 구사하면서, 현대 문명의 몰락과 현대인의 정서적 황폐함을 상징주의의 상징들을 통해 표현하고, 구원 가능성의 모색을 추구한다. 이 시에서 황무지는 객관적 상관물이다.
  ⓑ 「황무지」(*The Waste Land*, 1922)의 일부5)

> **The Waste Land**
>
>   I. The Burial of the Dead
>
> April is the cruellest month, breeding
> Lilacs out of the dead land, mixing
> Memory and desire, stirring
> Dull roots with spring rain.
> Winter kept us warm, covering
> Earth in forgetful snow, feeding
> A little life with dried tubers.
> Summer surprised us, coming over the Starnbergersee
> With a shower of rain; we stopped in the colonnade,
> And went on in sunlight, into the Hofgarten,
> And drank coffee, and talked for an hour.
> Bin gar keine Russin, stamm' aus Litauen, echt deutsch.
> And when we were children, staying at the arch-duke's,
> My cousin's, he took me out on a sled,
> And I was frightened. He said, Marie,
> Marie, hold on tight. And down we went.
> In the mountains, there you feel free.
> I read, much of the night, and go south in the winter.
>
> What are the roots that clutch, what branches grow
> Out of this stony rubbish? Son of man,
> You cannot say, or guess, for you know only
> A heap of broken images, where the sun beats,
> And the dead tree gives no shelter, the cricket no relief,
> And the dry stone no sound of water. Only

---

5) https://www.poetryfoundation.org/poems/47311/the-waste-land

There is shadow under this red rock,
(Come in under the shadow of this red rock),
And I will show you something different from either
Your shadow at morning striding behind you
Or your shadow at evening rising to meet you;
I will show you fear in a handful of dust.
     Frisch weht der Wind
     Der Heimat zu
     Mein Irisch Kind,
     Wo weilest du?
"You gave me hyacinths first a year ago;
"They called me the hyacinth girl."
—Yet when we came back, late, from the Hyacinth garden,
Your arms full, and your hair wet, I could not
Speak, and my eyes failed, I was neither
Living nor dead, and I knew nothing,
Looking into the heart of light, the silence.
Oed' und leer das Meer.

Madame Sosostris, famous clairvoyante,
Had a bad cold, nevertheless
Is known to be the wisest woman in Europe,
With a wicked pack of cards. Here, said she,
Is your card, the drowned Phoenician Sailor,
(Those are pearls that were his eyes. Look!)
Here is Belladonna, the Lady of the Rocks,
The lady of situations.
Here is the man with three staves, and here the Wheel,
And here is the one-eyed merchant, and this card,
Which is blank, is something he carries on his back,
Which I am forbidden to see. I do not find
The Hanged Man. Fear death by water.
I see crowds of people, walking round in a ring.
Thank you. If you see dear Mrs. Equitone,
Tell her I bring the horoscope myself:
One must be so careful these days.

Unreal City,
Under the brown fog of a winter dawn,
A crowd flowed over London Bridge, so many,

> I had not thought death had undone so many.
> Sighs, short and infrequent, were exhaled,
> And each man fixed his eyes before his feet.
> Flowed up the hill and down King William Street,
> To where Saint Mary Woolnoth kept the hours
> With a dead sound on the final stroke of nine.
> There I saw one I knew, and stopped him, crying: "Stetson!
> "You who were with me in the ships at Mylae!
> "That corpse you planted last year in your garden,
> "Has it begun to sprout? Will it bloom this year?
> "Or has the sudden frost disturbed its bed?
> "Oh keep the Dog far hence, that's friend to men,
> "Or with his nails he'll dig it up again!
> "You! hypocrite lecteur!—mon semblable,—mon frère!"

③ 주요 작품들
  ㉠ 「알프레드 프루프록의 연가」(*The Love Song of J. Alfred Prufrock*, 1915)
  ㉡ 「황무지」(*The Waste Land*, 1922)

(3) 위스턴 휴 오든(Wystan Hugh Auden, 1907-1973)

① 작가와 작품관

W. H. 오든은 T. S. 엘리엇(T. S. Eliot)으로 대표되는 1920년대의 시대정신에 반기를 들면서 자신의 시 작품 속에 마르크시즘(Marxism)을 포함시킴으로써 영국 시 문단에서 사회주의적 성향을 가진 정치 작가로서 입지를 다졌다. 그는 정신분석학과 사회주의의 이념적 분석 틀로 당대의 영국 사회의 부정적인 면들을 고찰하였다. 그는 1947년에 발표한 장편 시 「불안의 시대」(*The Age of Anxiety*, 1947)로 퓰리처 시 부문 상(Pulitzer Prize for Poetry)을 수상했으며, 문학·정치·심리·종교적 주제에 관한 산문 에세이와 서평도 풍부하게 집필했다. 또한 다큐멘터리 영화, 시극, 그리고 기타 공연 형태의 작업도 수행하면서 다방면에서 활동했다. 오든은 1939년에 미국에 정착하였고 이후 1946년에는 미국의 시민권을 취득했다. 미국에서는 사회주의 개혁적 성향의 시보다는 차분한 종교적 명상시를 많이 창작했다.

② 대표작품 : 「불안의 시대」(*The Age of Anxiety*, 1947)

오든은 전원시 형식의 「불안의 시대」를 통해 급변하는 산업화 세계 내의 인간의 실체와 정체성을 탐구하였다. 오든은 '중년 목사 쿠안트(Quant), 캐나다의 공군 장교 마린(Malin), 젊은 유대계 여인 로제타(Rosetta), 해군 엠블(Emble)'이라는 네 명의 등장인물을 통해 목표 없이 방황하는 정신적 방황과 인간의 불안, 공허, 황폐함에 대한 심도 있는 고찰을 보여주었고, 1948년에 퓰리처 시 부문 상을 수상했다. 이 시의 제목은 당시 시대를 설명하는 대중적인 문구가 되었다.

③ 주요 작품들
  ㉠ *Poems*, 1930
  ㉡ *For the Time Being*, 1944

ⓒ *The Sea and the Mirror*, 1944
ⓓ 미국 이민 후 발표한 첫 시집 『또 다른 시간』(*Another Time*, 1940)에 수록된 시[6]

> **September 1, 1939**
>
> I sit in one of the dives
> On Fifty-second Street
> Uncertain and afraid
> As the clever hopes expire
> Of a low dishonest decade:
> Waves of anger and fear
> Circulate over the bright
> And darkened lands of the earth,
> Obsessing our private lives;
> The unmentionable odour of death
> Offends the September night.
>
> Accurate scholarship can
> Unearth the whole offence
> From Luther until now
> That has driven a culture mad,
> Find what occurred at Linz,
> What huge imago made
> A psychopathic god:
> I and the public know
> What all schoolchildren learn,
> Those to whom evil is done
> Do evil in return.
>
> Exiled Thucydides knew
> All that a speech can say
> About Democracy,
> And what dictators do,
> The elderly rubbish they talk
> To an apathetic grave;
> Analysed all in his book,
> The enlightenment driven away,
> The habit-forming pain,

---

[6] https://poets.org/poem/september-1-1939

Mismanagement and grief:
We must suffer them all again.

Into this neutral air
Where blind skyscrapers use
Their full height to proclaim
The strength of Collective Man,
Each language pours its vain
Competitive excuse:
But who can live for long
In an euphoric dream;
Out of the mirror they stare,
Imperialism's face
And the international wrong.

Faces along the bar
Cling to their average day:
The lights must never go out,
The music must always play,
All the conventions conspire
To make this fort assume
The furniture of home;
Lest we should see where we are,
Lost in a haunted wood,
Children afraid of the night
Who have never been happy or good.

The windiest militant trash
Important Persons shout
Is not so crude as our wish:
What mad Nijinsky wrote
About Diaghilev
Is true of the normal heart;
For the error bred in the bone
Of each woman and each man
Craves what it cannot have,
Not universal love
But to be loved alone.

From the conservative dark
Into the ethical life
The dense commuters come,
Repeating their morning vow;
"I will be true to the wife,
I'll concentrate more on my work,"
And helpless governors wake
To resume their compulsory game:
Who can release them now,
Who can reach the deaf,
Who can speak for the dumb?

All I have is a voice
To undo the folded lie,
The romantic lie in the brain
Of the sensual man-in-the-street
And the lie of Authority
Whose buildings grope the sky:
There is no such thing as the State
And no one exists alone;
Hunger allows no choice
To the citizen or the police;
We must love one another or die.

Defenceless under the night
Our world in stupor lies;
Yet, dotted everywhere,
Ironic points of light
Flash out wherever the Just
Exchange their messages:
May I, composed like them
Of Eros and of dust,
Beleaguered by the same
Negation and despair,
Show an affirming flame.

(4) 딜런 토마스(Dylan Marlais Thomas, 1914-1953)

① 작가와 작품관

딜런 토마스는 웨일스 출신의 시인으로서 10대에 대다수 작품을 창작한 시인이다. 20세기 웨일스 출신의 주요 시인으로 인정받고 있는 토마스는 독창적이고 기발한 단어와 이미지를 통해 자신만의 시 세계를 구축했으며, 대중들에게도 많은 호응과 인기를 얻었다. 그의 시의 주제는 삶의 통일성, 세대 간의 연결을 통한 생명, 죽음, 새로운 삶의 지속적인 과정 등을 다루면서 성경, 웨일스 민속, 프로이트의 이론 등을 포함하고 있다. 그는 라디오 방송 활동과 낭독 투어 활동을 통해서도 대중적 인지도를 얻었다.

② 주요 작품들
  ㉠ 라디오 드라마 : *Under Milk Wood*, 1954
  ㉡ 산문집 : *Portrait of the Artist as a Young Dog*, 1940
  ㉢ 시집 : *The Poems of Dylan Thomas*, 1952
  ㉣ *The Poems of Dylan Thomas*에 수록된 시[7]

> **Do Not Go Gentle into That Good Night**
>
> Do not go gentle into that good night,
> Old age should burn and rave at close of day;
> Rage, rage against the dying of the light.
>
> Though wise men at their end know dark is right,
> Because their words had forked no lightning they
> Do not go gentle into that good night.
>
> Good men, the last wave by, crying how bright
> Their frail deeds might have danced in a green bay,
> Rage, rage against the dying of the light.
>
> Wild men who caught and sang the sun in flight,
> And learn, too late, they grieved it on its way,
> Do not go gentle into that good night.
>
> Grave men, near death, who see with blinding sight
> Blind eyes could blaze like meteors and be gay,
> Rage, rage against the dying of the light.
>
> And you, my father, there on the sad height,
> Curse, bless, me now with your fierce tears, I pray.
> Do not go gentle into that good night.
> Rage, rage against the dying of the light.

---

[7] https://www.poetryfoundation.org/poems/46569/do-not-go-gentle-into-that-good-night

(5) 필립 라킨(Philip Arthur Larkin, 1922-1985)

① 작가와 작품관

필립 라킨은 W. H. 오든, W. B. 예이츠, 토마스 하디의 영향을 받은 영국의 시인이자 소설가이다. 라킨의 시는 체계적으로 구조화되어 있지만 유연한 운문 형식을 취하고 있다. 또한 라킨의 시는 일상적인 구어체 스타일을 추구하고, 명료하고 조용하며 사색적인 톤과 평범한 경험에 대한 직접적인 참여와 아이러니한 절제라는 특징을 가진다고 비평가들에 의해 평가를 받고 있다. 그는 옥스퍼드 대학교에서 영문학과 문학을 전공하였지만 사서로 30년 동안 근무하면서 시인, 소설가, 재즈 비평가로 활동하였다. 그의 시는 세계대전 이후의 암울한 비관주의적 요소를 담고 있고 동시에 서정성과 감정, 장소 그리고 관계에 대한 매우 영국적인 우울한 정확성을 담고 있는 것으로 평가받고 있다. 그는 1955년에 두 번째 시집 *The Less Deceived*의 출판으로 주목받기 시작했으며, 데일리 텔레그래프(Daily Telegraph)의 재즈 비평가로도 활동했다. 많은 비평가들에게 세계대전 이후의 20세기 후반을 대표하는 시인이라는 평가를 받는 라킨은 2008년에 타임스(*The Times*)가 선정한 영국의 가장 위대한 전후 작가로 선정되었다.

② 대표작품 : *Church Going*, 1955(*The Less Deceived*에 수록되어 있음)

Church Going

Once I am sure there's nothing going on
I step inside, letting the door thud shut.
Another church: matting, seats, and stone,
And little books; sprawlings of flowers, cut
For Sunday, brownish now; some brass and stuff
Up at the holy end; the small neat organ;
And a tense, musty, unignorable silence,
Brewed God knows how long. Hatless, I take off
My cycle-clips in awkward reverence,

Move forward, run my hand around the font.
From where I stand, the roof looks almost new-
Cleaned, or restored? Someone would know: I don't.
Mounting the lectern, I peruse a few
Hectoring large-scale verses, and pronounce
'Here endeth' much more loudly than I'd meant.
The echoes snigger briefly. Back at the door
I sign the book, donate an Irish sixpence,
Reflect the place was not worth stopping for.

Yet stop I did: in fact I often do,
And always end much at a loss like this,
Wondering what to look for; wondering, too,
When churches fall completely out of use
What we shall turn them into, if we shall keep
A few cathedrals chronically on show,
Their parchment, plate, and pyx in locked cases,
And let the rest rent-free to rain and sheep.
Shall we avoid them as unlucky places?

Or, after dark, will dubious women come
To make their children touch a particular stone;
Pick simples for a cancer; or on some
Advised night see walking a dead one?
Power of some sort or other will go on
In games, in riddles, seemingly at random;
But superstition, like belief, must die,
And what remains when disbelief has gone?
Grass, weedy pavement, brambles, buttress, sky,

A shape less recognisable each week,
A purpose more obscure. I wonder who
Will be the last, the very last, to seek
This place for what it was; one of the crew
That tap and jot and know what rood-lofts were?
Some ruin-bibber, randy for antique,
Or Christmas-addict, counting on a whiff
Of gown-and-bands and organ-pipes and myrrh?
Or will he be my representative,

Bored, uninformed, knowing the ghostly silt
Dispersed, yet tending to this cross of ground
Through suburb scrub because it held unspilt
So long and equably what since is found
Only in separation – marriage, and birth,
And death, and thoughts of these – for which was built
This special shell? For, though I've no idea
What this accoutred frowsty barn is worth,
It pleases me to stand in silence here;

> A serious house on serious earth it is,
> In whose blent air all our compulsions meet,
> Are recognised, and robed as destinies.
> And that much never can be obsolete,
> Since someone will forever be surprising
> A hunger in himself to be more serious,
> And gravitating with it to this ground,
> Which, he once heard, was proper to grow wise in,
> If only that so many dead lie round.

③ 주요 작품들
  ㉠ 데뷔 시집 : *The North Ship*, 1945
  ㉡ *The Less Deceived*, 1955

(6) 테드 휴스(Edward James, Ted Hughes, 1930–1998)

① 작가와 작품관

테드 휴스는 영국의 계관시인이며, 번역가 및 아동 작가로도 활동했다. 비평가들은 휴스를 동시대 시인들 중 최고의 시인 중 한 명으로, 그리고 20세기의 위대한 작가 중 한 명으로 평가한다. 휴스는 자신의 첫 번째 시집 『비 오는 날의 매』(*The Hawk in the Rain*, 1957)를 통해 갈브레이스 상(Galbraith Prize)을 수상했고, 평단의 찬사를 받았다. 그의 대표작품 중 시집 『까마귀』(*Crow : From the Life and Songs of the Crow*, 1970)는 단순하고 어린아이 같은 시구를 통해 종말론적이고 냉소적이며 초현실적인 우주관을 표현하고 있다. 그는 이 작품을 통해 다른 자연시와는 구분되는 독특한 자신만의 시적 세계를 구축하였다.

② 대표작품 : 『까마귀』(*Crow : From the Life and Songs of the Crow*, 1970)

> **Crow Blacker Than Ever**
>
> When God, disgusted with man,
> Turned towards heaven,
> And man, disgusted with God,
> Turned towards Eve,
> Things looked like falling apart.
>
> But Crow Crow
> Crow nailed them together,
> Nailing heaven and earth together—

So man cried, but with God's voice.
And God bled, but with man's blood.

Then heaven and earth creaked at the joint
Which became gangrenous and stank-
A horror beyond redemption.

The agony did not diminish.

Man could not be man nor God God.

The agony

Grew.

Crow

Grinned

Crying: "This is my Creation,"

Flying the black flag of himself.

③ 주요 작품들
　㉠ 『비 오는 날의 매』(*The Hawk in the Rain*, 1957)
　㉡ 『까마귀』(*Crow : From the Life and Songs of the Crow*, 1970)

(7) 제프리 힐(Sir Geoffrey William Hill, 1932-2016)

① 작가와 작품관

제프리 힐은 영국의 시인이자 교수이다. 동시대의 저명한 시인 중 한 명으로 평가받는 힐은 옥스퍼드 대학교에서 시를 가르치고 연구하는 교수로 활동하였고, 2009년에는 자신의 저서 *Collected Critical Writings*로 트루먼 카포티 문학 비평상(Truman Capote Award for Literary Criticism)을 수상했다. 비평가들은 힐의 시는 다양한 스타일을 포함하고 있고, 밀도 높은 암시적인 글쓰기를 사용하지만, 동시에 간소화된 구문을 통해 접근하기 쉬운 시를 창작한다고 평가한다. 대부분의 비평가들은 구절보다는 구문에 중점을 두는 힐의 시를 두고 그를 스타일과 주제 면에서 다소 어려운 시인으로 평가한다.

② **대표작품**: 1959년에 출판된 시집 *For the Unfallen*에 수록된 *Genesis*(1953)[8]

Genesis

I

Against the burly air I strode,
Where the tight ocean heaves its load,
Crying the miracles of God.

And first I brought the sea to bear
Upon the dead weight of the land;
And the waves flourished at my prayer,
The rivers spawned their sand.

And where the streams were salt and full,
The tough pig-headed salmon strove,
Curbing the ebb and the tide's pull
To reach the steady hills above.

II

The second day I stood and saw
The osprey plunge with triggered claw,
Feathering blood along the shore,
To lay the living sinew bare.

III

And I renounced, on the fourth day,
This fierce and unregenerate clay,

Building as a huge myth for man
The watery Leviathan,

And made the glove-winged albatross
Scour the ashes of the sea
Where Capricorn and Zero cross,
A brooding immortality—

---

8) https://www.theparisreview.org/blog/2016/07/01/genesis/

Such as the charméd phoenix has
In the unwithering tree.

IV

The phoenix burns as cold as frost;
And, like a legendary ghost
The phantom-bird goes wild and lost,
Upon pointless ocean tossed.

So, the fifth day, I turned again
To flesh and blood and the blood's pain.

V

On the sixth day, as I rode
In haste about the works of God,
With spurs I plucked the horse's blood.

By blood we live, the hot, the cold
To ravage and redeem the world:
There is no bloodless myth will hold.

And by Christ's blood are men made free
Though in close shrouds their bodies lie
Under the rough pelt of the sea;

Though Earth has rolled beneath her weight
The bones that cannot bear the light.

③ 주요 작품들
 ㉠ 시집 : *For the Unfallen*, 1959
 ㉡ *Broken Hierarchies*(*Poems* 1952~2012), 2013

(8) 셰이머스 히니(Seamus Heaney, 1939-2013)

① 작가와 작품관

셰이머스 히니는 아일랜드 출신으로 시인, 극작가, 교수로 활동했다. 히니는 1995년에 노벨 문학상을, 2006년에 T. S. 엘리엇상을 수상했고, 예이츠 이후 가장 중요한 아일랜드의 시인으로 평단의 인정을 받았다. 그는 1981년부터 1997년까지 하버드 대학교에서, 1989년부터 1994년까지 옥스퍼드 대학교에서 교수로 재직했다. 히니의 시는 대중적인 인기를 얻었으며, 세계적으로 많은 학교 교과과정에 그의 시선집 *The Rattle Bag*과 *The School Bag*이 포함되어 있을 만큼 교육적인 내용도 많이 담고 있다. 히니의 시는 그가 태어나서부터 젊은 성인기까지 살았던 북아일랜드의 지역 환경을 다루기도 하고, 농촌 지역의 삶의 세밀함에 초점을 맞추기도 한다.

② **대표작품** : *Death of a Naturalist*, 1966

㉠ 셰이머스 히니의 첫 시집으로서 히니는 이 시집으로 콜몬들리 상(Cholmondeley Award), 그레고리 상(Gregory Award), 서머싯 몸 상(Somerset Maugham Award), 제프리 페이버 기념 상(Geoffrey Faber Memorial Prize)을 수상했다. 이 작품은 34개의 짧은 시들로 구성되어 있으며, 주로 어린 시절 경험과 성인의 정체성 형성, 가족 관계, 농촌 생활에 관한 내용을 다루고 있다.

㉡ 시집 *Death of a Naturalist*에 실린 시 *Death of a Naturalist*[9]

Death of a Naturalist

All year the flax-dam festered in the heart
Of the townland; green and heavy headed
Flax had rotted there, weighted down by huge sods.
Daily it sweltered in the punishing sun.
Bubbles gargled delicately, bluebottles
Wove a strong gauze of sound around the smell.
There were dragonflies, spotted butterflies,
But best of all was the warm thick slobber
Of frogspawn that grew like clotted water
In the shade of the banks. Here, every spring
I would fill jampotfuls of the jellied
Specks to range on window sills at home,
On shelves at school, and wait and watch until
The fattening dots burst, into nimble
Swimming tadpoles. Miss Walls would tell us how
The daddy frog was called a bullfrog
And how he croaked and how the mammy frog
Laid hundreds of little eggs and this was
Frogspawn. You could tell the weather by frogs too
For they were yellow in the sun and brown
In rain.

   Then one hot day when fields were rank
With cowdung in the grass the angry frogs
Invaded the flax-dam; I ducked through hedges
To a coarse croaking that I had not heard

---

[9] https://www.poetryfoundation.org/poems/57040/death-of-a-naturalist

> Before. The air was thick with a bass chorus.
> Right down the dam gross bellied frogs were cocked
> On sods; their loose necks pulsed like sails. Some hopped:
> The slap and plop were obscene threats. Some sat
> Poised like mud grenades, their blunt heads farting.
> I sickened, turned, and ran. The great slime kings
> Were gathered there for vengeance and I knew
> That if I dipped my hand the spawn would clutch it.

③ **주요 작품들**
  ㉠ *Door into the Dark*, 1969
  ㉡ *North*, 1975

2 드라마

(1) 존 밀링턴 싱(John Millington Synge, 1871-1909)

① **작가와 작품관**

아일랜드 출신의 극작가 존 밀링턴 싱을 예이츠는 아일랜드의 가장 천재적인 극작가라고 평가했다. 아일랜드 트리니티 대학(Trinity College)을 졸업한 후 음악을 공부하기 위해 독일로 유학을 떠난 싱은 파리에서 예이츠를 만나 교류하면서 문학 비평을 시작했다. 아일랜드 출신 예이츠의 권유로 다시 아일랜드로 돌아와서 아일랜드 문예부흥을 위해 노력했다. 예이츠의 추천으로 갔던 아일랜드 아란섬(Aran Islands)에서 아란섬 사람들의 생활, 언어를 관찰한 후 『아란섬』(*Aran Islands*, 1907)을 출판했다.

드라마 창작 활동은 싱의 생애 마지막 6년 동안에 이루어졌다. 싱은 대표작 『바다에 달려가는 사람들』(*Riders to the Sea*, 1904)에서 단순한 구성의 1막 단막극을 통해 일상성과 공존하는 죽음을 대비시키면서 비평가들의 인정을 받았다.

② **대표작품**: 『바다로 달려가는 사람들』(*Riders to the Sea*, 1904) 중요

  ㉠ 아일랜드의 한 섬을 배경으로 한, 1막으로 구성된 단막극이다. 거센 파도로 인해 조업이 어렵고, 농사조차 어려워서 힘들게 생계를 유지하는 아일랜드의 한 섬에 살고 있는 한 노파 모리아(Maurya)의 이야기이다. 모리아의 남편과 네 명의 아들은 이미 바다에서 사망했고, 남은 두 아들 중 마이클(Michael)이 바다에 나간 후 돌아오지 않고 마이클의 것으로 추정되는 옷가지만 발견되어서 사망한 것으로 극에서 추정된다. 마지막 남은 한명의 아들 바틀리(Bartley)가 바다로 나가려고 하는 것을 모리아가 말리지만 끝내 바다에서 숨을 거둔다.

  이 단막극에서 마지막 아들마저 바다에서 죽게 되는 장면의 연출을 통해 거부할 수 없는 운명의 힘과 거대한 자연 앞에서 무력한 인간을 묘사한다. 이러한 자연과 운명 앞 무력한 인간의 모습의 연출은 영웅 서사시의 요소를 보여주고, 고대 그리스의 비극적 특징을 보여준다. 싱은 이 작품에서 아일랜드의 어부들의 삶과 토속 언어를 통해 암시와 상징들을 담아내고 있다.

ⓒ 『바다로 달려가는 사람들』(*Riders to the Sea*, 1904)의 일부10)

Riders to the Sea

A PLAY IN ONE ACT

...

MAURYA.
Drops Michael's clothes across Bartley's feet, and sprinkles the Holy Water over him.—It isn't that I haven't prayed for you, Bartley, to the Almighty God. It isn't that I haven't said prayers in the dark night till you wouldn't know what I'ld be saying; but it's a great rest I'll have now, and it's time surely. It's a great rest I'll have now, and great sleeping in the long nights after Samhain, if it's only a bit of wet flour we do have to eat, and maybe a fish that would be stinking.

[She kneels down again, crossing herself, and saying prayers under her breath.]

CATHLEEN.
To an old man.—Maybe yourself and Eamon would make a coffin when the sun rises. We have fine white boards herself bought, God help her, thinking Michael would be found, and I have a new cake you can eat while you'll be working.

THE OLD MAN.
Looking at the boards.—Are there nails with them?

CATHLEEN.
There are not, Colum; we didn't think of the nails.

ANOTHER MAN.
It's a great wonder she wouldn't think of the nails, and all the coffins she's seen made already.

CATHLEEN.
It's getting old she is, and broken.

[Maurya stands up again very slowly and spreads out the pieces of Michael's clothes beside the body, sprinkling them with the last of the Holy Water.]

---

10) https://www.gutenberg.org/files/994/994-h/994-h.htm

> NORA.
> In a whisper to Cathleen.—She's quiet now and easy; but the day Michael was drowned you could hear her crying out from this to the spring well. It's fonder she was of Michael, and would any one have thought that?
>
> CATHLEEN.
> Slowly, and clearly.—An old woman will be soon tired with anything she will do, and isn't it nine days herself is after crying and keening, and making great sorrow in the house?
>
> MAURYA.
> Puts the empty cup mouth downwards on the table, and lays her hands together on Bartley's feet.—They're all together this time, and the end is come. May the Almighty God have mercy on Bartley's soul, and on Michael's soul, and on the souls of Sheamus and Patch, and Stephen and Shawn [bending her head]; and may He have mercy on my soul, Nora, and on the soul of every one is left living in the world.
>
> [She pauses, and the keen rises a little more loudly from the women, then sinks away.]
>
> MAURYA.
> Continuing.—Michael has a clean burial in the far north, by the grace of the Almighty God. Bartley will have a fine coffin out of the white boards, and a deep grave surely. What more can we want than that? No man at all can be living for ever, and we must be satisfied.
>
> [She kneels down again and the curtain falls slowly.]

③ 주요 작품들
　㉠ 『바다로 달려가는 사람들』(Riders to the Sea, 1904)
　㉡ 『계곡의 그늘』(In the shadow of the glen, 1904)
　㉢ 『아란섬』(Aran Islands, 1907)

(2) 조지 버나드 쇼(George Bernard Shaw, 1856-1950)

① 작가와 작품관

조지 버나드 쇼는 19세기 빅토리아 시대와 20세기 전반에 걸쳐 활발한 작품 활동을 한 작가로서 1925년 노벨 문학상을 수상한 작가이다. 노벨 문학상을 수상하는 데 결정적인 역할을 한 작품 『성녀 조앤』(Saint Joan, 1923)이 20세기 전반기의 작품이기 때문에 20세기의 대표적인 드라마 작가로 분류하기도 한다. 하지만 19세기 말 빅토리아 시대 후기에도 많은 작품을 통해 영국 사회의 문제를 통찰했기 때문에 두 세기를 모두 걸쳐 활약한 작가로 볼 수 있다.

※ 19세기 빅토리아 시대 후기의 드라마 작가에서 이미 상세히 다루었기 때문에 상술한 사상극에 대해서만 다시 설명하기로 한다.

② 조지 버나드 쇼의 사상극(토론극)

19세기 말과 20세기에 걸쳐 활발한 작품 활동을 한 조지 버나드 쇼는 사상극(Drama of Idea)을 창작했다. 쇼는 기본적으로 사실주의 희극을 창작했다. 하지만 쇼는 있는 그대로의 현실을 묘사하는 사실주의 극에 자신이 전달하고 싶은 사상을 투입했고, 다소 희화화되고 과장된 인물이 등장하는 사상극들도 창작했다. 쇼의 사상극에는 도덕적 교훈이나 쇼가 의도한 사상을 전달하기 위해 현실성이 약화된 인물이나 장황한 대사를 하는 부자연스러운 인물이 등장한다.

쇼는 사상극 작품을 통해 종교문제, 교육문제, 영국 사회의 계급 간의 문제 등과 같은 다양한 문제들을 다루면서 자신의 사상을 전달했다. 정교한 플롯과 구성에 강조점을 두기보다는 등장인물의 토론과 논쟁을 통해 사상을 전달하는 쇼의 사상극을 토론극이라고 명명하기도 했다.

(3) 사무엘 베케트(Samuel Beckett, 1906-1989) 중요

① 작가와 작품관

아일랜드 출신의 노벨 문학상 수상자인 사무엘 베케트는 조지 버나드 쇼, 오스카 와일드, 윌리엄 버틀러 예이츠, 제임스 조이스와 함께 아일랜드 출신 5대 작가 중 하나이다. 극작가이자 소설가인 베케트는 부조리극의 대표작품인 『고도를 기다리며』(*Waiting for Godot*, 1952)를 창작했고, 이 작품은 전 세계적으로 상연되었다. 1969년에 노벨 문학상을 수상했고, 노벨상 수상 위원회는 베케트의 작품을 새로운 소설과 희곡 형식으로 고도를 얻으려는 현대인의 궁핍함을 다룬 저작이라고 평했다.

아일랜드 출생의 베케트는 트리니티 대학(Trinity College)에서 프랑스어를 전공하고 졸업 후 파리에서 고등학교 영어교사 생활을 하였다. 영어교사로 활동하던 이 시기에 파리에서 제임스 조이스와 만나서 교류를 하기도 했다. 이후 트리니티 대학으로 돌아와서 교수로 활동했지만 다시 프랑스로 이동하여 정주하면서 작품 활동을 했다.

② 대표작품

㉠ 『고도를 기다리며』(*Waiting for Godot*, 1952) 중요

ⓐ 2막으로 구성된 베케트의 『고도를 기다리며』는 부조리극의 대표작품이다. 제1·2차 세계대전을 목도하면서 인류는 현실에 절망하고, 암울한 미래와 절대적인 가치관의 붕괴로 인해 정서적인 황폐함을 경험한다. 베케트는 무질서, 인간의 무능, 인간 존재와 세계의 부조리함을 적나라하게 묘사하면서도 자아의 본질과 인간의 실존을 위한 노력을 주장한다.

『고도를 기다리며』는 시시포스(Sisyphus) 신화에서 시시포스가 신들을 기만한 죄로 커다란 바위를 산꼭대기로 밀어 올리는 행위를 무한 반복하듯이, 극중 인물 블라디미르(Vladimir)와 에스트라공(Estragon)은 50년 동안이나 오지 않는 고도(Godot)를 계속해서 기다리고 있다. 오지 않는 고도를 기다리는 행위는 기독교적 전통의 붕괴로 인해 신이 부재한 것으로 보이는 당시 사회의 공허함을 대변한다.

ⓑ 『고도를 기다리며』(*Waiting for Godot*, 1952)의 일부

Waiting for Godot

ACT II

...

VLADIMIR:
This is becoming really insignificant.
ESTRAGON:
Not enough.
Silence.
VLADIMIR:
What about trying them.
ESTRAGON:
I've tried everything.
VLADIMIR:
No, I mean the boots.
ESTRAGON:
Would that be a good thing?
VLADIMIR:
It'd pass the time. (Estragon hesitates.) I assure you, it'd be an occupation.
ESTRAGON:
A relaxation.
VLADIMIR:
A recreation.
ESTRAGON:
A relaxation.
VLADIMIR:
Try.
ESTRAGON:
You'll help me?
VLADIMIR:
I will of course.
ESTRAGON:
We don't manage too badly, eh Didi, between the two of us?
VLADIMIR:
Yes yes. Come on, we'll try the left first.

ESTRAGON:

We always find something, eh Didi, to give us the impression we exist?

VLADIMIR:

(impatiently). Yes yes, we're magicians. But let us persevere in what we have resolved, before we forget. (He picks up a boot.) Come on, give me your foot. (Estragon raises his foot.) The other, hog! (Estragon raises the other foot.) Higher! (Wreathed together they stagger about the stage. Vladimir succeeds finally in getting on the boot.) Try and walk. (Estragon walks.) Well?

ESTRAGON:

It fits.

VLADIMIR:

(taking string from his pocket). We'll try and lace it.

ESTRAGON:

(vehemently). No no, no laces, no laces!

VLADIMIR:

You'll be sorry. Let's try the other. (As before.) Well?

ESTRAGON:

(grudgingly). It fits too.

VLADIMIR:

They don't hurt you?

ESTRAGON:

Not yet.

VLADIMIR:

Then you can keep them.

ESTRAGON:

They're too big.

VLADIMIR:

Perhaps you'll have socks some day.

ESTRAGON:

True.

VLADIMIR:

Then you'll keep them?

ESTRAGON:

That's enough about these boots.

VLADIMIR:

Yes, but—

ESTRAGON:

(violently). Enough! (Silence.) I suppose I might as well sit down.

He looks for a place to sit down, then goes and sits down on the mound.

> VLADIMIR:
> That's where you were sitting yesterday evening.
> ESTRAGON:
> If I could only sleep.
> VLADIMIR:
> Yesterday you slept.
> ESTRAGON:
> I'll try.
> He resumes his foetal posture, his head between his knees.
> VLADIMIR:
> Wait. (He goes over and sits down beside Estragon and begins to sing in a loud voice.)
> Bye bye bye bye
> Bye bye-

③ 주요 작품들
  ㉠ 부조리극
    『고도를 기다리며』(*Waiting for Godot*, 1952)
  ㉡ 소설 3부작
    ⓐ 『몰로이』(*Molloy*, 1951)
    ⓑ 『말론, 죽다』(*Malone meurt*, 1951)
    ⓒ 『이름 붙일 수 없는 것』(*L'Innommable*, 1953)

(4) 해롤드 핀터(Harold Pinter, 1930-2008) 중요

① 작가와 작품관

영국 해크니(Hackney)에서 헝가리계 유태인 부모의 아들로 태어난 해롤드 핀터는 대학에 진학하는 대신 센트럴 연극학교(Royal Central School of Speech & Drama)에서 배우 훈련을 받고, 데이비드 배런(David Baron)이라는 예명으로 배우로 활동하기도 했다.

1957년에 핀터는 자신의 첫 희곡 작품인 『방』(*The Room*, 1957)을 발표하면서 본격적으로 드라마 작가 활동을 하게 된다. 이후 자신의 대표작품인 『생일 파티』(*The Birthday Party*, 1958)를 창작하였고, 『관리인』(*The Caretaker*, 1960)이 전 세계적으로 인기를 얻으면서 작가로서 인정을 받았다. 이후 드라마 작가로서 활발한 활동을 했고, 20여 편이 넘는 영화 각색 작업으로도 인정받았다. 사회 운동가로도 활발하게 활동한 핀터는 2005년에 노벨 문학상을 수상했다. 핀터는 드라마, 라디오, 텔레비전, 영화 등 다양한 매체를 위한 작품을 창작했다.

해롤드 핀터의 드라마는 기존의 연극들과 다른 파격성을 추구했기 때문에 처음에는 비평가들의 인정을 받지 못했지만, 이후 작품이 많아지고 핀터의 연극 세계가 구축되면서 부조리 극작가로서 그리고 위협 희극 작가로서 인정받았다.

핀터는 초기에는 안정적인 보호의 공간으로 설정된 방으로 외부인이 침입해서 정신적·신체적 위협을 가하는 위협 희극을 창작했고, 이후 현실 정치를 직접적으로 비판하고 세계에서 벌어지는 부조리한 정치적 상황들을 폭로하는 정치극을 창작했다. 이후 세계 시민으로서 사회운동에 적극 참여하면서 20편이 넘는 영화를 각색했다. 자연주의 영화감독으로 유명한 조셉 로지(Josep Losey) 감독과의 협업으로 인해 영화 각색자로서도 인지도를 얻었다.

외부로부터 안전을 보장하는 방으로 신원 미상의 침입자들이 침입해서 정서적·신체적 폭력을 가하는 핀터의 위협 희극과 행동의 동기가 전혀 설명되지 않는 것과 맥락이 없는 대사들, 침묵들은 현대인이 처한 실존적 부조리와 세계에서 벌어지고 있는 정치적 폭력성의 본질을 투영하고 있다. 핀터의 연극은 기존의 연극들처럼 진리를 추구하거나 사상들을 주입하지 않고, 부조리하고 폭력적인 상황을 관객이 직접 경험하게 하는 데 있다.

더 알아두기

위협 희극(comedy of menace)
핀터의 초기 극 작품을 위협 희극이라고 한다. 핀터 초기 극 작품들은 신원을 알 수 없는 외부인이 방이라는 안정적인 공간에 있는 내부인에게 침입하여 정신적·신체적 위협을 가하는 위협성이 포함되고, 동시에 웃음을 유발하는 희극적 요소가 포함되어 있다.

② **대표작품**
　㉠ 『생일 파티』(*The Birthday Party*, 1958) 중요
　　ⓐ 해롤드 핀터의 대표적인 위협 희극 작품이다. 스탠리(Stanley)의 하숙집 방으로 어느 날 신원 미상의 두 남자 골드버그(Goldberg)와 맥캔(McCann)이 찾아온다. 여인숙 여주인인 메그(Meg)가 오늘이 스탠리의 생일이라고 밝히자 두 침입자들에 의해 억지스러운 생일 파티가 시작된다. 하지만 정작 스탠리의 생일은 한 달이나 남았고 두 침입자의 신원은 끝내 밝혀지지 않는다. 두 침입자는 공포와 불안을 조성하면서 스탠리를 심문하기 시작하고, 질문들은 논리적이지 않고 맥락에도 맞지 않다. 결국 기진맥진한 스탠리를 두 사람이 납치하면서 막이 내린다.

　　이 극을 통해 핀터는 현대인이 처한 실존적 부조리와 세계에서 벌어지고 있는 정치적 폭력성의 본질을 투영하고 있다. 핀터는 이 작품을 통해 현대인이 겪고 있는 아이러니를 연극으로 표현했고, 부조리하고 폭력적인 상황을 관객이 직접 경험하도록 유도했다.
　　ⓑ 『생일 파티』(*The Birthday Party*, 1958)의 일부[11]

> **The Birthday Party**
>
> The living-room of a house in a seaside town. A door leading to the hall down left. Back door and small window up left. Kitchen hatch, centre back. Kitchen door up right. Table and chairs, centre.

---
11) http://gmmic.weebly.com/uploads/4/6/5/9/4659230/the_birthday_party.pdf

PETEY enters from the door on the left with a paper and sits at the table. He begins to read. MEG's voice comes through the kitchen hatch.

Meg. Is that you Petey?
Pause.
Petey, is that you?
Pause.
Petey?
Petey. What?
Meg. Is that you?
Petey. Yes, it's me.
Meg. What? (Her face appears at the hatch). Are you back?
Petey. Yes.
Meg. I've got your cornflakes ready. (She disappears and reappears.) Here's your cornflakes.
He rises and takes the plate from her, sits at the table, props up the paper and begins to eat. MEG enters by the kitchen door.
Are they nice?
Petey. Very nice.
Meg. I thought they'd be nice. (She sits at the table.) You got your paper?
Petey. Yes.
Meg. Is it good?
Petey. Not bad.
Meg. What does it say?
Petey. Nothing much.
Meg. You read me out some nice bits yesterday.
Petey. Yes, well, I haven't finished this one yet.
Meg. Will you tell me when you come to something good?
Petey. Yes.
Pause.
Meg. have you been working hard this morning?
Petey. No. Just stacked a few of the old chairs. Cleaned up a bit.
Meg. Is it nice out?
Petey. Very nice.
Pause.
Meg. Is Stanley up yet?
Petey. I don't know. Is he?
Meg. I don't know. I haven't seen him down yet.
Petey. Well then, he can't be up.
Meg. Haven't you seen him down?

> Petey. I've only just come in.
> Meg. He must be still asleep.
> She looks around the room, stands, goes to the sideboard and takes a pair of socks from a drawer, collects wool and a needle and goes back to the table.
> What time did you go out this morning, Petey?
> Petey. Same time as usual.
> Meg. Was it dark?
> Petey. No, it was light.
> Meg. (beginning to darn.) But sometimes you go out in the morning and it's dark.
> Petey. That's in the winter.
> Meg. Oh, in winter.
> Petey. Yes, it gets light later in winter.
> Meg. Oh.
> Pause.
> What are you reading?
> Petey. Someone's just had a baby.

③ 주요 작품들
  ㉠ 『방』(The Room, 1957)
  ㉡ 『생일 파티』(The Birthday Party, 1958)
  ㉢ 『관리인』(The Caretaker, 1960)
  ㉣ 『귀향』(The Homecoming, 1965)
  ㉤ 『옛 시절』(Old Times, 1970)

(5) 톰 스토파드(Tom Stoppard, 1937-)
  ① 작가와 작품관
    톰 스토파드는 체코슬로바키아 출신의 영국의 극작가이다. 그는 대표작품 『로젠크란츠와 길덴스턴은 죽었다』(Rosencrantz and Guildenstern Are Dead, 1967)를 통해 평단의 인정을 받았고, 영화 『셰익스피어 인 러브』(Shakespeare In Love, 1998)의 시나리오 작업을 통해 대중적인 인기를 얻었다. 스토파드는 영국의 부조리 연극의 전통성을 계승하면서도 신문, 라디오, TV, 영화 매체까지 영향력을 미친 극작가이다. 그는 인권, 검열, 정치적 자유 등과 같은 주제를 심도 있게 다루면서 사회에 대한 깊은 철학적 통찰을 보여주었고, 아카데미상, 로렌스 올리비에상, 그리고 다섯 번의 토니상을 수상한 작가이다.
  ② 대표작품 : 『로젠크란츠와 길덴스턴은 죽었다』(Rosencrantz and Guildenstern Are Dead, 1967)
    ㉠ 이 작품은 셰익스피어의 희곡 『햄릿』에 등장하는 비중이 거의 없던 햄릿의 두 친구인 로젠크란츠와 길덴스턴의 관점에서 재해석한 작품이며, 인생의 부조리에 대한 주제를 전달하고 있다. 이 극 작품을 통해 스토파드는 평단의 인정을 받게 되었고, 특히 두 궁정 신하의 시각에서 『햄릿』을 재해석함으로써 스토파드 특유의 실존적 주제, 언어놀이, 극작 기법을 구축했다.

ⓛ 『로젠크란츠와 길덴스턴은 죽었다』(*Rosencrantz and Guildenstern Are Dead*, 1967)의 일부[12]

Rosencrantz and Guildenstern Are Dead

Act One

Two ELIZABETHANS passing time in a place without any visible character. They are well-dressed - hats, cloaks, sticks and all. Each of them has a large leather money bag. Guildenstern's bag is nearly empty. Rosencrantz's bag is nearly full. The reason being: they are betting on the toss of a coin, in the following manner: Guildenstern (hereafter 'GUIL') takes a coin out of his bag, spins it, letting it fall. Rosencrantz (hereafter 'ROS') studies it, announces it as "heads" (as it happens) and puts it into his own bag. Then they repeat the process. They have apparently been doing it for some time. The run of "heads" is impossible, yet ROS betrays no surprise at all - he feels none. However he is nice enough to feel a little embarrassed attacking so much money off his friend. Let that be his character note. GUIL is well alive to the oddity of it. He is not worried about the money, but he is worried by the implications ; aware but not going to panic about it - his character note.
GUIL sits. ROS stands (he does the moving, retrieving coins).
GUIL spins. ROS studies coin.

ROS: Heads.
(He picks it up and puts it in his money bag. The process is repeated.)
Heads.
(Again.)
ROS: Heads.
(Again.)
Heads.
(Again.)
Heads.
GUIL (flipping a coin): There is an art to the building up of suspense.
ROS: Heads.
GUIL (flipping another): Though it can be done by luck alone.
ROS: Heads.
GUIL: If that's the word I'm after.
ROS (raises his head at GUIL): Seventy-six love.
(GUIL gets up but has nowhere to go. He spins another coin over his shoulder without looking at it, his attention being directed at his environment or lack of it.)
Heads.
GUIL: A weaker man might be moved to re-examine his faith, if in nothing else at least in the law of probability.
(He slips a coin over his shoulder as he goes to look upstage.)

---

[12] https://coldreads.wordpress.com/wp-content/uploads/2016/08/rosencrantz-and-guildenstern-are-dead.pdf

> ROS: Heads.
> (GUIL, examining the confines of the stage, flips over two more coins, as he does so, one by one of course. ROS announces each of them as "heads".)
> GUIL (musing): The law of probability, as it has been oddly asserted, is something to do with the proposition that if six monkeys (he has surprised himself)... if six monkeys were...
> ROS: Game?
> GUIL: Were they?
> ROS: Are you?
> GUIL (understanding): Games. (Flips a coin.) The law of averages, if I have got this right, means that if six monkeys were thrown up in the air for long enough they would land on their tails about as often as they would land on their -
> ROS: Heads. (He picks up the coin.)
> GUIL: Which at first glance does not strike one as a particularly rewarding speculation, in either sense, even without the monkeys. I mean you wouldn't bet on it. I mean I would, but you wouldn't... (As he flips a coin.)
> ROS: Heads.
> GUIL: Would you? (Flips a coin.)
> ROS: Heads.
> (Repeat.)
> Heads. (He looks up at GUIL - embarrassed laugh.) Getting a bit of a bore, isn't it?
> GUIL (coldly): A bore?
> ROS: Well...
> GUIL: What about suspense?
> ROS (innocently): What suspense?
> (Small pause.)

③ 주요 작품들
  ㉠ *A Walk on the Water*, 1964
  ㉡ *Travesties*, 1974
  ㉢ *Every Good Boy Deserves Favour*, 1977

3 소설

(1) 조지프 콘래드(Joseph Conrad, 1857-1924) 중요

① 작가와 작품관

조지프 콘래드는 폴란드에서 태어났지만 폴란드 독립운동을 하다가 체포되었다. 이후 콘래드는 선원 생활을 하다가 선장이 되었고 1894년에 선장을 그만두고 영국에 정착하였다. 콘래드의 모국어가 폴란드어

였고 선원으로서 영국을 방문하며 처음으로 영어를 배우기 시작했기 때문에 콘래드가 소설가가 되기까지 각고의 노력을 했다는 것을 알 수 있다.

영어를 모국어로 배우지 않은 폴란드 태생의 콘래드의 문장은 다른 영국 작가들의 문장과는 다른 독특성이 있고, 20년 이상 선원과 선장으로서 배에서 생활했던 경험들을 소설에 반영하고 있기 때문에 콘래드는 대표적인 해양 소설 작가로 분류된다.

콘래드는 암시적이고 다의적인 언어를 사용한다. 특히 폴란드 태생이면서 영어를 늦게 배운 콘래드의 이력으로 인해 그의 언어는 더 독특하고 창의적이다. 콘래드는 소설 속의 화자와 작가 그리고 독자 사이의 거리를 유지하면서 객관성을 확보하고 화자, 작가, 독자 사이의 거리를 통해 독자가 스스로 의미를 찾아낼 수 있는 여지를 둔다. 콘래드는 작가로서 자신의 주제와 메시지를 직접적으로 전달하지 않고, 은유적인 방식을 통해 간접적으로 전달하면서 독자의 적극성을 유도했다.

콘래드는 복합적인 서술 기법과 인물들의 내면의 의식 세계에 대한 통찰을 시도하면서 20세기 현대 소설의 기법을 적용한 작가로 평가되고 있다. 콘래드는 선원 생활과 식민지 생활을 하면서 겪었던 경험들을 통해 제국주의의 민낯과 잔인함 그리고 제국주의 이념의 부조리함을 폭로한다. 아울러 콘래드는 인물들을 통해 새로운 인간관계와 도덕적 깨달음을 제시한다.

② **대표작품** : 『암흑의 핵심』(*Heart of Darkness*, 1899)

이 작품의 제목은 『어둠의 오지』, 『어둠의 속』 등으로 번역되기도 하지만 본 교재는 가장 많이 채택되는 번역 제목인 『암흑의 핵심』으로 기재하였다. 콘래드는 이 중편 소설을 통해 제국주의자 백인 커츠(Kurtz)가 아프리카 정글에서 도덕적으로 타락하는 과정을 말로(Marlow)를 통해 설명하면서 제국주의자들의 위선과 타락성을 표현하였다. 콘래드는 이 작품을 통해 백인 제국주의 침략자들의 잔인함과 이기주의적 태도를 비판하였다. 이 소설은 콘래드의 선원 생활 경험이 투영된 자전적인 작품으로서, 커츠라는 인물이 아프리카 식민지에서 권력과 욕망을 추구하다가 도덕적 타락과 파멸에 이르는 이야기를 말로가 독자에게 들려주는 형식을 취하고 있다.

콘래드는 소설 속 화자이면서 콘래드의 대변자 역할을 하는 말로가 경험하는 신비롭고 이국적인 여행담을 통해 독자들에게 당대의 식민주의 정책에 대해 소개한다. 동시에 유럽에서 좋은 교육을 받았던 이상주의자 커츠가 아프리카 원주민들을 억압하고 착취하는 폭력성을 표현하면서 아프리카 오지에서 자행되는 식민주의의 참상과 잔인함을 표현했다. 이 작품에서 묘사되고 있는 제국주의의 잔인함과 부조리함과 같은 콘래드의 식민주의와 탈식민주의에 대한 주제들은 여전히 많은 비평가들의 연구 대상이 되고 있다.

③ **주요 작품들**
　㉠ 『암흑의 핵심』(*Heart of Darkness*, 1899)
　㉡ 『로드 짐』(*Lord Jim*, 1900)
　㉢ 『노스트로모』(*Nostromo*, 1904)
　㉣ 『밀정』(*The Secret Agent*, 1907)

(2) 데이비드 허버트 로렌스(David Herbert Lawrence, 1885-1930) 중요

① **작가와 작품관**

데이비드 허버트 로렌스는 전직 교사 출신으로, 문학과 독서를 사랑하는 중산층 집안 출신의 어머니와 교육을 제대로 받지 못한 광부 출신의 아버지 사이에서 태어났다. 문화적으로 무지했던 아버지와 어머니 사이는 좋지 않았고, 두 사람의 갈등 상황이 지속되는 결혼 생활을 지켜보는 어린 로렌스는 깊은 마음의 상심과 상처를 안고 살아갔다. 어머니의 아버지에 대한 미움은 아들에 대한 집착이 되어서 로렌스는 어머니의 기대에 부응하기 위해 초등학교 교사가 되기도 했지만 문학적 열망 때문에 소설가, 시인, 비평가의 삶을 살게 된다.

출신과 성향이 다른 부모님의 갈등을 지켜보면서 성장한 로렌스는 육체와 정신, 본능과 지성, 남과 여와 같이 대립되는 두 개념과 성별 간의 균형점을 찾고자 했다. 로렌스는 갈등과 대립 상황에서 균형을 맞추기 위해서는 각 개체의 독자성을 존중하고 고유성을 인정해야 한다고 주장했다. 로렌스는 소설의 작중인물들을 통해 바른 인간관계를 만들어가는 과정과 바른 인간관계에 대한 이상적인 모델을 제시하고 있다.

로렌스는 원시적인 성(性)의 본능을 작품 속에서 중요하게 다루면서 비난을 받기도 했다. 첫 작품 『하얀 공작』(*The White Peacock*, 1911)을 발표한 후 개방적인 성에 대한 소설로 인해 비난을 받기도 했고, 이후 로렌스의 성(性) 철학이 담긴 『채털리 부인의 사랑』(*Lady Chatterley's Lover*, 1928)은 외설 시비로 인해 판매 금지가 되었고 오랫동안 재판을 통해 미국과 영국에서 완본 출판이 허용되기도 했다.

② **대표작품 : 『아들과 연인』(*Sons and Lovers*, 1913)** 중요

어머니가 암으로 돌아가신 후 로렌스는 노팅엄 대학 시절 자신의 은사였던 교수의 부인이자 6세 연상인 프리다 위클리(Frieda Weekly)와 사랑에 빠진다. 두 사람은 독일, 이탈리아 등지를 여행하다가 영국으로 돌아와 결혼을 했다. 『아들과 연인』은 두 사람이 독일과 이탈리아 등지를 여행하던 시기에 창작된 자서전적 소설이다.

로렌스 자신이 어머니에게서 느꼈던 부모와 자식 사이의 복합적인 애증 관계에 대해 묘사하고 있다. 로렌스는 책 읽기를 좋아하는 어머니와 책 읽는 것을 싫어하는 아버지 사이의 갈등 상황 등을 자서전적으로 묘사하면서 부모와의 애정 고착에서 벗어나서 하나의 독립체로 인정받지 못하고, 제대로 성장하지 못하는 불행을 묘사하기도 한다. 아울러 자신의 연인과도 제대로 된 애정 관계를 맺지 못하게 되어 버린 주인공 폴(Paul)을 통해 바람직한 인간관계에 대해 고찰한다.

③ **주요 작품들**

㉠ 『하얀 공작』(*The White Peacock*, 1911)
㉡ 『아들과 연인』(*Sons and Lovers*, 1913)
㉢ 『사랑하는 여인들』(*Women in Love*, 1920)
㉣ 『채털리 부인의 사랑』(*Lady Chatterley's Lover*, 1928)

(3) 제임스 조이스(James Joyce, 1882-1941) 중요

① 작가와 작품관

아일랜드 출신의 제임스 조이스는 20세기 모더니즘을 대표하는 소설가이며, 20세기 소설에 가장 지대한 영향력을 끼친 소설가이다. 제임스 조이스는 가톨릭 예수회 재단의 학교에서 가톨릭 교육을 받으면서 자랐지만 가톨릭 신앙을 버렸다. 또한 제임스 조이스는 예이츠가 주도했던 아일랜드 문예부흥운동을 보고 문학이 정치에 참여하는 것에 반대하면서 아일랜드를 떠났다. 이탈리아, 스위스, 프랑스 등 유럽 각지에서 창작활동을 했다. 아일랜드를 떠났지만 제임스 조이스의 작품의 배경은 항상 아일랜드였고, 작품의 등장인물과 주제도 모두 아일랜드의 것이었다. 그리고 대부분의 작품 속에 가톨릭이라는 종교적 소재가 포함된다.

제임스 조이스는 항상 아일랜드 더블린과 가톨릭을 작품의 소재로 선택했고, 새로운 소설의 기법들을 활용하여 인간의 내면 의식 세계를 고찰하고 인간의 고독을 표현했다.

20세기 모더니즘 소설인 현대 소설의 흐름을 완성했다고 평가되는 제임스 조이스 소설의 특징은 다음과 같다.

- ⊙ 의식의 흐름(Stream of Consciousness) 중요

  제임스 조이스는 의식의 흐름이라는 파격적인 실험을 진행했다. 제임스 조이스는 인물을 둘러싼 외부의 상황이나 사건의 전개에 초점을 맞추지 않고, 인물의 내면 의식 세계에 초점을 맞춘다. 제임스 조이스는 인간의 유동적이고 복합적인 주관적 무의식의 세계를 효과적으로 표현하기 위해 자유 연상 기법을 활용하는 의식의 흐름 기법을 활용했다.

- ⓒ 내적 독백(Interior Monologue) 중요

  제임스 조이스는 구두점과 접속사를 생략하면서까지 내적 독백을 사용했다. 제임스 조이스는 작중인물의 복잡하고, 무질서하고, 비연속적인 의식의 흐름을 내적 독백 기법을 통해 표현했다. 제임스 조이스는 작가로서 인물의 의식의 흐름에 개입하지 않고, 인물의 기억, 독백, 연상작용 등의 행위를 그대로 독자에게 전달했다.

- ⓒ 에피파니(Epiphany)

  제임스 조이스는 작중인물이 갑자기 극적인 순간에 진리를 순간적으로 깨닫는 에피파니를 사용했다. 제임스 조이스는 이러한 에피파니를 작중인물의 갑작스러운 영적인 깨달음으로 표현했다.

- ② 제임스 조이스는 신화를 현대적으로 차용하고 언어를 패러디의 수단으로 삼으면서 언어유희와 같은 실험적 언어를 사용했다.

② 대표작품

- ⊙ 『더블린 사람들』(*Dubliners*, 1914) 중요

  총 15편으로 구성된 소설이다. 제임스 조이스는 15편의 단편소설을 통해 더블린 사회와 사람들의 삶을 그려내고 있다. 1편부터 14편까지는 유년기, 청년기, 성년기, 장년기로 구성되고, 마지막 15편 「죽은 자」에서는 에피파니를 통한 개선의 가능성을 제시한다.

  제임스 조이스의 고향인 더블린의 환경, 사람들의 삶, 종교, 정치 등을 통해 더블린을 편협한 민족주의에 빠져 있고, 소통이 없는 고립 속에 있는 정신적 마비(paralysis)의 도시로 표현한다. 제임스 조이스는 의식의 흐름 기법을 통해 정신적 마비 상태에 있는 더블린의 모습을 자연주의적으로 그려냈다.

ⓒ 『젊은 예술가의 초상』(*A Portrait of the Artist as a Young Man*, 1916)

제임스 조이스의 자서전적인 장편소설이며, 자신의 정신 형성사로 평가되는 작품이다. 제임스 조이스가 유년 시절부터 작가가 되기까지의 과정이 자서전처럼 펼쳐져 있다. 3인칭 화자의 관점을 선택했지만 의식의 흐름 기법을 통해 주인공의 내면세계를 그려낸다.

감수성이 예민하고 자아가 강한 디달루스(Dedalus)는 가정 형편으로 인해 더블린으로 이사하면서 예수회가 운영하는 학교로 전학한다. 성실하고 성적이 좋았던 디달루스는 성직자가 되길 권유받지만 구속감을 느껴서 작가의 길을 걷기로 한다. 대학에 진학한 디달루스는 아일랜드 모국어 학습을 반대하고 부활절 성찬을 받으라는 어머니의 요구도 거절하면서 모든 것을 버리고 작가가 되기 위해 아일랜드를 떠난다.

ⓒ 『율리시스』(*Ulysses*, 1922) 중요

제임스 조이스의 작품 중 최고의 걸작이자 최고의 난도를 가진 작품이다. 영문학사에서 가장 난해한 소설이면서 가장 적은 사람이 읽었지만 가장 많은 박사와 관련 논문을 배출한 소설이라는 농담까지 있을 정도로 일반 독자들이 이해하기가 어려운 작품이다.

『율리시스』는 의식의 흐름 기법과 내면의 독백을 사용한다. 그리고 고전, 영화나 드라마 속의 대화, 신문 제목, 음악적 요소 등을 패러디하면서 기존 소설의 형식을 완벽하게 바꾸어 버린 실험적 소설이다.

『율리시스』는 아일랜드 더블린을 배경으로 하고 있고, 1904년 6월 16일 아침 8시부터 그 다음 날 오전 2시까지 하루 동안 일어난 일을 세 명의 등장인물을 통해 의식의 흐름 기법으로 734페이지로 서술하고 있다. 소설의 구성은 호메로스의 『오디세이아』의 구성을 차용했다. 하루 동안에 일어나는 사소하고 일상적인 사건들과 그 사건들과 연관된 기억의 흐름들을 의식의 흐름 기법으로 서술하기 때문에 이해하기가 매우 어렵게 느껴진다.

③ 주요 작품들
ⓒ 『더블린 사람들』(*Dubliners*, 1914)
ⓒ 『젊은 예술가의 초상』(*A Portrait of the Artist as a Young Man*, 1916)
ⓒ 『율리시스』(*Ulysses*, 1922)
② 『피네간의 경야』(*Finnegans wake*, 1939)

(4) 버지니아 울프(Virginia Woolf, 1882-1941) 중요

① 작가와 작품관

버지니아 울프는 의식의 흐름 기법을 본격적으로 소설에 시도한 선구자로 평가된다. 버지니아 울프는 빅토리아 시대의 소설은 인간의 외면적인 묘사에 강조점을 두기 때문에 인간의 내면성을 제대로 표현할 수 없다고 비판했다. 버지니아 울프는 의심의 흐름 기법을 통해 과거, 현재, 미래가 공존하고 교차하는 인간의 내면세계를 섬세하게 그려냈다.

버지니아 울프는 인간의 내면세계를 본격적으로 표현해 내면서 인간성에 대한 통찰도 제공한다. 버지니아 울프는 인간의 의식 세계는 직선적이고 순차적인 것이 아니라 불연속적이고 동시다발적이기 때문에 이러한 의식 세계를 제대로 탐구하기 위해 의식의 흐름 기법과 에피파니 기법을 활용했다.

② **대표작품**: 『등대로』(*To the Lighthouse*, 1927)

버지니아 울프는 『등대로』에서 의식의 흐름 기법을 사용했으며, 이 소설은 자전적인 소설이다. 이 작품은 울프의 실험적인 소설의 기법을 가장 잘 표현한 작품으로, 총 3부로 구성된 이 작품은 등대로 가는 여정을 둘러싼 가정사를 중심으로 10년의 세월을 사이에 두고 2일간 벌어지는 사건들을 서술하고 있다. 1부 「창」(The Window)은 12시간 동안 일어나는 하루의 일상을 담고 있고, 2부 「시간의 흐름」(The Passes)은 10년 동안의 가족의 변화를 담고 있으며, 3부 「등대」(The Lighthouse)는 다시 12시간 동안의 사건에 대해 다룬다. 1부에서는 제1차 세계대전이 일어나기 전 한 섬에서 휴가를 보내는 램지(Ramsay) 부부와 아이들 그리고 초대 손님의 이야기를 다루고 있고, 어린 자녀 제임스(James)가 바라본 철학교수인 아버지에 대한 인식의 문제가 심도 있게 표현된다. 2부에서는 어머니 램지 부인이 세상을 떠났고, 오랫동안 방문하지 않은 섬에 대한 이야기가 회상 형식으로 서술된다. 그리고 3부에서는 10년 후 제1차 세계대전에서 살아남은 가족과 1부의 초대 손님들이 다시 섬을 방문하여 과거에 대해 회상한다.

이 작품은 사건이 일어나는 순서대로 서술하고 인과율에 따라 줄거리를 구성하던 전통적인 소설 형식을 벗어난 작품이며, 울프는 작품 속에서 특별한 사건들이 일어나지는 않는 플롯이지만 인물들의 내면의 변화에 주목하고, 이를 의식의 흐름 기법을 통해 묘사한다. 어린아이였던 제임스가 가졌던 아버지에 대한 분노는 제임스가 성인이 되자 아버지에 대한 이해로 바뀐다. 울프는 인물의 내면 의식의 변화와 시간의 문제를 통해 과거, 현재, 그리고 미래가 공존하면서 서로 영향을 미치는 인간의 내면세계를 섬세하게 표현하고 있다.

③ **주요 작품들**
  ㉠ 『댈러웨이 부인』(*Mrs. Dalloway*, 1925)
  ㉡ 『등대로』(*To the Lighthouse*, 1927)
  ㉢ 『올랜도』(*Orlando*, 1928)

(5) 조지 오웰(George Orwell, 1903-1950)

① **작가와 작품관**

조지 오웰은 필명이며, 본명은 에릭 아서 블레어(Eric Arthur Blair)이다. 평범한 이름 조지와 자신이 좋아했던 서포크 지역의 오웰강의 이름을 따서 조지 오웰이라는 필명을 지었다. 아버지가 인도 식민지의 공무원이었기 때문에 조지 오웰은 인도에서 태어났고, 2세가 되던 때 영국으로 돌아와서 교육을 받았다. 상류층 출신으로 이튼스쿨을 졸업한 조지 오웰은 옥스퍼드 대학 진학이 좌절된 후 당시 상류층이 지원하지 않는 식민지 경찰 간부로 5년 동안 일했다. 그동안 인도와 미얀마와 같은 식민지 내의 지배 계급과 피지배 계급 간의 권력과 힘의 논리를 깊이 통찰했고, 영국의 제국주의의 위선과 악함을 목도했다. 이를 계기로 그는 경찰직을 내려놓고 영국으로 돌아와 런던과 파리의 부랑자들이 살아가는 빈민가에서 실제로 가난한 생활을 체험하면서 작가로서의 경험을 시작했으며, 작품으로 자신의 경험과 통찰을 구현했다. 조지 오웰은 당대의 제국주의의 위선, 계급의식을 풍자하는 사회 풍자 소설을 주로 창작했고, 정치적인 성향이 드러나는 작가였다. 사회주의자로 활동했지만 스페인 혁명을 가로막는 세력이 바로 사회주의 세력임을 알게 되면서 비판을 가했다. 조지 오웰은 사회 풍자 소설을 통해 사회 내의 문제점들과 계급의식 등을 해학적으로 표현한 작가이다.

② **대표작품** : 『동물농장』(*Animal Farm*, 1945)

권력의 폭력성을 주제로 소설을 집필하던 오웰이 제2차 세계대전 중에 집필을 시작하여 전쟁이 끝난 1945년에 마무리한 우의적 풍자 소설 작품이다. 동물농장의 주인이었던 인간을 몰아내고 권력의 공백을 동물들이 어떻게 메우는지를 묘사하고 있다. 동물들 간의 권력투쟁의 양상과 과정, 그리고 대중을 선동하고 통제하는 과정들을 동물을 이용해서 우화적으로 묘사하고 있다. 돼지의 지도자 나폴레옹(Napoleon)이 스노우볼(Snowball)을 몰아내고 권력을 차지하고 대중을 통제하고 선동하는 방식은 당대의 독재자들, 그리고 권력 집단의 속성과 닮아 있다.

③ 주요 작품들
　㉠ 『위건 부두로 가는 길』(*The Road to Wigan Pier*, 1937)
　㉡ 『동물농장』(*Animal Farm*, 1945)

(6) 허버트 조지 웰스(Herbert George Wells, 1866-1946)

① 작가와 작품관

과학 소설의 아버지로 불리는 허버트 조지 웰스는 과학 소설이라는 자신만의 영역을 개척한 소설가이다. 웰스는 문명 비평가로 활동하기도 했고 역사, 정치, 사회, 과학 등 여러 영역에서 많은 저작들을 남겼다. 웰스는 과학 소설 『타임머신』(*The Time Machine*, 1895), 『투명인간』(*The Invisible Man*, 1897), 『우주전쟁』(*The War of the Worlds*, 1898)을 통해 독자적인 과학 소설 영역을 개척하였고, 웰스는 이후 올라프 스테이플던(Olaf Stapledon), 베어스포드(J. D. Beresford), 파울러 라이트(S. Fowler Wright)와 같은 작가들이 영국의 과학적 로맨스(Scientific Romance) 장르를 형성하는 데 큰 영향을 미쳤다. 이후 웰스는 과학 소설 이외에도 인생 소설, 사상 소설, 예언 소설 등 100여 편이 넘는 소설을 창작했다.

② 주요 작품들
　㉠ 『타임머신』(*The Time Machine*, 1895)
　㉡ 『투명인간』(*The Invisible Man*, 1897)
　㉢ 『우주전쟁』(*The War of the Worlds*, 1898)

(7) 도리스 레싱(Doris Lessing, 1919-2013)

① 작가와 작품관

도리스 레싱은 이란 출신의 영국 여성 소설가이다. 그녀는 영국의 현대 문학을 대표하는 작가로서 2007년 역대 최고령의 노벨 문학상 수상자로 선정되었다. 도리스 레싱은 작품을 통해 현대의 제도와 관습에 내재한 편견과 위선을 냉철하고 지적인 문체로 비판했고, 동시에 현대 사회와 사상의 부조리성을 탐구했다. 그녀는 기존의 가치체계를 비판했고, 인종차별, 여성 권리 회복, 이념 간의 갈등 상황 등을 작품을 통해 심도 있게 다루면서 인간과 생명에 대한 존중을 표현했다.

② **대표작품** : 『황금 노트북』(*The Golden Notebook*, 1962)
　㉠ 도리스 레싱의 자전적 요소가 담긴 이 소설은 검은색, 빨간색, 노란색, 파란색, 황금색의 색이 다른 노트에 백인 우월주의, 인종차별, 연애사 등과 같은 다양하고 다채로운 주제의 이야기를 서술하고 있는 한 여성 작가의 이야기를 포함하고 있다. 이 작품은 도리스 레싱의 내면 공간 소설(inner space

fiction)이라고 지칭되고, 그녀는 이 소설을 통해 정신적 붕괴와 사회적 붕괴를 탐구하면서 공산주의에 대한 분석, 여성 해방 운동의 가능성을 추구하고 있다.

ⓒ 『황금 노트북』(*The Golden Notebook*, 1962)의 일부[13]

> FREE WOMEN: 1
>
> Anna meets her friend Molly in the summer of 1957 after a separation
>
> THE two women were alone in the London flat. 'The point is,' said Anna, as her friend came back from the telephone on the landing, 'the point is, that as far as I can see, everything's cracking up.'
>
> Molly was a woman much on the telephone. When it rang she had just enquired: 'Well, what's the gossip?' Now she said, 'That's Richard, and he's coming over. It seems today's his only free moment for the next month. Or so he insists.'
>
> 'Well I'm not leaving,' said Anna.
> 'No, you stay just where you are.'
>
> Molly considered her own appearance-she was wearing trousers and a sweater, both the worse for wear. 'He'll have to take me as I come,' she concluded, and sat down by the window. 'He wouldn't say what it's about-another crisis with Marion, I suppose.'
>
> 'Didn't he write to you?' asked Anna, cautious.
> 'Both he and Marion wrote-ever such bonhomous letters. Odd, isn't it?'
>
> This odd, isn't it? was the characteristic note of the intimate conversations they designated gossip. But having struck the note, Molly swerved off with: 'It's no use talking now, because he's coming right over, he says.'
>
> 'He'll probably go when he sees me here,' said Anna, cheerfully, but slightly aggressive. Molly glanced at her, keenly, and said: 'Oh, but why?'
>
> It had always been understood that Anna and Richard disliked each other; and before Anna had always left when Richard was expected. Now Molly said: 'Actually I think he rather likes you, in his heart of hearts. The point is, he's committed to liking me, on principle-he's such a fool he's always got to either like or dislike someone, so all the dislike he won't admit he has for me gets pushed off on to you.'

---

[13] https://juanpedrorica.com/wp-content/uploads/2013/11/the-golden-notebook-by-doris-lessing.pdf

> 'It's a pleasure,' said Anna. 'But do you know something? I discovered while you were away that for a lot of people you and I are practically interchangeable.'
>
> 'You've only just understood that?' said Molly, triumphant as always when Anna came up with-as far as she was concerned-facts that were self-evident.
>
> In this relationship a balance had been struck early on: Molly was altogether more worldly-wise than Anna who, for her part, had a superiority of talent.
>
> Anna held her own private views. Now she smiled, admitting that she had been very slow.
>
> 'When we're so different in every way,' said Molly, 'it's odd. I suppose because we both live the same kind of life- not getting married and so on. That's all they see.'
>
> 'Free women,' said Anna, wryly. She added, with an anger new to Molly, so that she earned another quick scrutinising glance from her friend: 'They still define us in terms of relationships with men, even the best of them.'

③ 주요 작품들
  ㉠ *The Grass Is Singing*, 1950
  ㉡ *The Memoirs of a Survivor*, 1974
  ㉢ *The Good Terrorist*, 1985

(8) V. S. 나이폴(Vidiadhar Surajprasad Naipaul, 1932-2018)

① 작가와 작품관

V. S. 나이폴은 인도계 영국 소설가이다. 그는 1971년에 부커상(Booker Prize)을, 2001년에 노벨 문학상을 받았고, 2008년에는 타임스가 선정한 1945년 이후의 위대한 영국 작가 50명(The 50 greatest British writers since 1945)에 선정되었을 만큼 평단의 인정과 대중적 인기를 얻었다. V. S. 나이폴은 50년 동안 30권 이상의 책을 집필할 만큼 왕성한 활동을 하면서 트리니다드(Trinidad)를 배경으로 하는 초기의 코믹한 소설들, 더 넓은 세계를 배경으로 하는 소외를 다룬 암울한 분위기의 소설들, 삶과 여행에 대한 통찰을 담은 연대기 등을 집필했다.

② 대표작품 : 『자유 국가에서』(*In a Free State*, 1971)

1971년에 V. S. 나이폴은 이 작품으로 부커상을 수상했다. 일기 형식의 프롤로그와 에필로그가 삽입된 두 개의 단편과 하나의 중편으로 이루어진 이 소설은 그의 작품 중 가장 대중적으로 널리 알려진 작품이며, 강제 이주라는 주제를 통해 자유의 제한과 그 함의에 대해 탐구하고 있다. 불법 이민자 신세를 면하기 위해 결혼을 하는 인디언 하인의 이야기와 서인도 제도 출신의 인디언이 영국에 홀로 남겨지는 이야기 등을 통해 강제 이주와 자유에 대한 주제를 심도 있게 다루고 있다.

③ 주요 작품들
　㉠ 『신비로운 마사지사』(The Mystic Masseur, 1957)
　㉡ 『미겔 스트리트』(Miguel Street, 1959)
　㉢ 『비스와스 씨를 위한 집』(A House for Mr. Biswas, 1961)

(9) 존 맥스웰 쿳시(John Maxwell Coetzee, 1940-)
① 작가와 작품관
　J. M. 쿳시는 남아프리카 공화국 출신의 호주 작가로서 2003년 노벨 문학상을 수상했고, 1983년에 『마이클 K』(Life and Times of Michael K, 1983)로, 1999년에 『추락』(Disgrace, 1999)으로 두 차례나 부커상을 수상함으로써 평단의 인정을 받았다. 그는 남아프리카 공화국 사회의 모순과 갈등 양상, 인종차별의 허구성, 서구 문명의 위선과 위압성을 우의적으로 묘사하고 비판했다. 비평가들은 J. M. 쿳시가 치밀한 구성력과 정확한 통찰력을 통해 서구 문명과 이데올로기를 비판하는 부분을 높이 평가했다.

② 대표작품
　㉠ 『어둠의 땅』(Dusklands, 1974)
　　J. M. 쿳시의 첫 소설이며, 남아프리카 공화국의 첨예한 인종 갈등의 양상을 아파르트헤이트(apartheid, 남아프리카 공화국의 인종차별정책)와 같은 제도의 허구성을 빌려 표현하고 비판했다. 아울러 잔인하고 야만적인 서구 문명의 위협과 위선에 대해 날카롭게 통찰했다.
　㉡ 『마이클 K』(Life and Times of Michael K, 1983)
　　이 작품은 부커상 수상작으로서 1970-1980년대 아파르트헤이트 시대의 허구의 내전 속에서, 마이클 K라는 남자가 케이프타운에서 그의 어머니의 시골 고향까지 힘든 여정을 떠나는 이야기를 담고 있다. 이 소설을 통해 J. M. 쿳시는 남아프리카 공화국의 인종차별의 참상과 문명의 야만성에 대해 비판하고 있다.
　㉢ 『추락』(Disgrace, 1999)
　　이 작품은 J. M. 쿳시에게 두 번째 부커상을 수상하는 영예를 준 작품이고, 그는 이 작품을 출판한 지 4년 후 노벨 문학상 수상자로 선정되었다. 사회의 저명인사였던 한 대학교수가 추락과 불명예를 얻는 과정 속에서 남아프리카 공화국의 아파르트헤이트 시대 이후의 사회상 속에 내재된 백인과 흑인이 서로를 바라보는 분노와 공포심을 기반으로 하는 그 시대의 인종차별에 대한 다양한 시선들을 응축적으로 전달하고 있다.

제8편 실전예상문제

01 20세기 전반 영문학의 특징적 요소에 대한 설명으로 옳지 <u>않은</u> 것은?

① 19세기 사실주의와 자연주의에 대한 반발로 포스트모더니즘이 전개되었다.
② 실존주의 철학이 태동하고 니체(Nietzsche)의 염세주의적 철학은 종교적 절대성을 비판했다.
③ 제1・2차 세계대전을 거치면서 종교의 절대적인 가치에 대한 믿음이 무너졌고, 인간의 이성과 인간성에 대한 믿음도 모두 무너졌다.
④ 정신분석학자 프로이트(Freud)는 무의식이라는 새로운 개념으로 인간의 의식의 지평을 확대했고, 아인슈타인(Einstein)의 상대성 이론은 모두가 공유할 수 있는 보편타당한 절대적인 진리의 공유 가능성을 무너뜨렸다.

01 19세기 사실주의와 자연주의에 대한 반발로 20세기 전반에는 모더니즘이 전개되었다. 포스트모더니즘은 20세기 중・후반인 1960년대부터 모더니즘에 대한 반발로 발생했다.

02 20세기 전반 소설의 특징적 요소에 대한 설명으로 옳지 <u>않은</u> 것은?

① 인물을 둘러싼 외부의 상황이나 사건의 전개에 초점을 맞추었다.
② 20세기 전반 모더니즘 소설가들은 에피파니의 기법을 활용했다.
③ 소설가 자신만의 직관을 통해 자신만의 소설의 세계를 구축하고 의미체계와 가치를 만들어냈다.
④ 인간의 내면세계를 탐구하기 시작했고, 이를 위해 의식의 흐름(Stream of Consciousness) 기법을 사용했다.

02 20세기 전반 모더니즘 소설가들은 인물을 둘러싼 외부의 상황이나 사건의 전개에 초점을 맞추지 않고, 인물의 내면 의식 세계에 초점을 맞춘다.

정답 01 ① 02 ①

03 도덕성과 객관적 사실주의는 19세기 빅토리아 시대의 시인들이 추구했다. 20세기 초기 모더니즘 시인들은 시적 화자의 내면세계와 타자와의 관계성을 주관적으로 추구했다.

03 20세기 전반 시의 특징적 요소에 대한 설명으로 옳지 <u>않은</u> 것은?

① 시인들이 도덕성과 객관적 사실주의를 추구했다.
② 시적 화자의 내면세계와 타자와의 관계성을 주관적으로 추구했다.
③ 상징주의 시인들은 자신들만의 특수한 언어들의 상응관계, 이미지들의 조합을 이끌어 내는 상징성을 통해 인간의 의식을 드러내고자 했다.
④ 모더니즘 시인들은 이미지즘 운동을 통해 대상을 직접적으로 명확하게 표현했고, 기존의 운율을 버리고 새로운 운율을 통해 이미지를 정확하게 표현하고자 했다.

04 의식의 흐름(Stream of Consciousness) 기법에 대한 설명이다.

04 괄호 안에 공통으로 들어갈 말로 가장 알맞은 것은?

> 모더니즘 소설은 (　　) 기법을 통해 인물들의 복잡한 내면세계와 의식세계를 표현한다. 모더니즘 소설은 인물을 둘러싼 외부의 상황이나 사건의 전개에 초점을 맞추지 않고, 인물의 내면 의식 세계에 초점을 맞춘다. 인간의 유동적이고 복합적인 주관적 무의식의 세계를 효과적으로 표현하기 위해 자유 연상 기법을 활용하는 (　　) 기법을 활용한다.

① Imagism
② Epiphany
③ Interior Monologue
④ Stream of Consciousness

정답   03 ①   04 ④

05 20세기 중·후반 영문학의 특징적 요소에 대한 설명으로 옳지 않은 것은?

① 1960년대부터 모더니즘에 대한 반발로 포스트모더니즘(Postmodernism)이 발생했다.
② 1950년대 극작가들은 전통적인 드라마의 형식을 파괴하면서 부조리극 작품들을 창작했다.
③ 조지 버나드 쇼는 사상극(Drama of Idea)을 통해 다양한 문제들을 다루면서 자신의 사상을 전달했다.
④ 모더니즘 문학은 난해하고 추상적인 기법을 지나치게 사용하면서 대중성을 잃었기 때문에 포스트모더니즘 문학은 대중성의 기반 위에서 개성, 자율성, 다양성을 추구했다.

05 조지 버나드 쇼의 사상극은 20세기 전반의 드라마의 특징에 해당된다. 조지 버나드 쇼는 19세기 말과 20세기 전반에 걸쳐 활발한 작품 활동을 한 작가다.

06 윌리엄 버틀러 예이츠(William Butler Yeats)에 대한 설명으로 옳지 않은 것은?

① 노벨 문학상을 수상한 20세기 전반의 대표적인 시인이다.
② 대표작품 「황무지」(The Waste Land)는 혁명적인 시이자 모더니즘 시의 전형으로 평가받고 있다.
③ 후기의 시에서 예이츠는 상징주의 기법을 통해 인류가 처한 암울함과 전통적 기독교 신앙의 붕괴, 물질문명이 야기한 혼탁함과 불안을 묘사한다.
④ 아일랜드 출신으로 아일랜드의 독립운동과 예술운동을 주도했던 예이츠는 아일랜드의 자연, 예술, 전설, 토속적 신비주의 등을 예술로 승화시켰다.

06 「황무지」(The Waste Land, 1922)는 토마스 스턴스 엘리엇(Thomas Stearns Eliot)의 대표작품이다.

정답 05 ③ 06 ②

07 토마스 스턴스 엘리엇(Thomas Stearns Eliot)에 대한 설명이다.

07 다음 설명에 해당하는 작가는?

> 이 작가의 시는 매우 난해하다고 평가된다. 현대 문명의 다양성과 복합성을 시로 전달하는 이 작가는 상징과 암시를 통해 시적 주제를 전달한다. 또한 이미지즘, 상징주의, 형이상학파의 시의 기법 등을 활용하여 자신만의 방식으로 새로운 시 형식과 기법을 창조한다. 대표작품은 「알프레드 프루프록의 연가」(The Love Song of J. Alfred Prufrock)와 「황무지」(The Waste Land) 등이 있다.

① Samuel Beckett
② Thomas Stearns Eliot
③ William Butler Yeats
④ John Millington Synge

08 존 밀링턴 싱(John Millington Synge)의 『바다로 달려가는 사람들』(Riders to the Sea, 1904)에 대한 설명이다.

08 다음 설명에 해당하는 작품은?

> 이 작품은 존 밀링턴 싱(John Millington Synge)의 대표적인 극작품이며, 단순한 구성의 1막 단막극을 통해 일상성과 공존하는 죽음을 대비시키면서 비평가들의 인정을 받았다. 이 단막극에서 마지막 아들마저 바다에서 죽게 되는 장면의 연출을 통해 거부할 수 없는 운명의 힘과 거대한 자연 앞에서 무력한 인간을 묘사한다. 이러한 자연과 운명 앞 무력한 인간의 모습의 연출은 영웅 서사시의 요소를 보여주고, 고대 그리스의 비극적 특징을 보여준다.

① Molloy
② Malone meurt
③ L'Innommable
④ Riders to the Sea

정답 07 ② 08 ④

09 괄호 안에 들어갈 말로 가장 알맞은 것은?

( )는 두 번의 끔찍한 세계대전 후 염세주의와 허무주의에 빠진 인간의 절망적이고 소외된 상황을 표현하는 극이다. 이 극은 전통적인 기독교의 세계관이 무너지고, 상대성 이론의 등장으로 인해 보편타당하고 절대적인 가치가 부재한 인간의 불안, 불확실성, 절망을 표현한다. 1950년대의 극작가들은 전통적인 드라마의 형식을 파괴하고 무의미한 대사, 침묵, 단절 등을 통해 오지 않을 신을 기다리거나, 희망과 목적이 없이 살아가야 하는 인간의 절망적 상황들을 표현한다.

① Interlude
② Drama of Idea
③ Comedy of Menace
④ The Absurd Drama

09 부조리극(The Absurd Drama)에 대한 설명이다.

10 사무엘 베케트(Samuel Beckett)의 대표적인 부조리극 작품은?

① *The Room*
② *Waiting for Godot*
③ *The Homecoming*
④ *The Birthday Party*

10 사무엘 베케트(Samuel Beckett)의 대표적인 부조리극 작품은 『고도를 기다리며』(*Waiting for Godot*, 1952)이다.

정답 09 ④ 10 ②

11 해롤드 핀터(Harold Pinter)의 위협 희극(comedy of menace)에 대한 설명이다.

11 괄호 안에 들어갈 말로 가장 알맞은 것은?

> 해롤드 핀터(Harold Pinter)의 초기 극작품을 (　　)라고 한다. 핀터 초기 극작품들은 신원을 알 수 없는 외부인이 방이라는 안정적인 공간에 있는 내부인에게 침입하여 정신적·신체적 위협을 가하는 위협성이 포함되고, 동시에 웃음을 유발하는 희극적 요소가 포함되어 있다. 대표작품은 『생일 파티』(The Birthday Party)이다.

① Interlude
② Drama of Idea
③ Comedy of Menace
④ The Absurd Drama

12 조지프 콘래드(Joseph Conrad)에 대한 설명이다.

12 다음 설명에 해당하는 작가는?

> 영어를 모국어로 배우지 않은 폴란드 태생의 이 작가는 다른 영국 작가들과는 달리 독특한 문장을 구사하고, 20년 이상 선원과 선장으로서 배에서 생활했던 경험들을 소설에 반영했기 때문에 대표적인 해양 소설 작가로 분류된다. 대표작품은 『암흑의 핵심』(Heart of Darkness)이다.

① James Joyce
② Virginia Woolf
③ Joseph Conrad
④ David Herbert Lawrence

정답　11 ③　12 ③

13 제임스 조이스(James Joyce)에 대한 설명으로 옳지 않은 것은?

① 제임스 조이스는 항상 아일랜드 더블린과 가톨릭을 작품의 소재로 선택했다.
② 작중인물의 복잡하고, 무질서하고, 비연속적인 의식의 흐름을 내적 독백 기법(Interior Monologue)을 통해 표현했다.
③ 인간의 유동적이고 복합적인 주관적 무의식의 세계를 효과적으로 표현하기 위해 자유 연상 기법을 활용하는 의식의 흐름 기법(Stream of Consciousness)을 활용했다.
④ 자서전적 소설 『아들과 연인』(Sons and Lovers)을 통해 부모와의 애정 고착에서 벗어나서 하나의 독립체로 인정받지 못하고, 제대로 성장하지 못하는 불행함을 묘사했다.

13 『아들과 연인』(Sons and Lovers)은 데이비드 허버트 로렌스(David Herbert Lawrence)의 대표작품이다.

14 다음 설명에 해당하는 작품은?

> 이 작품은 제임스 조이스(James Joyce)의 작품 중 최고의 걸작이자 최고의 난도를 가진 작품이다. 1904년 6월 16일 아침 8시부터 그 다음 날 오전 2시까지 하루 동안 아일랜드 더블린에서 일어난 일을 세 명의 등장인물을 통해 734페이지로 서술하고 있다. 의식의 흐름 기법과 내면의 독백을 사용하고 있으며, 소설의 구성은 호메로스의 『오디세이아』의 구성을 차용했다. 하루 동안에 일어나는 사소하고 일상적인 사건들과 그 사건들과 연관된 기억의 흐름들을 의식의 흐름 기법으로 서술하기 때문에 이해하기에 매우 어렵게 느껴진다.

① *Ulysses*
② *Dubliners*
③ *Finnegans wake*
④ *A Portrait of the Artist as a Young Man*

14 제임스 조이스(James Joyce)의 『율리시스』(*Ulysses*, 1922)에 대한 설명이다.

정답 13 ④ 14 ①

15 톰 스토파드(Tom Stoppard)에 대한 설명이다.

15 다음 설명에 해당하는 작가는?

> 영국의 부조리 연극의 전통성을 계승하면서도 신문, 라디오, TV, 영화 매체까지 영향력을 미친 극작가이다. 대표작품 『로젠크란츠와 길덴스턴은 죽었다』(Rosencrantz and Guildenstern Are Dead)를 통해 평단의 인정을 받았고, 영화 『셰익스피어 인 러브』(Shakespeare In Love)의 시나리오 작업을 통해 대중적인 인기를 얻었다.

① Samuel Beckett
② Tom Stoppard
③ Harold Pinter
④ George Bernard Shaw

16 도리스 레싱(Doris Lessing)에 대한 설명이다.

16 다음 설명에 해당하는 작가는?

> 이란 출신의 영국 여성 소설가이다. 현대의 제도와 관습에 내재한 편견과 위선을 냉철하고 지적인 문체로 비판했고, 동시에 현대 사회와 사상의 부조리성을 탐구했다. 대표작품 『황금 노트북』(The Golden Notebook)을 통해 공산주의에 대한 분석, 여성 해방 운동의 가능성을 추구했다.

① Joseph Conrad
② John Maxwell Coetzee
③ V. S. Naipaul
④ Doris Lessing

정답 15 ② 16 ④

부록

최종모의고사

최종모의고사 제1회
최종모의고사 제2회
정답 및 해설

우리 인생의 가장 큰 영광은 결코 넘어지지 않는 데 있는 것이 아니라
넘어질 때마다 일어서는 데 있다.

– 넬슨 만델라 –

  보다 깊이 있는 학습을 원하는 수험생들을 위한
시대에듀의 동영상 강의가 준비되어 있습니다.
www.sdedu.co.kr ➡ 회원가입(로그인) ➡ 강의 살펴보기

제1회 최종모의고사 | 영국문학개관

01 고대 영시에 대한 설명으로 옳지 <u>않은</u> 것은?
① 호전적인 앵글로색슨족이 지향했던 영웅주의적 요소와 군신사회의 미덕인 충성, 명예, 용기 등과 같은 가치가 반영되어 있다.
② 장중하고 비장한 어조로 영웅들의 무용담과 영웅들의 삶을 노래하는 Heroic Epic이 발달했다.
③ 고독과 방랑, 잃어버린 영광, 삶의 유한성, 자연이 주는 고통, 인생의 고단함 등을 주제로 삼는 Elegy가 발달했다.
④ 명사를 다른 말 즉 동의어, 복합어 또는 어군으로 풀어서 표현하는 기법인 Alliteration이 발달했다.

02 다음 설명에 해당하는 작품은?

> 고대 영어로 쓰인 현존하는 가장 오래된 영문학 작품으로서 영웅 서사시이다. 데인족의 전설적인 왕인 쉴드 쉐핑(Scyld Scefing)과 그 자손들에 대한 이야기를 2부로 구성했다.

① *Beowulf*
② *The Wanderer*
③ *The Seafarer*
④ *Dream of the Rood*

03 괄호 안에 공통으로 들어갈 말로 가장 알맞은 것은?

> (　　)은(는) 고대 영시의 특징적 기법으로서 일반적으로 사용되는 명사 대신에 여러 단어로 이루어진 복합어를 사용하면서 명사가 가리키는 대상을 우회적으로 표현하는 은유법이다. 바다(sea)를 백조의 길(the swan's path), 고래의 길(the whale's road)로 표현하는 것은 전형적인 (　　)의 예시이다.

① Kenning
② Alliteration
③ Blank verse
④ Ironic understatement

04 중세 시대 노르만 정복이 영국에 미친 영향에 대한 설명으로 옳지 않은 것은?

① 중앙 집권적 통치체계와 신분 사회를 확립했다.
② 영국에 프랑스 언어와 문화가 본격적으로 유입되었다.
③ 윌리엄 왕은 절대왕정을 통해 권력의 가장 정점에 위치하면서 국가의 모든 토지를 관리했다.
④ 앵글로색슨족의 언어인 영어가 하층민의 언어로 전락하고 영어로 쓰인 문학도 상대적으로 위축되었다.

05 괄호 안에 들어갈 말로 가장 알맞은 것은?

> 영국의 (　　) 장르는 초기에는 시로 창작되었고 이후 산문의 형태로도 창작되었다. 초자연적이고 현실과 동떨어진 기사도 정신과 낭만적인 사랑 이야기 등을 다룬 영국의 이 장르 작품들은 세밀한 묘사와 선악의 대립, 정형화된 인물, 행복한 결말 등과 같은 특징을 갖고 있고, 이후 18세기 낭만주의(Romanticism) 작품들에 영향을 끼쳤다.

① Ballad
② Romance
③ Interlude
④ Morality Play

06 중세 시대 작가와 작품의 관계가 서로 맞지 <u>않는</u> 것은?

① John Gower – *Confessio Amantis*
② Thomas Malory – *Le Morte D'Arthur*
③ William Langland – *The Vision of Piers Plowman*
④ Geoffrey Chaucer – *Sir Gawain and the Green Knight*

07 괄호 안에 들어갈 말로 가장 알맞은 것은?

> 15세기 후반에 본격적으로 나타난 (　　)는 중세 시대 극 형식이다. 이 극 형식은 관객들에게 교훈을 주기 위한 목적이 우선하기 때문에 교훈적인 내용과 설교에 가까운 내용을 담고 있다. 이 극 형식은 Allegory를 통해 인간들의 죄와 구원, 종교적 교훈과 진리를 표현하고 극화하기도 했다.

① Interlude
② Morality Play
③ Miracle Play
④ Mystery Play

08 University Wits가 <u>아닌</u> 작가는?

① John Lyly
② George Peele
③ William Shakespeare
④ Christopher Marlowe

09 세네카 비극(Senecan Tragedy)의 전통을 영국적인 소재로 재해석했다는 평가를 받는 무운행(blank verse)으로 쓰인 영국 최초의 비극 작품은?

① *Gorboduc*
② *The Tempest*
③ *The Jew of Malta*
④ *Ralph Roister Doister*

10 다음 설명에 해당하는 작가는?

> 이 작가는 대학 재사파(University Wits)의 대표적인 극작가로 명성을 얻었다. 자신의 극작품에서 aspiring mind를 가진 Overreacher를 구현한다. 중세 시대의 비극의 원인은 신의 명령에 불복종하는 데서 기인했지만, 이 작가의 비극은 주인공의 성격에서 기인한다. 자신의 운명을 넘어서려는 자유의지와 한계를 초월하려는 인간의 강렬한 욕망과 성격으로 인해 이 작가의 인물들은 비극적 결말을 맞게 된다.

① Oscar Wilde
② William Shakespeare
③ Christopher Marlowe
④ George Bernard Shaw

11 다음 설명에 해당하는 윌리엄 셰익스피어(William Shakespeare)의 작품은?

> 셰익스피어는 이 작품을 통해 복수의 정당성, 삶과 죽음, 정의, 윤리성 등과 같은 문제들에 대한 고찰을 보여주었다. 덴마크의 왕자인 주인공에게 부왕의 망령이 찾아와 복수를 부탁하지만, 주인공의 우유부단함이라는 성격의 비극적 결함으로 인해 모든 인물들이 죽음을 맞이하는 비극이다.

① *Hamlet*
② *Macbeth*
③ *King Lear*
④ *A Midsummer Night's Dream*

12 르네상스 시대의 작가와 작품의 관계가 서로 맞지 않는 것은?

① Philip Sidney - *Astrophel and Stella*
② Edmund Spenser - *The Faerie Queene*
③ Christopher Marlowe - *The Jew of Malta*
④ William Shakespeare - *Tamburlaine the Great*

13 형이상학파 시의 특징에 대한 설명으로 옳지 <u>않은</u> 것은?

① 서로 연관성이 전혀 없어 보이는 이질적인 두 사물 간의 유사성을 발견하여, 기발한 비유를 사용한다.
② 규칙적인 운율을 사용하고, 규칙적인 리듬을 통해 시적 화자의 목소리를 강조한다.
③ 정서적 유대감과 영적인 합일과 같은 내면적이고 논리적인 관계를 표현한다.
④ 정서를 내포하지 않는 시어를 사용하고, 철학적이고 풍자적인 주제를 표현한다.

14 형이상학파 시의 특징인 Conceit이 잘 드러나는 작품 *The Flea*를 창작한 작가는?

① John Donne
② George Herbert
③ Andrew Marvell
④ Henry Vaughan

15 특정한 형상을 갖도록 시행을 배치하는 시각운(Pattern poems)이 사용된 George Herbert의 작품은?

① *The Flea*
② *Easter Wings*
③ *Silex Scintillans*
④ *To His Coy Mistress*

16 청교도 시대에 활동한 왕당파 시인이 아닌 작가는?

① Ben Jonson
② John Milton
③ Robert Herrick
④ Sir John Suckling

17 존 밀턴(John Milton)의 『실낙원』(*Paradise Lost*)의 시 형식은?

① Blank verse
② Heroic couplet
③ Petrarcan Sonnet
④ Shakespearean Sonnet

18 대표작품 *Every Man In His Humour*를 통해 기질 희극을 창시한 극작가는?

① Ben Jonson
② John Dryden
③ William Shakespeare
④ Christopher Marlowe

19 다음 설명에 해당하는 작가는?

> 자코비안 시대(1603~1625)에 시, 희곡, 산문 등의 여러 장르에서 많은 작품을 창작했고, 최초로 소네트 연작시를 창작한 르네상스 시대 영국의 대표적인 여성 작가이다. 또한 최초로 산문 로맨스와 전원극을 창작한 여성 작가이며, 대표작품은 『사랑의 승리』(*Love's Victory*)이다.

① Marie de France
② Philip Sidney
③ Mary Wroth
④ Edmund Spenser

20 괄호 안에 들어갈 말로 가장 알맞은 것은?

> 「맥 플레노」(*Mac Flecknoe*)는 존 드라이든(John Dryden)의 대표적인 (　　)(이)다. 이것은 영웅이 아닌 인물을 장엄하고 진지한 영웅 서사시의 어조를 통해 가짜 영웅을 풍자하는 형식이다.

① Irony
② Satire
③ Hero Epic
④ Mock-heroic

21 *An Essay on Criticism*을 통해 로마의 시인 호레이스(Horace)와 프랑스의 비평가 브왈로(Boileau)의 시론을 모방하여 영국의 신고전주의 시론을 확립한 작가는?

① Robert Burns
② William Blake
③ Samuel Butler
④ Alexander Pope

22 *Gulliver's Travels*를 통해 인간에 대한 혐오와 당시 영국 사회의 부패상을 풍자한 작가는?

① Daniel Defoe
② Jonathan Swift
③ Henry Fielding
④ Samuel Richardson

23 Samuel Richardson의 Epistolary Novel 작품은?

① *Amelia*
② *Pamela*
③ *Tom Jones*
④ *The Adventures of Joseph Andrews*

24 다음 설명에 해당하는 작가는?

> 이 작가는 신고전주의 시대에서 낭만주의 시대로 넘어가는 과도기의 전-낭만주의(Pre-Romanticism) 시인이다. 이 작가는 묘지에서 인생을 고찰하고 죽음과 삶에 대한 철학적 사색을 통해 인생의 덧없음과 허무한 감정을 노래한 묘지파(Graveyard School) 시인이다. 대표작품은 *Elegy Written in a Country Churchyard* 이다.

① Robert Burns
② William Blake
③ Thomas Gray
④ Oliver Goldsmith

25 *The Lives of The Poets*을 통해 17세기 이후 영국의 시인 52명의 전기와 작품론을 정리한, 영문학사에서 가장 중요한 문학 비평가는?

① John Dryden
② James Boswell
③ Oliver Goldsmith
④ Samuel Johnson

26 괄호 안에 들어갈 말로 가장 알맞은 것은?

> (   )은(는) 문학 작품에서 장르, 내용, 문체 등이 서로 적절하게 어울리는 것을 의미한다. 신고전주의 작가들은 이것을 추구하면서, 개성과 상상력보다는 이성을 중시하였으며, 내용보다는 형식을 중시하였다. 문학의 내용과 주제는 그에 맞는 장르, 스타일, 언어가 있다는 것을 뜻한다.

① Satire
② Decorum
③ Sprung rhythm
④ Dramatic Monologue

27 다음 설명에 해당하는 작품은?

> 이 작품은 윌리엄 워즈워스(William Wordsworth)와 사무엘 테일러 콜리지(Samuel Taylor Coleridge)의 공동 시집이다. 이 작품의 출간을 기점으로 영국 문학사에서 낭만주의 시대가 시작되었다고 간주한다.

① *The Prelude*
② *Lyrical Ballads*
③ *My Heart Leaps Up*
④ *The Rime of the Ancient Mariner*

28 Samuel Taylor Coleridge의 작품이 아닌 것은?

① *Christabel*
② *Kubla Khan*
③ *Tintern Abbey*
④ *The Rime of the Ancient Mariner*

29 다음 설명에 해당하는 작가는?

> 이 작가는 낭만주의 시대 시인들 중에서 가장 강력하게 기존의 인습과 종교에 반항한 시인이다. 그는 이상주의자로서 혁명을 통한 인류의 해방을 꿈꿨다. *Ode to the West Wind*를 통해 사회 제도의 모순과 인습의 혁신의 필요성을 표현했고, Lyrical Drama 작품 *Prometheus Unbound*를 통해 종교에 대한 저항 의식을 표현했다. *Adonais*를 통해 친구 John Keats를 애도하기도 했다.

① William Wordsworth
② George Gordon Byron
③ Percy Bysshe Shelley
④ Samuel Taylor Coleridge

30 Jane Austen의 작품이 아닌 것은?

① *Emma*
② *Jane Eyre*
③ *Pride and Prejudice*
④ *Sense and Sensibility*

31 Narrative poem을 창작하고, Dramatic monologue 기법을 확립한 빅토리아 시대 대표 시인은?

① Matthew Arnold
② Alfred Tennyson
③ Robert Browning
④ Gerard Manley Hopkins

32 다음 설명에 해당하는 작가는?

> 이 작가는 브라우닝과 함께 현대 시의 선구자로 평가받는 시인이다. 자신만의 독특한 리듬인 도약 리듬(Sprung rhythm, 도약률)을 창시하고 이를 통해 운율과 리듬에 대한 실험을 진행했다. 탈락, 도치, 압축, 생략 등과 같은 문법의 파괴를 통한 리듬과 운율에 대한 실험은 영국 시인들 중에서도 가장 난해하고 파격적인 실험으로 인정받으면서 현대 시의 선구자로 평가받는다.

① Matthew Arnold
② William Butler Yeats
③ Thomas Stearns Eliot
④ Gerard Manley Hopkins

33 빅토리아 시대 후기 유미주의를 대표하는 극작가로서 *The Importance of Being Earnest*를 통해 영국 사회의 속물근성을 풍자한 작가는?

① Oscar Wilde
② George Bernard Shaw
③ Samuel Beckett
④ Harold Pinter

34 다음 설명에 해당하는 작가는?

> 이 작가는 빅토리아 시대를 대표하는 여성 소설가이다. 여성 작가에 대한 사회적인 고정관념과 편견 때문에 필명을 사용했다. 탁월한 심리묘사로 인해 디킨스와 함께 빅토리아를 대표하는 소설가로 인정받고 있다. 이 작가는 영국의 시골을 배경으로 삶에 실패한 비참한 주인공들의 심리묘사에 탁월했으며, 대표작품은 *Middlemarch*이다.

① George Eliot
② Emily Brontë
③ Charlotte Brontë
④ Charles Dickens

35 황무지의 황량한 자연을 배경으로 인간의 애정을 서정적으로 묘사하고 인간 본성에 대한 통찰을 보여주는 작품으로 인정받았던 작품 *Wuthering Heights*의 작가는?

① George Eliot
② Emily Brontë
③ Anne Brontë
④ Charlotte Brontë

36 빅토리아 시대 산문작가와 작품의 관계가 서로 맞지 않는 것은?

① Thomas Carlyle – *Sartor Resartus*
② John Ruskin – *The Stone of Venice*
③ Matthew Arnold – *Culture and Anarchy*
④ Walter Horatio Pater – *The Poetry of Architecture*

37 다음 설명에 해당하는 기법은?

> 모더니즘 소설의 특징적인 기법이다. 객관적으로 재현하는 것이 불가능한 인간의 내면 의식 세계를 그려내기 위해 의식이 외부로부터 자극을 받아들이고 그에 반응하는 인물의 마음의 연속적인 연상작용을 포착하는 것이다. James Joyce는 *Ulysses*에서 이 기법을 사용하여 인물들의 복잡한 내면세계와 의식세계를 표현했다.

① Imagism
② Epiphany
③ Interior Monologue
④ Stream of Consciousness

38 다음 설명에 해당하는 용어는?

> 두 번의 끔찍한 세계대전 후 염세주의와 허무주의에 빠진 인간의 절망적이고 소외된 상황을 표현하는 극이다. 이 극은 전통적인 기독교의 세계관이 무너지고, 상대성 이론의 등장으로 인해 보편타당하고 절대적인 가치가 부재한 인간의 불안, 불확실성, 절망을 표현한다. 이 극 형식의 대표적인 작품은 Samuel Beckett의 *Waiting for Godot*이다.

① Satirical Drama
② The Absurd Drama
③ Comedy of Menace
④ Comedy of Manners

39 Harold Pinter의 대표적인 Comedy of Menace 작품은?

① *Molloy*

② *The Waste Land*

③ *Riders to the Sea*

④ *The Birthday Party*

40 *The Golden Notebook*을 통해 공산주의에 대한 분석, 여성 해방 운동의 가능성을 추구한 소설가는?

① John Maxwell Coetzee

② V. S. Naipaul

③ Joseph Conrad

④ Doris Lessing

01 *Beowulf*에 대한 설명으로 옳지 않은 것은?

① 영웅 서사시 형식으로 쓰였다.
② 영웅의 무용담을 희극적 모습으로 활기차게 노래한다.
③ 고대 영시의 특징적 요소인 Kenning과 Alliteration을 사용하고 있다.
④ 앵글로색슨족의 비기독교적 전통과 기독교적 전통 간의 융화가 잘 이루어져 있다.

02 짝지은 관계가 서로 맞지 않는 것은?

① Caedmon – *Hymn*
② Cynewulf – *Dream of the Rood*
③ Bede – *Historia Ecclesiastica Gentis Anglorum*
④ Sir Robert Bruce Cotton – *Beowulf*

03 괄호 안에 공통으로 들어갈 말로 가장 알맞은 것은?

> (　　)은(는) 고대 영시의 특징적 기법으로서 강세가 있는 자음을 연속적으로 반복하면서 시에 리듬과 음악성을 부여하는 형식이다. 각운이 발달하지 않은 고대 영어에서 (　　)을(를) 통해 시의 리듬과 음악성을 확보한다.

① Kenning
② Alliteration
③ Blank verse
④ Ironic understatement

04 중세 시대 영문학에 대한 설명으로 옳지 않은 것은?

① 로맨스 장르가 유행하였다.
② 기독교의 영향을 받은 종교적인 내용과 주제를 다룬 종교 문학이 발전했다.
③ 궁정풍 연애, 서정시, 교훈극, 신비극, 기적극 등과 같은 다양한 장르가 출현했다.
④ 문학 작품 속의 여성들은 고착화되지 않고, 다양한 계층의 다채로운 인물들로 묘사되었다.

05 다음 설명에 해당하는 용어는?

> 로맨스 장르의 주요 주제이다. 기사들이 무릎을 꿇은 채로 귀족 부인을 진귀한 보물, 아름다운 꽃 등에 비유하고 동시에 자신을 하인, 감옥에 갇힌 죄수, 포로 등으로 비유하면서 사랑을 고백하지만 여성은 차갑게 반응하면서 구애를 거절하는 내용이 주를 이룬다. 이러한 구성은 봉건제도 속에서 신하가 군주에게 충성 서약을 하는 것과 같은 구성을 갖고 있다.

① Escape Literature
② Ballad
③ Courtly Love
④ Chivalry

06 중세 시대 영국의 가장 위대한 시인이자 영국 문학의 아버지로 불리는 작가의 작품은?

① *Everyman*
② *The Canterbury Tales*
③ *The Castle of Perseverance*
④ *The Travels of Sir John Mandeville*

07 다음 설명에 해당하는 용어는?

> 중세 시대 도덕극 *Everyman*에서 사용되었으며, 추상적인 개념을 직접적으로 나타내지 않고 다른 구체적인 사물이나 대상을 이용해 표현하는 문학의 형식이다. *Everyman*에서 선행(Good Deeds), 우정(Fellowship), 지식(Knowledge) 등과 같은 추상적인 개념을 이것을 통해 우화적 인물로 의인화하고 있다.

① Alliteration
② Ballad
③ Allegory
④ Kenning

08 아리스토텔레스의 삼일치 법칙에 해당되지 않는 것은?

① unity of time
② unity of place
③ unity of action
④ unity of characters

09 영국 최초의 희극이자 영어로 창작된 최초의 로마식 운문 희극(Roman Comedy) 작품은?

① *Gorboduc*
② *The Jew of Malta*
③ *Ralph Roister Doister*
④ *Tamburlaine the Great*

10 다음 설명에 해당하는 작가는?

> 영국의 가장 위대한 문호로 인정받은 이 작가는 1509년부터 1612년까지 약 20년간 37편의 드라마와 154편의 소네트를 창작했다. 아리스토텔레스의 삼일치(시간, 공간, 행동의 일치)를 따르지 않으면서 새로운 영국식 극작품들을 창작했다. 이 작가는 우유부단함(hesitation)을 가진 햄릿(Hamlet), 야심(ambition)을 가진 맥베스(Macbeth), 질투심(jealousy)을 가진 오셀로(Othello), 판단력의 부족을 가진 리어왕(King Lear) 등과 같은 비극적 결함을 가진 주인공이 겪는 성격비극을 만들었다.

① Oscar Wilde
② William Shakespeare
③ Christopher Marlowe
④ George Bernard Shaw

11 괄호 안에 들어갈 말로 가장 알맞은 것은?

> (   )은(는) 16세기 르네상스 시대의 대표적인 시 형식이다. 이 형식은 13세기에 이탈리아에서 처음으로 형성되었고, Sidney, Spenser, Shakespeare 등과 같은 엘리자베스 여왕 시대의 영국 시인들이 사용했다. 이 시 형식의 소재는 사랑에 대한 감정이다. 사랑하는 연인의 아름다움, 사랑에 대한 희망과 고백, 사랑에서 기인하는 열정, 냉담한 연인의 태도로 인한 절망 등과 같은 사랑과 관련된 감정을 비유를 통해 노래한다.

① Sonnet
② Blank verse
③ Heroic couplet
④ Narrative poetry

12 셰익스피어(William Shakespeare)의 희극 작품이 아닌 것은?

① *Othello*
② *The Merchant of Venice*
③ *The Taming of the Shrew*
④ *A Midsummer Night's Dream*

13 다음 설명에 해당하는 작품은?

> 이 작품은 셰익스피어의 비극 중에서 길이가 가장 짧은 극이며, 사건의 전개 속도가 빠르다. 다른 비극과는 달리 악인을 주인공으로 설정하고 왕권을 찬탈하는 과정과 지키는 과정에서 살인을 저지르는 주인공의 악한 면을 심층적으로 묘사하고 있다. 야심가인 주인공과 그의 아내가 왕위를 찬탈하는 이야기를 소재로 선과 악의 문제와 죄의식에 대한 깊은 통찰을 제공한다. 주인공은 치솟은 야심(vaulting ambition)이라는 성격의 비극적 결함을 통제하지 못하면서 비극적 결말을 맞이한다.

① *Hamlet*
② *Macbeth*
③ *King Lear*
④ *Richard III*

14 괄호 안에 들어갈 말로 가장 알맞은 것은?

> (　　)은(는) 존 던과 함께 17세기 형이상학파 시인을 대표하는 시인이다. 시행을 특정한 형상을 갖도록 배치하는 시각운(Pattern poems)을 사용했는데, 자신의 작품 「제단」(*The Altar*)에서 시행의 배치를 통해 제단을 형상화했다.

① John Donne
② George Herbert
③ Andrew Marvell
④ Henry Vaughan

15 남녀의 피를 먹은 매개체로 인해 결혼을 하게 되었다고 하는 Conceit이 가장 잘 드러나는 John Donne의 작품은?

① *The Flea*
② *The Ecstasy*
③ *Silex Scintillans*
④ *To His Coy Mistress*

16 12편의 짧은 서사시 *Lais*를 통해 King Arthur 이야기를 다루는 작품들의 선구자 역할을 한 시인은?

① Robert Herrick
② Mary Wroth
③ John Donne
④ Marie de France

17 존 밀턴(John Milton)의 작품이 아닌 것은?

① *Utopia*
② *Paradise Lost*
③ *Samson Agonistes*
④ *Paradise Regained*

18 다음 설명에서 밑줄 친 이것에 해당하는 용어는?

> 중세의 의학자들은 인간의 체액을 피(blood), 황색 담즙(yellow bile), 점액질(phlegm), 흑색 담즙(black bile) 등 네 가지로 구분하고 각각 쾌활한(sanguine), 성마른(choleric), 냉담한(phlegmatic), 우울한(melancholic) 상태를 나타낸다고 주장했다. 벤 존슨(Ben Jonson)은 체액의 배합에 따른 기질을 활용해 인간의 어리석음을 희화화하고 풍자적으로 표현했다. 이러한 그의 극을 이것이라고 명명한다.

① Comedy of Menace
② Comedy of Humours
③ Absurdes Theater
④ Satirical Drama

19 당대의 문학과 대중문화에 엄청난 파급력을 행사했고, 고딕 소설이자 초기 과학 소설로 인정받는 Mary Shelley의 작품은?

① *Oroonoko*
② *Love's Victory*
③ *Frankenstein*
④ *The Countess of Montgomery's Urania*

20 John Dryden이 쓴 *Absalom and Achitophel*의 형식은?

① Blank verse
② Heroic couplet
③ Petrarcan Sonnet
④ Shakespearean Sonnet

21 괄호 안에 들어갈 말로 가장 알맞은 것은?

> 조지 에서리지(Sir George Etherege)는 (   )를 처음으로 창시했다. 에서리지는 이것을 통해 왕정복고기의 사회상과 문제점을 풍자했다. 이 극 형식의 대표작품은 *The Man of Mode*이다.

① Satirical Drama
② Comedy of Menace
③ Comedy of Manners
④ Comedy of Humours

22 Alexander Pope의 대표적인 Mock-heroic 작품은?

① *Hudibras*
② *Mac Flecknoe*
③ *Songs of Experience*
④ *The Rape of the Lock*

23 근대 소설의 효시로 평가받는 *Robinson Crusoe*의 작가는?

① Daniel Defoe
② Jonathan Swift
③ Henry Fielding
④ Samuel Richardson

24 Picaresque novel을 통해 영국 사회상을 풍자했던 Henry Fielding의 작품이 아닌 것은?

① *Amelia*
② *Pamela*
③ *Tom Jones*
④ *The Adventures of Joseph Andrews*

25 다음 설명에 해당하는 작가는?

> 이 작가는 신고전주의 시대에서 낭만주의 시대로 넘어가는 과도기의 전-낭만주의 시인이다. 이 작가는 스코틀랜드 지역 민중들이 사용하는 소박하고 일상적인 언어를 사용하면서 민중들의 일상과 자연의 아름다움을 표현했다. 대표작품은 *A Red, Red Rose*이고, 대표적인 시집은 *Poems, Chiefly in the Scottish Dialect*가 있다.

① Robert Burns
② William Blake
③ Thomas Gray
④ Oliver Goldsmith

26 *Rosencrantz and Guildenstern Are Dead*와 *Shakespeare In Love*를 통해 대중적인 인기를 얻은, 영국 부조리극의 전통성을 계승한 작가는?

① Harold Pinter
② Tom Stoppard
③ George Bernard Shaw
④ Samuel Beckett

27 다음 설명에 해당하는 작가는?

> 이 작가는 낭만주의 시론을 정립한 시인이다. 이 작가는 훌륭한 시는 자연스러운 흘러넘침(the spontaneous overflow of powerful feelings)이라고 설명하면서 시인의 주관적 내면을 강조했다. 이 작가는 자연 속에 신의 존재가 담겨 있다는 범신론(Pantheism)적인 자연에 대한 철학을 갖고 있다. 대표작품은 *The Prelude, Tintern Abbey* 등이 있다.

① Charles Lamb
② William Wordsworth
③ Thomas De Quincey
④ Samuel Taylor Coleridge

28 George Gordon Byron의 Byronic hero가 반영된 작품은?

① *Don Juan*
② *Ode to the West Wind*
③ *Childe Harold's Pilgrimage*
④ *English Bards and Scotch Reviewers*

29 John Keats의 작품이 아닌 것은?

① *Adonais*
② *To Autumn*
③ *Ode to a Nightingale*
④ *Ode on a Grecian Urn*

30 *To the Lighthouse*를 통해 과거, 현재, 미래가 서로 공존하면서 영향을 미치는 인간의 내면세계를 섬세하게 표현한 작가는?

① Virginia Woolf
② James Joyce
③ David Herbert Lawrence
④ Joseph Conrad

31 다음 설명에 해당하는 작가는?

> 이 작가는 워즈워스에 이어 계관시인(laureate poet)으로 임명되었고, 1884년에는 작위를 받아 경(Lord)의 칭호까지 얻은 빅토리아 시대 최고의 시인으로 평가된다. 탁월한 언어 감각을 가진 시인으로 평가되며, *Ulysses*에서 낭만주의 시적 전통을 계승하면서 중세의 기사도, 전설, 그리스 로마 시대의 고전적 소재를 사용하고 있다. 당시 빅토리아 여왕 시대의 영국의 기상, 낙관적 미래, 과학과 문명의 발전 등을 노래했다.

① Matthew Arnold
② Alfred Tennyson
③ Robert Browning
④ Gerard Manley Hopkins

32 빅토리아 시대 영국 사회의 물질만능주의가 야기한 황폐함을 묘사한 명상시 *Dover Beach*를 창작한 작가는?

① John Keats
② Matthew Arnold
③ Thomas Stearns Eliot
④ William Butler Yeats

33 Charles Dickens의 소설이 아닌 것은?

① *Oliver Twist*
② *Middlemarch*
③ *David Copperfield*
④ *Great Expectations*

34 사실주의 기법과 고딕소설의 기법을 활용하여 영국의 사회상을 묘사한 *Jane Eyre*의 작가는?

① George Eliot
② Emily Brontë
③ Anne Brontë
④ Charlotte Brontë

35 Thomas Hardy가 창작한, 비극적인 운명에 빠질 수밖에 없는 결정론적 태도를 보여주는 자연주의 소설 작품은?

① *Villette*
② *Vanity Fair*
③ *The Prisoner*
④ *Tess of the d'Urbervilles*

36 모더니즘 소설과 관련이 <u>없는</u> 것은?

① Imagism
② Epiphany
③ Aestheticism
④ Stream of Consciousness

37 다음 설명에 해당하는 작품은?

> 사무엘 베케트(Samuel Beckett)의 대표적인 부조리극 작품이다. 2막으로 구성된 이 작품 중 시시포스(Sisyphus) 신화에서 시시포스가 신들을 기만한 죄로 커다란 바위를 산꼭대기로 밀어 올리는 행위를 무한 반복하듯이, 극중 인물 블라디미르(Vladimir)와 에스트라공(Estragon)은 50년 동안이나 오지 않는 존재를 계속해서 기다리고 있다. 오지 않는 존재를 기다리는 행위는 기독교적 전통의 붕괴로 인해 신이 부재한 것으로 보이는 당시 사회의 공허함을 대변한다.

① *Molloy*
② *Waiting for Godot*
③ *Malone meurt*
④ *L'Innommable*

38 William Butler Yeats의 작품이 아닌 것은?

① *The Second Coming*
② *Sailing to Byzantium*
③ *The Lake Isle of Innisfree*
④ *The Love Song of J. Alfred Prufrock*

39 *Heart of Darkness*를 창작한 선원 출신의 20세기 대표 해양 작가는?

① James Joyce
② Virginia Woolf
③ Joseph Conrad
④ David Herbert Lawrence

40 James Joyce의 작품이 아닌 것은?

① *Ulysses*
② *Dubliners*
③ *Sons and Lovers*
④ *A Portrait of the Artist as a Young Man*

제1회 정답 및 해설 | 영국문학개관

01	02	03	04	05	06	07	08	09	10
④	①	①	③	②	④	②	③	①	③
11	12	13	14	15	16	17	18	19	20
①	④	②	①	②	②	①	①	③	④
21	22	23	24	25	26	27	28	29	30
④	②	②	③	④	②	②	③	③	②
31	32	33	34	35	36	37	38	39	40
③	④	①	①	②	④	④	②	④	④

01 정답 ④
명사를 다른 말 즉 동의어, 복합어 또는 어군으로 풀어서 표현하는 기법은 Kenning(완곡 대칭법)이다.

02 정답 ①
『베오울프』(*Beowulf*)에 대한 설명이다. 『베오울프』는 고대 영어로 쓰인 현존하는 가장 오래된 영문학 작품인 『베오울프』는 영웅 서사시로서 3,182행으로 이루어져 있다.

03 정답 ①
Kenning(완곡 대칭법)에 대한 설명이다. Kenning은 완곡 대칭법, 우언법, 대칭, 곁말 등으로 번역이 되는 고대 영시의 특징적 기법으로서 명사를 다른 말 즉 동의어, 복합어 또는 어군으로 풀어서 표현하는 기법이다.

04 정답 ③
노르만 정복이 영국 사회에 가져온 가장 큰 변화 중 하나는 봉건제도의 도입과 정착이다. 윌리엄 왕은 봉건제도를 통해 권력의 가장 정점에 위치하게 되었고, 토지를 소유한 노르만족들은 제후 계급이 되었고, 토착민이었던 앵글로색슨족은 자작농인 농부(villein)와 농노(serf)로 전락했다.

05 정답 ②
영국의 로맨스(Romance) 장르에 대한 설명이다.

06 정답 ④
제프리 초서(Geoffrey Chaucer)의 대표적인 작품은 『캔터베리 이야기』(*The Canterbury Tales*)이다. 『가웨인 경과 녹색의 기사』(*Sir Gawain and the Green Knight*, 1375)는 작자 미상 혹은 시인 가웨인(Gawain)이 14세기 후반에 창작한 것으로 알려진다.

07 정답 ②
도덕극(Morality Play)에 대한 설명이다.

08 정답 ③
르네상스 시대 대학 출신의 전업 작가인 대학 재사파(University Wits)가 등장했다. 셰익스피어(William Shakespeare)는 대학 출신의 대학 재사파가 아니다.

09 정답 ①
『고보덕』(*Gorboduc*)은 영국 최초의 비극이다. 『고보덕』은 *Gorboduc* 혹은 *Ferrex and Porres*로 알려져 있다. 이 작품은 엘리자베스 여왕 시대에 역사극이 활발하게 창작되는 데 많은 영향을 주었고, 영국 드라마 최초의 무운행으로 쓰인 드라마 작품이다.

10 정답 ③
크리스토퍼 말로(Christopher Marlowe)에 대한 설명이다. 말로는 캠브리지(Cambridge) 대학을 졸업한 대학 재사파(University Wits)의 대표적인 극작가로 명성을 얻었다.

11 정답 ①
셰익스피어의 비극 『햄릿』(*Hamlet*)에 대한 설명이다.

12 정답 ④
『탬벌레인 대왕』(*Tamburlaine the Great*, 1587)은 크리스토퍼 말로(Christopher Marlowe)의 작품이다.

13 정답 ②
운율을 중요시한 16세기 소네트와 달리, 형이상학파 시인들은 불규칙적인 운율을 사용했다. 의도적으로 불규칙적인 리듬을 통해 특정 부분의 시적 화자의 목소리를 강조하는 기법을 사용했다.

14 정답 ①
존 던(John Donne)은 대표적인 형이상학파 시인으로서 「벼룩」(*The Flea*)은 그의 지적인 위트(wit)와 기상(conceit)이 가장 잘 드러나는 작품 중 하나이다.

15 정답 ②
조지 허버트(George Herbert)는 시행을 특정한 형상을 갖도록 배치하는 시각운을 사용한다. 「부활절 날개」(*Easter Wings*)에서 시행의 배치를 통해 부활절의 날개를 형상화했고, 「제단」(*The Altar*)에서 시행의 배치를 통해 제단을 형상화했다.

16 정답 ②
존 밀턴(John Milton)은 청교도 시인으로서 왕당파와 형이상학파에 속하지 않는 시인이다.

17 정답 ①
존 밀턴(John Milton)의 『실낙원』(*Paradise Lost*)은 10,000행으로 구성된 무운시(Blank verse)이다. 버질(Virgil)과 호머(Homer)의 고전적 서사시의 관례를 따랐지만 당시에는 생소하던 무운시(Blank verse)를 사용하면서 차별성을 확보했다.

18 정답 ①
『십인십색』(*Every Man In His Humour*, 1598)은 벤 존슨이 극작가로서 명성을 얻을 수 있었던 기질 희극 작품이다.

19 정답 ③
메리 로스(Lady Mary Wroth)에 대한 설명이다.

20 정답 ④
의사 영웅시(Mock-heroic, Mock-epic, 풍자 영웅시)에 대한 설명이다.

21 정답 ④
알렉산더 포프(Alexander Pope)에 대한 설명이다.

22 정답 ②
조나단 스위프트(Jonathan Swift)는 『걸리버 여행기』(Gulliver's Travels, 1726)를 통해 인간, 국가, 법 등에 대한 깊은 통찰과 풍자를 보여주었다. 스위프트 자신의 인간에 대한 혐오와 당시 영국 사회의 부패와 부조리성에 대한 풍자로 가득한 작품이다.

23 정답 ②
『파멜라』(Pamela, 1740)는 사무엘 리처드슨(Samuel Richardson)의 대표적인 서간체 소설(Epistolary Novel)이다.

24 정답 ③
묘지파 시인 토마스 그레이(Thomas Gray)에 대한 설명이다.

25 정답 ④
사무엘 존슨(Samuel Johnson)에 대한 설명이다. 사무엘 존슨은 영문학사에서 가장 중요한 문학 비평가이다.

26 정답 ②
적정률(decorum)에 대한 설명이다.

27 정답 ②
윌리엄 워즈워스(William Wordsworth)와 사무엘 테일러 콜리지(Samuel Taylor Coleridge)의 공동 시집 『서정 민요 시집』(Lyrical Ballads, 1798)에 대한 설명이다.

28 정답 ③
「틴턴 사원」(Tintern Abbey, 1800)은 윌리엄 워즈워스(William Wordsworth)의 대표작품이다.

29 정답 ③
퍼시 비쉬 셸리(Percy Bysshe Shelley)에 대한 설명이다.

30 정답 ②
『제인 에어』(Jane Eyre, 1847)는 샬롯 브론테(Charlotte Brontë)의 대표작품이다.

31 정답 ③
로버트 브라우닝(Robert Browning)은 시적 화자의 진술을 통해 이야기를 묘사하고 전달하는 설화시(narrative poem)를 창작했다. 그리고 동시대의 시인들은 시인 자신이 직접 시적 화자가 되어 감정을 묘사했지만, 브라우닝은 제3의 화자를 등장시켜 감정과 이야기를 전달하는 극적 독백(dramatic monologue)이라는 기법을 확립했다.

32 정답 ④
제라드 맨리 홉킨스(Gerard Manley Hopkins)는 도약 리듬(Sprung rhythm, 도약률)을 창시하고 이를 통해 운율과 리듬에 대한 실험을 진행했다.

33 정답 ①
오스카 와일드(Oscar Wilde)는 빅토리아 시대 후기 유미주의를 대표하는 작가이다. 경구(驚句)로 가득한 희극 작품들을 창작했다. 『진지함의 중요성』(The Importance of Being Earnest, 1895)을 통해 빅토리아 시대의 중요한 가치였던 진지함에 대해 풍자했다.

34 정답 ①
조지 엘리엇(George Eliot)에 대한 설명이다.

35 정답 ②
에밀리 브론테(Emily Brontë)는 『폭풍의 언덕』(Wuthering Heights)을 통해 인간의 애정을 서정적으로 묘사했고 인간 본성에 대한 통찰을 보여주었다.

36 정답 ④
『건축의 시학』(The Poetry of Architecture, 1837-1838)은 존 러스킨(John Ruskin)의 대표작품이다.

37 정답 ④
모더니즘 소설의 특징적인 기법인 의식의 흐름(Stream of Consciousness)에 대한 설명이다.

38 정답 ②
부조리극(The Absurd Drama)에 대한 설명이다.

39 정답 ④
『생일 파티』(The Birthday Party, 1958)는 해롤드 핀터의 대표적인 위협 희극(comedy of menace) 작품이다.

40 정답 ④
도리스 레싱(Doris Lessing)은 자전적 요소가 담긴 『황금 노트북』(The Golden Notebook, 1962)을 통해 정신적 붕괴와 사회적 붕괴를 탐구하면서 공산주의에 대한 분석, 여성 해방 운동의 가능성을 추구하고 있다.

제2회 정답 및 해설 | 영국문학개관

01	02	03	04	05	06	07	08	09	10
②	④	②	④	③	②	③	④	③	②
11	12	13	14	15	16	17	18	19	20
①	①	②	②	①	④	①	②	③	②
21	22	23	24	25	26	27	28	29	30
③	④	①	②	①	②	②	③	①	①
31	32	33	34	35	36	37	38	39	40
②	②	②	④	④	③	②	④	③	③

01 정답 ②
『베오울프』(*Beowulf*)는 비장하고 장엄하면서도 운명 앞에 무력한 모습으로 인해 음울하고 어두운 비극적 분위기를 연출한다.

02 정답 ④
『베오울프』(*Beowulf*)는 구전되는 이야기를 성직자들이 문자로 기록한 것이고 작자는 알려지지 않았다.

03 정답 ②
Alliteration(두운)에 대한 설명이다.

04 정답 ④
여성에 대한 사회적인 인식의 전환과 사고방식의 변화를 엿볼 수 있는 여성 인물의 등장은 매우 고무적이었지만 문학 작품 속의 여성들은 다소 정형화(stereotype)되고, 고착화된 인물로 묘사되었다. 여성을 포함한 다양한 계층의 인물들이 등장하고 묘사되었다.

05 정답 ③
궁정풍 연애(Courtly Love)에 대한 설명이다.

06 정답 ②
중세 시대 영국의 가장 위대한 시인이자 영국 시의 창시자이며 영국 문학의 아버지로 불리는 작가는 제프리 초서(Geoffrey Chaucer)이다. 그의 대표작품은 『캔터베리 이야기』(*The Canterbury Tales*)이다.

07 정답 ③
Allegory(우화, 풍유)에 대한 설명이다.

08 정답 ④
아리스토텔레스의 삼일치 법칙은 시간의 일치(unity of time), 장소의 일치(unity of place), 행동의 일치(unity of action)를 가리킨다.

09 정답 ③
니콜라스 우달(Nicholas Udall, 1505-1556)이 창작한 『랄프 로이스터 도이스터』(*Ralph Roister Doister*, 1553)는 영어로 창작된 최초의 로마식 운문 희극(Roman Comedy) 작품으로 간주된다.

10 정답 ②
윌리엄 셰익스피어(William Shakespeare)에 대한 설명이다.

11 정답 ①
소네트(Sonnet)에 대한 설명이다.

12 정답 ①
『오셀로』(Othello)는 셰익스피어의 4대 비극 작품 중 하나이다. 셰익스피어의 5대 희극 작품은 『베니스의 상인』(The Merchant of Venice), 『말괄량이 길들이기』(The Taming of the Shrew), 『한여름 밤의 꿈』(A Midsummer Night's Dream), 『뜻대로 하세요』(As You Like It), 『십이야』(Twelfth Night)이다.

13 정답 ②
셰익스피어의 『맥베스』(Macbeth)에 대한 설명이다.

14 정답 ②
조지 허버트(George Herbert)에 대한 설명이다.

15 정답 ①
존 던(John Donne)의 「벼룩」(The Flea)은 지적인 위트(wit)와 기상(conceit)이 가장 잘 드러나는 작품 중 하나이다. 시적 화자는 시인의 피를 먼저 먹고, 이후 여인의 피를 먹은 벼룩 속에 두 사람의 피가 섞여 있기 때문에 두 사람은 결혼을 했다는 기상을 중심으로 시적 주제를 전달하고 있다.

16 정답 ④
마리 드 프랑스(Marie de France)는 『단가』(Lais)를 통해 아서왕 이야기를 다루는 작품들의 선구자 역할을 했고, 이 이야기는 이후 각색되어 많은 작품으로 재탄생되었다.

17 정답 ①
『유토피아』(Utopia)는 영국의 대표적인 인문주의의 선구자인 토마스 모어(Thomas More)의 작품이다.

18 정답 ②
벤 존슨이 창시한 기질 희극(Comedy of Humours)에 대한 설명이다.

19 정답 ③
메리 셸리(Mary Wollstonecraft Shelley)는 고딕 소설이자 초기 과학 소설로 인정받는 『프랑켄슈타인』(Frankenstein ; or, The Modern Prometheus, 1818)으로 대중에게 알려졌다.

20 정답 ②
존 드라이든(John Dryden)은 풍자시의 한 시형인 영웅시체 이행연구(heroic couplet)를 정립하였다. 「압살롬과 아키토펠」(Absalom and Achitophel, 1681)에서도 풍자를 활용하여 영웅시체 이행연구(heroic couplet)를 사용하고 있다.

21 정답 ③
조지 에서리지(Sir George Etherege)가 처음으로 개발한 풍습 희극(comedy of manners) 형식에 대한 설명이다.

22 정답 ④
「머리타래의 강탈」(The Rape of the Lock, 1712)은 포프의 대표적인 의사 영웅시(Mock-heroic)이다.

23 정답 ①
다니엘 디포(Daniel Defoe)는 근대 소설의 효시로 평가받는 작품 『로빈슨 크루소』(Robinson Crusoe, 1719)를 창작했다.

24 정답 ②
『파멜라』(Pamela, 1740)는 사무엘 리처드슨(Samuel Richardson)의 대표적인 서간체 소설(Epistolary Novel)이다.

25 정답 ①
로버트 번스(Robert Burns)에 대한 설명이다.

26 정답 ②
톰 스토파드(Tom Stoppard)에 대한 설명이다.

27 정답 ②
윌리엄 워즈워스(William Wordsworth)에 대한 설명이다.

28 정답 ③
조지 고든 바이런(George Gordon Byron)의 「차일드 해롤드의 순례」(Childe Harold's Pilgrimage, 1812)는 바이런적 영웅(Byronic hero) 개념이 만들어진 총 4편의 장시이다.

29 정답 ①
「아도네이스」(Adonais, 1821)는 퍼시 비쉬 셸리(Percy Bysshe Shelley)가 그리스 로마 신화를 변형해 자신의 친구 존 키츠의 죽음에 대한 애도를 하는 애가이다.

30 정답 ①
버지니아 울프(Virginia Woolf)에 대한 설명이다.

31 정답 ②
알프레드 테니슨(Alfred Tennyson)에 대한 설명이다.

32 정답 ②
매슈 아놀드(Matthew Arnold)는 「도버 해협」(Dover Beach, 1867)에서 우울, 단절, 회의, 불확실성이 지배하고 있는 영국 사회에 대해 묘사했다.

33 정답 ②
『미들마치』(Middlemarch, 1871-1872)는 조지 엘리엇(George Eliot)의 대표작품이다.

34 정답 ④
샬롯 브론테(Charlotte Brontë)는 『제인 에어』(Jane Eyre, 1847)를 통해 영국의 사회상을 사실주의적으로 묘사하면서 동시에 기괴한 고딕소설의 기법과 격정적인 인물들의 낭만주의적 요소들을 함께 사용했다.

35 정답 ④
토마스 하디(Thomas Hardy)는 『테스』(Tess of the d'Urbervilles, 1891)에서 환경에 의해 영향을 받을 수밖에 없고 비극적인 운명으로 빠질 수밖에 없는 결정론적 태도를 보여준다.

36 정답 ③

유미주의(Aestheticism)는 미적 가치의 창조를 예술의 유일한 목적으로 삼는 문예, 예술 사조이다. 영국에서는 빅토리아 시대 후기에 본격적으로 영향을 미친다. 모더니즘 소설은 20세기 전반기에 해당된다.

37 정답 ②

사무엘 베케트(Samuel Beckett)의 대표적인 부조리극 작품은 『고도를 기다리며』(*Waiting for Godot*, 1952)이다.

38 정답 ④

「알프레드 프루프록의 연가」(*The Love Song of J. Alfred Prufrock*, 1915)는 토마스 스턴스 엘리엇(Thomas Stearns Eliot)의 대표작품이다.

39 정답 ③

조지프 콘래드(Joseph Conrad)에 대한 설명이다.

40 정답 ③

『아들과 연인』(*Sons and Lovers*, 1913)은 데이비드 허버트 로렌스(David Herbert Lawrence)의 대표 작품이다.

얼마나 많은 사람들이 책 한 권을 읽음으로써 인생에 새로운 전기를 맞이했던가.

− 헨리 데이비드 소로 −

부록

4단계 대비 주관식 문제

합격의 공식 시대에듀 www.sdedu.co.kr

출/제/유/형/완/벽/파/악/

행운이란 100%의 노력 뒤에 남는 것이다.

― 랭스턴 콜먼 ―

보다 깊이 있는 학습을 원하는 수험생들을 위한
시대에듀의 동영상 강의가 준비되어 있습니다.
www.sdedu.co.kr ➜ 회원가입(로그인) ➜ 강의 살펴보기

부록 | 4단계 대비 주관식 문제

제1편　고대 영문학 : 앵글로색슨 시대

01 다음 설명에서 괄호 안에 들어갈 알맞은 말을 순서대로 쓰시오.

> 고대 영시는 대부분 영웅 서사시이며, 장엄하고 진지한 분위기를 통해 영웅의 서사가 전개되기 때문에 우울하고 어두운 색채를 갖고 있다. 현존하는 가장 오래된 영문학 작품인 대표적인 고대 영웅 서사시는 (㉠)이다. 기독교의 전파 이후 기독교의 신의 이미지가 앵글로색슨족의 신화적 영웅의 이미지와 결합되면서 앵글로색슨족의 영웅 서사시와 기독교적 종교시가 융화된 시의 형태가 출현했다. (㉡)의 『찬미가』(Hymn)와 퀴너울프의 『십자가의 꿈』(Dream of the Rood), 『방랑자』(The Wanderer), 『바다 항해자』(The Seafarer)가 대표적으로 영웅시와 종교시가 결합된 고대 영문학 작품이다.

01 **정답**
㉠ 『베오울프』(Beowulf)
㉡ 캐드먼(Caedmon)

02 정답
  ㉠ 영웅 서사시(Heroic Epic)
  ㉡ 애가(Elegy)

02 고대 영시의 장르에 대한 다음 설명에서 괄호 안에 들어갈 알맞은 말을 순서대로 쓰시오.

> 고대 영시는 크게 이교도 시(The Pagan Poetry)와 기독교 시(The Christian Poetry)로 나뉜다. 이교도 시의 장르는 장중하고 비장한 어조로 영웅들의 무용담과 군신사회의 미덕을 주제로 삼는 (㉠)와 삶의 유한성, 자연이 주는 고통, 인생의 고단함 등을 주제로 삼는 (㉡)로 나눌 수 있다.

03 정답
  ㉠ Kenning(완곡 대칭법)
  ㉡ Alliteration(두운)

03 고대 영시의 특징적 기법에 대한 다음 설명에서 괄호 안에 들어갈 알맞은 말을 순서대로 쓰시오.

> - (㉠)은 선원(sailor)을 바다 여행자(sea-traveller) 혹은 바다 사람(seaman)과 같은 동의어 혹은 어군으로 풀어서 표현하는 기법이다. 이 기법은 일반적으로 사용되는 명사 대신에 여러 단어로 이루어진 복합어를 사용하면서 명사가 가리키는 대상을 우회적으로 표현하는 은유법이다.
> - (㉡)은 강세가 있는 자음을 연속적으로 반복하면서 시에 리듬과 음악성을 부여하는 형식으로서 강약을 리듬의 기초로 삼고 있다. 각운이 발달하지 않은 고대 영어에서 이 기법을 통해 시에 리듬과 음악성을 확보하였다.

04 고대 애가(Elegy)의 대표작품 두 가지를 쓰시오.

04 **정답**
대표적인 고대 애가는 『바다 항해자』(*The Seafarer*)와 『방랑자』(*The Wanderer*)이다.

05 다음 설명에서 괄호 안에 들어갈 알맞은 말을 순서대로 쓰시오.

> 871년 앵글로색슨족인 (㉠)이 바이킹족을 몰아내고 다시 영국의 통치권을 차지하고, 정치적인 안정기를 이룩하게 된다. 그는 학교를 설립함으로써 교육을 확대하고, 당시 유럽의 학자들을 초청함으로써 유럽의 선진 학문을 영국에 보급했다. 신실한 기독교 신자였던 그는 비드(Bede)가 라틴어로 쓴 (㉡)를 영어로 번역하게 했고, 『앵글로색슨 연대기』(*Anglo-Saxon Chronicle*)를 영어로 편찬하도록 지시하는 등 고대 영어의 발전에 큰 기여를 했다.

05 **정답**
㉠ 알프레드 대왕(Alfred the Great)
㉡ 『영국 교회사』(*Historia Ecclesiastica Gentis Anglorum*)

제2편　중세 시대

01 다음 설명에서 괄호 안에 들어갈 알맞은 말을 순서대로 쓰시오.

> 용맹한 해양 민족으로 알려진 노르만의 통치자 (㉠)이 영국을 정복하고 통치하기 시작한 시기는 영국의 중세 영문학 시기의 시작점이다. 노르만은 (㉡)를 통해 왕을 중심으로 하는 중앙 집권적 통치체계를 갖추었다. 이 제도는 신하가 왕에게 받은 봉토(feud)에서 유래되었고, 사회를 통치하는 중세의 대표적인 정치제도이다. 이 제도의 정착 이후 영국 사회는 왕, 제후(영주), (㉢), 자작농(농부), 농노(노예)로 이어지는 계층 구분이 명확한 신분 사회가 되었다.

01 정답
㉠ 윌리엄(William)
㉡ 봉건제도(Feudalism)
㉢ 기사

02 중세 영문학의 특징적 장르인 로맨스 장르에 대해 설명하고, 대표적인 작품 두 개를 제시하시오.

02 정답
로맨스(Romance) 장르는 기사들의 모험과 연애 이야기를 주된 내용으로 다루었으며, 구비 문학의 전통 속에서 낭독을 쉽게 할 수 있도록 Alliteration(두운법)을 활용하여 창작되었다. 영국의 로맨스 작품의 내용은 기사의 헌신적인 사랑과 모험, 이상적인 여인과의 궁정풍 연애 이야기(Courtly Love)가 주를 이루었고, 기독교의 영향력이 강화되면서 성자들의 이야기와 훈화들과 같은 종교적 우화가 포함되기도 했다. 대표적인 작품으로는 아서왕(King Arthur)의 전설을 작자 미상 혹은 가웨인(Gawain)이 창작한 것으로 알려진 『가웨인 경과 녹색의 기사』(*Sir Gawain the Green Knight*)와 토마스 말로리(Thomas Malory)의 『아서왕의 죽음』(*Le Morte D'Arthur*)이 있다.

03 다음 설명에서 괄호 안에 들어갈 알맞은 말을 순서대로 쓰시오.

> 14세기 후반부터 (㉠)을 활용한 다수의 서사시가 창작되었다. 이 시기의 영시는 고대 영시의 특징적인 이 기법을 다시 적극적으로 활용하였다. 중세 영시의 대표적인 시인으로는 『캔터베리 이야기』(The Canterbury Tales)를 창작한 (㉡)가 있고, 우화적 인물을 통해 중세의 교회와 성직자의 부패를 풍자하면서 1391년 농민 반란을 촉발했다는 평가를 받는 『농부 피어스의 꿈』(The Vision of Piers Plowman)을 창작한 (㉢)가 있다. 또한 『사랑하는 남자의 고백』(Confessio Amantis)을 창작한 존 가워(John Gower) 등 많은 시인들이 있다.

03 정답
㉠ Alliteration(두운법)
㉡ 제프리 초서(Geoffrey Chaucer)
㉢ 윌리엄 랭런드(William Langland)

04 중세 드라마의 특징적 형식인 도덕극에 대해 설명하고, 대표적인 작품을 두 개 이상 제시하시오.

04 정답
중세 극 형식 중 가장 중요한 도덕극은 Allegory(우화, 풍유)를 통해 인간들의 죄와 구원, 종교적 교훈과 진리를 표현하고, 선인(Virtue)과 악인(Vice)으로 불리는 인류를 대표하는 인물들이 등장한다. 도덕극은 관객들에게 교훈을 주기 위한 목적이 우선하기 때문에 교훈적인 내용과 설교에 가까운 내용을 담고 있다. 대표작품으로는 『만인』(Everyman), 『인내의 성』(The Castle of Perseverance) 등이 있다.

05 정답
ㄱ 제프리 초서(Geoffrey Chaucer)
ㄴ 『캔터베리 이야기』(The Canterbury Tales)

05 다음 설명에서 괄호 안에 들어갈 알맞은 말을 순서대로 쓰시오.

(ㄱ)는 중세 시대 영국의 가장 위대한 시인이자 영국 시의 창시자이며 영국 문학의 아버지로 불린다. 그는 이탈리아의 르네상스 문학의 물결을 경험했고, 동시에 단테(Dante), 페트라르카(Petrarca), 보카치오(Boccaccio)와 같은 이탈리아의 작가와 작품들로부터 큰 영감을 얻었다. 특히 그는 자신의 대표작 (ㄴ)를 통해 영국의 전 사회계층의 인물 유형을 통해 영국의 다양한 계층들의 가치관, 일상생활 등을 묘사했다. 귀족 인물과 언어에 초점을 둔 유럽의 작품과는 대조적으로 그는 여성 인물을 포함한 귀족부터 서민까지 아우르는 전 계층의 인물과 언어를 통해 당대의 시대상을 사실적으로 담아냈다.

제3편 16세기 르네상스 시대

01 다음 설명에서 괄호 안에 들어갈 알맞은 말을 순서대로 쓰시오.

> (㉠)는 14세기 후반부터 16세기까지 지속된 중세 이후 유럽의 문예부흥 운동이며, 재생(rebirth)을 의미하는 프랑스어 르네트르(renaître)에서 유래했다. 이 운동은 신 중심의 중세 사회에서 그리스 로마 고전 중심의 인간 중심으로의 이행을 의미하며, 영국에서는 스페인 무적함대를 격파한 (㉡) 시대에 절정을 이루었다. 이 시대에 영국에서는 농업을 기반으로 하는 전통적인 귀족 계급은 몰락했지만 상업과 무역업을 통해 부를 축적하고 중앙 정부로 진출한 신흥 중산 계급인 (㉢)가 생겨났다. 이 계급의 등장으로 영국 사회에 잔존하던 봉건주의적 계급주의가 근간부터 흔들리게 되었다.

01 정답
㉠ 르네상스(Renaissance)
㉡ 엘리자베스 여왕(Elizabeth I)
㉢ 젠트리(gentry)

02 정답
㉠ 향상심(aspiring mind)
㉡ Overreacher

02 다음 설명에서 괄호 안에 들어갈 알맞은 말을 순서대로 쓰시오.

> 르네상스 문학에서는 보편인(universal man)이 이상적인 인간상으로 등장한다. (㉠)은 역경이나 장애물을 극복하고 어떤 것을 성취하고자 하는 욕망을 가리키며, 르네상스 문학 작품에서는 이것을 가진 보편인을 (㉡)로 명명한다. 르네상스 시대의 보편인의 전형인 이것은 인간의 능력이나 인간의 한계점 그 이상의 어떤 목표를 성취하기 위한 욕망을 갖고 노력하는 인간이다. 엘리자베스 여왕이 중상주의를 선택하면서 자신들의 능력과 노력을 통해 부를 축적한 젠트리 계급의 전형이기도 하다.

03 정답
대학 재사파(University Wits) 혹은 대학 재주꾼이라고 불리는 대학 출신의 전업 작가들은 르네상스 시대의 철학과 문학에 조예가 깊었고, 그리스 로마의 고전에 정통했다. 이들은 경구와 라틴어의 인용을 통해 박식함을 자랑했고, 역사극을 다룸으로써 아마추어 극작가들과 차별성을 가졌다. 대학 재사파들은 아리스토텔레스의 고대 드라마의 전통과 법칙에 저항하면서 자신들만의 자유롭고 새로운 극 형식을 추구했다. 대표적인 대학 재사파 작가는 크리스토퍼 말로(Christopher Marlowe), 존 릴리(John Lyly), 로버트 그린(Robert Greene), 토마스 내쉬(Thomas Nashe), 조지 필(George Peele), 토마스 키드(Thomas Kyd) 등이 있다.

03 대학 재사파(University Wits)의 특징에 대해 설명하고, 대표적인 작가를 세 명 이상 제시하시오.

04 아리스토텔레스의 삼일치 법칙에 대해 설명하시오.

04 **정답**
① 시간의 일치(unity of time) : 극의 진행은 하루(24시간) 안에 일어나야 한다.
② 장소의 일치(unity of place) : 극은 한 장소에 국한된다.
③ 행동의 일치(unity of action) : 극의 진행과 인물의 행동은 정연하게 필연적인 진로를 따라 일치해야 한다. 극의 행동(줄거리)은 일관된 것이어야 한다.

05 크리스토퍼 말로(Christopher Marlowe) 극의 특징에 대해 설명하고, 대표작품을 세 개 이상 제시하시오.

05 **정답**
대표적인 대학 재사파(University Wits)인 크리스토퍼 말로(Christopher Marlowe)는 야망을 추구하고 인간의 한계를 넘어서기 위해 노력하는 인물들을 극화하면서 르네상스 시대의 정신을 작품 속에 잘 담아냈고, 동시에 주인공의 비극적 결말을 통해 인간의 한계와 비극성을 잘 표현했다. 중세 시대의 비극은 신의 명령에 불복종하는 데서 기인했지만 말로의 비극은 주인공의 성격에서 기인한다. 자신의 운명을 넘어서려는 자유의지와 한계를 초월하려는 인간의 강렬한 욕망과 성격으로 인해 말로의 인물들은 비극적 결말을 맞게 된다.
대표작품은 『탬벌레인 대왕』(Tamburlaine the Great, 1587), 『파우스터스 박사』(Doctor Faustus, 1588), 『몰타의 유대인』(The Jew of Malta, 1590) 등이 있다.

06 윌리엄 셰익스피어(William Shakespeare)의 5대 희극 작품을 제시하시오.

06 **정답**
① 『베니스의 상인』(The Merchant of Venice)
② 『말괄량이 길들이기』(The Taming of the Shrew)
③ 『한여름 밤의 꿈』(A Midsummer Night's Dream)
④ 『뜻대로 하세요』(As You Like It)
⑤ 『십이야』(Twelfth Night)

07 다음 설명에서 괄호 안에 들어갈 알맞은 말을 순서대로 쓰시오.

> 세네카 비극으로 대표되는 중세의 비극은 인간의 힘으로 극복할 수 없는 운명의 힘에서 기인하는 비극이다. 하지만 셰익스피어의 비극은 주인공의 (㉠)에서 기인한다. 성격적 결함이 때로는 주인공을 상승시키고 때로는 영혼에 깊은 갈등을 제공하면서 비극적인 결말을 맞이하는 동인이 된다. 셰익스피어는 우유부단함(hesitation)을 가진 햄릿(Hamlet), 야심(ambition)을 가진 맥베스(Macbeth), 질투심(jealousy)을 가진 오셀로(Othello), 판단력의 부족을 가진 리어왕(King Lear) 등과 같은 주인공들이 겪는 (㉡)을 만들었다.

07 **정답**
㉠ 비극적 결함(tragic flaw)
㉡ 성격 비극

08 윌리엄 셰익스피어(William Shakespeare)의 4대 비극 작품을 제시하시오.

08 **정답**
① 『햄릿』(Hamlet)
② 『맥베스』(Macbeth)
③ 『리어왕』(King Lear)
④ 『오셀로』(Othello)

제4편 17세기 청교도 시대

01 다음 설명에서 괄호 안에 들어갈 알맞은 말을 순서대로 쓰시오.

> 1642년에 찰스 1세가 청교도 지도자들을 투옥시킨 것을 계기로 왕당파와 의회파 간의 내란(Civil War)인 (㉠)이 일어났다. 이 혁명은 영국 정치사에서 의회가 군주에 대항한 첫 사례이면서 의회가 군주를 처형한 첫 사례이기도 하다. 17세기 전반 청교도 시대의 영국 시는 형이상학파 시와 왕당파 시 그리고 두 그룹에 속하지 않는 청교도 시인 (㉡)의 시로 나뉜다. 그는 르네상스의 인문주의와 청교도혁명의 정신을 결합한 청교도적 인문주의를 시에 구현했다.

01 정답
㉠ 청교도혁명(English Civil War)
㉡ 존 밀턴(John Milton)

02 다음 설명에서 괄호 안에 들어갈 알맞은 말을 순서대로 쓰시오.

> (㉠)는 16세기 엘리자베스 여왕 시대에 유행했던 페트라르카(Petrarch)풍의 표현방식과 시적 소재에 반발하면서 생겨났다. 이 시의 특징은 서로 연관성이 전혀 없어 보이는 이질적인 두 사물 간의 유사성을 발견하여 (㉡), 즉 기이한 착상(기발한 비유)을 사용한다. 외견상 유사성이 없는 것을 병치시켜서 절묘하게 합치시키는 것은 이 시의 가장 큰 특징이다. 이 시의 대표적인 시인은 「벼룩」(The Flea)을 통해 전혀 유사성이 없는 두 이미지를 병치하면서 시적 주제에 부합하는 새로운 의미를 창조한 (㉢)이다.

02 정답
㉠ 형이상학파 시(Metaphysical Poetry)
㉡ 기상(conceit)
㉢ 존 던(John Donne)

03 조지 허버트(George Herbert)의 시각운에 대해 설명하고, 대표적인 작품 두 개를 제시하시오.

03 정답

조지 허버트는 시행을 특정한 형상을 갖도록 배치하는 시각운을 사용하였다. 모형시(시각운)는 시각적으로 시적인 의미를 형상화하는 것을 의미한다.
대표작품 「부활절 날개」(*Easter Wings*)에서 시행의 배치를 통해 부활절의 날개를 형상화하고 있고, 「제단」(*The Altar*)에서 시행의 배치를 통해 제단을 형상화하고 있다.

04 다음 설명에서 괄호 안에 들어갈 알맞은 말을 순서대로 쓰시오.

(㉠)은 초서, 셰익스피어와 함께 영국의 3대 시인으로 꼽힌다. 그는 17세기 전기 청교도 문학의 가장 대표적인 시인이자 청교도적 세계관을 문학적으로 가장 잘 구현한 시인이다. 특히 그는 엘리자베스 여왕 시대의 르네상스 인본주의(Renaissance Humanism) 요소와 17세기 청교도혁명의 엄격하고 경건한 도덕주의 요소를 결합한 청교도적 인본주의(Christian Humanism)를 구현한 시인으로 평가받는다. 그의 3대 걸작은 총 12권(book)으로 구성된 기독교 종교 서사시(Christian epic)이며, 10,000행으로 구성된 무운시(Blank verse)인 (㉡)과 『복락원』(*Paradise Regained*), 『투사 삼손』(*Samson Agonistes*)이다.

04 정답

㉠ 존 밀턴(John Milton)
㉡ 『실낙원』(*Paradise Lost*)

05 벤 존슨(Ben Jonson)의 기질 희극(Comedy of Humours)에 대해 설명하고, 대표적인 작품을 두 개 제시하시오.

05 **정답**
벤 존슨의 풍자극은 기질 희극으로 불린다. 당시 의학자들은 체액(humour)의 배합의 상태 혹은 우세한 상태에 따라 인간의 기질과 성향이 결정된다고 보았다. 그들은 인간의 체액을 피(blood), 황색 담즙(yellow bile), 점액질(phlegm), 흑색 담즙(black bile) 등 네 가지로 구분하고 각각 쾌활한(sanguine), 성마른(choleric), 냉담한(phlegmatic), 우울한(melancholic) 상태를 나타낸다고 주장했다. 벤 존슨은 자신의 극중 인물들에게 이러한 체액과 연관된 기질을 대입시켜 과장된 성격을 표현했다. 벤 존슨은 체액의 배합에 따른 기질을 활용해 인간의 어리석음을 희화화하고 풍자적으로 표현했다. 이러한 그의 극을 기질 희극이라고 불렀다.
대표작품은 기질 희극의 특성을 대입하여 도시의 삶과 인간의 어리석음을 풍자하면서 극작가로서 명성을 가져다 준 『십인십색』(*Every Man In His Humour*)과 그의 작품 중 가장 걸작으로 인정받는 희극인 『볼포네』(*Volpone*)가 있다.

06 다음 설명에서 괄호 안에 들어갈 알맞은 말을 순서대로 쓰시오.

(㉠)는 자코비안 시대(1603~1625)에 시, 희곡, 산문 등의 여러 장르에서 많은 작품을 창작한 여성 작가이다. 그녀는 영국 문학사 최초의 소네트 연작시를 창작한 작가이자, 최초로 산문 로맨스와 전원극을 창작한 여성 작가이다. (㉡)는 영국 문학사에서 최초로 여성 작가가 창작한 목가적 드라마이자 최초의 원작 희곡 작품이며, (㉢)은 천 명이 넘는 캐릭터가 등장하고, 수백 개의 부차적인 이야기들이 포함되어 있는, 영국 문학사에서 최초로 여성 작가가 창작한 산문 로맨스 작품이다.

06 **정답**
㉠ 메리 로스(Lady Mary Wroth)
㉡ 『사랑의 승리』(*Love's Victory*)
㉢ 『몽고메리 우라니아 백작 부인』(*The Countess of Montgomery's Urania*)

제5편　17세기 후반 왕정복고기와 18세기 신고전주의 시대

01 다음 설명에서 괄호 안에 들어갈 알맞은 말을 순서대로 쓰시오.

(㉠)는 르네상스 시대의 낭만적 태도와 자유로운 상상력을 비판했고, 동시에 청교도 시대의 비이성적이고 과도한 종교적 열정도 비판했다. 이 시기에는 영감, 감성보다는 그리스 로마 고전의 엄격한 문학 양식의 규율을 강조하면서 단순하고 명료한 문학을 추구하였다. 이 시기의 대표적인 시인은 (㉡)이며, 그의 대표작품은 「압살롬과 아키토펠」(Absalom and Achitophel)이다. 그는 (㉢)라는 시형을 정립하였다. 이 시기의 시인들은 셰익스피어, 밀턴과 같은 16세기 시인들이 즐겨 사용했던 무운시(blank verse)와 운율을 배격하고, 통일성과 질서를 추구하는 단조로운 이 시형을 사용했다.

01 정답
㉠ 왕정복고기(Restoration Period)
㉡ 존 드라이든(John Dryden)
㉢ 영웅시체 이행연구(heroic couplet, 영웅대구)

02 다음 설명에서 괄호 안에 들어갈 알맞은 말을 순서대로 쓰시오.

(㉠)의 문학은 그리스 로마 시대의 고전 작품의 질서(order)와 형식을 강조했다. 인간의 감정(emotion)보다는 이성(reason)을 강조하면서 고전의 형식성을 연습하고 오랜 시간 동안 고전의 규칙성과 규범을 연습하는 것에서 나오는 기교(art)를 중시했다. 이 시기의 문학의 내용과 주제는 적절한 장르가 있고, 각각의 장르는 그에 맞는 적절한 스타일로 창작되어야 한다는 (㉡)을 추구하였다. 이것은 주제, 내용, 사상, 용어, 문체 간의 조화와 일치를 추구하는 것을 의미한다.

02 **정답**
㉠ 신고전주의 시대(아우구스투스 시대)
㉡ 적정률(decorum)

03 의사 영웅시(Mock-heroic, Mock-epic, 풍자 영웅시)에 대해 설명하시오.

03 **정답**
의사(擬似, 유사, 가짜) 영웅시는 주제와 문체 간의 조화를 추구하는 적정률을 의도적으로 벗어남으로써 풍자의 효과를 극대화시키는 풍자(Satire)문학의 한 형식이다. 의사 영웅시는 영웅이 아닌 인물을 장엄하고 진지한 영웅 서사시의 어조를 통해 묘사함으로써 진정한 영웅이 아닌 가짜 영웅, 즉 의사 영웅(would-be hero)을 비난하고 풍자와 희롱의 대상으로 위축시키는 아이러니를 연출한다.

04 정답
㉠ 가정 비극(Domestic Tragedy)
㉡ 감상 희극(Sentimental Comedy)

04 다음 설명에서 괄호 안에 들어갈 알맞은 말을 순서대로 쓰시오.

(㉠)은 18세기 신고전주의 시대를 대표하는 비극의 형식이다. 귀족 같은 특권층이 아닌, 중산층이나 하층 계급에 속하는 평범한 주인공을 둘러싸고 가정 내에서 벌어지는 비극을 의미한다. 조지 릴로(George Lillo)의 『런던 상인』(*The London Merchant*)은 이 장르를 확립한 작품이다. 또한 신고전주의 시대에는 중산층의 감성에 호소하면서 눈물을 자아내는 (㉡)이라는 새로운 희극의 형태가 유행했다. 콜리 시버(Colley Cibber)의 『사랑의 마지막 트릭』(*Love's Last Shift*)은 이 장르의 최초의 작품이다.

05 정답
㉠ 소설(novel)
㉡ 중산층(시민 계급, 젠트리)
㉢ 악한 소설(picaresque novel)

05 다음 설명에서 괄호 안에 들어갈 알맞은 말을 순서대로 쓰시오.

18세기 신고전주의 시대에는 문학의 장르로서 (㉠)이 생겨났다. '새로운 이야기'를 의미하는 단어의 어원을 둔 이 장르는 18세기 후반에 본격적으로 하나의 문학 장르로서 자리 잡게 되었다. 이 장르는 중산층의 가치관과 요구를 수용하고 대변하는 장르였다. 당시 시의 내용이 귀족적 취향을 반영했고 일반 대중이 이해하기 어려웠지만, 이 장르의 내용과 형식은 (㉡)의 수요와 취향에 맞추었다. 주로 부의 축적을 통한 신분 상승, 악당을 의미하는 스페인어 picaro에 어원을 둔 악당이 등장하는 (㉢) 혹은 여행담을 통해 사회를 사실적으로 묘사하고, 동시에 부패와 위선을 풍자하는 데 초점을 맞추었다.

06 다음 설명에서 괄호 안에 들어갈 알맞은 말을 순서대로 쓰시오.

> 18세기 초기부터 다니엘 디포(Daniel Defoe), 사무엘 리처드슨(Samuel Richardson), 헨리 필딩(Henry Fielding)과 같은 작가들을 필두로 (㉠) 소설이 발전했다. 18세기 후반에는 이 작가들의 작품에 저항하는 새로운 소설 형식이 나타났다. (㉡)은 초자연적인 세계와 공포스러우며 음산한 분위기를 의미한다. (㉡) 소설은 음산한 중세시대의 성(castle)을 배경으로 기이한 사건들과 공포스러운 분위기를 통해 독자들의 상상력을 자극하는 괴기 소설의 형식이다.

06 **정답**
㉠ 사실주의(Realism)
㉡ 고딕(Gothic)

07 다음 작가와 대표작품을 올바르게 연결하시오.

> ① 조나단 스위프트 (Jonathan Swift)
> ② 다니엘 디포 (Daniel Defoe)
> ③ 사무엘 리처드슨 (Samuel Richardson)
> ④ 헨리 필딩 (Henry Fielding)
>
> ㉠ 『로빈슨 크루소』 (Robinson Crusoe)
> ㉡ 『파멜라』 (Pamela)
> ㉢ 『걸리버 여행기』 (Gulliver's Travels)
> ㉣ 『업둥이 톰 존스 이야기』 (The History of Tom Jones, A Foundling)

07 **정답**
①-㉢, ②-㉠, ③-㉡, ④-㉣

제6편 낭만주의 시대

01 다음 설명에서 괄호 안에 들어갈 알맞은 말을 순서대로 쓰시오.

> 프랑스혁명과 산업혁명을 겪으면서 영국 (㉠) 시대의 문학은 개인의 감정과 상상력을 중시하는 개인주의와 현실 세계보다는 초자연적인 세계와 이상 세계에 대한 동경심이 강조되었다. 이것은 18세기 말부터 19세기 중기까지 영국과 유럽 전역에 확산된 문예 사조이자 예술 운동이다. 영국에서는 시인 (㉡)와 사무엘 테일러 콜리지(Samuel Taylor Coleridge)가 공동으로 (㉢)을 출판하면서 이 시대가 시작된다. 이 공동 집필 서문에서 신고전주의 시대의 대표적인 문학의 특징인 형식, 장르, 용어 간의 일치를 강조하는 (㉣)의 파괴를 주장한다. 즉, 신고전주의에서 강조하는 고전 작품을 오랜 세월을 두고 연습하는 기교(art)로서의 문학을 부정했고, 개인의 감정과 개인의 개성이 드러나는 (㉤)를 낭만주의 시대의 대표적인 시 형식으로 강조했다.

01 정답
㉠ 낭만주의(Romanticism)
㉡ 윌리엄 워즈워스(William Wordsworth)
㉢ 『서정 민요 시집』(Lyrical Ballads)
㉣ 적정률(decorum)
㉤ 서정시(lyric)

02 사무엘 테일러 콜리지(Samuel Taylor Coleridge)의 작품관에 대해 설명하고, 대표작품을 세 개 이상 제시하시오.

02 **정답**

사무엘 테일러 콜리지는 윌리엄 워즈워스와 함께 공동 시집을 발간했지만 콜리지는 워즈워스와 대조되는 시 세계를 갖고 있다. 워즈워스가 일상적인 것을 소재로 선택해 상상력을 통해 비범한 통찰을 이끌어 냈다면, 콜리지는 비일상적이고 초자연적인 것을 소재로 선택해 현실 속에 실재한 것처럼 표현했다. 워즈워스가 자연을 안정과 위로를 주는 정신의 치료자로 간주했다면, 콜리지는 자연을 초월한 초자연의 세계를 추구했다. 즉, 콜리지는 마법 같은 상상의 초월적 세계, 미지의 세계, 고대의 영웅의 마법 같은 세계, 환상을 통해 본 기이하고 신비한 세계 등을 표현하고 추구했다.

대표작품은 「노수부의 노래」(*The Rime of the Ancient Mariner*), 「크리스타벨」(*Christabel*), 「쿠블라 칸」(*Kubla Khan*) 등이 있다.

03 조지 고든 바이런(George Gordon Byron)의 바이런적 영웅(Byronic hero)에 대해 설명하시오.

03 **정답**

바이런적 영웅은 사회적 제도, 통념, 관습에 저항하는 방랑아이면서 자신만의 도덕률과 세계관을 구축한 열정과 에너지를 소유한 인물이다. 바이런은 자신의 작품에서 저항 정신으로 무장되었지만 이상향을 추구하는 전형적인 낭만주의 시대의 영웅적 인물들을 만들어냈다. 바이런적 영웅은 자신의 주체성과 신념이 강한 개인주의적 성향을 가진 인물이다. 또한 바이런적 영웅은 지적이지만 우울하고 냉소적이면서 오만하며 에너지가 넘치는 방랑아로 표현된다.

04

정답
①-ⓒ, ②-㉠, ③-ⓛ, ④-㉢,
⑤-㉤

04 다음 작가와 대표작품을 올바르게 연결하시오.

① 윌리엄 워즈워스 (William Wordsworth)	㉠ 「쿠블라 칸」 (Kubla Khan)
② 사무엘 테일러 콜리지 (Samuel Taylor Coleridge)	ⓛ 「차일드 해롤드의 순례」 (Childe Harold's Pilgrimage)
③ 조지 고든 바이런 (George Gordon Byron)	ⓒ 「틴턴 사원」 (Tintern Abbey)
④ 퍼시 비쉬 셸리 (Percy Bysshe Shelley)	㉢ 「서풍에 부치는 노래」 (Ode to the West Wind)
⑤ 존 키츠 (John Keats)	㉤ 「나이팅게일에 보내는 송시」 (Ode to a Nightingale)

05

정답
㉠ 제인 오스틴(Jane Austen)
ⓛ 『오만과 편견』
 (Pride and Prejudice)

05 다음 설명에서 괄호 안에 들어갈 알맞은 말을 순서대로 쓰시오.

(㉠)은 영국 문학사에서 가장 뛰어난 여성 소설가로 평가되는 낭만주의 시대 대표 소설가이다. 그녀는 낭만주의 시대의 인간관과 가치관을 가장 잘 묘사한 작가이며, 작은 시골 마을을 배경으로 정치적 현실을 벗어나는 소위 도피주의적인 문학을 추구했다. 그녀의 대표작품은 다섯 명의 딸을 둔 베넷(Bennet) 부부와 딸들의 결혼 문제를 중심 소재로 사용하고 인물들과 가치관을 세밀하게 묘사하는 (ⓛ), 그리고 『이성과 감성』(Sense and Sensibility), 『엠마』(Emma) 등이 있다.

제7편 빅토리아 시대

01 다음 설명에서 괄호 안에 들어갈 알맞은 말을 순서대로 쓰시오.

> 빅토리아 시대는 소설(novel) 장르가 전성기를 누린 시기이다. 특히 찰스 다윈의 진화론과 벤담의 공리주의의 영향으로 빅토리아조 시대에는 (㉠) 소설이 대세를 이루었다. 빅토리아 중기 시대는 영국 역사상 가장 강력하고 부유한 국가적 번영의 시기이다. 대규모의 토지를 소유한 전통 귀족 계급과 대농장 혹은 무역업을 통해 부를 축적한 젠트리 계급을 위협할 수 있는 새로운 중간 계층이 부상했다. 중간 계급은 귀족 계급과 젠트리 계급과는 다른 자신들만의 가치관을 갖고 있었다. 중간 계급은 외형적 형식을 중요시하는 (㉡)라는 가치와 청교도적 근면, 성실의 가치를 중시했고, 이러한 중간 계급의 정신이 빅토리아 시대의 정신을 대표했다. 서서히 젠트리 계급과 중간 계급 간의 경계가 흐려지면서 새로운 의미의 (㉢)이라는 개념이 생겼다. 빅토리아 시대 후기에는 영국의 국력과 경제력이 팽창과 번영의 시기에서 쇠퇴기로 접어들면서 중상주의를 비판하고 무관심과 심미적 쾌락을 추구하는 (㉣)가 유행했다. 이것은 미적 가치의 창조를 예술의 유일한 목적으로 삼는 문예, 예술사조이다.

01 정답
㉠ 사실주의(Realism)
㉡ 체면 중시(respectability)
㉢ 젠틀맨(Gentleman)
㉣ 유미주의(Aestheticism)

02 다음 각 시기와 대표 소설 작가를 올바르게 연결하시오.

① 1830년대
② 1840년대
③ 1850년대
④ 1860~70년대
⑤ 1880~90년대

㉠ 샬롯 브론테 (Charlotte Brontë)
㉡ 윌리엄 새커리 (William Thackeray)
㉢ 찰스 디킨스 (Charles Dickens)
㉣ 조지 엘리엇 (George Eliot)
㉤ 토마스 하디 (Thomas Hardy)

02 정답
①-㉢, ②-㉠, ③-㉡, ④-㉣, ⑤-㉤

03 빅토리아 시대 초기와 중기에 사실주의 소설이 유행한 이유를 설명하시오.

03 정답
찰스 다윈의 진화론과 벤담의 공리주의의 영향으로 빅토리아 시대에는 종교적인 절대적 믿음과 가치관이 쇠퇴하고, 이전 낭만주의 시대에 추구했던 낭만적 상상력과 감수성은 회의의 대상이 되었다. 신과 인간 간의 관계가 아니라 인간과 인간, 사회와 인간 간의 관계가 더 중요해지고 소설 속에도 이러한 경향이 반영되었다. 중산층의 삶과 사회적인 문제들을 일상적이고 현실적으로 그려내는 데 초점을 맞추었다. 이러한 배경으로 인해 빅토리아조 시대에는 리얼리즘 소설 즉, 사실주의(Realism) 경향의 소설이 대세를 이루었다.

04 제라드 맨리 홉킨스(Gerard Manley Hopkins)의 도약 리듬(Sprung rhythm, 도약률)에 대해 설명하고, 도약 리듬을 사용한 대표작품을 하나 제시하시오.

04 **정답**
홉킨스의 독특한 리듬인 도약 리듬(Sprung rhythm, 도약률)은 하나의 강세에 여러 개의 약세가 존재하거나 혹은 약음절이 계속 진행되는 과정에 강음절이 도약하듯이(sprung) 진행되는 리듬이다. 도약 리듬은 소리 내어 낭송하기를 바라는 의도에서 만든 실험이기도 하다. 그는 「황조롱이」(*The Windhover*)에서 도약 리듬을 통해 황조롱이가 위엄 있게 비상하는 모습을 그리면서 시인은 예수 그리스도의 영광과 희생을 노래한다.

05 다음 설명에서 괄호 안에 들어갈 알맞은 말을 순서대로 쓰시오.

(㉠)는 빅토리아 시대의 대표적인 드라마 작가이며, 빅토리아 시대 후기 유미주의를 대표하는 작가이다. 그의 대표작품 (㉡) 속의 결혼 문제를 소재로 그는 빅토리아 시대의 중요한 가치였던 진지함에 대해 풍자했고, 외면적으로는 진지함을 추구하지만 실제로는 속물적이고 퇴폐적인 영국 사회의 표리부동함을 풍자했다.

05 **정답**
㉠ 오스카 와일드(Oscar Wilde)
㉡ 『진지함의 중요성』(*The Importance of Being Earnest*)

06 **정답**
①-ⓒ, ②-㉠, ③-ⓛ, ④-ⓑ,
⑤-ⓔ, ⑥-ⓜ

06 다음 빅토리아 시대의 소설가와 대표작품을 올바르게 연결하시오.

① 찰스 디킨스 (Charles Dickens)	㉠ 『미들마치』 (Middlemarch)
② 조지 엘리엇 (George Eliot)	㉡ 『제인 에어』 (Jane Eyre)
③ 샬롯 브론테 (Charlotte Brontë)	㉢ 『올리버 트위스트』 (Oliver Twist)
④ 에밀리 브론테 (Emily Brontë)	㉣ 『허영의 시장』 (Vanity Fair)
⑤ 윌리엄 새커리 (William Thackeray)	㉤ 『테스』 (Tess of the d'Urbervilles)
⑥ 토마스 하디 (Thomas Hardy)	㉥ 『폭풍의 언덕』 (Wuthering Heights)

제8편　20세기 영문학

01 다음 설명에서 괄호 안에 들어갈 알맞은 말을 순서대로 쓰시오.

> 1920년대에 태동한 (㉠)은 19세기의 도덕, 사회제도, 전통적인 가치관, 신념체계를 일절 부정하면서 생긴 극단적인 개인주의적 문예 사조이다. 이 사조는 사회와 자연과 같은 절대적이고 객관적인 것을 재현하는 것이 아니라, 인간의 주관적이고 상대적인 의식세계와 프로이트가 주창한 무의식의 세계, 즉 인간의 내면의 세계를 재현하는 것을 목표로 한다. 19세기 초·중반의 (㉡), 19세기 후반의 (㉢), 라파엘 전파로 대표되는 (㉣), 세기말적 데카당스를 거쳐 20세기 초반의 이 사조는 1920년대에 시작되어 1960년대까지 이어지는 문예 사조이다.

01 정답
㉠ 모더니즘(Modernism)
㉡ 사실주의(Realism)
㉢ 자연주의(Naturalism)
㉣ 유미주의(Aestheticism)

02 다음 설명에서 괄호 안에 들어갈 알맞은 말을 순서대로 쓰시오.

> 20세기 영국의 모더니즘 소설은 인물을 둘러싼 외부의 상황이나 사건의 전개에 초점을 맞추지 않고 인물의 내면 의식세계에 초점을 맞추는 (㉠) 기법을 활용한다. 이 기법을 활용한 영국의 대표적인 소설 작가 (㉡)는 『율리시스』(*Ulysses*)를 통해 복잡하고 무질서하며 비연속적인 인물들의 내면과 의식세계를 묘사하고 있다.

02 정답
㉠ 의식의 흐름 (Stream of Consciousness)
㉡ 제임스 조이스(James Joyce)

03 **정답**

작중인물의 복잡하고 무질서하며 비연속적인 의식의 흐름을 가장 잘 표현하는 기법이 바로 내적 독백이다. 내적 독백은 작가가 인물의 의식의 흐름에 개입하지 않고, 인물의 기억, 독백, 연상작용 등의 행위를 그대로 독자에게 전달하는 기법이다. 에피파니는 초자연적인 혹은 신적인 것의 출현, 강림을 의미하는 영어 단어이다. 모더니즘에서의 에피파니는 주인공의 궁극적인 깨달음, 자각, 초월적 순간에 이름, 진리와 마주하는 찰나를 의미하며, 자아·인생·세계에 대한 궁극적인 깨달음이나 진리에 이르는 순간을 나타낸다.

04 **정답**

ⓐ 부조리극(The Absurd Drama)
ⓑ 사무엘 베케트(Samuel Beckett)
ⓒ 해롤드 핀터(Harold Pinter)

---

03 모더니즘 소설가들이 활용한 내적 독백(Interior monologue)과 에피파니(Epiphany)에 대해 설명하시오.

04 다음 설명에서 괄호 안에 들어갈 알맞은 말을 순서대로 쓰시오.

(ⓐ)은 두 번의 끔찍한 세계대전 후 염세주의와 허무주의에 빠진 인간의 절망적이고 소외된 부조리한 상황을 표현하는 극이다. 이 극은 전통적인 드라마의 형식을 파괴하고 무의미한 대사, 침묵, 단절 등을 통해 오지 않을 신을 기다리거나, 희망과 목적이 없이 살아가야 하는 인간의 부조리한 상황들을 표현한다. 대표적인 작가와 작품에는 (ⓑ)의 『고도를 기다리며』(*Waiting for Godot*)와 (ⓒ)의 『생일 파티』(*The Birthday Party*)가 있다.

05 다음 설명에서 괄호 안에 들어갈 알맞은 말을 순서대로 쓰시오.

(㉠)는 의식의 흐름 기법을 본격적으로 소설에 시도한 선구자로 평가된다. 이 작가는 의심의 흐름 기법을 통해 과거, 현재, 미래가 공존하고 교차하는 인간의 내면세계를 섬세하게 그려냈다. 특히 한 섬을 방문한 가족과 초대 손님들의 특별한 에피소드가 없는 플롯으로 이루어진 대표작품 (㉡)를 통해 인물의 내면 의식의 변화와 시간의 문제를 의식의 흐름 기법을 통해 묘사하고 있다.

05 **정답**
㉠ 버지니아 울프(Virginia Woolf)
㉡ 『등대로』(To the Lighthouse)

06 해롤드 핀터(Harold Pinter)의 위협 희극(comedy of menace)에 대해 설명하고, 대표작품을 하나 제시하시오.

06 **정답**
해롤드 핀터의 초기 극 작품을 위협 희극이라고 한다. 핀터의 초기 극 작품들은 신원을 알 수 없는 외부인이 방이라는 안정적인 공간에 있는 내부인에게 침입하여 정신적·신체적 위협을 가하는 위협성이 포함되고, 동시에 웃음을 유발하는 희극적 요소가 포함되어 있다.
핀터의 대표적인 위협 희극 작품은 『생일 파티』(The Birthday Party)이다.

07 정답

①-ⓒ, ②-㉠, ③-ⓒ, ④-ⓑ,
⑤-ⓜ, ⑥-ⓔ

07 다음 20세기 소설가와 대표작품을 올바르게 연결하시오.

① 조지프 콘래드 (Joseph Conrad)	㉠ 『아들과 연인』 (Sons and Lovers)
② 데이비드 허버트 로렌스 (David Herbert Lawrence)	㉡ 『암흑의 핵심』 (Heart of Darkness)
③ 제임스 조이스 (James Joyce)	㉢ 『더블린 사람들』 (Dubliners)
④ 버지니아 울프 (Virginia Woolf)	㉣ 『어둠의 땅』 (Dusklands)
⑤ 도리스 레싱 (Doris Lessing)	㉤ 『황금 노트북』 (The Golden Notebook)
⑥ 존 맥스웰 쿳시 (John Maxwell Coetzee)	㉥ 『등대로』 (To the Lighthouse)

독학학위제 2단계 전공기초과정인정시험 답안지(객관식)

컴퓨터용 사인펜만 사용

★ 수험생은 수험번호와 응시과목 코드번호를 표기(마킹)한 후 일치여부를 반드시 확인할 것.

전공분야

성 명

수험번호 / 응시과목

※ 감독관 확인란

답안지 작성시 유의사항

1. 답안지는 반드시 컴퓨터용 사인펜을 사용하여 다음 보기와 같이 표기할 것.
   보기 잘된 표기: ● 잘못된 표기: ⊗ ◐ ① ◯ ◎
2. 수험번호 (1)에는 아라비아 숫자로 쓰고, (2)에는 "●"와 같이 표기할 것.
3. 과목코드는 뒷면 "과목코드번호"를 보고 해당과목의 코드번호를 찾아 표기하고, 응시과목란에는 응시과목명을 한글로 기재할 것.
4. 교시코드는 문제지 전면 의 교시를 해당란에 "●"와 같이 표기할 것.
5. 한번 표기한 답은 긁거나 수정액 및 스티커 등 어떠한 방법으로도 고치면 아니되며, 고친 문항은 "0"점 처리됨.

[이 답안지는 마킹연습용 모의답안지입니다.]

독학학위제 2단계 전공기초과정인정시험 답안지(객관식)

[이 답안지는 마킹연습용 모의답안지입니다.]

★ 수험생은 수험번호와 응시과목 코드번호를 표기(마킹)한 후 일치여부를 반드시 확인할 것.

전공분야

성명

수험번호

(1) 2 | — | — | — | —
(2) ① ● ③ ④

답안지 작성시 유의사항

1. 답안지는 반드시 컴퓨터용 사인펜을 사용하여 다음 보기와 같이 표기할 것.
   보기) 잘된 표기: ● 　 잘못된 표기: ⊙ⓧ◐◑○●
2. 수험번호 (1)에는 아라비아 숫자로 쓰고, (2)에는 "●"와 같이 표기할 것.
3. 과목코드는 뒷면 "과목코드번호"를 보고 해당과목의 코드번호를 찾아 표기하고, 응시과목란에는 응시과목명을 한글로 기재할 것.
4. 교시코드는 문제지 전면 의 교시를 해당란에 "●"와 같이 표기할 것.
5. 한번 표기한 답은 긁거나 수정액 및 스티커 등 어떠한 방법으로도 고쳐서는 아니되고, 고친 문항은 "0"점 처리함.

※ 감독관 확인란

(인)

관리번호 (연번) (응시자수)

년도 학위취득종합시험 답안지(객관식)

컴퓨터용 사인펜만 사용

전공분야

성명

★ 수험생은 수험번호와 응시과목 코드번호를 표기(마킹)한 후 일치여부를 반드시 확인할 것.

수험번호

※ 감독관 확인란

관리번호
(연번)
(응시자수)

답안지 작성시 유의사항

1. 답안지는 반드시 컴퓨터용 사인펜을 사용하여 다음 보기와 같이 표기할 것.
   보기) 잘된 표기: ●   잘못된 표기: ⊗ ⓧ ⊙ ◐ ○
2. 수험번호 (1)에는 아라비아 숫자로 쓰고, (2)에는 "●"와 같이 표기할 것.
3. 과목코드는 뒷면 "과목코드번호"를 보고 해당과목의 코드번호를 찾아 표기하고, 응시과목란에는 응시과목명을 한글로 기재할 것.
4. 교시코드는 문제지 전면의 교시를 해당란에 "●"와 같이 표기할 것.
5. 한번 표기한 답은 긁거나 수정액 및 스티커 등 어떠한 방법으로도 고쳐서는 아니되고, 고친 문항은 "0"점 처리함.

응시과목 (과목코드)

교시코드 ① ② ③ ④

1–24 응시과목 답란 ① ② ③ ④

응시과목 (과목코드)

1–24 응시과목 답란 ① ② ③ ④

[이 답안지는 마킹연습용 모의답안지입니다.]

년도 학위취득 종합시험 답안지(주관식)

전공분야

성명

수험번호: 4 - | - | - | -

과목코드

교시코드: ① ② ③ ④

답안지 작성시 유의사항

1. ※란은 표기하지 말 것.
2. 수험번호 (2)란, 과목코드, 교시코드 표기는 반드시 컴퓨터용 싸인펜으로 표기할 것.
3. 교시코드는 문제지 전면의 교시를 해당란에 컴퓨터용 싸인펜으로 표기할 것.
4. 답란은 반드시 흑·청색 볼펜 또는 만년필을 사용할 것. (연필 또는 적색 필기구 사용불가)
5. 답안을 수정할 때에는 두줄(=)을 긋고 수정할 것.
6. 답란이 부족하면 해당답란에 "뒷면기재"라고 쓰고 뒷면 "추가답란"에 문제번호를 기재한 후 답안을 작성할 것.
7. 기타 유의사항은 객관식 답안지의 유의사항과 동일함.

※ 감독관 확인란 (인)

★ 수험생은 수험번호와 응시과목 코드번호를 표기(마킹)한 후 일치여부를 반드시 확인할 것.

번호	※1차점수	※1차채점	응시과목	※2차채점	※2차점수
1	⓪①②③④⑤⑥⑦⑧⑨⑩				⓪①②③④⑤⑥⑦⑧⑨⑩
2	⓪①②③④⑤⑥⑦⑧⑨⑩				⓪①②③④⑤⑥⑦⑧⑨⑩
3	⓪①②③④⑤⑥⑦⑧⑨⑩				⓪①②③④⑤⑥⑦⑧⑨⑩
4	⓪①②③④⑤⑥⑦⑧⑨⑩				⓪①②③④⑤⑥⑦⑧⑨⑩
5	⓪①②③④⑤⑥⑦⑧⑨⑩				⓪①②③④⑤⑥⑦⑧⑨⑩

[이 답안지는 마킹연습용 모의답안지입니다.]

참고문헌

- 고영란, 『해설이 있는 영국문학개관』, 신아사.
- 송원문, 『영미문학개관』, 경문사.
- 윤희억, 『영국 문학의 이해』, 지문당.
- 이동일·이영심, 『영국문학개관』, 한국문화사.
- Andrew Sanders, 『The Short Oxford History of English Literature』, Oxford University Press.
- David Damrosch, 『The Longman Anthology of British Literature』, Pearson Education, Inc.
- Joseph Black, Leonard Conolly, et al., 『The Broadview Anthology of British Literature : Concise Volume A – Third Edition : The Medieval Period – The Renaissance and the Early Seventeenth Century – The Restoration and the Eighteenth Century』, Broadview Press.
- Joseph Black, Leonard Conolly, et al., 『The Broadview Anthology of British Literature : Concise Volume B – Third Edition : The Age of Romanticism – The Victorian Era – The Twentieth Century and Beyond』, Broadview Press.
- Joseph Black, Leonard Conolly, et al., 『The Broadview Anthology of British Literature : One-Volume Compact Edition : The Medieval Period through the Twenty-First Century』, Broadview Press.
- Joseph Black, Leonard Conolly, et al., 『The Broadview Anthology of British Literature : Volume 2 : The Renaissance and the Early Seventeenth Century – Third Edition』, Broadview Press.
- Joseph Black, Leonard Conolly, et al., 『The Broadview Anthology of British Literature : Volume 3 : The Restoration and the Eighteenth Century』, Broadview Press.
- M. H. Abrams, 『The Norton Anthology of English Literature Volume 1』, W. W. Norton & Company.
- M. H. Abrams, 『The Norton Anthology of English Literature Volume 2』, W. W. Norton & Company.
- Michael Alexander, 『A History of English Literature』, Palgrave Macmillan.
- Paul Negri, 『English Victorian Poetry : An Anthology』, Dover Publications.
- Stephen Greenblatt, 『The Norton Anthology of English Literature, The Major Authors』, W. W. Norton & Company.
- X. J. Kennedy and Dana Gioia, 『Literature : An Introduction to Fiction, Poetry, and Drama』, Longman.

지식에 대한 투자가 가장 이윤이 많이 남는 법이다.

― 벤자민 프랭클린 ―

시대에듀 독학사 영어영문학과 2·4단계 영국문학개관

개정1판1쇄 발행	2025년 01월 08일 (인쇄 2024년 11월 14일)
초 판 발 행	2022년 08월 05일 (인쇄 2022년 06월 08일)
발 행 인	박영일
책 임 편 집	이해욱
저　　　자	박종덕
편 집 진 행	송영진·양희정
표지디자인	박종우
편집디자인	차성미·고현준
발 행 처	(주)시대고시기획
출 판 등 록	제10-1521호
주　　　소	서울시 마포구 큰우물로 75 [도화동 538 성지 B/D] 9F
전　　　화	1600-3600
팩　　　스	02-701-8823
홈 페 이 지	www.sdedu.co.kr
I S B N	979-11-383-3247-7 (13840)
정　　　가	23,000원

※ 이 책은 저작권법의 보호를 받는 저작물이므로 동영상 제작 및 무단전재와 배포를 금합니다.
※ 잘못된 책은 구입하신 서점에서 바꾸어 드립니다.

시대에듀 독학사
영어영문학과

왜? 독학사 영어영문학과인가?

4년제 영어영문학과 학위를 최소 시간과 비용으로 단 1년 만에 초고속 취득 가능!

1. 현대인에게 필수 외국어라 할 수 있는 영어의 **체계적인 학습에 적합**
2. 토익, 토플, 텝스, 지텔프, 플렉스 등 공무원/군무원 시험 **대체검정능력시험 준비에 유리**
3. 일반 기업 및 외국계 기업, 교육계, 언론계, 출판계, 번역·통역, 관광·항공 등 **다양한 분야로 취업 가능**

영어영문학과 과정별 시험과목(2~4과정)

1~2과정 교양 및 전공기초과정은 객관식 40문제 구성
3~4과정 전공심화 및 학위취득과정은 객관식 24문제+주관식 4문제 구성

2과정(전공기초)	3과정(전공심화)	4과정(학위취득)
영어학개론	영어발달사	영어학개론 (2과정 겸용)
영문법	고급영문법 (근간)	고급영어 (3과정 겸용)
영어음성학	고급영어 (근간)	영미문학개관 (2+3과정 겸용)
중급영어	영어통사론 (근간)	영미소설 (2+3과정 겸용)
영국문학개관	20세기 영미소설 (근간)	
19세기 영미소설 (근간)	미국문학개관 (근간)	

시대에듀 영어영문학과 학습 커리큘럼

기본이론부터 실전문제풀이 훈련까지!
시대에듀가 제시하는 각 과정별 최적화된 커리큘럼에 따라 학습해 보세요.

STEP 01 기본이론 — 핵심이론 분석으로 확실한 개념 이해
STEP 02 문제풀이 — 실전예상문제를 통해 문제 유형 파악
STEP 03 모의고사 — 최종모의고사로 실전 감각 키우기

1과정 교양과정 | 심리학과 | 경영학과 | 컴퓨터공학과 | 국어국문학과 | **영어영문학과** | 간호학과 | 4과정 교양공통

독학사 영어영문학과 2~4과정 교재 시리즈

독학학위제 공식 평가영역을 100% 반영한 이론과 문제로 구성된 완벽한 최신 기본서 라인업!

START

2과정

▶ 전공 기본서 [전 6종]
- 영어학개론
- 영문법
- 영어음성학
- 중급영어
- 영국문학개관
- 19세기 영미소설 (근간)

3과정

▶ 전공 기본서 [전 6종]
- 영어발달사
- 고급영문법 (근간)
- 고급영어 (근간)
- 영어통사론 (근간)
- 20세기 영미소설 (근간)
- 미국문학개관 (근간)

4과정

▶ 전공 기본서
- 영어학개론 (2과정 겸용)
- 고급영어 (3과정 겸용)
- 영미문학개관 (2+3과정 겸용)
- 영미소설 (2+3과정 겸용)

※ 표지 이미지 및 구성은 변경될 수 있습니다.

GOAL

➕ 독학사 전문컨설턴트가 개인별 맞춤형 학습플랜을 제공해 드립니다.

시대에듀 홈페이지 **www.sdedu.co.kr** 상담문의 **1600-3600** 평일 9~18시 / 토요일·공휴일 휴무